The Dark Side of Media: Criticism on Media Culture in the Digital Era

媒介的暗面

数字时代的媒介文化批评

王颖吉　著

北京大学出版社
PEKING UNIVERSITY PRESS

图书在版编目(CIP)数据

媒介的暗面:数字时代的媒介文化批评/王颖吉著.—北京:北京大学出版社,2013.12

(媒介与文化传播研究丛书)

ISBN 978-7-301-23943-8

Ⅰ.①媒… Ⅱ.①王… Ⅲ.①数字技术-应用-传播媒介-研究 Ⅳ.①G206.23

中国版本图书馆 CIP 数据核字(2014)第 029151 号

书　　名:媒介的暗面:数字时代的媒介文化批评

著作责任者:王颖吉　著

责 任 编 辑:胡利国

标 准 书 号:ISBN 978-7-301-23943-8/G·3794

出 版 发 行:北京大学出版社

地　　址:北京市海淀区成府路 205 号　100871

网　　址:http://www.pup.cn

新 浪 微 博:@北京大学出版社

电 子 信 箱:ss@pup.pku.edu.cn

电　　话:邮购部 62752015　发行部 62750672　编辑部 62753121

出版部 62754962

印 刷 者:三河市北燕印装有限公司

经 销 者:新华书店

965 毫米×1300 毫米　16 开本　20.5 印张　284 千字

2013 年 12 月第 1 版　2013 年 12 月第 1 次印刷

定　　价:50.00 元

目　录

第一章　理解文化和媒介

在现代大众传媒兴起之前，人们很少关注媒介形式对于社会文化形成所产生的影响，更不会注意两者之间存在的密切关系。在人类文化尚处于拉康意义上的“实在界”之中的时代，符号基本上尚未从实际物体上抽象出来，人们往往运用实指的方式表达意义。语言的产生意味着抽象化的符号开始进入人们的社会交往之中，语言符号使得人们学会了在物体不在场的情况下进行缺席指涉，实在界的生存状态也由此而瓦解，但是语言与人的身体位置几乎是合而为一的，也就是说符号的传播和适用范围被局限在身体所处位置的范围之内。这种状况实际上限制了抽象符号的任意漂浮，人们使用符号而进行的意义交流活动因此被严格地限定在面对面的场景之中。在这种现场交流和意义固定在现场的情况下，人们不大可能产生出媒介的观念，而人们有关文化的观念必须是在符号脱离身体和现场而四处流动、意义可以远离它的发出者而四处流动的情况下才有可能产生出来。因此，即便是在人类已经进入到“象征界”之后，媒介与文化的观念也没有在短时间里得以形成。在媒介与文化观念的形成过程中，文字的发明使用可能具有重要的分水岭意义，因为文字的使用可以使符号交流脱离现场情景，人们通过语言所表达的意义被记录成文字形式之后便不再受到他本人的限制了。文字符号所具有的这种脱离实际物体和现场情景的特点极大地拓展了意义交流的范围，也使得人们可以通过符号记录的形式积累、整理、保存思想和言论，并且在这种积累的过程中选择适合自身需要的那些部分，通过教育、宣导等方式加以普及，以此将分散的人群和思想凝聚和统一起来。由此，作为社会共同体共享经验的那种文化观念便得以形成了,而使得这种文化观念得以产生和传播的符号及其交流活动也便逐渐具有了“媒介”的含义。

正如我们所理解的,媒介首先是一种人类技艺的产物,它的工艺发展状况直接影响着文化的面貌,也直接影响着人们对它的关注程度。在古代社会中,媒介与文化并不是人们所关注和讨论的抽象性话题,这些话题成为社会关注的重点是随着近代科技与工业文明发展而出现的现象。现代文明的一大后果就是将媒介由一种技艺变成了一种技术,人类文化也随之从技艺文化的时代转化为技术文化的时代。两者的重大区别之一在于,技艺文化所关注的文化问题以审美、对话、伦理和道德的完善状况为主,而技术文化所关注的问题则以竞争、效率、控制、权力、政治的利益最大化状况为主。在现代和后现代时代,媒介技术逐渐成为形塑人们的文化和生活方式的最重要的因素,每一次媒介技术的更新都会影响人们的生活方式并使之发生变化。尤其是在最近几十年间,数字技术和网络媒介的发展使得人们愈发明显和强烈地感受到来自媒介技术的影响,因此媒介及其文化效应问题成为社会中人们关注的热点问题之一。当然,我们将媒介与文化作为研究的对象也与近现代的知识事业发展趋向密切相关,现代性的一个重要特点是抽象化的理性思维被强调为社会文化的基础,因此人们不再像古代社会中的先辈那样使用诗歌、散文或者绘画的形式表达他们关注的问题和经验,更不会仅仅采取《柏拉图对话集》或者《论语》中的那种口头方式探讨媒介和文化问题。我们生活的时代是媒介兴盛的时代,是需要大量符号和信息进行流通的时代,是一个崇拜理性以至于到处滥用理性的时代。对于生活在这一时代中的人们尤其需要在对媒介与文化的关注与研究之中,形成一种历史比较的视角,并以这种视角展望未来生活。可以说,当我们只有面对历史和未来而不是仅仅面对当下时刻的媒介与文化经验时,我们才能够很自然地具有一种反省和批判态度,这种批判态度的指向正是我们身处其中的日常经验和文化。

对于媒介和文化,我们其实很难将两者截然分开。因为正如前面所述,媒介与文化之间存在着密切的联系:一方面,存在于某种既定文化环境之中的媒介,其具体的形态与面貌都会受到文化环境的影响;另一方面,新的媒介形式又总是不断影响和改变着文化的面貌。从某种程度上讲,两者之间只不过是同一件事情的不同方面而已。对于生活在高度媒介化社会中的当代都市人来说,文化很大程度上指的就是媒介文化。对于形成反省与批判性的媒介文化视角而言,借助于分析文化现象的很多方法,不断寻求理解媒介文化现象的多元化途径是一个基础性的工作。这些多元化途径虽然尚不能为人们确立评价媒介文化优劣或好坏的标准,但是却能够帮助人们从多种视角观察媒介文化,这将有助于人们在掌握多元视角的基础上形成和确立自己对于这些媒介文化现象的思考具有奠基性的作用。在此基础之上,即在面向历史与未来的大视野中,我们自然能够形成对当代媒介文化的批判性态度与观点。正如苏格拉底所说:未经反省的人生是不值得过的。我们既然不能选择生活在什么样的文化环境和媒介条件之下,那么我们就应该努力去理解摆在我们面前的这些媒介文化现实,并在此基础之上面向人的在世存在的现实,尝试进行超越性的反省、批判和变革。

一、文化及其内涵

人们通常将文化视为人类区别于其他动物的最根本的特征之一,尽管人们并不能准确地说清楚"文化"一词的确切内涵,但在最宽泛的理解上,文化是作为类属而存在的基础存在者区别于其他存在者的关键。只要存在人类的地方,就必然存在着人创造的文化。每一个时代、每一个人群、每一个个体都必然生活在某种文化之中,文化的发展历史与人类的发展相伴随。一方面,人们被承接下来的文化环境塑造成为具有某种文化属性的社会人;另一方面,人们又在生活中改变、创造新的文化。也就是说:人创造文化,又被文化所创造。一个单纯生物学意义上的人,并不是我们所称的健全的社会人。可见,人类既是自然的产物也是文化的产物。人之所以为人并不仅仅由于他(她)的自然生物属性,更重要的是因为他

(她)具有文化的属性，总之，人是文化动物。

文化也许是所有人类使用的概念中，最经常被使用但意义又最为模糊的概念之一。事实上，对文化一词所带来的理解上的困惑几乎是所有的语言文化系统中共同的麻烦，文化可以说是人文社会科学领域中最难以解释清楚的知识范畴，同时它也是最近几十年来知识界讨论的焦点。不同的研究视角、不同的时代环境、不同的学术传统都会导致在文化概念方面的巨大差异。美国学者阿尔弗雷德·克洛衣伯和克莱德·克拉克洪1952年出版《文化：概念和定义批判分析》一书曾经列举历史上的文化定义达百余条之多，在按照学术性质分类之后归结出九种基本的文化概念，即哲学的、艺术的、教育的、心理学的、历史的、人类学的、社会学的、生态学的、生物学的。不过，即便如此归类之后，还是有很多关于文化的定义难以进行准确归类，文化定义之繁杂也由此可见一斑了。我们不打算在这里对文化的定义进行全面的介绍，事实上，这也是不可能做到的事情。由于我们的重点是文化与媒介之间的相互关系，因此，这里重点介绍一下对媒介研究和文化研究都产生了重大影响的文化解释，以便于大家对“文化”的大概所指有所了解。

首先，我们可以看看中国现代著名学者梁漱溟先生对文化的解释，他在《中国文化要义》一书中指出：

> 文化，就是吾人生活所依靠之一切。如吾人生活，必依靠于农工生产。农工如何生产，凡其所有器具技术及其相关之社会制度等等，便都是文化之一大重要部分。又如吾人生活，必依靠社会之治安，必依靠社会有条理有秩序而后可。那么，所有产生此治安此条理秩序，且维持它，如国家政治，法律制度，宗教信仰，道德习惯，法庭警察军队等，亦莫不为文化重要部分。又如吾人生来一无所能，一切都靠后天学习与不断进步，于是一切教育设施，遂不可少；而文化之传播与不断进步，亦即如此。那当然，若文字、图书、学术、学校及其相类相关之事，更是文化了。俗常以文字、文学、思想、学术、教育、出版等为文化，乃是狭义的。我今说文化就是吾人生活所依靠之一切，意在指

示人们，文化是极其实在的东西。文化之本意，应在经济、政治，乃至一切无所不包。[①]

梁漱溟的文化定义，基本上把所有与人的社会生活相关的事物都解释为文化，不仅包含物质方面，也包含精神方面；不仅包含生产力的内容，也包含生产关系的内容；不仅包含文学艺术作品，也包含生产作品的组织制度。可以说，凡是与人的社会生活相关的一切事物，均可称为文化。依据这样的解释，那么报纸、广播、电影、电视、网络等大众媒介及其机构本身就是文化的产物和体现，同时也是传播文化的工具。这种宽泛的文化理解虽然存在着对文化的分析不够详细、不够具体的缺点，但是它的优点也是一目了然的，几乎所有的西方学者的文化定义，都可以在梁漱溟的文化定义中找到一些影子。

我们可以来看两种有代表性的西方文化定义：

首先，我们可以来看英国学者马修·阿诺德对于文化的看法，阿诺德认为文化是“世界上最好的思想和言论”。[②]“文化是通过认识世界上所想与所言之精华……来追求我们的尽善尽美；通过这种认识，文化把一股清新而自由的思想之流浇灌于我们日常的观念和习惯。”[③]这也就是说，文化是历史上遗留下来的那些世所公认的精神遗产，是能够培养我们认知美好事物的能力，将我们塑造成谦谦君子的精神遗产。这种观点也被称为“高雅”或“精英”的文化观点，我们在学校里面接受的文化教育基本上就是以这种文化观点为基础的。按照这种文化观念，现在的媒介所生产出来的东西大多不是文化，媒介现象也不属于文化研究的范围。因此，这种“高雅”的、“精英”的文化观念的范围过于狭窄，当代文化研究领域已经没有人仅仅将文化的理解限定在阿诺德的范围下。

---

① 梁漱溟：《中国文化要义》，商务印书馆 2000 年版，第 1 页。

② 〔英〕约翰·斯道雷：《文化理论与通俗文化导论》，杨竹山译，南京大学出版社 2001 年版，第 31 页。

③ 萧俊明：《文化转向的由来：关于当代西方文化概念、文化理论和文化研究的考察》，社会科学文献出版社 2004 年版，第 18 页。

其次,我们来看看文化的人类学定义,这个定义最先是由英国人类学家爱德华·泰勒提出的,他在1871年的《文化的起源》一书中写道:

> 文化或者文明,从其广泛的民族志意义上而言,它是一个错综复杂的总体,包括知识、信仰、艺术、道德、法律、习俗和人作为社会成员所获得的任何其他能力和习惯。

泰勒的定义将文化与文明等同起来,被认为是一种进化论的观点,带有西方中心主义的色彩。不过,这个定义显然扩大了理解文化的范围,文化不再只是与少数人(掌握知识的人)相关,而是与所有的人的生活都有关系的东西。其中的"错综复杂的总体"意味着"一个特定社会或社群的一切活动,包括物质的和非物质的一切外在的和内在的活动,而成为信仰、信念、知识、法令、价值,乃至情感和行为模式的总和。"①由此,泰勒的定义被认为是理解西方文化的分水岭,它开创了从人类生活总体的视角上看待和理解文化的传统,这一传统与梁漱溟的观点其实是一致的。

尽管泰勒、梁漱溟对文化的解释具有宽泛和包容的优点,但是他们的解释都存在不全面、不具体的问题,对于具体从事文化文本的分析没有太大的帮助,因为它们并没有对文化定义中所包含的众多方面做出详细的归类、解释和分析,难以在文化分析活动中加以实际的应用。更为全面、具体和清晰的文化解释是英国著名文化学者雷蒙·威廉斯对于文化的解释。他的解释由于包容的范围比较全面,同时在层次分析上也比较清晰,因此,对当代学术研究中的媒介研究和文化研究产生了很大的影响。

在《漫长的革命》等著作中,威廉斯把文化分为三个层面来理解,并给出了文化的三种定义:"理想的"文化定义,指人类在思想(知识、智慧)、精神和审美上的一般发展过程,也用于指称对人的心智的培养,这种培养乃是一个普遍的、社会的及历史的过程;"文献的"文化定义,指人类创造性的活动及其知性作品,尤其是艺术活动的实践与成果(小说、电影、舞蹈、戏剧等),在这种用法中,文化大致等于"艺术"的含义;"社会的"文

---

① 陆扬、王毅:《文化研究导论》,复旦大学出版社2006年版,第6页。

化定义，指某一特殊的生活方式（无论一个民族、一个时期还是一个群体或全体人类）。有关这三个方面的定义，威廉斯的具体解释如下：

首先，"文化"作为独立、抽象的名词主要是用来描述18世纪以来思想、精神与美学发展的一般过程。

在中世纪晚期，"文化"的最早含义是指庄稼的种植和动物的饲养（因此而有农业的含义）；稍晚一点，同样的意义被转换用来描述对人的心智的培养。"文化"一词的这一理解维度引起了人们对其后来用法的关注，即描述个体能力的发展，而且它已经被延伸到包含这样一种观念：培育（cultivation）本身就是一个普遍的、社会的及历史的过程。

在《漫长的革命》（1961）一书中，雷蒙·威廉斯曾经用"理想的"的文化定义来表述这一理解的视角，"根据这个定义，就某些绝对或普遍价值而言，文化是人类完善自身的一种状态或过程。如果这个定义能被接受，文化分析在本质上就是对生活或作品中被认为构成一种永恒秩序，或与普遍的人类状况有永久关联的价值的发现和描写。"①

威廉斯对文化的这种理解其实代表了我们对于文化概念的一种带有普遍性的感知，是对阿诺德文化解释的延续。在一般人的理解中，文化是人类发展历史中那些优秀的东西或具有普遍价值的东西的表述。比如古希腊的神话和史诗、中国的《诗经》、先秦时期的诸子学说、唐宋诗词、明清小说等文化的象征符号体系，这些符号系统就像是特定族群的生物基因一样，由千百年的代代相传而深入到族群中的个体身上，它们是这个族群的文化进化历史中沉淀下来的文化精华，是经过时间检验的最宝贵的遗产。如莎士比亚的戏剧就被视为英国文化传统中产生和遗留下来的文化精华，对于这些作品的文化分析就是对其中"永恒秩序或，与普遍的人类状况有永久关联的价值的发现和描写"的分析。而《论语》《庄子》《金刚经》等典籍也一直被人们奉为经典，甚至作为构建社会群体生活和个人精神生活时所需依循的规范。通常，我们将这些文化记忆视为"严肃文化"

① 罗钢、刘象愚主编：《文化研究读本》，中国社会科学出版社2000年版，第125页。

“高雅文化”或者“精英文化”,因为要掌握精通这些传统遗留的文化需要克服时间和空间上的隔膜,需要在一个十分抽象的层面上通过持续不断地努力学习才能够实现。正如马修·阿诺德所说,这种文化需要通过“摆脱功利,积极地运用阅读、思考和观察去认知的所能了解的最美好的东西。”[①]这种专门的知识训练对于一般人来说是具有一定难度的。

其次,作为独立的、抽象的名词,文化也用来描述人类创造性活动及其知性的作品,尤其是艺术方面的实践与成果。这种用法是现在最普遍的用法之一。换句话说,“文化”是指与音乐、文学、绘画、雕刻、戏剧与电影等艺术门类相关的社会现象,有时候还会包括哲学、学术、历史等内容,它们往往都是被称为“文化部”(Ministry of Culture)的部门所管理的范围。

这种用法“是由第一类的意涵衍生而来:这种指涉思想、精神与美学发展的一般过程的概念,被有效地应用,进而延伸到作品与活动中。然而,它也从早期的意涵——‘过程、历程’——衍生出其他含义(不再强调最好和完美)。在英文里,第一类与第二类的意涵仍然很接近;有时候基于内在原因,它们是无法区分的……”[②]

这个定义在《漫长的革命》中也有相应的表述,即雷蒙·威廉斯所说的文化的文献式定义。根据这个定义,文化是知性和想象作品的整体,这些作品以不同方式详细记录了人类思想和经验。从这种定义出发,“文化分析是某种批评活动,借助这种批评活动,思想和体验的性质、语言的细节,以及它们活动的形势和惯例,都得以描写和评价。……”[③]

约翰·斯道雷认为这种定义中的文化与结构主义者和后结构主义者所称的“表义法”有着同样的意思。也就是说,文化是一种符号的表意实践活动及其结果。“这种定义可以让我们把电视、电影、报纸以及肥皂剧、

---

① 〔英〕约翰·斯道雷:《文化理论与通俗文化导论》,杨竹山译,南京大学出版社 2001 年版,第 31 页。

② 〔英〕雷蒙·威廉斯:《关键词》,刘健基译,生活·读书·新知三联书店 2005 年版,第 107 页。

③ 罗钢、刘象愚主编:《文化研究读本》,中国社会科学出版社 2000 年版,第 125 页。

流行音乐和连环画当作文化的例子来谈论。"①

文化的第三种含义是"不管在广义或是狭义方面，用来表示一种特殊生活方式(关于一个民族、一个时期、一个群体或全体人类)"②；威廉斯认为，文化的这个意涵是由19世纪的人类学家泰勒引介进入英文的。泰勒指出：文化是一个"错综复杂的整体，包括知识、信仰、艺术、道德、法律、风俗以及作为一个社会成员的人所获得的任何其他能力和习惯。"③这一定义指出了文化在社会生活中的渗透性。它强调文化是生活在一起的人的一种产物，并且是习得的。

在《漫长的革命》一书中，这个定义曾被称为文化的"社会"定义，根据这个定义，文化研究的目的不仅仅是阐发某些伟大的思想和艺术作品，"表现艺术和知性活动中的某些意义和价值"；而且阐明某种特殊生活方式的意义和价值，表现其制度和日常行为中的意义和价值。文化的"社会"定义不仅涵盖了前两种定义，而且包括了被前两种定义排斥的、在很长时间里根本就不被承认的文化的众多内容，它们包括：生产组织、家庭结构、表现或制约社会关系的制度的结构、社会成员借以交流的独特方式等等。威廉斯要求我们把文化过程看做一个整体。因此，对思想和艺术作品的文本分析也应当和它们所源出的社会制度和结构的分析结合起来。

总之，这个定义要弹性得多，也更加宽泛一些，并且具有强烈的现实感。想想看，我们中国人的宗教信仰、饮食起居、家庭结构、文化趣味、节日活动与西方人多么的不同，这种不同甚至可以用以解释同一族群内部的不同的文化人群。这个定义使我们在理解文化的时候看到：文化不是别的什么高深莫测的东西，它就是我们的日常生活方式。正是在此基础之上，主要由媒介文化形成的当代文化现象才得以作为人们的日常文化

---

① 〔英〕约翰·斯道雷：《文化理论与通俗文化导论》，杨竹山译，南京大学出版社2001年版，第2页。

② 同上。

③ 陆扬、王毅：《文化研究导论》，复旦大学出版社2006年版，第6页。

生活领域得到关注和研究。因此,斯道雷也指出:这一文化定义可以让我们把诸如海边度假、欢度圣诞节和年轻人的亚文化活动当作文化的例子来谈论。“这些通常是指活的文化或者是文化实践。”①

威廉斯的文化定义对于文化研究有着重要意义,它为媒介文化和文化研究未来的发展开辟了广阔的天地。正如斯图亚特·霍尔所说,威廉斯把有关文化的论辩的全部基础从审美—道德的维度转变为一种人类学意义上的维度,并把后者界定为一个形成过程。在这一过程中意义和惯例都是社会地建构和历史地变化的,文学和艺术尽管是受到特殊重视的社会传播形式,但威廉斯强调文化与社会传播形式的多样性,因此文学艺术仅是文化形式中的一种。这样的理解使得文化研究的对象范围得到了极大地拓展,也使得从政治—权力或者意识形态的维度考察文化现象成为可能,因为单从审美—道德层面讨论文化的话,就很难将青年亚文化之类的文化现象纳入研究的视野,也难以从文化分析上对这些文化现象进行有启发性的解读。

对于文化定义的三个不同方面,威廉斯强调其整体性和相互之间的关系。也即是说,三种定义都有其重要的指涉,都有其重要性。任何对于文化的理解和研究都应该同时考虑到这三种主要的文化定义,片面地强调其中的某方面的重要性,而忽视了其他定义方式的重要指涉必然是不完整的。他说:“在我看来,上述每一种定义都有价值。因为,不仅艺术和知性作品中,而且在制度和行为方式中,寻求意义和价值、寻求创造性人类活动的记载,看来肯定都是非常重要的。……我认为,在文化作为一个术语而使用的过程中,意义和指涉的变化,不但必须被看做阻碍任何简捷和单一定义的一种不利条件,而且必须被看做一种真正的复杂性,与经验中的真实因素相一致。三种主要定义中的每一种都有一种重要的指涉,……在我看来,任何充分的文化理论必须包括这些定义所指向的三个事

① 〔英〕约翰·斯道雷:《文化理论与通俗文化导论》,杨竹山译,南京大学出版社 2001 年版,第 2 页。

实领域，相反，排除彼此指涉的任何一种特殊的文化定义，都是不完备的。”[①]与“文化”的三个方面的理解视角相对应，“文化”通常在人类探究活动的三个领域中得到研究。作为过程和发展意义上的文化，通常会成为历史文献和历史研究领域的历史学家、古典学者研究的对象；作为艺术和知性活动意义上的文化，通常是人文艺术学科学者们研究的对象；而作为生活方式意义上的文化则是人类学和社会学领域的学者们研究的范围。当然，所有这些领域都应该成为媒介文化学者所关注的领域。

对于迄今为止的媒介及其文化，我们可以简单地以电子媒介的发明使用为界，区分为前现代时期的媒介文化与电子媒介兴起之后的现代媒介文化。在这两个基本的分类之间还可以有较多样而细致的分类，例如我们可以将近代的机械化文明之前的媒介文化归为前机械时代的媒介文化，口语、书写和早期的印刷文化就属于这一分类之下的文化；而近代科技所形成的机械化革命在媒介方面所产生的影响主要体现在印刷业方面，大规模的印刷书籍对于近世社会所产生的影响是难以忽略的。同时我们还应该注意到，如果从媒介的物质化含义上看，任何被作为中介使用而导致信息交流或产生特定文化后果的“物”都应该被视为媒介。这种关于媒介的理解在19世纪后期到20世纪初期的中国是一种较为流行的观念，火车、轮船、汽车等交通工具都曾作为信息和物质交流中介而受到思想家们的重视，这种媒介理解方式是伴随近代工业革命和机械时代发展而产生的特定现象。在电力技术广泛运用于社会之后，电子媒介的兴起逐渐改变了人们的旧有媒介观念，对于生活在电子技术时代的人们来说，媒介主要是用于传播信息的物件而不是传播物质的物件。以电力和电子技术为基础的现代媒介时期也可以被划分为两个发展的阶段，即以数字化技术为界，按照所传输的信号不同而划分为模拟信号时代与数字信号时代。一般情况下，传统的电影、电视、广播等媒介都属于早期电子媒介时代的标志；而电脑、网络、手机等新兴的数字化媒介是所谓“数字化

① 罗钢、刘象愚主编：《文化研究读本》，中国社会科学出版社2000年版，第127页。

媒介”时代的标志性媒介。可以说,关于媒介发展的历史阶段的划分总是五花八门的,前面的这些论述也仅仅是作者的一家之言。问题的关键在于:每一种不同的媒介形式都会存在某种与之相对应的文化形式,生活于其中的人们共同创造并且共享这些文化意义,但作为日常经验意义上的活文化,数字化时代之前的那些文化如今都已经变成了遗存性的文化。在遗存性的文化之中,我们选择性地记录和保留了当时的文化生活甚至是影像,但与活文化的整体性和丰富性密切联系在一起的那种为特定活文化人群共享的“感觉结构”已经消失了。这也就意味着,我们的现实文化环境是由遗留的文化和当下的活文化所共同构成的,任何当下的现实文化环境都是作为一个整体而存在的文化环境。遗存的文化在历史时间中被人们不断进行选择性地加工整理和解释,以便适应当下生活的需要。它们在历史时空中不断受到打磨和提炼,最终形成了所谓精英化的高雅文化,而当下的活文化则是未经历史时空打磨和冶炼的日常生活文化,但是这种文化是与我们每个人的日常生活都休戚相关的文化,它实际上就是我们的生活本身。

因此,文化研究所面对的文化对象是异常丰富而复杂的。单就文化研究的范围来说,不管是精英文化还是通俗文化、精神文化还是物质文化、主流文化还是亚文化都应该成为其构成部分。不过,现实的文化研究由于不太可能同时兼顾这几个方面,因此总是有所侧重的,但这并不意味着我们对文化研究的态度要采取单一的取向。比如因为强调精英文化的高雅品质而贬低通俗文化的政治内涵,也不应该由于强调通俗文化的政治内涵而贬斥精英文化的高雅品质。我们对待不同类型的文化,需要仔细甄别它们所具有的那些特殊性。单就精英文化和通俗文化在审美和道德理想的承载上看无疑是存在差异的,甚至也可在这一考察维度上判断两者品质的高低。中国古典诗画艺术思想超凡脱俗,境界幽渺绝尘,相比于时下的流行文化,其在艺术审美上的品质高下立现,这是无需辩驳的事实;但是如果我们换一个视角看待两种文化,比如从大众民主的视角看待问题,那么我们关注的就不再是审美和道德的标准,而是政治与权力的公正分配问题。在这一考察维度下,高品质的精英文化确实具有被利用来区隔社会文化阶层、压制和维护既定的不合理权力分配格局,并维护特定社会秩序的问题;而那些艺术和审美上粗糙的通俗文化则具有破坏这种既定的利益分配格局、实践无权者或被宰制者在微观政治民主方面之抵抗与要求的作用。当然,对于这些微观层面的政治抵抗所能产生的实际效果以及它们在宏观政治决策层面所产生的影响都是需要具体讨论的,不过我们从通俗文化中虽然看不到艺术与审美的典范,但却可以感受到当下生活的政治现实意义。

二、理解媒介:媒介作为中介、讯息、环境、机构和文本

尽管文化可以呈现千姿百态,但它们也存在着一个共同的特征,即任何文化都必须经由人类的相互交流、传播活动而产生,没有群体性生活及人与人之间的交流互动,文化就不会形成。因此,英国文化学者特伦斯·霍克斯指出:“人在世界上的作用,最重要的是交流。”[①]很大程度上,我们可以将文化视为人与人之间、人与自然之间相互交流的产物。不过,众所周知的是,人的经验和思想的传达与交流并不能像传心术那样不通过任何中介来直接进行,否则,世界上所有的聋哑人、盲人或不同语言、文化的人就不会感觉到有任何交流的障碍了;不仅如此,人要认识环境、形成思维也必须通过某种形式的中介物来进行。表情、语言、文字、图像都是传达信息的中介物,离开这些中介,人与人之间就没有交流的可能了。可以说,中介的不同形态,也是造成文化差异的重要原因,而这里所谓中介,也就是广义的媒介。比如,符号就是一种普遍存在的媒介形式,没有符号表现形式的文化是不存在的。由于人类必须借助于语言、图像等符号形式进行思考,因此,也可以说具体生活中的人是不同媒介形式和媒介环境中所衍生出来的文化的产物。当然,媒介与文化之间的关系,并不仅止于中

① 〔英〕霍克斯:《结构主义和符号学》,瞿铁鹏译,上海译文出版社1987年版,第127页。

介的关系,媒介通常是作为我们的信息环境、作为一种社会组织形式制造含有特定文化意涵的信息和娱乐来影响社会文化的。那么媒介究竟是什么呢？人们总是从不同的视角得出不同的结论,其中比较有代表性的媒介解释有如下几种。

(一) 作为中介物的媒介

一般来说,媒介是指一种中介物(形象或实体),尤其指传达信息的中介物。雷蒙·威廉斯考察了英语中“媒介”的用法并指出,这个词从16世纪末期开始在英语中广泛使用,最迟从17世纪起,具有“中介机构”或“中间物”的意涵。1605年,培根使用这一词汇时写道:“通过文字的媒介来表达”①,他在另外的地方写道:思想“是由词语这一媒介表达出来的”,这两个例子都是对媒介作为中介物的用法的例证。这种用法一直延续到现代社会,今天我们将凡是能够经由它的信息传递活动而将不同事物或现象联系起来的事物都称为媒介。这是最为广义的一种理解“媒介”的方式,比如报纸、广播、电话、电视、手机等等都能传达信息,通过它们传达的信息,我们可以了解到我们感官范围之外的世界。其他如语言、文字、声音、舞蹈、绘画、动作等等,只要它们承载和传达了信息,同样也可以被视为媒介。甚至连人自身也可以被视为媒介,俗称的“媒人”“媒婆”也就是传达、沟通信息的人。同理,汽车、火车、飞机、轮船以及它们借以运行的公路、铁路、航线、轮船也都可以被视为媒介,因为这些交通工具不仅承载运输人和货物,同时也传输信息,道路交通的发达往往不只是改变某个地区的物质流通状况,更重要的是通过传递信息而改变该地区的思想、观念和文化,因此,在过去的一个世纪前,人们经常将交通工具作为传播媒介来谈论,这种情况尤其见于中国现代学术著作中。如“五四”运动时期的新闻学家徐宝璜在谈到发展新闻事业、培养公共舆论时,将改善交通状况作为一条重要的条件,然而当代舆论研究者基本上不会将舆论与交通

---

① 陈力丹、周宪等:《传播学关键词》,北京师范大学出版社2009年版,第203页。

之间的关系联系起来，因此它是属于特定历史时期的媒介观念。

（二）作为讯息的媒介

媒介即讯息，是加拿大学者麦克卢汉的一句名言。他解释说："所谓媒介即是讯息只不过是说：任何媒介对个人和社会的任何影响，都是由于新的尺度产生的；我们的任何一种新的延伸（或曰任何一种新技术），都要在我们的事物中引进一种新的尺度。"[①]在麦克卢汉看来，任何媒介（包括一切人工制造物或技术）都是人的器官和功能的延伸，比如斧子是人手的延伸，书籍是对人眼的视觉功能的延伸，广播是对耳朵的听力的延伸，汽车是对脚的延伸……，这些延伸都是由于新的技术尺度的引入所引起的，而真正改变我们生活的是媒介或技术形式本身，而不是这些媒介或技术的内容，因为有一些技术形式是没有内容的。麦克卢汉举了"电光"作为例子来说明这一点。"电光"是没有内容的，但是它却改变了我们的生活，而对于那些有内容的媒介来说，它们的内容只不过是另外一种媒介而已。"报纸的内容是文字表述，正如书籍的内容是言语、电影的内容是小说一样。"[②]媒介即讯息的论断是麦克卢汉最知名的论述，也是他的理论中影响最大的论点之一。

显然，麦克卢汉的用意是希望人们能够将关注的重点由媒介的内容转向媒介的技术形式，因为媒介的技术形式往往会影响我们的感官和心理，同时也会使我们的社会文化形式因为媒介技术变迁而产生巨大的改变。比如，我们有时候会纳闷为什么过去我们看的电影都是反映现实题材的影片居多，而现在电影市场上的电影总是一些幻想电影，比如武侠片、科幻片、魔幻片、灾难片等等，难道是因为现在的人们比十年前的人们更喜欢幻想的内容吗？事实显然不是这样，真正的原因还在于现在的电影影像技术和过去不同，过去的影像技术只能客观地记录现实生活中的事物，而现在的影像技术却可以生产出你能想象得出来的任何事物，并且

① 〔加〕麦克卢汉：《媒介即讯息》，何道宽译，商务印书馆2000年版，第33页。

② 同上书，第376页。

这些事物看起来还跟真的一样,甚至比现实生活的景象还要显得更加真实。正是由于这种媒介技术上的差异,电影的内容才发生了变化,同时我们的审美兴趣、观影习惯也都相应地发生了改变。类似的文化现象不胜枚举,可见麦克卢汉的论断是很有价值的,从媒介文化的角度上总结他的观点,我们可以简单地将媒介及讯息理解为:媒介形式决定着我们的生活方式,正是由于存在着这种显而易见的含义,因此麦克卢汉通常会被人们认为是一个技术决定论者。

(三)作为环境的媒介

现代社会的一大特征就是现代传播媒介的普及化,各种各样的媒介机构及其所传播的信息构成了我们生活于其中的信息环境。也就是说,媒介普及化之后,人类的生活就一直处于现实与虚拟的双重环境之中:一个环境是我们感官范围之内的现实生活环境,它是我们感官所能感知的环境,真实、可靠但是范围比较狭窄;另一个环境则是由媒介信息构建的有关现实世界状况的虚拟环境,这个环境可以看成是媒介对现实环境的模拟,是一个插入到人与他的现实生活环境之间去的虚拟的环境,它并不真实但涉及的范围却非常广泛。我们的任何行为都是对所接受的有关环境变化的信息提示而采取的。如果信息正确,那么反馈行为自然就有益于我们的生活,反之,错误信息将导致行动变得盲目而有害。

沃尔特·李普曼是较早研究媒介拟态环境与人的行为之间关系的学者,在1922年出版的《公共舆论》一书中,他指出:由于现代社会的规模不断扩张,而个人生活卷入的社会系统也日益复杂化,已经大大超出了我们的经验范围,因此,人们只能通过传播媒介的信息去了解那些超越了自己经验范围的事件。在接受媒介信息之后,我们便通过想象机制将媒介信息在大脑中还原为图像,以形成对外部环境的认知,并进而成为我们采取实际行动的依据。然而,这些媒介传达的信息往往由于故意欺骗、操纵或者其他种种原因而偏离事实。这样,便造成了一种可悲的结果:我们依据媒介信息所构建的世界图像并不是现实生活中实际存在的那个世界,我们的行为依据媒介建构的环境而作出，然而它却要在真实的生活环境中产生实际的后果，并且这个后果会实实在在地反馈到我们的身上。这就好比一个人在看不见的情况下依据提示信息走路，如果提示信息没有将他面前的一堵墙准确地提示给他，那么结果必然是他的头会狠狠地撞到墙上。

将媒介作为环境的另外一种观点来自所谓的"媒介环境学派"的观点，他们的观点与李普曼的观点有异曲同工之处。他们也认为："我们通过媒介感知或'构建/重构'的'现实'，是现实世界的一种翻版，这种翻版是透过媒介感知特征过滤的；因为翻版的'现实'乃是插入周围环境和我们之间的一种东西。"①不过，媒介环境学派更详细地考察媒介对于人的生理—感知层面上的影响，认为人们使用的媒介技术的状况会影响到我们的感觉器官感知世界的方式，改变人们观察和看待世界的方式，从而也直接影响人们的文化活动。

英尼斯较早论述了媒介使用与文化偏向之间的关系，他认为甲骨、碑刻、金石铭文等媒介易于保存，但却难以运输，因此是偏向时间的媒介。在这种媒介条件下形成的文化以尊重传统和风俗习惯、注重历史和道德秩序为特点；而烽火狼烟、纸张、书籍以及现代的电子媒介是偏倚空间的媒介，它们易于在空间上加以扩散传播，但是不利于时间上的延续，这种空间偏向反映在文化上就是偏重于现在与未来，有利于在空间范围上扩展版图。古代的大型帝国之所以能够对广大地区形成有效统治，就是因为它们掌握了实施远程交流与管理的空间偏向的媒介。正像美国学者詹姆斯·凯里所说："从文化的角度来看，时间意味着神圣、道德和历史；空间意味着现在和将来、技术与世俗。"②

麦克卢汉继承和发展了英尼斯的观点，不过他更热衷于将媒介偏向

---

① 〔美〕林文刚：《媒介环境学：思想沿革与多维视野》，何道宽译，北京大学出版社 2007 年版，第 28 页。

② 〔英〕尼克·史蒂文森：《认识媒介文化：社会理论与大众传播》，王文斌译，商务印书馆第 2001 年版，第 183 页。

的研究解释为生理—感知层面的原因,换句话说,麦克卢汉认为媒介主要是通过影响人们的感觉器官来影响历史文化的。他认为任何媒介都是人的某种感官和功能的延伸,“每一种媒介都体现着一套感官特征。对每一种媒介的使用都要求使用者用特定方式使用自己的感觉器官。……阅读延伸或强调的是人的视觉器官;收音机延伸的是听觉;玩电子游戏延伸的是视觉、触觉和听觉的组合;如此等等。”[①]媒介的感官偏向影响了我们感知和接收外界信息的方式,也使得我们所获得的有关环境的资料发生了变化,而我们正好就是用这些资料和信息来理解和构建周围的世界。这也就是说,同时,我们所继承和内化的符号系统的形式和结构,在塑造我们与周围世界打交道的方式中也发挥了很大的作用。“我们可以把每一种传播媒介设想为一种感知环境”,因此,媒介技术的特性不同,人们由此而形成的文化也会不同。比如,习惯于看报纸的老一辈文化人与经常看电视长大的人在文化趣味、审美兴趣、价值观念等方面都会存在较大的差异。经常使用网络媒体的网民则经常在网络上形成自己的亚文化群体,这个群体在网络词汇、符号使用、言说方式、交流方式等方面都具有不同于其他文化群体的特征。对于当今时代的年轻人来说,网络几乎是他们生活中的另一个极为重要的生活环境,他们在网络上交流、恋爱、上课、求学、购物、游戏、种地……对于这些年轻人来说,网络已经重构了他们的生活环境,他们在这样的环境下生活,必然在参与网络文化创造的过程中也被“网络文化”塑造成了依靠网络化生存的“网络人”。

(四)作为社会组织机构的媒介

当人们将报纸、书籍、广播等技术形式或传播工具视为媒介的时候,自然也一定会将以这些技术形式为核心组织起来的机构视为媒介。因此,报纸、书籍、广播、电视、网站一方面指一种媒介技术和工具,另一方面则是指按照特定的方式组织起来的社会组织机构。这些社会组织机构按

① 〔美〕林文刚:《媒介环境学:思想沿革与多维视野》,何道宽译,北京大学出版社 2007 年版,第 28 页。

照特定的组织原则来进行组织，同时又按照特定的联系方式与社会权力机制、市场机制和公众相联系。“它们是社会价值的载体和协调者。没有任何社会机构可以不与其他机构发生联系而独立运作；相反，它们相互支持，共同维护一个主导性的社会构架。作为一系列社会机构之一的媒体，与其他机构同时运作，分享并共同强化相似的价值观，这些价值观就是有关我们社会关系的主导性的观点——比如关于阶级、性别等观念。……它们在协调社会和文化价值方面起到核心作用。”①

正是注意到媒介机构与社会文化和价值观念之间存在着密切的关系，因此，西方批判理论家们在批判资本主义社会的意识形态统治的时候非常注意重视对于媒介机构作用的批判。比如，著名的法兰克福学派就将资本主义媒介机构视为文化工业。这种文化工业的作用有两个：一是通过制造资本主义的文化产品来向人民群众灌输资本主义的意识形态，通过制造满足人们娱乐需求的流行文化产品的形式麻醉无产阶级和人民群众的批判精神，使他们在娱乐中逐渐丧失批判意识；二是像其他资本主义工业部门生产的产品那样，追求利润的最大化。为了达到这样的目的，资本主义文化工业降低了文化的品位，不断制造声色犬马的娱乐性文化产品，然后在利用这些产品挣取大量利润的同时，也实现了将资本主义意识形态确立为社会主流意识形态的政治目的。

法国的著名学者阿尔都塞甚至直接将媒介架构视为一种意识形态的国家机器，也就是说，媒介机构从本质上讲就是一种推行、维护统治阶级意识形态的国家机器。任何的国家政权都由意识形态国家机器和强制性国家机器构成，强制性的国家机器指刑罚制度、警察、军队、立法与行政部门等具有强制性力量的机构。而意识形态国家机器很特别，它是隐性的统治力量，主要负责培植人们对现存生产关系和社会秩序的顺从意识，也就是把人们规训成那种最有助于保持与延续现存生产关系和社会秩序的人。意识形态国家机器包括学校、家庭、宗教、媒体等，其特征在于教化、

① 〔英〕利萨·泰勒、〔英〕安德鲁·威利斯：《媒介研究：文本、机构与受众》，吴靖、黄佩译，北京大学出版社2008年版，第86页。

认同而非强制力量。在这其中,媒体机构是当代社会中最重要的意识形态国家机构,因为媒介技术的迅速发展已经使当代社会成为一个媒介化生存的社会,媒介无处不在,无时不有,媒介对于人们的思想观念和日常生活经验的获取所产生的影响已经达到了无以复加的程度。

不过,任何媒介机构都处于社会各种关系的网络之中,它一方面影响着人们的社会文化形成与消费,另一方面也受到新的技术文化、政治文化和受众文化的影响,这些相互影响的机制极为复杂,除非进行专门的研究,否则是很难进行判断的。在阿尔都塞的研究基础上,英国文化研究学派对媒介机构的意识形态性质做了新的阐释,这种阐释不再将媒介意识形态的运作视为单向运动的过程,而是视其为一个复杂的各种社会意识形态争取霸权的场所。这种解释的理论依据是葛兰西的文化霸权理论,这个理论的要点在于,统治阶级的意识形态霸权的获取事实上并不是以一种粗暴、强制性的方式取得的,而是通过与被统治者进行商谈的过程中取得的,这就意味着统治阶级意识形态霸权的获取同时也容纳了被统治阶级的一些要求和观念,尽管这种容纳是有限度的,但毕竟使得占统治地位的意识形态成为了一种经过商谈而得到的结果。在将葛兰西的理论引入文化研究和媒介研究的过程中,霍尔等人发展出关于文本解读的编码解码模式理论。这一理论运用于考察媒介机构,事实上指明了媒介机构乃是一个多种意识形态进行商谈和竞争的场所,这种商谈与竞争的关系异常复杂,其目的意在掌握霸权而成为具有统治性的意识形态。

总的来讲,我们要想全面理解媒介及其文化影响,就必须将媒介作为一种社会组织机构,从社会制度、所有权关系、意识形态、市场原则等不同的视角对其加以研究。

(五)作为文本的媒介

我们在前面谈到“媒介即讯息”的观点时指出,麦克卢汉的用意是通过一种直截了当的方式让人们注意到媒介技术形式的重要性。那么媒介内容是不是真的不重要呢?对于一些主要借鉴文学文本分析技巧和方法来分析媒介内容的学者来说，媒介的内容隐含了丰富的意义，通过对这些意义的解读，我们可以发现这些内容中所隐含的难以被人们发现的社会意识形态。

可以说，最近数十年来媒介文化分析之所以能够取得丰硕的成果，与人们对文本分析方法和批评的运用有密切的关系。在前面所谈论的威廉斯的文化定义中，文化的文献式定义在实质上就是将各种媒介所记录的文献作为文化的基本理解维度来看待的。不论是古代文化遗产还是当下的活文化，我们在自己的日常生活中都在通过媒介进行编码和解码的文化活动。一本古籍、一部影片、一部电视剧或者一场选秀节目……其实都可以被视为类似文学文本那样的媒介文本，也都可以使用从文学研究中发展出来的分析技巧对其加以解读。

我们在这里所说的"文本"是指由"符号与符码所组成的某一表意结构"，演讲、写作、电影、电视节目、穿着打扮都可以被视作这种表意结构的不同表现形式。从某种程度上讲，文本与"讯息"的含义相近似，但两者也不能等同，讯息通常是属于功能学派或过程学派的学者使用的词汇，用以指称"被传输的东西"。而"文本"更多的是符号学和结构主义传统的学者经常使用的术语，用于指称"意义生成与交换的核心"。"一个文本便由一个运行于许多层面的符码网络所组成，从而能根据读者的社会—文化经验产生不同的意义。"[①]文本分析的基础是符号学和结构主义的文学分析方法，如今这些方法已经被广泛而成功地运用于文化研究实践中。通过对媒介文本意义的解读，文化研究学派的学者使得媒介研究中的意识形态批判传统重新焕发了生机，也为我们了解媒介文化中所隐含的意义生成与霸权斗争机制提供了工具。

（六）当代文化与传媒之间的关系

生活在 21 世纪的大城市的人们可能不太注意：各种各样的媒介信息

---

① 〔美〕约翰·费斯克：《关键概念》，李彬译，新华出版社 2004 年版，第 291 页。

填充了人们的生活空间和思维空间,这些信息就像阳光和水那样构成了我们日常生活环境的现实,一旦这些媒介系统瘫痪,城市生活也就无法再维持下去。电视、报纸、书籍、网络、手机一刻不停地为我们提供大量信息,它们不仅提供新闻和娱乐,而且还建构我们的现实感,塑造我们对于世界的认知。可以说,正是新世纪的电子媒介网络,正在建构我们时代独特的不同于其他时代的文化,在当代媒介化生存的现实语境中,都市人所谓文化,也可以理解为由各种媒体共同制造出来的媒体文化。

如前所述,有史以来,在媒介与文化之间就存在着天然的密切联系,两者虽然不能等同,但是对于生活在高度媒介化的都市中的人群来说,文化在一定程度上指的就是媒介文化,并且,通过媒介文化的研究,我们可以认识我们时代文化的精神状况。媒介与文化的关系,我们可以通过以下的三个方面来考察。

首先,任何文化都只能借助于媒介才能进行生产和传播,因为人与人之间的信息交流不能够以传心术的方式进行,而是必须借助于某种形式的媒介进行,没有不借助于媒介手段组织、形成、传播的文化;另一方面,任何媒介的使用都会反映使用者的文化特质,因此也没有不反映特定文化特性的媒介及其内容。前述雷蒙·威廉斯对于文化的解释已经指明,"文化"事实上也包含了各种各样的媒介文化,不管这种媒介是静态的一个文本(书籍文献、电视节目、电影等),还是一种政治经济组织及其活动(这些组织、制度及其活动都是特定的生活方式的一部分);无论这种媒介文化形式是高雅的,还是通俗的,都属于"文化"研究的范畴。因此,从媒介使用与文化形成之间不可分离的关系上看,媒介与文化之间可以说是同一个问题的两个不同方面。不过一般来说,人们所说的"媒介"通常不是广义上的"媒介",而是指大众媒介和电子媒介,因此,媒介文化也就成了"文化"的一个重要的组成部分,而与广义的"文化"有所不同了。

其次,媒介本身的技术形态就决定了文化的形态,或者说媒介技术本身就构成了文化。这也就是麦克卢汉所谓的"媒介即讯息"的媒介文化观,即一种新的媒介技术必然会开启一种新的文化形式。例如,当我们谈到我国古代文化典籍特点的时候，必然会注意到那是一种由文字书于竹帛之上的文化，竹帛媒介自身的特点就决定了这些典籍在构成形式、书写方式方面所具有的特征。由于主要书写材料竹简很是沉重，不利于携带，因此，为了减轻重量带来的不便，人们在书写时就尽可能地精简，于是形成了古代典籍简洁精炼的特点。孔子的一部《春秋》记载了二百多年的历史，但总共的字数也只有区区不到两万字。这样高度精练的篇章和语汇所承载的信息量毕竟有限，难免会产生理解上的模糊性和歧义，加之历史变迁所造成的文化传承方面的断裂等原因，使得古籍往往难以为后人所阅读。于是为了读懂这些典籍，就有专门的学者著书来详细地解释这些经典的含义。后一代人解释前一代人的著书，一代一代的这种传承也就构成了中国学术文化的一大传统。此外，古代识字人群有限，记忆和传播文字内容很不容易，因此文人们在精简文字之外，通常采取押韵的形式写作以便于记诵。另一方面，文化环境的状况反过来也会决定媒介技术的进化方向，比如中国人很早就发明印刷术，但是和西方人不同，印刷术的产生在中国文化环境中更多地是用于使古代圣人的著作和解释他们的著作得到广泛传播，而不是用于宣传创新思想和文化。西方印刷技术所产生的那种变革社会文化的摧枯拉朽式革命在中国并没有出现，这就是文化环境对于媒介技术使用方向产生的作用。

再次，我们也应该看到，文化作为一种不能完全自由选择的结构性环境，对于媒介文化的形成、发展也会具有十分明显的影响。想象一下，如果我们社会的基本价值观念，即我们的文化观念不是建立在启蒙时代以来所形成的现代价值系统上的话，那么我们的媒介技术和媒介文化形态会呈现怎样完全不同的面貌。现代社会的价值观念可以被看成是建立在科学、民主、进化、功利主义等一系列原则基础之上的混合意识形态，是支配现代社会发展的文化和精神上的动力。这种文化层面上的遗产是由历史的原因形成的，我们每个人都只能被动地接受它，并通过自己的行动重新塑造它。现代文化的价值观念可以简单地表述为更高、更快、更强、更大、更实际……这是一种以西方文化的历史逻辑为基础的文化观念，完全不同于中国文化的历史逻辑。只需稍加回想两千多年前中国哲人老子曾经描述的那个理想的社会,我们便可看出中西方两种价值观念之间存在的极大差异。对于现代文化的价值观念来说,更高、更快、更大、更实际的目标规定了媒介技术的发展方向。这种建立在功利主义和欲望满足的基础之上的媒介发展动力推动着媒介技术向着快速、高效、便捷的方向发展,同时也向着更加适合于感官享受、声色犬马的方向发展。如果按照老子所描述的社会理想和文化观念来决定媒介技术和媒介文化的发展,那么声色犬马和快速、高效都是必须禁止的,因为这些东西必定会破坏处于自然主义平衡状态之下的"小国寡民"的有机社会共同体的和谐。因此,我们在谈论媒介技术形态变化培养新的媒介文化的同时,也必须看到:文化环境对于媒介技术形式选择和媒介文化的形成具有结构性的制约和影响力。在当代媒介文化中隐藏了我们时代的文化环境的密码,从那些形形色色的便利、高效、娱乐、享受中,无处不透露着资本、权力的欲望逻辑以及它们与普通百姓的利益诉求之间所存在着的错综复杂的关系。而要进一步认识这些错综复杂的关系,就必须对其进行文化分析和研究,通过不断地知性活动的努力,知识界已经积累了一些考察媒介文化现象的工具。借助于这些工具,我们能对那些已经司空见惯的媒介文化现象进行文化分析,解释其中所隐含的秘密。

三、文化研究的范式:大众文化、通俗文化与媒介文化

正如我们在前面所讨论的,当我们谈论媒介的时候并不仅仅谈论的是现代传播媒介,而是包括传统语言和文字媒介在内的广泛中介,相应地在理解文化这一概念时我们也需要包含对传统文化的理解和解释。因此,媒介文化的范围事实上非常广泛,传统学术中的语言、文学、戏剧、美术、雕塑之类的研究也都可以被视为媒介文化研究。不过,为了论述主题和范围上的集中便利,我们在这里所谈论的重点是以当代大众传播媒介

为载体的媒介文化现象。从某种程度上讲,西方当代媒介文化的研究路径与范式主要是法兰克福学派的大众文化研究、伯明翰学派的通俗文化研究和多伦多—纽约学派的媒介环境学。受西方媒介文化研究的影响,我国的媒介文化研究也存在着相应的三条主要途径和研究范式,即大众文化研究范式(Mass Culture)、通俗文化研究范式(Popular Culture)和媒介环境(Media Ecology)范式。

在这三种研究取向中,大众文化范式和通俗文化范式都可以被放置到西方马克思主义的学术谱系系统之中来加以把握,因此它们之间所存在的差别反映的是西方马克思主义在媒介与文化研究领域发生的演化。这些观点对于我们的中国媒介研究具有非常重要的启示性意义,但由于我们所处的历史和现实环境不同于西方发达资本主义社会中的情况,因此我们一方面应该重视这些研究范式的基本观点,但另一方面又不能过于局限于这些范式的视角看待中国自身的文化现实。而源自北美的多伦多学派的技术文化范式对于我们看待中国文化具有极为重要的借鉴意义,因此这一学派的观点也应当是我们关注的重点。此外,在这三种范式之外还存在着其他的一些研究范式,如实证主义的研究范式和政治经济学的范式以及至今尚未进入媒介研究视野的大量传统媒介文化研究。由于这些研究路径与范式在当前的媒介文化研究领域中所产生的影响较为有限,因此我们并没有将其作为关注的重点,但这并不意味着这些多样化的研究视角对于我们理解中国的媒介文化现象完全没有启发,相反在本书的写作中,传统的媒介文化现象是作为理解当代媒介文化的参照系而存在的,其重要性是不言而喻的。不过如何在接受、消化西方学术资源的基础上,结合中国的历史学术传统和现实问题,探索出有中国本土特色的媒介文化研究路径与范式则是一个需要不断尝试和努力的工作。

(一)从大众文化到通俗文化:寻求文化政治的希望

在我国的学术著作翻译和研究中,尽管"通俗文化"和"大众文化"之间的区别并不是新鲜的理论问题,很多著作也都对此加以特别说明,但令人困惑不解的是,沿用“大众文化”的提法似乎成了惯性,研究者不仅在著述中将通俗文化和大众文化相等同,而且将英美著作中的Popular Culture一律译为“大众文化”。也就是说“大众文化”在国内学者的论述中存在着一身兼两职的角色,即不论是“Mass Culture”还是“Popular Culture”都视为“大众文化”,却无视此“大众文化”(Mass Culture)与彼“大众文化”(Popular Culture)在词义内涵上的极大的不同。如果使用“大众文化”同时指称Mass Culture与Popular Culture,则不仅模糊了这两个截然不同的概念之间的内涵差别,也模糊了文化研究在最近几十年时间中取得的最重要的进展。事实上,从“大众文化”到“通俗文化”的转变可以说浓缩了从法兰克福学派文化批判到当代英国文化研究的学术发展的基本学术历程,这两个不同的词语所表征的是文化研究史上的两个不同历史阶段,是两种不同的研究范式。

(1) 大众文化(Mass Culture)与文化工业研究

“大众文化”与19世纪末20世纪初的“大众社会”理论密切相关,这种理论将在工业社会中从事流水线作业的人群视为没有个性特点、容易受到暗示和操纵、缺乏理性思考能力的乌合之众。在“大众社会”理论中,个人的力量和要求都是微不足道的,文化的生产首先需要考虑的是大众需要而不是个人的个性化需求。在这种情况下,生产“大众文化”成了文化工业的必然诉求。

大众社会理论的兴起与当时新兴的媒介文化现象有密切的关系。19世纪上半叶,英美等国廉价报纸的兴起对于传统文化和传统的社会生活方式都产生了巨大的冲击。在美国,当大众化的报纸兴起之后,它先后经历了政治和商业的腐蚀,美国、英国等资本主义国家的大众报刊业先后经历了“政党报纸”时代和“黄色新闻”时代,报纸成为政客们进行政治投机或者商人们搜刮钱财的工具。政治和商业腐蚀的结果是:报纸这一新兴的大众传媒成为一个让人恐惧的怪兽,在提供有限的信息和娱乐之外,它的主要的影响似乎是腐蚀、破坏我们传统的有机社会共同体。于是,对于那个时代的有远见卓识和社会责任感的知识分子来说,批判大众媒介及其文化，保卫传统文化价值观念成为一种义不容辞的责任。无论是美国的杜威、帕克还是英国的马修·阿诺德、利维斯夫妇，都对大众社会中的大众传媒及其文化表示了深切的忧虑。不过，相比法兰克福学派来说，杜威等人的批评和忧虑多少有点“妇人之仁”的味道，美国人对大众文化所产生的负面影响忧心忡忡，但是他们大多是乐观主义者，他们总是希望通过教育和社会进步改良的方式使大众文化趋利避害。

理解大众社会与大众文化概念的基础是“大众”，麦奎尔在《麦奎尔大众传播理论》中对于“大众”概念作了辩证的分析。他指出：“早期的大众一词带有负面意涵，指平常人或普通群众，他们通常被认为未受教育、无知并且有可能是不理智、不驯服甚至是凶暴的（如当大众变成一群暴民时）”。尽管稍后“大众”的概念也会因为政治视角不同而具有正面的意义（如在社会主义传统中，大众代表一般劳工为了集体的目标或是反抗压迫而组织起来所产生的力量与凝聚力。），但“大众”一词在西方语境（欧洲）中的“主导倾向一直是对大众现象的否定，即使他们对现有社会秩序不构成任何威胁。主流西方社会与文化价值取向是个人主义和精英主义，对集体的行动存在偏见。撇开它政治上的意义不谈，当指涉特定人群时，‘大众’一词也具有贬义。它代表了一种无组织性、缺乏个人色彩的个体集合。一个标准的字典释义将它界定为‘个人在其中丧失了个性的集合体’（简明牛津英语字典）。这接近于早期社会学家赋予媒介受众的意义。正是大量的表面上没有区别的大众媒介的受众为这一概念提供了一个最清楚的例证。”①

值得注意的是，在美国，“大众”一词并不因为它具有明显的负面内涵而招致弃用。这可能与美国的商业主义和历史文化传统有关。美国历史上并没有出现精英、贵族阶层统治普通民众的历史，“大众”一词在美国仅表示数量上的含义，而没有明显的阶级内涵，这一点与欧洲的情况较为不同。尽管杜威、帕克等美国思想家曾经对于大众社会及其文化现象

---

① 〔英〕丹尼斯·麦奎尔：《麦奎尔大众传播理论》，崔保国、李琨译，清华大学出版社 2006 年版，第 34 页。

深表忧虑,不过,它们并没有将这些问题引向马克思式的思考,而是主张以乐观的改良主义加以解决,并且在他们看来,大众社会及其文化其实也就是普通人的文化,是适应美国的政治制度和经济发展需要的(美国并没有需要被革命的对象,他们总是致力于不断完善而非彻底颠覆现存的社会模式,因此,美国人的思路总是改良性的而非革命性的。)。

与美国知识分子不同,借助于马克思主义最犀利的批判精神,霍克海默、阿多诺等法兰克福学派的知识精英对资本主义大众传媒及其文化——大众文化进行了近乎彻底而全面的否定,揭示了其政治上、经济上的欺骗性。从总体上讲,法兰克福学派主张资本主义“大众文化”是文化工业的产物,这种文化是一种抹杀艺术个性的、由上而下强加给民众的、用虚假的快乐麻痹人民的文化,是统治阶级借以复制现存的社会利益结构和权力体系的工具。

确实,联系前述20世纪前后一段时间,现代传媒业的格局及其对于传统社会与文化所产生的冲击,我们不难理解“大众媒体”兴起的时代,批评家对这种取消个性的大众文化所作的近乎偏执的批评。想想看,在电视、广播、报纸这样一些典型的大众传媒机构的单向信息输出模式下,普通民众的媒介参与权几乎是一种不可能实现的奢望。我们对媒介机构的信息传播最现实的反馈就是喜欢或不喜欢。普通民众没有媒介的使用权,因此,在绝大多数情况下,只能被动地接受媒介机构强加给我们的信息(除非不接触媒介),而不是参与到媒介文化的生产中。对于处于市场竞争下的媒介机构来说,受众就是市场,就是利润所在。争取受众的最好办法就是提供受众喜欢的产品,然而,单向信息流动的传播模式使得媒介机构不可能为每一位受众量身定做他所喜欢的节目,因此只能将大量的受众的丰富个性抹杀掉,而将工作重点转向他们的共同兴趣。这种对受众兴趣的猜想最终会落实到诸如反常、暴力、色情、浪漫等几种人类天性中的脆弱关节点上。由此,技术上的限制使得媒介信息只能以单向流动的方式进行,“大众”无法在媒介活动中发挥其主动性,更谈不上对这些媒介信息进行抵抗;另一方面,统治阶层意识到了媒介技术的这种特点非常有利于通过文化工业对“大众”意识进行操纵，也就是说，在“大众”没有反馈渠道进行有效抵制的前提下，通过满足“大众”的普遍的趣味，一点点地将他们的反抗意识消磨掉。而隐含在大众文化中的主流意识形态则自然而然地通过那些声色犬马的文化商品消费行为占领“大众”的精神世界。这样“大众文化”实际上也就成了统治阶级复制其意识形态的工具，成为统治阶级生产现存的社会秩序的必要手段。历史地看，法兰克福学派对大众文化的批判显然是切中时弊的。

（2）通俗文化与微观政治

后世的许多理论家对法兰克福学派的否定性批判提出了质疑，认为他们没有看到“大众文化”中所蕴藏的丰富内涵，也没有看到“大众”内部的复杂性，大众并不是铁板一块，其内部存在着丰富的差异性；他们也并不总是让人牵着鼻子走，或者任由掌权者和媒体摆弄的“羔羊”。事实上，在他们自己的地盘上——理解和利用媒介信息，他们可以是积极主动的。不仅如此，他们也会使用一系列的方法或者措施巧妙地对掌权者在意识形态国家机器中传达的意识形态进行有效的抵制和反抗。由此，文化研究学者们发现，过去理论界对于“大众”的理解和解释存在着缺陷，早期理论家并没有考虑到受众理解文化时在意义生产机制上存在着复杂的情况，由此，“大众社会”理论在此时也逐渐被抛弃了。

在文化和传播研究的领域，“观众”（阅听人）逐渐取代了“大众”（受众），“通俗文化”（popular culture）逐渐取代了“大众文化”（mass culture）而成为新的研究视角。麦奎尔观察到这些新的变化，他指出，“大众文化一般带有贬义，主要是因为它和假定中‘无涵化的’、没有个性的或者下层的受众的文化偏好有所关联的缘故。现在大众文化这个术语已经过时了，部分原因是因为阶级的差异已不再那么明显，而且也不能划分所谓的少数受过教育的专业阶层和大多数贫穷/缺乏教育的劳工阶层了。这是因为‘文化品位’的层次不再得到广泛地公认或者接受的缘故。即使在这个观念流行时，大众文化纯粹是属于‘下层’的观念也不容易获得证实，因为它在某种程度上代表了几乎每一个人的正常的文化经验。现在人们一般比较偏爱用'通俗文化'这个词汇,因为它仅仅代表了许多甚至是多数人的爱好。"①

那么,什么是"通俗文化"呢?通俗文化与"大众文化"相比,又隐含或预示着什么样的知识范型和特殊内涵呢?

顾名思义,通俗文化就是大众喜闻乐见的、容易理解和接受的、普通人的文化。通俗文化的提法在一定程度上弱化了精英与大众、高雅与庸俗等带有明显二元对立价值判断的争论。通俗作为一个比较中性的词汇,它强调的是文化的"亲和力",强调文化生产和消费的民间色彩。作为一个意识形态用语的话,它和"大众文化"的评价功能正好相反。后者所代表的是一种否定的态度,也即对于这种文化形式的完全否定或者批判;而前者代表的是一种肯定的态度,这种肯定的态度并不是赞扬、拥护或者维护的意思,而是说没有对其进行价值判断上的贬低和排斥。这种理论认为,通俗文化就是人们当下日常生活所经验的文化,其内部存在着复杂性,需要进行具体深入的研究才能对其政治意义进行判断。

雷蒙·威廉斯在《关键词》中认为通俗文化主要有四个方面的特征:一是"许多人都喜欢的文化";二是"难登大雅之堂的文化";三是"有意迎合民众口味的文化";四是"民众自己创造的文化"。② 从这些有关通俗文化的含义看,通俗文化最为明显的特征是:从普通民众那里生产出来,供普通人使用、娱乐和消费的文化形式,是广受大多数人喜爱的和接受的文化。在做出这种理解之后,我们还需要注意两个问题。

首先,通俗文化是一个复杂的文化复合体,它既直接产生于文化生产者的日常生活实践和文化环境,又广泛摄取其他文化领域中能够为我所用的文化元素。通常情况下,通俗文化是最为适用和最实用的文化,它与普通民众的日常生活相伴随。有的学者认为,通俗文化的产生受到了商

---

① 〔英〕丹尼斯·麦奎尔:《麦奎尔大众传播理论》,崔保国、李琨译,清华大学出版社2006年版,第37页。

② 〔英〕约翰·斯道雷:《文化理论与通俗文化导论》,杨竹山译,南京大学出版社2001年版,第8页。

业的影响，或者说是在受到外部文化影响的情况下产生的，并因此否定它产生于普通民众之中，这些观点是值得重视的。通俗文化研究者之间的意见往往会有很大的差别，有的主张继承源于马克思主义并由法兰克福加以发展的文化批判精神，有的主张乐观地看待通俗文化，认为通俗文化中蕴藏了很多反抗资本主义制度的东西，通俗文化也是民众的福祉所在。但是，不管是执批判的还是非批判的意见，学者们都主张通俗文化不具有"大众文化"那样的整体性，不能用整体的视角处理文化，而应该借鉴、发展一些行之有效的研究方法和技巧，深入到通俗文化的文本内部或者深入到通俗文化的社会历史结构中去研究通俗文化，解释其现实的意义。

其次，通俗文化虽说在很大程度上来自民间，但它与民间文化又存在着本质上的差别。民间文化具有较强烈的地域性和民族性，带有朴素的原生态的乡土气息，在与普通民众的日常生活关系的密切性和实用性方面，它比通俗文化有过之而无不及，但它在被认同和受欢迎的范围方面不及通俗文化广泛。此外，民间文化一般与文化市场没有直接的联系。通俗文化则不然，通俗文化的一个显著特点就在于它力图摆脱文化的地域性和民族性，力争成为受到尽可能多的人群的喜爱的文化形式。通俗文化的来源一般不会局限于一个民间文化体系，它往往会融汇多个民间文化体系甚至精英文化系统的文化元素，将所有这些文化形式加以利用，最终形成受到尽可能多的人喜好的文化形式。在这种"融汇""挪借""拼贴"过程中，民间文化、精英文化中的排他性因素受到改造，而这些文化中的普适性、流行性因素得到了增强，并最终形成受到多数人喜欢的、广泛流行的文化形式。正是因为通俗文化具有这种普适性的倾向，它成为文化市场和商业经济的组成部分。如果一种文化能够具有广大的接受人群，那就意味着这一文化形式中潜藏着巨大的商业利润，因此，市场因素常常会介入到文化的领域中来，通过经济手段改造文化，最大限度地迎合一般民众的口味，以获取经济利益。从这个意义上讲，通俗文化有时会滑向大众文化（Mass Culture）的泥沼之中。

(3) 大众文化范式与通俗文化范式的关系

上面的论述表明:大众文化研究范式与通俗文化研究范式是不同的两种研究范式,但这并不意味着这两种范式之间没有任何联系。实际上,文化研究的通俗文化研究范式在一定程度上借鉴并吸收了大众文化研究范式的某些遗产。文化研究中的很多学者主张在研究中体现马克思主义的批判精神,这与继承法兰克福学派的批判理论有一定的关系。虽然大众文化范式和通俗文化范式之间具有极大的差异性,但是我们似乎也能够看到,在批判性精神上,两者都体现了西方左派知识分子对于资本主义文化的批判。有很多学者指出,大众文化或曰文化工业的研究范式已经过时了,在这个问题上我们还应该有所甄别。大众文化范式隐含着精英文化与大众文化的对立,这种对立在今天依然还是一个争论不休的问题。我们对大众文化究竟应该执批判态度还是欢呼的态度?英国学者麦克盖根指出:在通俗文化的研究范式中,一些学者看到了其存在的抵抗空间和自主空间,并因此而为通俗文化大唱赞歌。这种研究逐渐褪去了批判的色彩,滑向了民粹主义的立场。正是由于通俗文化研究中存在着这样的倾向性,因此,对于一些左派人士来说,保持批判理论对大众文化的否定性思维也是相当有必要的,尽管他们的文化批判不会再将文化视为单一整体,同时在分析与批判的技术层面上具有更有效的理论和方法。对于中国研究者来说,大众文化研究范式仍然具有其相当的继承者,这主要有两个重要原因:第一,法兰克福学派对于大众文化和文化工业的批判较早地进入了中国并为中国学者所接受,20 世纪八九十年代,中国的大众文化研究几乎是由法兰克福学派的大众文化范式主导的,当时英国文化研究理论尚未有系统地进入中国学术界并引起中国学者重视。法兰克福学派的文化批判理论在实际运用上会有一些便利性,因为这种批判的一个重要特点是将大众文化视为一个单一整体,并从整体的视角对它进行批判研究,而批判的主要工具则主要是马克思主义意识形态还原理论。其基本的结论大同小异(也有一些例外,如本雅明和洛文塔尔等人的观点),就媒介文化来说,不管批判的过程如何,最终的结论几乎都是将大众文化还原为资本主义的意识形态收编,还原为统治阶级用以复制现存秩序的工具;或者就是以艺术审美的标准指出这种文化的粗俗性、反文明性、反艺术性。这种处理文化的方式要比通俗文化研究简单得多,通俗文化研究的研究重点并不是给文化贴上意识形态标签,而是深入文化内部,探讨文化领域中的各种意义和意识形态的矛盾纠葛,即它们的收编、抵抗、商谈、斗争等关系。而这种文化分析所使用的理论资源相当地复杂,几乎涉及当代社会理论和批评理论中的各种理论资源,举凡符号学、结构主义、后结构主义、后现代理论、批判理论、精神分析理论、巴赫金(弗罗希洛夫)、阿尔都塞、葛兰西和墨菲等人的意识形态理论……都是(通俗)文化研究的主要的理论资源。对于中国学者来说,掌握这些理论需要耗费大量的时间和精力,对于一些不愿下苦功夫深入研究这些理论的学者来说,遵循便利性原则,使用简单化了的理论来支撑自己的文化批评不失为一种既省事又出彩的事情。因此,法兰克福学派的大众文化范式虽然已经过了它的鼎盛期,但在中国学术界还是具有一定的普及性。第二,不可否认,很多中国知识分子仍然保持着精英的文化价值观,站在精英文化的立场上审视通俗文化,容易在精英的"我"和通俗的"它"之间划定一个界限。对于精英文化的捍卫者来说,通俗文化和大众文化没有什么根本的区别,也没有加以区别的必要性。它们都是那种声色犬马、时尚粗浅的文化,并不体现人类文明智慧发展的成果,也不是文化发展历史过程中经过层层选择之后遗留下来的精华。这些文化并不体现人类永恒的价值观念和道德原则,相反,它们往往是作为精英文化的对立面而存在的。它们所体现的价值观念、道德准则和审美趣味都与精英文化这一优越的文化形式相左。更重要的是,它们以迎合世俗的形式占据着人心,精英文化在与其争夺领地的时候总是处于不利的地位。通常情况下,精英文化的生存发展空间受到了通俗文化的排挤,通俗文化的兴盛往往表明精英文化的衰落,伴随这种衰落,社会及其文化价值准则会走向堕落,社会也会由有序走向无序和混乱。保卫精英文化是传统知识分子(与有机知识分子有别)的一种天然职责,因此,传统知识分子一般都会有保卫精英文化、维护人类普世价值的倾向。因此,保持对大众文化或通俗文化的警惕和批判是无可厚非的,但是只是因为不喜欢通俗文化就全面否定和取消对这些文化进行严肃讨论和分析,否定从政治、社会而非道德、美学的视角对其加以研究的必要性就不可取了。西方学者的观点也许是对的:我们既然希望世界变得更加美好,社会变得更加人性,那么就有必要通过知识的介入影响人类政治、经济、美学等方面的实践,为此,我们除了发展超越于功利与现实的艺术与美学研究之外,还应该关注人们的日常的生活。因为任何的社会改革实践都离不开人们的日常生活,所以,了解人们活生生的文化也是进行社会改造的重要一环。并且,在人们的日常生活中就潜藏着人类解放的动力和种子,从日常文化开始,也许我们知识介入和干预实践的行动会变得更加有效。

(二)媒介文化:一种新的综合视角

前面已经谈到研究媒介文化的两种途径和范式,但是媒介文化研究并非只有这两条研究途径,它还有相当多样的研究途径。所以从这个意义上讲,媒介文化研究只是与批判理论和文化研究有共同的交集,但也并不能完全取代。媒介文化将重点放在了“媒介”和“文化”的关系上面,比较突出媒介这一载体形式对于文化的影响。这与文化研究将文化本身视为研究核心还是有所不同的,文化研究并不突出媒介的地位,尽管它也承认媒体文化确实越来越成为我们当代社会中占据主导性地位的文化形式。对于文化研究来说,它将自己的经纬线设定在权力和意识形态的争夺问题上,以此来搭建自己的框架结构。批判理论和文化研究都具有这样的特点,比如它们都可以被视为借助于文化中权力与意识形态的分析批判而进行的政治实践,具有比较强烈的政治诉求。但是媒介文化却并不一定就必然是以权力和意识形态分析为经纬的,也并不一定关注政治实践,比如,媒介的技术形态与人类历史发展的关系问题,或者媒介技术形式与人的文化感觉变化问题,这些并不是批判理论或者文化研究关注的重要问题,但他们却是这个媒体文化研究关注的重点。另外,英国文化研究的研究思路与媒介(传播)政治经济学有很大的不同甚至是矛盾。因此,政治经济学的研究也不属于英国文化研究的范畴,但是,媒介政治经济学也阐发了很多媒介理论,也是媒介文化研究中的重要内容。我们也许应该这样来看待这个问题:媒介文化研究所要研究的是与媒介(包括传播)相关的文化现象,这个概念本身并不含有特定的政治哲学意味或者方法论意义,这是个更加中性的概念,甚至具有一定的技术(媒介和传播技术)的倾向。由于这个原因,那些林林总总的具有特殊理论价值倾向或者社会、技术倾向的研究范式都可以被包括进来。比如社会学、社会理论中的媒介文化研究、媒介生态学范式的媒介文化研究、实用主义的传播(媒介)文化研究,甚至我们都可以将中国式的媒介文化研究作为一种研究范式加以考察。

这样,"媒介文化研究"这个中性概念就仿佛成了真正开放性的学术领域,它的宽口径为容纳多元的研究途径提供了可能,这也保证了该学术领域能够紧跟时代、与时俱进。不过这样包罗万象的框架也有它的缺点,这个缺点就是它只能是一个泛泛而谈的名词(通名),没有特殊的价值或者理论的内涵(专名),不像"批判理论"或"英国文化研究"这样的词语,具有较为特殊、确定的内涵。然而,我倒觉得这种遗憾虽然不可避免,但也不应该过于求全责备,因为不同性质的学术语汇都具有自己的特殊指称功能,比如,"批判理论"或者"英国文化研究"具有比较明确的理论内涵(它们可以指称一种研究范型及其理论),但是它们却不能用来指称多种研究范式或理论范型。"批判理论"是一个专有名词,显然它的指称范围不包括"传媒政治经济学"(专有名词),也不涵盖"媒介环境论"(专有名词)等。因此,如果要指称多种研究范型及理论范式共同构成的学术领域的话,那么使用包容性的、理论内涵较为模糊的、执行通名功能的名词是必要的。当然,我们也要看到,随着一个概念的使用时间的增加,对于这个概念的理解会出现分化和特殊化,其结果往往是通名会变成专名。因此,媒介文化这一通名很可能在使用过程中被赋予特殊的内涵,如用它来指称"批判的"或是"技术的"媒介文化研究。这种现象的出现也意味着将包容了多种异质理论范式的零散的学术领域进行新的基础(如某种哲学或方法)上的再整合化和统一化。一个学术领域经常包含着统一与离散这两种方向相反的运动和力量,因此,“媒体文化”也会在统一或离散两个不同的层面得到理解和使用,这都是很合理、很自然的事情。正如前面所说,作为一个相对较为新颖的词汇,“媒介文化”这一术语的使用很大程度上是因为其他现存的词语并不能够满足我们的使用要求,无论“大众文化”还是“通俗文化”还是其他什么别的范式。一方面,它们都会将传播和媒介作为社会文化研究中的重要主题;另一方面,它们都从自己的理论立场来研究传播媒介与文化的相互影响关系。因此,它们的视角是特殊的,也是有限的。而要理解人类媒介文化,我们需要更加多元的途径,或许我们会喜欢、赞同一种理论观点,或者形成自己的特定理论观点。但即使是这样,我们也不应该将我们喜欢或者赞同的,或者是我们自己洞察出的理论观点视为包治百病的万能理论。我们必须清楚这些我们喜欢或自己创造的理论,也只不过是对我们的历史的,或思想的局限性(它是由我们生活于其中的这个社会结构和历史结构所造成的),以及我们个体经验的特殊性的另一种形式的反映。人不是上帝,不可能知道什么是终极的答案或者标准,我们不能指望自己成为黑格尔那样的偏执狂,尽管他的那些真知灼见是人类历史上真正的天才创造,也是历史岁月中遗留下来的无价珍宝,但是我们决不能像他那样偏执地认为人类只需要一种珍宝,或者说世界上只有一种唯一的珍宝。我们不能像他那样将世界的多元性质抹杀掉,把一个丰富多彩的、充满了大量未知的不确定性和可能性的世界解释成单调、乏味的、前途一览无余的、理性的一元世界。“媒介文化”这一术语最大的好处可能就在于它没有特别的意识形态上的内涵或者价值上的倾向性,“说明媒体已经拓殖了文化,表明媒体是文化的发行和散播的基本载体……证明我们是生活在一个由媒体主宰了休闲和文化的世界里。因而,媒体文化是当代社会中的文化的主导形式与场所”。[①]

---

① 〔美〕道格拉斯·凯尔纳:《媒体文化:介于现代与后现代之间的文化研究、认同性与政治》,丁宁译,商务印书馆 2004 年版,第 61 页。

第二章 新媒介症候

具有技术进化论倾向的新媒介拥趸们认为:人类总是经历由低级到高级、由野蛮到文明、由简单到复杂、由低效到高效……依次递升的必然过程。同理,新媒介总是比旧媒介更为高级、文明、复杂、高效的媒介,因此新媒介所创造的生活也必然是更加高级、文明、复杂、高效的生活。殊不知媒介演化过程总是隐藏它让人意想不到的一面,即新媒介在带来某些方面的明显进步的同时,总是伴随着人类文化在某些方面的退化。进化与退化这样两个词的含义,即使是按照技术主义的那种理解方式去加以理解的话,也应该是一枚硬币的两面,是相伴而生的过程。如果不按照技术进步主义者的那种思维框架思考的话,进化与退化之间的区别事实上是很难说清楚的,不同的价值观念和社会思潮对于两者的界定总是尖锐对立的。可以说在一种思想范型中的进化在另外一种截然相反的思想范型看来就是退化。进化也即退化,这种意义界定上体现出来的辩证法是显而易见的。

一、新媒介症候:福祸相依的辩证法

就我们最普通的用户常识和经验来说,新媒介确实并非只给我们带来好处,而是利弊两方面兼而有之。而我们所面临的主要问题是:无论我们以何种思想范型或者个人的好恶为出发点来思考技术和新媒介的现象,我们都能看到一个客观的趋势:新技术和新媒介总是能够在我们的社会生活中迅速取得胜利。这恐怕与技术所具有的那种十分友好的面貌有密切的关系。如果我们在第一时间就已经能够认识到技术的危害性的话,我们将采取相应的措施加以避免,甚或完全就不会允许它进入我们的生活范围。但技术的障眼法总是让我们在迟至已经无法对其加以限制阻碍的时候,才会让它们所带来那些危险和弊端显现出来。

对治技术障眼法的办法也不是没有,一些较为成熟的思想范型往往可以做出这样的预警,但由于这些思想范型往往建立在对人的欲望和享乐加以限制和排斥的基础之上,并且也不利于商业和政治权力的扩张,因此往往受到人们的冷落。《老子》第十二章中有“五色令人目盲,五音令人耳聋,五味令人口爽。驰骋田猎令人心发狂,难得之货令人行妨,是以圣人为腹不为目,故去彼取此”的至理名言,其中所蕴含的智慧几乎没有人会加以否认。这些观点对于我们生活的新媒介世界的批判以及相应的对治办法,可谓已经是鞭辟入里,直指要害。但是人们对于财、色、名、食、睡的执著却又蒙蔽和阻止了他们从善如流的天性,因此智慧的思想就如同古时的圣贤,总是处在“被褐怀玉”的状态之中。在所谓“国学”被各种媒介表演秀掏空了文化灵魂之后成为媒介资本之情人的当今时代,这些智慧的思想虽然被人们顶礼膜拜,但却不会如法奉行。

新媒介领域是现代技术最能够发挥其障眼法的地方,对于新媒介的拥趸们来说,新媒介就意味着进步和幸福生活的来临。要想打破这种障眼法,我们不妨描述一下我们当前的新媒介生活中存在的诸多“症候”。“症候”一语原是弗洛伊德精神分析治疗理论中使用的术语,它意指通过分析研究病患在表面上所展现出来的种种奇怪症候,治疗师可以循此而入地对隐藏在症候之下的病根加以认知和分析,从而有针对性地从根源上加以治疗。对于当代媒介的症候而言,其主要表现在于从人们对媒介的种种期待性描述或逻辑推演中,往往会出现自相矛盾的不同结论。这些悖论的存在表明:媒介现象所存在的复杂性与矛盾性往往是出人意料的。通过这些描述我们可以看到,新媒介总是在给我们带来惊喜的同时也带来麻烦,给我们带来欢喜的同时也总是带来烦恼。当我们从新媒体那里获得一些好处的时候,我们便同时收获了一些坏处,或者说在看到新媒介给我们带来所谓进步的同时,也应该看到它所带来的退步。当代新媒介文化的经验完全可以采取利弊对举的方式来加以描述,即看上去很美的事情却在它不显现于人的地方隐藏着巨大的危险。可以说技术的祸福辩证法伴随着技术的进化史,可以列举的实例数不胜数。我们仅能取其凤毛麟角般的几个例子,以便将这种不太为人注意的辩证关系略加陈述。

二、便利与麻烦,高效与低效

技术垄断的一个颠扑不破的神话就是宣称新媒介让我们的生活变得更加便利和高效。利用科技制造的各种媒介来帮助人们处理工作和生活事务,突破人们由于自然条件而遭受的种种能力限制,满足人们日益增长的欲望,这早已成为人们与生俱来的一种追求,人类的每一项发明其实都隐含着对这一梦想的确证。

(一)便利与麻烦

自从有了新媒体,人们的生活与工作都变得空前便利了,这似乎已经是一个不需要多费笔墨加以讨论的事实了。在工作方面,数字技术和互联网改变了人们传统的工作方式。例如银行的业务员现在不会再像以前那样在堆积如山的卡片中费力地翻检查寻客户的资料了,他们可以通过联通内部网络系统的电脑很轻松地检索到客户的资料,原先需要五分钟以上才能完成的工作,现在只需要几十秒钟就可以完成了。对于那些不愿意挤公共交通工具的人来说,他们可以从事一些通过网络就能上班的工作,比如在家里开网店做生意,或者在网上从事维护和更新网站信息的工作等等。在生活上,人们通过互联网获得的便利就更加明显了。随着购物网站的兴起,人们现在已经能够在网上购买到绝大多数他需要的东西,发达的物流行业保证了送货上门服务的便利,人们只需在网上点击鼠标下订单就可以在家等着别人送货上门服务了。更不可思议的是,除了不用出门购物、节约大量时间和交通费之外,网络上的商品因没有店铺租金的成本,其价格普遍低于实体商店。

正如我们所体验到的,如今我们已经能够在网络上处理绝大多数的工作和生活事务,看起来我们可以享受安逸的生活了,但是实际情况并非如此,互联网工作和生活模式在给我们带来便利的同时也在为我们带来麻烦。我们首先需要花费很多时间熟悉并学习在互联网上工作与生活的技能,并且需要应付随时出现的意外情况。如果遇到网络或者电脑出问题我们的麻烦就大了,紧急的工作任务或者购物交易会一下子变得充满了风险。对于涉及商业或者军事机密的机构来说,数字化和网络化的代价就是保密工作面临的巨大挑战,尽管在存储、传输和检索数据方面新媒介具有无可比拟的优势,但是一旦遭遇黑客入侵,那么造成的损失和麻烦就难以估量了。这些技术上的硬件和软件麻烦占用了大量因为图便利而节约出来的时间,因此我们虽然可以在家处理工作和购物,但是忙碌的程度并不会比传统的生活方式有所减轻,事实上,我们会变得更加忙碌。

以网络购物为例,它给我们的印象是轻松方便而又节约时间,但是这恐怕只是一个错觉。网络购物需要花费大量时间浏览商品,而网络商品的呈现方式是海量的,其丰富程度远远超过实体商店,因此我们花费在浏览、对比商品信息上的时间可能会远多于实体商店。同时由于我们随时随地就能上网购物,因此逛网店的次数要远远多于实体商店,所花费的时间自然也会多于实体商店的购物时间。再有就是网络购物需要花费较多时间进行交易,需要经过登录、下单、验证、密码输入等一系列技术环节的操作才能完成购买行为,这种交易上的麻烦显然要远远大于在实体商店中把钱交给收银员,并且在交易操作期间出现的任何一点差错都有可能导致数据丢失而重新操作,因此浪费在这些环节的时间会远远多于在实体商店购物。更重要的是,如果你遇到的是不良商家,那么可能这种交易就会变成单方面的,即你给了钱却收不到货。这种情况下,网络购物的一切便利都烟消云散了,剩下的就只是麻烦了。实体店铺不是不存在风险,但是发生的几率会小很多,因为你能看到实际的商品,而不是仅仅凭借照片购物。可见,互联网购物的便利可能被人们片面扩大了,无论是在节约时间还是在操作的便利性上,网络购物都有可能比实体商店购物更加麻烦。但人们之所以愿意在网上购物,主要还是因为网络购物具有一些特殊的好处,如可以随时随地进行,而且可以足不出户地在家里进行,不用遭受鞍马劳顿、日晒雨淋之苦。并且商品的价格会低于实体店,选择的商品会非常多。然而,由此带来的便利却隐含着极大的隐患,由于电脑购物取代了上街购物的行为方式,我们原先用于上街购物的时间都被消耗在电脑面前。由此而来的问题是,我们用于户外身体运动的时间减少了,与朋友上街交流的时间也相应地减少了,这无形中增加了出现肥胖和缺少运动引发的其他问题,也导致了人们人际交往关系的减少。

我们还可以再看一下电脑办公的情况。在电脑被引入工作之前,我们能够预见到这种新的办公方式会使文稿写作、修改和传输变得便利和高效,但我们无法预测的是它将对整个传统办公模式产生什么样的长期影响。无纸化办公的便利高效会使得文牍主义泛滥,人们需要撰写的文稿数量大大多于传统书写模式。事实上,无纸化办公的便利高效所导致的是另一种形式的麻烦和低效。在传统书写模式下,一个工作人员可能一周只需要写作一份文稿,而这一份文稿的撰写、修改和传输所需要花费的时间大约是八个小时;在改成电子化办公之后,他在每一份文稿的写作、修改和传输上需要花费的时间缩短为四小时,工作效率提高了一倍,但是由于文稿处理和流通的速度大大提高,而工作时间并没有因此而由每天八小时缩短为一天四小时,因此他在一周的时间里需要处理的文稿增加到了三到五份,这样他的工作强度和工作时间都大大增加了,以至于在实现电脑办公之后,他不仅需要加快工作的节奏,而且还需要时常加班。这也就是我们为什么总是感觉到自己比自己的父母更加忙碌的原因:我们的父辈生活在传统办公技术系统中,而我们则生活在快节奏的新技术系统中。可见新技术所带来的短期影响总是非常美妙的,但它所产生的长远而深刻的影响则难以预测,而且并不那么美妙。

(二) 高效与低效

在谈论便利与麻烦时我们已经涉及了高效与低效的问题。据说新媒介的一大亮点就是使人们的生活和工作变得高效,这种高效主要源自其强大的信息传播和处理功能。过去一项工作需要人们口耳相传才能完成,这中间需要花费很多时间和人力成本,而现在任何工作中所花费的时间和人力成本都比过去节约了,自然效率也就提高了。但是如果我们仅仅看到表面上的这种高效率,就再次被误导了。

事实上,我们认为新媒介给我们带来了极大的便利,乃是针对我们在处理传统媒介中的那些工作任务而言的,但是新媒介直接导致的一个结果是速度的加快和业务规模的扩大,新媒介使用条件下产生的工作任务往往是批量性的,快速且大规模的。在这种情况下,即使在处理单一任务上比较便利,但我们面临的任务的性质已经完全发生了变化,由传统任务变成了新任务,而新任务的要求是快速、批量和大规模,完成这样的任务所需要花费的时间和精力都远胜于传统媒介条件下产生的任务。以笔者工作的教育行业为例,在没有引入电脑和网络进行信息化办公和管理之前,所有的表格和报告都需要以手工填写和抄录的方式进行,而且在手工抄录的方式下,文稿的修改会是非常麻烦的事情。如果要在一份稿纸上进行大规模的修改或者结构调整的话,最好的办法就是全部推倒重来,拿出一张新的纸来进行重新写作。这样的一种工作方式其效率、速度、便利方面都无法与电脑化操作相提并论,但是我们在欢呼无纸化的自动办公时代到来的时候,却忽视了一个重要的问题:在电脑办公时代到来之后,我们并没有因为可以轻松搞定一份表格而感觉到闲适,相反,我们的任务变得越来越多,办公自动化之前我们需要花一小时填一张表格,而在办公自动化之后,这个时间缩短为二十分钟,节约下来的四十分钟我们就可以坐下来喝咖啡或者聊天吗?那真是一个天方夜谭的想法,事实上我们面临的现实不是去喝茶聊天,而是不断地干活,因为交到手里的工作任务越来越多,我们的工作强度和劳动时间都远远超过了传统的办公模式。这可真是一种极大的讽刺，我们为了节约时间、降低劳动强度以便有时间喝茶、聊天或者散步，然而当便捷化的办公方式成为现实的时候，我们却变得更加忙碌不堪了。这正是技术垄断社会的障眼法，它让我们看到了技术带来的好处，却不将潜在的那些危害显现于我们面前，如果没有反观历史的整体化思维，我们根本没有办法发现这样的障眼法。

因此，从表面上看，手机和互联网完全可以使生活中的信息传输变得高效，但其代价是人们越来越忙碌，并且越是能够通过使用媒介节约时间的人也是越忙碌的人。事实上，技术社会的一大特征就是生活的忙碌，因为我们必须适应技术更新带来的整体生活方式和工作方式的快速变化，并且技术为我们重新构造的工作和生活方式总是仅仅符合技术演化逻辑的，我们都被牢牢地附着在由技术所编织的无形网络中，随着它的运转速度和节律而运转。

或许更重要的是，技术带来的高效忙碌是一种无关人的生命本质诉求的高效率，技术提升了人们为工作而无头无脑地奔忙的效率。技术节约了时间和人力成本，但是这些节约下来的时间和人力成本却不会被人们自由地拿去享受阳光、旅游、思考或者与家人、朋友进行深度交流，更不会用于谈古论今，以究天人之际，或者静观冥想，以求领悟人生在世最根本的意义。人们会因为节约了时间和人力成本而变得更加忙碌，因为技术社会的逻辑就是“只有更忙，没有最忙”，当你已经通过技术解决了效率问题的时候，新的更高的效率目标就已经出现在你的生活中了，跑得越快就会越喘不过气来。对于技术社会的法则来说，一切高效率都是过眼云烟，相比于即将面对的新技术而言，当下和过去的效率永远是低效率；或者换句话来说，任何实际存在的效率都是低效率，高效率只存在于技术不断更新演化的过程之中，那是一个需要不断憧憬，却永远没有可能达到的目标。

追求技术上的高效率而不是生命存在意义上的高效率，这正是我们越是亲近新技术就越是忙碌的原因。比如，在日常生活中我们可以观察到这样的事实：在同一环境中，使用多卡手机或者同时使用多部手机的人比仅有一部手机的人忙碌,而没有手机的人只可能是那些退休在家的最不忙碌的老年人或者少不更事的幼儿。手机的使用数量和频率不仅表明他工作的状态,而且也表明了他的人际关系网络的复杂性,决定着他处理信息和事务的繁忙程度。人们普遍倾向于不遗余力地追求高科技的手机,更多的功能和更多的娱乐性是决定手机企业是否能够生存的关键,因此手机在短短的十年时间经历了从普通手机到智能手机的演化过程。近期兴起的苹果、三星手机由于其在娱乐方面而非实用性方面的突出表现迅速占领了市场,而诺基亚这样的老牌手机则因为娱乐功能方面的开发滞后而遭到沉重打击。显然,一款普通手机与一款提供各种高科技娱乐功能的娱乐型手机在通电话和收发短信等基本通讯功能方面并不存在太大的差别,而人们对于苹果、三星的偏爱其实也并不完全是因为自己有大量时间去拍照片和玩游戏,而是因为一些其他的原因,这些原因基本上都和手机的原始功能(通讯)无关。这些原因可能是追求新科技的新鲜感,爱慕高科技产品的光鲜;也可能是喜欢与别人攀比,觉得使用新潮手机会更有面子。这些选择因素都反映了人们在文化意义和价值取向上的趋向,而这些文化意义和价值取向又是技术垄断社会强加在人们身上的那些技术意识形态的真实反映。但不管怎样,高科技手机的价值必须通过花费大量时间在它身上才能得到体现。现在很多家庭成员和未成年子女抱怨自己的亲人沉溺于网络和手机中,与其他家庭成员交流时间很少,一个重要的原因就是功能越来越全面的高科技的手机和互联网。与此相关,对于层出不穷的婚姻纠纷案件和问题少年案例的研究报告也越来越多地将根源归结到高科技的新媒介身上。我们很容易就能在媒体中看到这样的一些事例:妻子在丈夫沉溺于电脑游戏的时候,转而爱上了网络聊天,并由此导致婚外恋情的发生。未成年的孩子因为沉迷网络世界而荒废学业,由于这种深度沉溺,他们不仅丧失了阅读和写作的能力,而且还养成了孤僻的性格,最终变成难以回归正常生活状态的问题少年。更有甚者,一些痴迷网络的青少年由于连续上网而不能自拔,最终猝死于电脑屏幕前,他们的生命完全被技术所侵占,最终命归黄泉。

诸如此类的例子可以说是不胜枚举的,再如飞机的发明可以大大缩短人们旅行的时间,对于那些强烈渴望节约时间以便从中受益的人来说飞机的好处是显而易见的。只要登上飞机,他便可以最大限度地节省旅行时间,但我们的日常经验告诉我们,越是为节约时间而习惯性地选择乘坐飞机的人就越是生活中忙得不可开交的人,他们不会因为节约了时间而将这些时间用于休闲,相反他们因为节约了大量时间而变得更加忙碌,要处理的工作也会相应地增加。他们总是停不下自己的脚步,一天从早忙到黑都是干不完的事情。如果他们一天有 48 个小时可以支配的话,他们依然会很忙碌,依然会忙到连睡觉的时间都没有。只要可能,他们会毫不犹豫地选择比飞机更快的火箭之类的旅行工具,但可预见的结果是:乘坐火箭飞行的人极有可能比乘坐飞机的人更加忙碌。这种奇怪的悖论看起来有点不可思议,但确实就是我们生活中真实的经验。相比之下,那些习惯乘坐火车出差的人似乎要从容一些,他们显然会在火车上浪费很多的时间,但是尽管如此,他们还是可以比较从容地安排自己的工作和生活而不至于像那些经常乘坐飞机的人那样忙碌。如果有一个人选择骑马作为自己出差的交通工具的话,那么这个人可能就是时间非常充裕的人,他做什么都会从容不迫,并且会有大把的时间散步、闲聊或者干脆找个山清水秀的地方坐着“发呆”,体会“采菊东篱下,悠然见南山”那样的闲适生活中诗一般美好的人生韵律。当然,如果在现代世界中竟然会有人选择以步行作为远游方式的话,那么我们基本上就可以断定他是一个与世隔绝的人,或者是生活在我们这个时代的修行者。对于那些修行者来说,他们的远途旅行有一个很特别的称谓:“云游”,即像云彩那样幽闲而飘逸地游走。这样的人不仅不会忙忙碌碌,而且有时候还会干脆停止一切活动,像一尊石像那样坐在一个地方好几天或者好几个星期不吃不喝也不动,进入宗教中所谓的入定状态。千万不能将入定理解为毫无意义的浪费时间,其实对于东方文化中修行的人来说,无论是儒家、道家还是释家,这种入定的修行状态都是极其重要的。这种不吃不喝不动的入定状态不是轻易可以达到的,必须是努力修行之后的结果。不过努力方向绝不是像我们那样追求技术和外在欲望的满足。他们修炼入定的原因,或是想要获得安宁的智慧,或是想要达到虚静而与万物齐一的境界,或是要想看清楚自己的原貌,弄清楚人生和世界究竟是怎么回事。不管怎样,这是一种东方的高度智慧,一种完全不同于技术逻辑的智慧。近世欧洲大哲们对于西方技术逻辑多有振聋发聩的抨击,其旨趣与传统的东方智慧相同,如海德格尔指出,人类的真正可贵之处在于排除喧嚣,在清净的环境中进行冥想和沉思。技术的逻辑是让人们永远依附于它,而修行的智慧则是要解脱这种深度的依附,技术关注的只有对外物进行控制的效率问题,而修行关注的却是反观内省以便对自身道德的完善进行历练。对于修行的人来说,入定的状态是修行的一种高效境界,修行的程度不够根本无法进入这种高度安宁、万缘放下的境界;而在经历入定之后,修行者往往便能在自己的修行生涯中达到一个新的高度。总的来说,传统宗教中的入定修行也好,海德格尔的静思冥想也好,都是对治技术垄断社会的良方,只不过技术总能切中要害,击中人性之中的那些脆弱薄弱之处而取得胜利,只是这样的胜利对于人类文化来说恐怕就不是什么福音了。

事实上,上述几种媒介(包括交通工具)的选择分别对应的是不同的技术网络体系,显示了不同社会生活层面的特征。经常乘坐飞机的人一般都是生活在高科技环境之中的,看起来能够节约大量时间,但事实上,他所处的那个以高科技为基础而高速运转的环境使他的生活节奏变得异常忙碌。而超脱修行的人基本上都不受技术编织而成的网络控制,因此他们的一切行为和思考对于生活在技术之网中的人看来是非常怪异的。对于生活在以高科技为构架而建立起来的技术社会中的人来说,总体上一天二十四小时的可支配时间是固定的,但是要处理的事情却会因为技术的普遍运用而变得非常多。一个网民需要有一定量的时间上网看新闻,玩微博的则需要有时间更新微博信息,玩游戏的需要有时间泡在游戏世界中……除此之外,他们还要处理工作、学习、生活中的各种事务。即便已经如此繁忙了,他们还急不可待地引入高级的智能化手机,用它拍照、发微博、交友、玩游戏……相比于前现代时期的人类,他们的生活过于精彩，诱惑过多，欲望过于执著，其直接的代价之一就是生活太过繁忙，忙得连为什么忙都懒得去想了。生活在技术垄断世界中的人们，其人生轨迹似乎已经变得异常简单：他(她)出生，他(她)忙碌，他(她)死亡。

三、沟通与隔绝

电脑、互联网和手机等新媒介工具在提高工作效率和生活效率的同时，也导致了生活中很多低效率的出现，而这些低效率在旧文化中倒是被视为高效率的，但在全新的生活模式中，它们已经失去了自己的位置。以沟通这件事情来说，高科技通讯所体现出来的两面性异常明显：就物理信息的传达来说，高科技的通讯手段的效率要远远高于传统媒介方式，这是毋庸置疑的；但另一方面，就心灵沟通的效率来说，情况就显得不那么乐观了，新媒介在提高信息传输效率的同时也在制造心灵沟通的障碍，使得人们之间的相互理解和交流变得越加困难。

（一）新媒介与亲密关系的危机

唐代大诗人王勃在送别友人时感慨："海内存知己，天涯若比邻；无为在歧路，儿女共沾巾"。这一声感慨寄托了诗人因空间阻隔而无法与友人见面交流的遗憾与无奈。

在新媒介社会中，古人的这种烦恼似乎已然不是问题，我们现在似乎随时都可以远距离通话交流了，信息传输的高效似乎使得沟通变得畅通无阻。然而，当今高度发达的新媒体仅仅解决了"天涯若比邻"的问题，但"海内存知己"的问题却并没有因为通讯便利而得到解决；相反，空间距离的拉近似乎还会导致心灵距离的渐远。冯小刚的电影《手机》对新媒介生活中出现的这种悖论现象做了反映：新媒体的作用仅仅是让传输信息变得高效，但是却没有让心灵的沟通变得高效，而信息传播的复杂化正在严重侵蚀包括亲密关系在内的人际关系基础——面对面交流所建立起来的相互信任。

首先,高效的通讯工具让人们的整个人际关系变得异常复杂,人与人之间的猜忌与嫌隙也越发严重。电影中的电视策划师费墨先生干脆给手机下了一个惊世骇俗的定义:“手雷”!一不小心它就能将自己的生活炸毁。费墨和严守一的稳定生活都是因为外遇被妻子通过手机这一中介发现并毁掉的。于是费墨感叹道:还是古代社会好啊,没有高科技的手机也没有那么多的诱惑,夫妻相别不管距离多远,时间多久都不会出现信任危机;而生活在手机通讯的高科技环境中,人与人之间的物理距离变得太近了,这种近距离通讯反倒成了有效交流的障碍。也许简单地将两人婚姻生活的破灭归结为手机显得过于牵强,严守一和费墨对妻子和恋人的不忠才是他们亲密关系毁灭的最重要的内在原因,然而这样的观点看似高明,却没有切中要害。如果两人婚姻失败是由于外遇,那么我们不禁要问,引发外遇的根源是什么?手机和媒介生态环境在两人的外遇中究竟起了什么作用?手机、互联网和其他高科技媒介传播信息的强大功能究竟是不是导致外遇的重要因素呢?事实上,正是由于手机等发达的通讯工具的存在,极大地扩大了人们的交际范围,让人们的交际圈子变得异常复杂,生活中面临的诱惑也就相应增多了。人们可以在无聊的时候到网络上去打发时间,认识一堆无论如何不会在现实生活中认识的网友,这些网友的关系极有可能被转变为现实生活中的实际人际关系,从而打破个人的现实人际交往结构的稳定性。相比之下,传统社会没有发达的高科技媒介和由此产生出来的广泛社会连接,自然也不会产生建立在信息传播基础之上的大型社会,不会面临极其复杂的人际交往环境。在规模较小的社会环境中,无论男女都不可能认识与自己的现实生活毫不相干人,即便男人奔波于江湖之中,社会关系复杂,但女人的世界也几乎是与外界隔离开的。

其次,由上面的分析我们可以看到,媒介渠道的改变会导致社会规模扩大,生活节奏加快,传统生活方式中的伦理和价值观念也因此发生变化。而伦理和价值观念的变化遂成为瓦解人们稳定的亲密关系的另一重要原因。生活在新媒介社会中的人们,每天浸淫于手机、电视、网络等媒体编织的各种爱情神话和错乱故事之中，每天接收的文字、音乐和视频大都充满了光怪陆离的情感故事，从男追女到女追男，从三角恋爱到同性恋，从多男抢一女的争风剧到多女争一男的吃醋片……可谓花样翻新，不一而足，所宣扬的都是及时行乐、多占多得的极端利己主义和享乐主义的错误价值观念。媒介为了在竞争中生存就不得不在"变态"方面做文章，这里所谓"变态"也就是对于"常态"加以颠覆的意思。人生的"常态"是具有理性思维的人们所梦寐以求要想过上的生活，但是"变态"的生活对他们仍然会具有巨大的诱惑力，虽然不是人们所求，但人们很难不对它产生兴趣，因此也难免受到诱惑。柏拉图在其对话集中把人类灵魂之中的两个方面比喻为两匹秉性不同的马，由主体理性驾驭着。它们之中的一匹教育良好，追求高尚与美德；而另一匹则顽劣不堪，追求欲望和享乐。如果让这后一匹马的力量占据了上风，则人生就会堕落。总的来看，媒介节目设置的目的是为了诱惑人们进行媒介内容的消费，对于媒介运营的实质来说，人们的各种荒谬而强烈的欲望才是真正水草丰美的牧场，欲望越多、越强就越是需要媒介提供的白日梦般的娱乐产品去加以填补和慰藉；而不断消费媒介的娱乐性产品则又会激起更多更强烈的欲望，这些欲望会驱使人们进一步到媒介市场上寻求刺激与满足，如此循环往复而不止。为了吸引人们消费它所提供的各种信息，以便能够在这种消费活动中挣钱，媒介必定会不遗余力地诱发人们灵魂之中的那些顽劣不堪的部分。对于人的生活来说，"常态"所对应的是灵魂之中的高尚与美德，而"变态"则对应着欲望与享乐。现代传媒获取成功的一个重要的秘密就在于向世人展示人生之中"变态"的方面，因为"常态"的方面需要诉诸人们的理性而不是欲望。试想一下，如果我们能够实行一项禁令，在媒介内容涉及权力、金钱、色情、暴力这四个方面的呈现时都严加限制，只允许进行符合社会"常态"和伦理的展示，而不允许予以超越"常态"伦理而进行"变态"呈现，那么几乎可以肯定的是：媒介市场将会因此受到沉重打击，传媒产业将会面临气息奄奄、日薄西山的命运。对于在现实中运营的媒介来说，会有哪一家影视制作公司愿意拍摄反映这样一个家庭的故事：它的成员彼此之间和谐相处,父慈、母爱、子孝;家庭成员文化素养都很高,平日里以诗书为伴,娱乐时以诗画怡情;相互之间忠诚友爱,也绝没有任何非分的欲望,大家每日里就只是在按部就班地过着湖水一般平静而又温馨高尚的生活。这样的家庭氛围固然是人们所盼望的那种理想的亲情关系,但绝对不是适合拿来在屏幕上展示的素材,对于影视市场而言,这种平静、温馨而又高尚的生活太过单调,绝不是有市场潜力的东西。相反,如果这个家庭的成员处于欲望的折磨之中,整天钩心斗角、争斗不休的话,就初步地具备了媒介市场的价值。如果家庭成员中出现了外遇或者什么别的离奇情感遭遇,造成了家庭其他成员的痛苦和纠结,那么有了这样一些"变态"因素,这个故事就是值得在屏幕上加以展示的了。如果这个家庭中的男人喜新厌旧,四处拈花惹草,或者女人水性杨花,随处卖弄风情,以至于家庭成员在三角恋爱或者多角恋爱之中饱受折磨而缠斗不休,那这样的故事对于媒介来说可就真的是如获至宝了。正因为如此,我们在媒体上所看到的大都是各种光怪陆离的"变态"情感故事。这些故事倒也并非一无是处,所呈现的内容也并非完全没有现实生活原型,但这样的"变态"原型在现实生活中毕竟是极其少数的,而媒体却将这些现实生活中的少量个案全都加以集中和放大,使得生活在媒体世界里的人们误以为社会现实就是屏幕上所展示的那种情况。如此一来,生活在媒介世界中的人们往往以"变态"为"常态",司空见惯,不以为怪了。不过值得注意的是:媒介产品所引发的现实社会效应倒也不仅限于娱乐一下而已,而是具有教学示范效应,也就是说它们会在现实生活之中得到受众的模仿。影视剧在展示三角恋爱的同时,也教会了人们怎样搞三角恋爱,怎样在生活中寻求刺激,没有灵魂的信息所能够提供给人们的只能是这样的一些"变态"的诱惑。浸淫在这样的媒介环境中,人们的大脑中早已准备好大量蠢蠢欲动的妄念,就像一堆浇了汽油的干柴,就等着遇到一点火星即可熊熊燃烧。而高科技的媒介本身就正好提供了大量的机会,各种各样的网络化交际渠道为人们搭建的不仅是一个公共生活的平台,而且也把极其复杂的人际关系以及随之而来的危险都摆在了我们的面前。

可见，正是这种复杂的交际圈子，加上新媒体时代人们漂浮不稳的生活状态、浮躁的心态、及时享乐的价值取向，都为家庭亲密关系的稳定性埋下了祸根。越是生活在科技发达、经济繁荣的地方，人们婚姻和家庭的稳定性越差，离婚率也越高。我们很容易就能从各种媒体上得到相关的统计资料，2010 年的一篇有关中国离婚率排行榜的调查报道称，中国离婚率最高的城市排名前五位的依次为北京、上海、深圳、广州和厦门[①]，全部都是中国经济最发达城市，而中西部经济欠发达地区的离婚率则相应要低得多。但从总体上讲，随着科技和经济发展，中国的离婚率也在逐年递增，根据 2012 年《小康》杂志社联合清华大学媒介调查实验室，在全国范围内开展的“2012 中国人婚恋幸福感”调查显示：中国离婚率连年走高，“关于中国人的婚姻，几个数字值得关注：离婚率连续 7 年递增；22—35 岁人群是离婚主力军；目前，北京、上海的离婚率已超过 1/3。……从上世纪 70 年代末开始，我国离婚人数和离婚率就开始呈现持续上升趋势，近 5 年来增速明显，增幅高达 7.65％。”[②]这些资料都倾向于表明这样一个事实：尽管离婚率的上升是由多种因素叠加造成的，但这些数据所显示出来的离婚率上升趋势与我们媒介发展的趋势存在着同步性，因此几乎可以肯定的是，媒介技术及其产业的发展在导致离婚率上升方面占有重要的一席之地。从调查结果来看，在信息高度发达、新媒体文化高度繁荣、经济发达而又疏于精神文明建设的大城市，人们的情感危机也越加严重。而伴随着手机、网络、数字电视等新媒介成长起来的一代，离婚率和情感危机的严重程度远超他们的前辈。

也许有人会反驳：没有手机、电脑和互联网的时代，婚姻危机也照样发生，将其与科技生活联系起来似乎是牵强附会的。但我们要说明的是，这种现象其实正好证明科技改变生活，因为我们发现，越是科技不发达的

---

① 《中国离婚率前 10 位城市排行榜》，载扬子晚报网（http://www.yangtse.com/system/2012/09/26/014700857.shtml），2009 年 9 月 26 日。

② 《中国离婚率连续 7 年递增 传统观念遭婚姻动荡冲击》（http://hb.people.com.cn/n/2013/0217/c194063-18168211.html），2013 年 2 月 17 日。

时代和地区,婚姻的稳定性也就越高。科技发达的地方意味着经济更加发达,而经济发达意味着人们的婚姻稳定程度受“家庭经济共同体”因素的制约较小,家庭作为应对生存压力而组建的经济体的职能受到削弱,也就是说夫妻双方相互依存的旧式密切关系受到了削弱。同时科技发达地区社会人际交往关系异常复杂,加上前面所述的那些由媒体制造的诱惑层出不穷,社会心态浮躁不安,在经济因素和媒介技术与产业的双重作用之下,社会的家庭和情感关系变得极其不稳定。相比之下,旧社会的婚姻常常被人们批驳为包办婚姻和没有爱情基础的婚姻,但这种婚姻和情感的结构却极其稳定;而现代婚姻建立在自由恋爱的基础上,爱情随时就来了,随时就走了,闪婚闪离现象日趋严重,婚姻也就变得如同儿戏一般随意了,这种情况下最大的受害者倒不是当事人双方,而是那些身处父母婚姻游戏之中的无辜孩子。

或许《手机》这部电影的媒介学意义就在于反映了这样的生活悖论:通讯效率越高,沟通效率越低,手机这种高效率的信息传输工具的出现最终成为心灵沟通失败的根源,这真是一种莫大的悖谬。我们不能断言《手机》反映的情况是普遍存在的现象,也承认现实生活中存在大量通讯效率越高,沟通效率也越高的情况,但这部影片至少给我们提供了这样的一种启示:心灵沟通的效率与信息通讯的效率不是一回事,高科技的传播媒介并不能解决心灵沟通的问题。通信的传输是一种物理意义上的交流,而心灵的沟通则是精神领域的交流,信息传输的高效可以使心外的各种工作和事务的处理变得高效,但心灵的沟通却并不会受制于信息传输的效率。即便远隔千山万水,互相不通音讯,然而只要心灵上能够互相映照,那么心灵的距离也能像每天相伴左右一样近,而物理上的距离也因此而不再是障碍,这就是“海内存知己,天涯若比邻”所表述的完整境界。反之,倘若心灵不能相互映照沟通,那么即使每天近在咫尺,也只能是“相逢对面不相识”甚或“同床异梦”而已。

(二)新媒介中的孤独人群

事实上,技术垄断社会中的人群无疑都是极其孤独的人群,除了为技术逻辑而工作和繁忙之外，几乎没有任何机会返回自己的内心，安静下来观照自己的灵魂，这种反观内视的反省思维的缺乏所导致的结果就是对于外在欲望的无限制的追求，一刻也不能停下来。因为人们在繁忙的向外寻求满足过程中一旦停下来就不免要面对那孤苦无依、空空荡荡的内心和灵魂，这样的痛苦无论如何是无法接受的，因此，不管做什么、不管忙什么，总要找点刺激以便将注意力由直面灵魂的痛苦中转移开来，以便能继续在技术垄断的世界中沉沦下去。于是我们看到一种悖谬的现象：一方面人们因为害怕孤单而利用通讯工具频繁地与外界进行信息的沟通，但另一方面，这样的信息沟通越多，人们就越是会陷入到更加深刻的孤独之中。这里所涉及的问题在大卫·理斯曼所做的研究中早有反映，在《孤独的人群》一书中他探讨了历史文化变迁中"传统导向性格""他人导向性格"与"内在导向性格"等社会性格所存在的深刻复杂性。这些概念主要用于"直接表示社会状况和社会性格，其有助于我们分析相关的历史发展因素。"[①]当然，我们在这里使用理斯曼的术语，包括"自主性""自我意识""顺承"和"离异"等等，更多的是想要考察媒介与社会性格之间的关系，以及人们的社会性格在新媒介时代中所展现出来的一些新的变化。由于理斯曼主要探讨的文化背景是历史上的美国社会，而且那是一个电视尚未普及的时代，因此我们不会囿于这个术语被提出来的那个时代的原始含义，事实上这些概念本身在理斯曼的著作中也是极其含混的。理斯曼特别指出社会性格分析的难处在于现实中的人不可能具有单一明晰的性格类型，所有社会性格分析的术语都仅仅是韦伯意义上的"理想类型"，它们也只能以模糊的形式出现，并且会随着历史环境的变迁而发生内涵意义上的变化。

理斯曼的著作中有一点倒是很明确的，那就是媒介对于人的交往和社会性格形成有至关重要的影响，在该书序言中他写道："我们确信，大众传播媒介对于美国人的知觉方式、对生活的理解（常常是误解）和如何成

---

① 〔美〕大卫·理斯曼等：《孤独的人群》，王崑、朱虹译，南京大学出版社 2002 年版，第 9 页。

为一个男孩或女孩、男人或女人、老人等具有强烈而深远的影响。”[①]传统社会中的人是在成员交际的环境中塑造自己的社会性格,这种社会性格强调的是人们之间的合作以及价值观念的共享,因为人们自出生起就基本上处于一个开放的初级群体环境之中,没有太多培养自己的价值观念和主张的条件。相反,“传统导向的社会利用口述家史、神话传说与歌谣等形式来传播其相对稳定的价值观。”[②]在传统社会中,人们必须参加到日常生活的交往活动之中才有可能完成社会化的过程,而且传统社会的物质和经济条件也不大可能支持人们过离群索居的生活,因此在古老的时代中,人们的社会性格基本上还是以外向型性格为主的。但是书籍的产生,尤其是印刷术产生之后,这种情况发生了改变,人们可以沉浸在书本的世界中,就仿佛过去人们沉浸于传说和神话之中一样。在阅读的情形下,他们暂时地与外界隔离开来,进入到书本的世界中去。而书本所提供的价值观念和生活榜样如果与他四周的环境不相同的话,那么他也很可能会倾向于按照书籍中的那些示范行动,这样自然也就形成了“内在导向”的性格。在托马斯和兹纳尼斯基合著的社会学经典《欧洲与美国的波兰农民》一书中,作者向我们展示了这样的一种变化,“作者描述了19世纪末波兰的乡村读物如何帮助波兰农民重建了态度和价值观。他指出,当时,识字的单个农民不仅在不影响性格塑造的基础上学会了技能,而且还脱离了社会的主要群体和传统导向。印刷读物带他们进入转折点,不但支持他们脱离社会主要群体,抨击主要群体价值观,还为他们提供联盟感,虽然仍有人对此感到苦恼疑虑。”[③]显然,读书会使人们进入到一个新的世界中,这个书中世界与现实世界有很大的差异性,尤其是在价值观念和生活榜样的呈现上差异明显。因为读书需要花费大量时间和安静的环境,因此读书的人会减少与周围环境的互动,他的现实人际交往会

---

① 〔美〕大卫·理斯曼等:《孤独的人群》,王崑、朱虹译,南京大学出版社2002年版,第29页。

② 同上书,第85页。

③ 同上书,第88页。

趋向于减少。另一方面,书籍所提供的价值观念和生活模式与现实世界有差距,因此读书人有很多时候会与现实生活中的人格格不入,这会导致他趋向于形成内在导向型的社会性格,也即按照书本上的价值观念和生活模式去生活而不是按照现实的主流价值和模式去生活。

看上去读书人的社会交往性格比他人导向性格的人要孤僻,但是读书人在人际交往方面的优势也很明显,因为过去的书籍都很珍贵难得,因此一般所提供的内容也都是经过岁月凝练的与人类永恒价值和追求相关的那些内容,也即人们认可的那些价值和生活模式,这与当今社会中鱼龙混杂的出版状况极为不同。因此,读书人能够在书中学会待人接物方面的教诲,变得更加明理,也更具有包容意识和交际上的技巧。虽然他们因为需要花费大量时间读书或者因为与社会的主流价值观念不相契合而在某种程度上与主流社会隔离,但由于他们能够按照书中"圣贤"的教谕行事,内心充满对于人生智慧和他人的爱,因此他们在精神上是充实而自足的,在社会交际中的自律意识也较强。不过内在导向的读书人很多时候缺乏行动力,也比较固执己见,自我意识倾向于孤芳自赏,瞧不起这个也瞧不上那个,嘴上满口自谦,其实心里却是满满的自大。最糟糕,也是最常见的情况就是知行脱节。轻者心口不一,说一套做一套,常给人留下虚伪的印象;重者满口仁义礼智信,实际行动时却唯利是图,毫无廉耻。出现这些情况的原因,其实是读书人并没有把书中教谕变成自己的东西,也就是说并没有将圣贤的教谕内化为自我的自主性意识,而判断是否达到确立自主性意识的标准则是"知行合一"。读书而不能至于"知行合一"就必然导致精神分裂,对圣贤教谕一知半解的结果就是招致精神上"义""利"两者的严重冲突。取义而舍利是社会崇尚的价值观,但却不符合个人趋利的天性;取利而舍义是社会所诟病的行为,但却符合人性的软肋;内在导向型的人既然闻思圣贤"舍生取义"之说而又不能信受奉行,哪有不在精神人格上饱受分裂之苦的道理。在信息和教育发达的社会中,知识可以以符号信息的形式借助于各种媒介渠道四处招摇过市,可以通过各种表演做秀的技巧博得虚名和利益,但无论口头上讲得如何天花乱坠也不能认为他真正理解了圣贤之道，确立了自主性的意识，唯有行动上身体力行才是真正检验他是否读懂了圣贤之道的试金石。因为圣贤们所阐发的教谕，其目的都是教人如何对待生活这件事情的，如果不落到实践之中，体现于日常生活的细节上去的话，任何教谕或高深理论都仅仅是符号的游戏而已。

可以说，自主性意识的缺乏导致内在导向型的人存在诸多严重的缺陷。与他们的这些缺陷相对照，他人导向性格的人就显得越加可贵了。他人导向性格的人不爱好读书，而是愿意花更多的时间去处理人际关系，因为他们爱好与人相处，喜欢社会交往。他们的可贵之处是喜欢助人为乐，喜欢看到身边的人因为他的存在而变得快乐，如果没有实现这样的效果，他们会自动调节自己的行动以便适应别人的好恶。毫无疑问，这是一种有奉献精神的顺承性格，但是这种以他人好恶为行动指南的人并没有读过什么圣贤之道，他们的顺服行为仅仅是出于希望与他人共度人生之中的美好时光而采取的灵活变通，这些顺服行为能够使他们拥有更加融洽的人际关系。不过千万不能以为他们的顺服行为没有底线，事实上，他人导向性格的人也可能具有自己的行为准则，这些准则基本上都来自于类似形成传统导向性格的那种情况，也即在初级群体中由长辈示范和传授较为稳定的价值观念。这些观念虽然不像从书籍中得到的那么精致，但他们却往往会比内在导向型性格的人更加坚守道德人伦的准则。在这种情况下我们认为这些他人导向性格者是具有自己的自主性意识的人，相反如果在顺承的行为中全然处于迷茫状态之中，没有行为准则底线意识者则属于没有自主意识。他人导向性格者最为明显的一个特点是：他们的交际目的可能也有利益上的考量，但这种利益更多的情况下并不完全是物质上的或者权力、名誉上的，因此理斯曼在他的研究中发现，这些人不像内在导向性格的人那样具有雄心勃勃的政治、经济方面的野心，“就个性而言，他人导向者简直就不会争权夺利，甚至更愿意逃避权力之争。……既然他人导向者不追求权力，那么他追求什么呢？至少他追求顺承。换言之,他追求他自己设定的个性,内在经验与外部世界的相适应。”①这也就是说,对于他人导向性格者来说,与文化环境和周围人群的协调关系以及在这种协调关系中获取自己性格中所喜好的东西就是利益所在,而那些与协调关系没有太大关系的金钱、权力、名誉等等都不是他所关注的重点。

理斯曼认为,美国社会的他人导向性格几乎是在20世纪之后发展起来的一种新的社会性格,与之前的内在导向性格时期的美国社会具有较大的差别,其中大众出版物和收音机等大众传播媒介在塑造人们的这种性格倾向中发挥了作用。他人导向性格的问题在于人们具有了强烈的自我意识,但却不一定具有自主意识(自主性)。这两个概念看起来区别不大,但却蕴含着极大的理论分析上的重要区分:自我意识基本上是一种基于本能或者感性经验的自我认知,多少有点像弗洛伊德所说的本我层次的东西;而“自主意识”意味着一种较为成熟的理性自我控制和调节能力,具有自主意识的人可以比较自如地处理他与周围人或主流价值观念之间的冲突,但矛盾发生时,他可以超越自己和他人的冲突来协调两者之间的矛盾。伽利略就是一个典型的例子,他的思想与主流社会的观点是相互冲突的,但是他并不会采取公然违抗的方式,也不会采取完全顺承的方式去处理这种冲突,而是采取不断调整的方式去弥合这种矛盾,这使得他一方面保留了自己的独立观念,同时又不至于因为采取公然对抗的态度而招来迫害或其他损害自身事业的麻烦。表面上看,他与主流社会之间相处融洽,可能还会忙于应酬各种人际关系,但这些应酬只不过是假象,实际上他把自己包裹得紧紧的,身处于与世隔绝的境地之中。然而伽利略不会因此而处于孤独之中,因为他的内心充满了对事业的信仰,这种信仰虽然完全不同于主流的信仰,但是却能起到与他的信仰截然对立的那种信仰同样的效果,那就是在精神上自足而充实。在这种情况下,日常的应酬并不是一种强制性的顺承,不会引发前面提到的精神分裂问题,也

① 〔美〕大卫·理斯曼等:《孤独的人群》,王崑、朱虹译,南京大学出版社2002年版,第244页。

不会因此导致知行脱节的虚伪。很明显,在形成成熟的“自主意识”方面,内在导向型性格要比外在导向型性格更加顺理成章。尽管理斯曼对于从他人导向性格中发展出自主意识充满了信心,但这种情况却更多地见于妻子或者是母亲的角色之中,这种顺承他人态度的行为是一种具有自主性的行为,与不具有自主性的顺承行为是完全不同的。

他人导向型性格看,很容易迷失在日常的顺承行为之中,如果不能在顺承行为中形成自主意识的话,就会过渡为以别人的意见为意见,以别人的态度为态度,而没有自己的主见和底线。这样的人像是随风飘散的树叶,他的方向完全取决于风的方向。大众传播时代媒体所需要的“大众”就是这样的群体,这一群体非常适合媒体的暗示与操控。当人们每天沉溺于电视机或电脑屏幕面前时,他们不仅接受了电视或者新媒介机构为他们准备的那些价值观念和行为规范,而且他们封闭在媒介的世界中而变得与外界相互脱离。事实上,电视与新媒介所引发的他人导向性格产生了两个截然相反的效果。一方面,人们变得没有主见,在各种社会问题和知识方面都更加容易以媒介的态度和意见为圭臬,在这方面早期的法兰克福学派学者们已经有很彻底的研究。虽然以霍尔为代表的反对者声称观众具有多样化的意义解读能力,但我们不能忘记这种多样化解读媒介信息的前提必须是建立在接受这些信息的基础之上的。并且,在电视或者新媒介成为我们的日常生活环境的全部信息来源的情况下,我们在媒介世界中超越于媒介所提供的价值观念而进行解码工作如何可能?进行这种对抗性解码的意义依据或源泉是从哪里来的?事实上,在一种媒介成为主导型媒介时,人们从事对抗性解码活动的依据或者来源也依然是这一媒介本身,只不过是用具有左派倾向的媒介价值观念反对右派倾向的媒介节目价值观念而已,或者说用戏说型历史剧的价值观念反对正说型历史剧的价值观念。总之,既然人们并不能从其他多元化媒介渠道获取完全不同的思想源泉,就只能在主导型媒介的世界中进行左右手互搏的游戏。这种游戏不是对于媒介信息的超越性对抗解码,而是对于这种超越性解码的幻想。它之所以会得到霍尔等文化研究学者的重视,是因为它所能解决的问题具有一定的现实意义:在无法进行现实超越的媒介环境中,我们必须参与到现实社会结构的利益争夺之中,尽管我们不能超越媒介环境的限制,但我们也不想成为完全顺从的人。人们希望通过对抗性解码活动表达自己的现实政治诉求,争取自己的现实政治利益,并在这一对抗性解码活动中保存我们渴望超越现实的冲动,但在主流媒介环境的限制之下,我们的对抗性解码活动也很可能只不过是一种特别的顺承行为。在另一方面,新媒介将人们牢牢地绑定在屏幕面前,在互联网这样的新媒介平台中,人们可以完成各种模拟性的社会生活。可以说,只要有一个网络、一部手机,就不再需要与外界的人进行互动,维持生活所需要的最基本的生活条件几乎都可以在网络交流平台中得到。人们在网络上交谈、游戏、旅游、学习、工作、购物、看病……在这种情况下,现实的人际交流与互动自然也就减少了,作为技术的结果,我们看到青少年沉溺于网络、手机等新媒介的世界中,自娱自乐地成为新媒介的忠实"打工仔",甚至完全封闭隔绝了自己的生活圈子。可以说,人们越是在互联网中积极踊跃,乐于结交朋友,就越是在现实生活中趋向于封闭。也就是说,在网络社会中他们基本上是他人导向性格的人,但到了现实环境中却具有强烈的内在导向性格。不过这样说也还没有涉及问题的关键,因为人们在现实生活中除了在社会交往方面表现出内在导向性之外,在其他的政治和社会公共事务方面却并不具有内在导向特征。因此,从总体上看,新媒介世界中的人是以外在导向性格为主导社会性格的人群,如果要更加准确地加以表述的话,我们可以将新媒介人群的社会性格称为具有强烈自我意识而又缺乏自主性的他人导向型性格。这一略显复杂的术语强调了新媒介人群在社会性格方面的三个特点:第一,新媒介人群在总体倾向上是他人导向性格的。第二,他们属于缺乏自主性意识的他人导向性格,并且他们越是沉溺于新媒介环境之中就越是缺乏成熟的自主性意识。第三,他们具有强烈的自我意识,并且与第二条的情况一样,他们沉溺于新媒介世界的程度越深,就具有愈加强烈的自我意识。"自我意识"的膨胀与"自主意识"的匮乏两者相互结合所产生的效应则是新媒介人群的无效交流互动极度活跃,但有效交流互动则越来越困难,这导致新媒介世界中人们的交流互动关系出现了一种深刻的悖谬:在社会行为上身处交流的繁忙与热闹之中,但在社会心理方面却陷入了深度的无聊与孤独的境地。

网络中的世界是炒作不休、谎言满天飞的状态,在里面待的时间久了自然也就不再有归属感,而是存在着极大的不信任感。网络中盛行的谎言与欺骗使得年轻人对于社会信任的认可度降低,这种网络世界中的社会信任危机在某种程度上加剧了现实社会中的社会信任危机,使得本已岌岌可危的社会信任系统变得更加脆弱不堪。在一个极度缺乏社会信任感的社会中,人与人之间的关系根本就没有心连心的可能性,因为只有建立在信任基础之上的社会交往关系才是真正有效的人际关系。因此,对于生活在高科技时代的人来说,"朋友"并不是指那种"志同道合"的友谊关系,更不是古代社会中生死相托的江湖义气关系,从其最好的含义上看,也仅仅是指熟人的关系、相互认识的关系而已。事实上,新媒介世界中的人际关系几乎完全是没有社会信任基础的关系,没有人会真正地相信网络上的信息,也不会有人相信网络上的朋友,可以说新媒介世界中最好的人际交流关系也只能是"手拉手"一起做事情的关系,绝不可能会有"心连心"的那种人际关系。这也就是说,从心灵的相互交流关系看,身处其中的每一个心灵都是处于隔绝状态的。人与人之间心连心的那种交往关系只能是在生活世界之中才能产生,它普遍存在的领域是"初级群体",比如家庭、学校、宗教组织等地方。

四、自由与控制:身处全景式监狱

我们都熟悉有关自由的一些经典陈述,最常见的理解是:自由是对于必然的认识和控制。也就是说,很多时候,自由被认为是对必然世界中那些限制性条件的克服与掌控。麦克卢汉所谓"媒介是人的延伸",道出了媒介给人带来的好处,就是使得人的能力得到了扩展,当然他主要是就媒介延伸人体的感官功能而言的。生活在手机和互联网时代的人们发现，新媒介延伸的还不只是人的感官能力，而且包括人的自由权力，人们可以随时通过互联网平台较为自由地收集与传播信息、发表言论，这不仅意味着社会权力运行的透明化，也意味着人从此便有了话语权。

本来这种权力早已在各现代民主国家的宪法中被赋予，但是真正拥有这种权力却存在着极大的物质障碍。在传统媒体时代，作为个体的公民几乎没有渠道广泛传播消息，也没有随时就公共事务发表意见的可能。人们如果需要发布消息和意见就必须通过媒介机构进行，但无论是报纸、广播还是电视都是一些组织化的机构，尽管这些媒介机构声称它们代表人民发言，但这种代表事实上很多时候仅仅是一种虚假的伪装——以人民的名义兜售媒体及其拥有者的私货，至于他们在多大层面上代表公民个人的意愿，则有如皇帝的新衣，不言而自明。互联网和手机等新媒介的出现改变了这种状况。人们可以通过新媒体发布新闻信息，也可以通过新媒体发表对公共事务的意见。新媒介在实现公民的政治权利和促进民主政治方面的进步意义是毋庸置疑的，由此引发的社会政治生活模式的变革也是有目共睹的，但这种看起来很美的变化究竟对于社会生活意味着什么，我们还远没有对它形成清楚的了解。正像马克·波斯特所指出的那样：在哲学家们所憎恨的那个黑暗世界里，僧侣们以一种无人能懂的语言喋喋不休，王公贵族私下里便决定了社会的命运，商人及工匠对其产品的生产及分配的方法避而不宣；在这个幽暗世界中，信息流动受到限制。如今，这一切似乎已一去不复返了。人类历史新的一天无疑已经破晓，但这一天所预示的是什么还远未清晰。

生活在数字媒体时代，人们感觉到前所未有的独立性和自主性，因为网络为我们打开了一扇窗户，使我们有能力做很多过去不能做的事情，最为明显的感受是来自于政治参与和言论方面的自由。大致来说，新媒介对于普通百姓来说具有一种赋权的趋势，也即是让人们有机会通过新媒介工具介入到社会公共管理中，发出自己的声音，争取自己的权力。新媒介所导致的公共生活的变化是多方面的，但以下的两个方面至关重要：

首先,人们可以通过互联网突破信息管制和封锁,跨越国界获取、发布和交流信息。高科技的媒体对于信息封锁无疑是巨大的挑战,因为突破封锁仅仅是一个技术上的问题而已。希望突破封锁的人会利用高度发达的技术获取统治者不想让人们了解的信息,并且将这些信息公之于众。这种跨越权力宰制范围而进行的信息交流是最让权力拥有者感到头痛的事情,世界各地的权力拥有者都在想尽一切办法应付这种信息管制失控的局面,因为信息失控意味着权力的一切伪装和阴暗面都将无所遁形,原形毕露。

如今政府信息的透明公开早已经不是什么需要避讳的问题了,接受人民的广泛舆论监督也不是什么新的政治观念,这些政治观念甚至已经成为各级领导的口头禅,但是要将这些观念落到实处显然是不能光靠政府机构的觉悟就可以实现的,还需要广大民众的积极争取。新媒体时代的到来为这些政治观念的变现提供了最好的环境,在手机和网络已经普及的今天,几乎每个人都有可能成为一个报道新闻的记者,每天来自大量网民的信息充斥网上,这些信息如此海量,其广泛程度已经远非专业媒体机构收集信息的能力所能比拟。因为网民的信息来自于生活中的每一个角落,甚至那些仅有极少数的人才能知晓的领域中的信息。这些信息如此丰富而又贴近人们的关注兴趣,以至于专业媒体也纷纷加以利用和报道,以弥补它们在新闻报道中遗漏的信息。技术上的发展使权力层意识到信息公开已不再是需要讨论的问题,而是如何付诸实现的问题,因为在新媒介时代,封堵信息的行为从长远来看不仅不可行,而且会由此而产生诸多的负面影响。

其次,公民个人收集、发布和传播信息的活动直接导致舆论形成方式的变化。传统媒介时代,人们只能依靠媒介机构才能形成大范围的民众舆论,社会舆论的设置权掌握在民众的手中;但在新媒体时代,这种议程设置的传统模式已经发生了很大的变化。人们不仅通过网络发布信息,而且通过网络发表意见,网民们就共同关心的问题在网络上展开讨论和争议,并将这些争议快速扩散到更大的范围,要不了多久一项由网民自发设置的议程就产生了。由于这些议题都来自网民,因此会受到较为普遍的广泛关注,其扩散速度很快。很多时候,网民们并不关心传统媒体在讨论什么问题,因为传统媒体讨论的很多话题不过是自上而下安排下来的例行任务,而不是自下而上形成的百姓关注的问题。和传统的议程设置模式不同,网络讨论和网络议题出现后,传统媒体会受到很大的影响,它们会跟进报道和关注由网民发起的议题,以便介入到对网民的舆论引导中去。网民的信息收集、发布和评论活动让权力的暗箱操作活动变得越来越困难,近年来出现的大量网络舆论监督事件说明,新媒介的普及已经使政府的公权力使用处于网民的强大监督之下,权力"暗箱操作"的空间受到了极大的挤压。这种变化导致公共行政方式的变化,国家领导人意识到了这种变化,要求各权力部门适应变化的形式,积极推动社会管理方式的变革,多在提高社会管理水平上下功夫,而不是延续过去那种简单粗放的社会管理方式。

正如前面所论及的那样,新媒介生活带来的任何变化都是有利有弊的。新媒介在推动政治民主化进程的过程中将公权力的运行置于广泛的民众监督之下,使得公权力滥用、腐败等现象得到一定程度的监督。但另一方面,我们也要看到,利用新媒介技术进行的权力强化趋势也在增强,权力对于人的控制能力也因为新媒介的使用而变得愈加隐蔽而高效。如今,遍布大街小巷的公共空间中各个角落的摄像头所扮演的角色备受争议,这种监控系统在预防犯罪、协助侦破案件方面有很大的积极作用,但也会带来将公民行为置于严格监控之下、侵犯个人隐私方面的问题。这种摄像头监控系统体现了由福柯关于社会处于权力无处不在的全景监狱之下的思想。当然,社会监控系统并不仅仅指摄像头的监控,还指无处不在的高科技监控体系,包括公民个人信息的收集、出入公共部门时的安全检查、对使用网络和手机等媒体的活动行为之监控等等。这些形形色色的权力监管和控制都需要借助高科技来实现,它们共同构成了权力对社会的控制体系。

在《规训与惩罚》一书中,福柯阐释了现代社会中所谓的"全景敞视主义”。这种权力控制方式主要来自功利主义者边沁对环形监狱的设计方案,而边沁的这一设计很可能来自动物园的经营者勒沃,勒沃的动物园设计方案是为了方便国王观看动物:所有关动物的铁笼子都围绕着一个八角亭修建起来。而八角亭的第一层只有一间屋子,这里其实是国王的沙龙。八角亭有一个入口供人进出,其他地方开有很多扇窗户正对着关动物的笼子。这样当国王来到动物园的时候,他在八角亭的沙龙中就可以清楚地看到动物们的活动。边沁可能由此受到启发,设计了一种新式的监狱建筑。这个新监狱的构造现在已广为人们所熟悉:“四周是一个环形建筑,中心是一座瞭望塔。瞭望塔有一圈大窗户,对着环形建筑。环形建筑被分成很多小囚室,每个囚室都贯穿建筑物的横切面。各囚室都有两扇窗户。一扇对着里面,与塔的窗户相对;另一扇对着外面,能使光亮从囚室的一端照到另外一端。然后,所需要做的就是在中心瞭望塔安排一名监督者,在每个囚室里关进一个疯人或一个病人、一个罪犯、一个工人、一个学生。通过逆光效果,人们可以从瞭望塔的与光源恰好相反的角度,观察四周囚室里被囚禁者的小人影。”①从横向关系上看,这种监狱设计杜绝了囚犯们相互交流的可能性,因为他们的房间两边的墙壁起到了相互隔绝的作用,使他们既无法互相看见也无法互相交谈,这样囚徒们便失去了相互串通密谋反抗的可能。与此同时,从纵向关系上看,处于瞭望塔位置的监督者可以一览无余地看到各个囚室的情况,但是从各囚室的位置上却看不到监督者。边沁提出一个原则:“权力应该是可见的但又是无法确知的。所谓‘可见的’,即被囚禁者应不断地目睹着窥视他的中心瞭望塔的高大轮廓。所谓‘无法确知的’,即被囚禁者在任何时候都无法知道自己是否被窥视。为了造成监督者的在与不在都不可确知,使被囚禁者在囚室中甚至不能看到监督者的任何影子,按边沁的设想,不仅中心瞭望厅的窗户应装上软百叶窗,而且大厅内部应用隔板垂直交叉分割,在各区域穿行不是通过门,而是通过曲折的通道。这是因为任何一点音响、

---

① 〔法〕米歇尔·福柯:《规训与惩罚》,刘北成、杨远婴译,生活·读书·新知三联书店2007年版,第224页。

一束光线，甚至半开的门的光影都会暴露监督者的存在。全景敞视建筑是一种分解观看/被观看二元统一体的机制。在环形边缘，人彻底被观看，但不能观看；在中心瞭望塔，人能观看一切，但不会被观看到。"①

一旦形成了这种看与被看的关系，环形监狱便形成了一种权力机制：监视与控制成了一种心理上的威慑力量，成了悬在被观看者头顶上的一把利剑，在这种关系中谁充当实际的观看者已经不再重要了，因为作为个体的观看者只不过是权力的一个代表，而权力的实现完全可以通过任何一个人进行操作。由于心理威慑机制的存在，被监视者甚至也成为一个监视者，他在心理上所形成的那种随时被监视的幻想最终成为约束自己行为的最有力的力量，"权力的效能，它的强制力，在某种意义上，转向另一个方面，即它的应用外表上。隶属于这个可见领域并且意识到这一点的人承担起实施权力压制的责任。它使这种压制自动地施加于自己身上。他在权力关系中同时扮演两个角色，从而把这种权力关系铭刻在自己身上。他成为征服自己的本原。因此，外在权力可以抛弃其物理重力，而趋向于非肉体性。而且，它越接近这一界限，它的效应就越稳定、越深入和越持久。这是一个避免任何物理冲撞的永久胜利，而且胜利的结局总是预先已决定了的。"②

在新媒介高度发达的今天，各种数字媒体让每个人都成为监视他人的监视者，与此同时无论是有权力者还是无权力者都成为被他人监视的对象。福柯所说的全景敞视机制在当代社会已经成为一种普遍的权力博弈和较量的机制，无论是掌权者还是无权者都已经深处于由新媒介技术编织建立起来的、无所不在的全景敞视机制中。一方面，权力掌握者会利用各种先进的高科技手段维系权力的分配格局和既定的社会秩序，严格地将人们的行为规训为守法行为，从这一方面讲，他们是处于全景监狱中瞭望塔位置的观看者。另一方面，这些权力的掌握者也同样受到新媒介

---

① 〔法〕米歇尔·福柯：《规训与惩罚》，刘北成、杨远婴译，生活·读书·新知三联书店2007年版，第226页。

② 同上书，第227页。

的监控,人们运用各种新媒体监督记录权力拥有者的行为,并将其不法行为公之于众。这种监督之网无时不在,无处不在,让不法之徒吃够了苦头。近年来因为新媒介反腐活动而落马下台的官员已不在少数,他们中的一些人甚至被移送司法机构,判刑入狱,有很多官员的倒台甚至显得颇为离奇。

在这方面的案例中,发生于 2008 年的南京周久耕案和发生在 2012 年的杨达才案都是具有典范意义的案例。在被网络曝光之前,周久耕只是千千万万公务员中的普通一员,但他的平静为官生涯却因网络反腐而彻底改变了。2008 年 12 月 10 日,这位前江宁区房产管理局局长因对媒体发表“将查处低于成本价卖房的开发商”的言论,引起身处房地产压力之下的网民极大愤慨和敌视,并随即遭到网友的人肉搜索。12 月 14 日,有网友发布周久耕工作照片,并爆料照片中周久耕抽的烟是高档品牌香烟“九五至尊”,一条烟的价格为 1500 元,相当于下岗工人 3 个月的低保收入。12 月 15 日,又有网友发帖称照片上的周久耕所戴手表是“江诗丹顿”,价值约 10 万元。12 月 17 日,网友发帖称周久耕的弟弟是房地产开发商,周久耕的儿子是建材商。周久耕及其家属都被推到风口浪尖上。12 月 28 日,周久耕被免职。2009 年 2 月,南京市江宁区纪委决定对周久耕立案调查。8 月 5 日,南京市检察院以受贿罪对周久耕提起公诉。10 月 10 日,周久耕被南京市中级法院一审以受贿罪判处有期徒刑 11 年。至此,一场由网络监督引发的腐败案件告一段落,周久耕为他的不当言论而付出了沉重的代价。

时隔不到三年,翻版的周久耕案在陕西省安全生产监督管理局局长、党组书记杨达才身上重演。2012 年 8 月 26 日,陕西延安发生一起惨烈的交通事故,造成三十多人罹难。作为安监局的领导,杨达才赶赴交通事故现场指挥救援,但却被人将其在现场面带微笑的照片传到了网上,引发网民的愤怒并遭到网络搜索,不久即被爆出在不同场合佩戴名表的照片,随后又被曝出拥有名贵眼镜和腰带,而这些照片上显示的财物绝非一般公职人员的工资所能消费得起。于是,广泛的质疑开始在网络上蔓延开来,由杨达才的“微笑门”引发的“名表门”和“眼镜门”持续发酵，形成了强大的网络舆论监督压力，甚至有网友通过司法程序申请有关国家机关向公众公开杨达才的工资收入。网络舆论监督推动陕西省纪委展开对杨达才的调查，不到一个月的调查表明，杨达才确实存在严重违纪问题。2012年9月，陕西省委研究决定：撤销杨达才陕西省第十二届纪委委员、省安监局党组书记、局长职务。2013年2月22日，经陕西省纪委进一步调查，陕西省安监局原局长杨达才在任职期间严重违纪并涉嫌犯罪。经陕西省纪委常委会研究并报省委批准，决定给予杨达才开除党籍处分，对其涉嫌犯罪问题移交司法机关依法处理。至此，杨达才成了继周久耕之后因网络舆论监督而受到惩处的又一名官员，两个网络反腐案件的过程几乎如出一辙。这两起案件之所以能够处理得顺风顺水、雷厉风行，显然一方面要归功于网民和纪律检查机构和司法机构的积极行动，但更重要的是要归功于网络上展示的证据——那些现场拍摄下来的照片。因为正是这些照片的存在使得周久耕的贪腐行为暴露无遗，而这些照片的收集却极为容易，通过网络既有资料或者亲自用手机拍摄便可以轻松得到。网络反腐的多起案件给官员们敲响了警钟，使得他们意识到由于网络、手机、数码照相机、微型摄像机等新媒体的普及，自己的言行已经处于无时不在的监控之下。这使得他们开始调整自己的行事风格，尽可能财不外露。当然，在有可能的情况下，他们依旧会致力于信息的隐藏工作。

可见，总体上看新媒体所建构的全景敞视监狱对于公共政治和民主具有促进作用，它将几乎所有暴露于监控系统之下的人的行为都纳入到公共领域中来，这使得政治具有了透明感，似乎人们可以通过媒介实现自由。但从另一方面看，事情恐怕也不会如此简单，监控系统的控制者和使用者在很大程度上决定了这些监控信息的传播，不想被暴露的东西也不一定会暴露出来，除非一些意外情形的发生导致秘密的泄露。近期，在多地连续发生公职人员房产信息被披露而遭遇网络反腐的情况下，多个地方的房产信息管理部门出台了一些让人不得不怀疑其动机的规定。这些规定的目的虽然并不能认定为是保护腐败分子的利益，但从它们出现的时机上看,很难说与网络反腐的日益频繁毫无关联。不管怎样,这些房产查询规定的目的是增加公众查询房产信息的难度,至于这些规定是否合理,则要看人们如何界定公职人员的“隐私”范围了。目前网络信息反腐基本上都是建立在无所不在的媒介监视技术的基础之上的,而制度化的信息监控系统,也即那些公开而且透明的、为全社会绝大多数民众所期盼的监控系统,如国家公职人员的财产公示监督系统以及公共行政信息公开等信息系统,其建立与完善都还处于艰难的推动进程中。如果这些正式的、官方的、公开透明的信息公开系统得以建设,那么掌权者的行为便能有所约束,他们的贪腐机会则会减少很多。

当然,从技术发展的趋向上来说,在一个自媒体时代中监控并不能全部掌控在权力者手中,权力监控与非权力甚或反权力的监控共同建构了全面覆盖的全景敞视监狱,整个社会的人群都陷于这样的控制机制之中,理论上说无一能够幸免。人们感到自己可以凭借自媒体的强大功能拥有自由权力,这其实是一种误识。因为这种自由感是以对某件事情或者他人的控制为前提的,而能够对自己之外的事物或者他人进行控制,也就是惯常人们所谓“自由”的含义。然而这种对于自由的理解是完全错误的。真正的自由应该是每一个社会成员的自由,这种自由是一种共赢的自由,是协调相互利益与关系基础之上的自由,其核心要点尤其是指对于自己的某些“自由”(如贪婪、自私、嗔恚等)的适度放弃和牺牲,没有这样的利他主义精神的自由永远都不会变成真正的自由。因此,寻求以技术优势取得对事物或者他人的控制从而达到自由的思路与真正的自由之道是背道而驰的,其结果就是上面所陈述的那种悖谬的状况:人们在彼此之间相互监控的自由幻想中共同构建起社会全景监狱,而每一个为“自由”而参与监控的人,都将带着他的自由梦想在这样的“监狱”中将牢底坐穿。

前面所述的几个相互悖谬的方面已经表明:新媒介给我们带来的并不全是好处,也有很多坏处,这样两相对立的方面还有很多,难以悉数列举。比如:解放——控制、沉溺——恍惚、狂欢——无聊、激情——麻痹、参与——冷漠、同质——差异、高尚——卑劣等等。但技术的优点总是异常明显,坏处却隐而不彰,因此人们总是能够看见技术的好处,对于它的危害却不甚关注。

第三章　数字时代的信息及其对思维的影响

当代新媒介文化是一种空间偏向的文化，在技术逻辑、商业逻辑、权力逻辑、欲望逻辑的共同推动下，新媒介文化以空间扩散的形式谋求权力的集中，其目的是将新媒介的竞争美化为进化、进步、文明的代名词，使得新媒介文化成为文明进化的象征。通过这种意识形态化的操作，新媒介及其文化以令人目不暇接的方式占用人们的时间，夺走人们安静下来体味原生文化的时间。人们在疲于应付和无限忙碌的生活中再也抽不出时间反省现状，很自然地变成了缺乏反思能力的新媒介的拥趸。正是由于新媒介及其文化占用了我们几乎所有休息睡眠以外的时间，无论是在工作还是休闲状态下，我们都深度陷入由现代媒介编织起来的电子网络之中，使得我们无时无刻不处于它的控制之下。

一、满面笑容的媒介及其批评

新媒介的控制具有全新的伪装技巧，它以最友好的、最随顺于人的态度取悦于人，提供大量诉诸感官的刺激信息来占用人们的时间。更糟糕的是，新媒介的这种影响力具有普遍性，它对于整个社会结构的影响是难以估量的，它将自身的优势嵌入到社会生活的各个领域，让银行、学校、商店、政府……各个组织机构都以它的技术逻辑为基础进行重新建构。这样，新媒体及其运用不仅成为生活中的一种文化现象，而且它本身早已成为当代文化的代名词。在新媒体环境中，我们每天感受的都是全新的东西（前面已论述这是一种深度遗忘与幻想）。两周之前的事情，即便它是一件意义重大的事情，也不会在人们的头脑中泛起丝毫涟漪，因为每天新媒体都会用新的信息填塞人们早已不堪重负的头脑，人们已经习惯于“左眼进、右眼出”的模式，凡是阅读过的信息，不需要多长时间就会自动被清除出大脑，以便节约精力、腾出空间来接受下一波新媒体信息的冲击。这种媒介接受模式的结果就在于它重新塑造了我们的大脑习惯、我们思考问题的方式、记忆信息的方式。新媒体技术的逻辑永远是“苟日新，日日新，又日新”[①]，一刻也不停留下来，某件轰动一时的世界大事，一般仅能吸引人们为期几天的关注，而一般国内重大社会事件，受关注的时间会更加短暂。

尼尔·波斯曼曾经告诫我们，“在一个科技发达的时代里，造成精神毁灭的敌人更可能是一个满面笑容的人，而不是那种一眼看上去就让人心生怀疑和仇恨的人。”[②]而在当今人们的日常生活中，这个满面笑容的人越来越像是以无比殷勤和友善的面目出现的电子媒体，以及与之相伴而生、如今已无处不在的技术意识形态。对于波斯曼所生活的20世纪后半叶来说，充满欢声笑语、歌舞升平的电视娱乐淹没了人们的冷静和理智，电视以它特有的献媚方式讨好了无数的观众。然而，在技术殷勤友善的面目之下，有谁会注意电视正在改变人类的思维和文化习性？有谁会注意到电视正在以一种无比温柔的手法将观众们重新塑造为一个娱乐至死的物种？当尼尔·波斯曼关于电视威胁人类文化的警示尚回响在人们的耳旁时，新一轮的媒介技术浪潮已经将电视的显赫位置取代了。如今，人们更热衷于谈论由数字化媒体技术所带来的新事物，YouTube、IPhone、Ipad、Twitter、Facebook……它们都是基于互联网而产生的新媒体，这些新事物具有完全不同于电视的面貌，它们不仅继承了电视技术的殷勤友好品质并将它发挥到极致，而且绝不像电视那样仅仅依赖于图像和色彩的声色犬马，通过无休无止的娱乐控制观众。

互联网是一个无所不能的万能媒体，除了进行娱乐之外，它是一个可

---

① 朱熹：《四书章句集注·大学》，浙江古籍出版社2012年版，第6页。

② 〔美〕尼尔·波斯曼：《娱乐至死》，章艳译，广西师范大学出版社2004年版，第202页。

供我们生活、工作、学习、研究、娱乐、恋爱、交友、购物……甚至是发起和组织政治社会运动的平台。事实上,它是有史以来功能最强大,也是对人类文化影响最大的一种媒体。按照麦克卢汉的媒介理论,无论是印刷术、收音机还是电视,恐怕都只是对于人的某个方面的器官功能的延伸,而互联网则实现了对于人的神经中枢和智力能力的延伸,或者干脆就将它视为人脑的延伸。互联网所表现出来的远超过人类能力的功能(无论是娱乐还是理智方面)使得人们对它寄予了前所未有的期待和赞美,仿佛它的出现完全可以堵住那些杞人忧天的技术悲观主义者的悠悠之口。然而,事实真的是我们所感受到的那样吗?

我们不得不面对的一个事实是,迄今为止互联网所招致的批评与其所受到的褒奖是极不对称的,它给人们带来的超越人的自身能力限制而获得的解放感是如此强烈,以至于人们很少对其深刻的影响作负面评价,即便批评也只是停留在一些较为细枝末节的问题上,如青少年网瘾、网络侵权、黑客攻击等等。然而,互联网所带来的信息爆炸、草根民主、解构权威……真的能够让世界变得更加美好吗?它真的是人类的福音吗?互联网的特殊优越性是不是已经超越了海德格尔、芒福德、爱吕尔、英尼斯、波斯曼等人对于技术及其文化的种种责难?互联网作为一种新技术是否真的像那些技术鼓吹者所宣称的那样对人类毫无危害?如果事实并非如此,那么它所带来的危害又会是什么呢?为什么人们总是看到技术的优点,却看不见那些潜在的危险?……这种种疑问提醒我们必须小心谨慎,在对于新媒介的一片赞美声中,我们应该尝试开展一种冷静而犀利的批判,向人们展现新媒介所具有的魔鬼的一面。正像波斯曼所指出的那样,技术并非没有优点,然而我们的眼睛需要紧紧盯着它所存在的负面影响,在欢迎它进入我们的日常生活与文化之前,我们需要对其所带来的利弊加以权衡。

新媒介的技术形式所带来的问题很多,可以说在社会生活的每一个方面都在产生有危害的影响,但最根本的问题还在于:这种技术正在不知不觉之中重新塑造我们的大脑,即重塑我们的思维与行为习惯,重塑我们的文化。在我们控制和使用网络的同时，网络也在控制着我们，它以一种不易察觉的强有力的方式坚定地执行它的技术逻辑。如果换句容易理解的话来说就是：当我们为计算机编制运行程序的时候，计算机也在为我们的大脑编制程序。互联网的技术特性正在使我们成为精力分散、思维浅表的物种。互联网的使用把我们的大脑变成了更适合于机器运转的人工智能，而我们作为人类或者在世存在的存在者则完全遗忘了自己的存在意义，那些被古代东方思想家们称为真如之性的智慧正在与我们渐行渐远，我们成了技术的附庸和奴仆。类似的批评近年来也出现在了马克·鲍尔莱恩、威廉·鲍尔斯、斯蒂芬·贝克等人的著作中，对于互联网和手机的使用所引发的后果及其危害，已经逐渐为人们所意识到。这些声音虽然还处于弱小的状态，并且在与乐观主义者和技术鼓吹者的争斗中也许永远没有取胜的可能，但是我们确实需要一些这样的冷静思考，以便搞清楚一个古老的问题：人们为什么总是一厢情愿地认为自己是万物的主宰，而不是更加实际地看到人与万物之间相互影响的关系？如果我们不能节制自己的欲望和好奇心，不能认清技术的本质的话，那么我们必将在看到自己伟大成就的同时付出沉重而又无法弥补的代价。

二、信息泛滥与信息饥渴

新媒介的第一个最重要特征就是在信息传播方面无可比拟的革命性。在传统的社会中，符号的公开表达与传播被垄断在识字阶层手中，普通民众既无表达意愿的能力，也无表达意愿的媒介渠道，并且社会化的公开表达还会受到权力的层层制约。这种情况在新媒介时代发生了彻底改变。教育和媒介工具的普及使得人们的信息生产和传播权力突破了权力的限制，任何人都可以利用网络和手机发表自己的意见，人们甚至完全可以利用这种信息权力展开政治上的诉求。网络工具本身具有海纳百川、无所不包的信息生产与存储功能。这些强大的功能使得以互联网为基础的新媒介成了人类最大的信息库，也容易让人们将它视为知识和智慧的宝库,当然这种见解不过是对于信息的误解。

(一)文化艾滋病与信息泛滥

信息在上世纪40年代以后便开始拥有偶像般的位置。这种地位随着媒体技术的快速更新而得到了强化,人们对于信息的不断繁殖毫无戒心反而感到无比兴奋。直到上世纪后半叶,一些有识之士才发现,新媒介的使用正在使信息的生产与消费变得疯狂,信息的数量不断地以几何级数快速增长,并且信息似乎具有超级强大的繁殖能力,新的媒介技术在不断产生新的信息,与此同时已经产生的一些信息也正在繁殖出更多的信息。信息在数量上的无限制增长已成为我们这个时代的一大特征,互联网和手机的普及更加剧了信息增长失控的局面。事实上,正如波斯曼所指出的,信息失控的根源在于技术垄断,信息的胜利事实上就是技术的胜利,技术通过制造更多的信息来造成庞杂而无序的信息环境。为了整理这些环境我们就会引入更多的技术,而新的技术会产生更多的无序而混乱的信息。正是在如此循环往复的过程中,技术的垄断地位得到了确证和强化,而人类则懵患波斯曼所称的"抗信息缺损综合征"(Anti-information Deficiency Syndrome),即"文化的艾滋病"(AIDS)。

在没有互联网的时代,我们所拥有的最大信息系统是语言和文字,但由于书写、印刷和存储的条件有限,语言基本上是即时性的。而在网络时代,人们可以很轻易地将所见所思所想的东西转化为信息放置于网络之中,每个人都轻而易举地成为出版人、新闻记者或者小说家,可以随时随地发布信息。信息生产和消费的民主化趋势带来的直接结果就是信息泛滥。信息泛滥不仅意味着其在数量上异常庞大,也意味着它在质量上良莠不齐;真正优质的信息其实在流通领域所占的比例较小,绝大多数活跃的互联网信息其实都是质量平庸或者劣质的信息。这一点与传统媒介时代的情况大为不同。过去人们的口头表达和文字记录系统是分割开来的,只有那些被认为有价值的口头表述才会被记录下来进入信息流通的领域之中,也即是说,只有那些被认为是知识的信息才能进入传播系统中;然而在互联网时代,口头表述与文字记录之间的这种区隔不复存在,几乎所有的表述都可以很轻易地被记录下来进入流通领域,因此互联网的时代被人们称为信息的时代而非知识时代。更重要的问题在于:在传统媒介方式下,信息的生产与消费完全出于实际事务的需要,用于低俗娱乐和消遣的信息基本上很难进入到书面信息的流通领域;不仅如此,传统信息生产的最大特点是将这种生产与流通置于某种思想框架之下,使之有条不紊,而非杂乱无章。正因为社会信息的生产被安置在严格的思想传统之下,因此这些信息也很容易得到归类整理。中国的大型图书收录系统就是在此基础上出现的,无论是《永乐大典》、《四库全书》还是《大藏经》,都是具有其整理宗旨和编辑理念的。由于传统文化注重文化血脉的延续性,因此信息的生产与消费活动基本上都会自觉地遵循古圣先贤们所开辟出来的道路进行,文化因此而得以薪传火继,传承有序。

文化生产的这种模式伴随着新闻业和电报时代的来临而遭到了严重破坏。现代传媒产生的一个重大的影响就在于文化由注重时间偏倚转向了注重空间偏倚,也就是说在现代传媒的世界中,传统不再重要,而空间上的扩张性才具有重要性。这种空间偏倚的文化在信息生产和消费上不再注重传统,而是更强调创新,信息的生产也由此而不再受到一贯的宗旨和思想架构的规范。借用佛教的一句话讲,如今人们生产的信息大多都是在“打妄想”的时候记录并传到网络上去的信息。按照佛教的解释,由于人们的欲望总是在不断地迁流变化,因此普通人的思维每时每刻都处于变化无常的状态中。僧人们进行修行的一个重要目的就在于让自己的心念安顿在一件事情上面,调服自己的身心以消除妄想,从而获得身心的宁静,并由此获得无上的佛性智慧。这样的观念使得佛教界的信息生产和消费活动被严格控制在有序的状态下,虽然历经两千多年的历史,佛教界的信息生产和消费活动并没有出现当代世界普遍存在的那种泛滥无序的混乱状态。

那么,我们在“打妄想”的状态下生产的信息都具有什么样的特点呢?要详细研究这些特点是一件费力的事情,但是我们可以选择其中比较突出的一点作为论述的重点。概括起来说,我们观察到的一个奇怪悖论现象是:人们越是崇拜信息也就越是需要信息,越是拥有信息就越是渴求信息。换句话说,信息泛滥所引发的后果并不是人们对信息的满足感,而是更加深度的信息匮乏感。如今我们一方面深陷于对信息泛滥的恐慌之中,但另一方面又渴望生产和获取更多的信息。互联网上的信息可谓无所不有,但面对如此之多的信息如潮水般涌来,我们的信息饥饿症却正在变得越发严重。我们不禁要问:这究竟是怎么回事呢?

(二)作为技术垄断社会燃料的信息

事实上,对于人的生存来说,信息是不可或缺的,这是明摆着的事情,自不必多言。但对于人的生存需要来说,我们究竟需要多少信息?需要什么样的信息?信息是不是越多越好呢?这些问题恐怕就需要仔细讨论一番了。西方的主流传播学家们总是毫不吝惜地赞美信息社会的到来,似乎信息越多就越好,因为我们过去曾经为了争取信息的透明和自由传播权利而奋斗,如今我们拥有了这些权利,因而应该毫不吝惜地赞美信息盛宴的时代,而且应该更进一步去追求更多的信息。对此,波斯曼满怀疑虑地指出,信息之所以在当今世界中具有如此崇高的地位,其实是因为它是技术统治文化的燃料。“逃出魔瓶的精灵声称,信息是新的文化神祇,但那是骗人的。技术统治文化解决了信息的稀缺问题,信息稀缺的不利因素是显而易见的。但是信息泛滥的危险,它却不给人警示……由此产生的文化仿佛是打乱了顺序的一副牌。奇怪的是,很少有人注意到自己苦恼的根源,或者说即使注意到了,他们也不承认。若要明白这个道理,你只需要自问:中东、南非、北爱尔兰的问题是什么?这些冲突达到狂热的高度是由于信息稀缺吗?生产的粮食未能使数以百万计的人口摆脱饥饿,难道这是信息不足引起的吗?我们的城市犯罪率飞涨、破败不堪,其原因是信息不足吗?离婚率居高不下、精神病院爆满,这也是信息不足的结果吗?事实上,政治、社会问题尤其是个人问题,很少是由于信息不足,然而……技术垄断论者坚定不移地相信,世界需要的是更多的信息。

……在任何一个关于通讯或计算机技术的讨论会上，你参加的都是创新机器的庆贺会，这些机器生产、储存、分配更多的信息，使用起来更加方便，运行速度更快，是史无前例的技术成就。人们总是会问‘这样的信息解决什么问题。’这就把信息拔高到形而上的地位；信息既是人创新活动的手段，也是其目的。在技术垄断时期，我们受生活的驱使，渴望‘获取’信息。至于目的何在、有何局限，那不是我们要思考的问题……”[①]显然，在技术垄断社会中，我们已经陷入为了繁殖信息而繁殖信息的怪圈，至于这些信息究竟有什么用途、将会产生什么后果我们都不加以关注，反正是信息越多越好，但既然如此我们为什么总在面临信息泛滥的局面时不禁产生内心的恐惧：面对这么多的信息，我们真的无力对付了。

由于书写工具的改进，人们现在很轻易就可以进行信息的传播活动。信息开始变得极为烦琐而冗长。反映在新闻写作模式的变化上，新闻不再像电报时代那样惜字如金，也不再追求客观性、普遍性和标准化，而是在趋向于细节、煽情和个性化，因为我们现在有了便利而毫无成本的电子撰写和传输工具，为什么还要像过去那样为了节约纸张、传播时间或者传播成本而精打细算？网络面临着来自电视和报纸的竞争压力，既然网络新闻在图像上不能具备电视的图像优势，为何不将标题制作得耸人听闻一些？为什么不利用毫无成本的文字尽可能地展现新闻的细节？为什么不用网络所独有的链接优势将新闻拓展成为一组而不是单独的一条新闻？这样岂不就可以将网民牢牢地钉死在电脑屏幕前，而不至于抽身看电视读报纸了吗？为了与电视争夺受众，网络新媒介正在使新闻业的标准发生改变，其实这样的变化在电视兴盛的时代就已经开始了，只是现在新闻在感性、冗长和煽情方面要远甚于过去。反过来，电视为了在争夺战中保持自己昔日的光辉也在不断模仿网络的特长，总的改变趋势也是像网络那样播出更多、更具体的内容。因此频道扩容成为近年来电视业的一个重要的变革，新闻一天 24 小时不间断地滚动播出，这意味着大量的

① 参见〔美〕尼尔·波斯曼：《技术垄断：文化向技术投降》，何道宽译，北京大学出版社 2007 年版，第 35—36 页。

新闻节目的缺口出现,如何填补这些缺口成了电视面临的一大问题。为了解决新闻节目的缺口问题,电视必须改变传统新闻学的标准,并且将这些标准冲击得七零八落,面目全非。如今的电视新闻专栏所播放的内容可谓五花八门,应有尽有,不管符不符合新闻价值的标准,但凡是沾得上新闻的边的那些能够引起观众兴趣的东西都被放在新闻时段中播报,纸媒时代所常见的版面紧张的情况再也不会出现了。为了吸引受众,新闻尽可能制作得悬念迭出,很多时候让人感觉更像是纪录片;只是在尊重事实和以事实说话的底线这一点上,目前的电视业在理念层面上还不曾有根本的动摇。但是在叙事方式和手法上,在追求细节性、煽情性、审美性等方面的改变则早已经不是什么需要争议的话题了。

媒介之间的竞争实质上是对时间资源的竞争,对于媒介市场来说,真正稀缺的资源早已不是电报时代的信息,而是时间——受众在关注和消费媒介内容方面所花费的时间因为人们一天的时间是额定的,除了用于休息和工作的时间之外,人们能够用于媒介消费的时间可以说并不宽裕。在争夺这些碎片化的休闲时间方面,新媒介恰好能够发挥自己的特殊优势,于是人们在地铁、公交、机场和所有需要进行等待的场所都拿出手机来摆弄。当我们乘坐拥挤的地铁时,可以注意一下四周的人群,他们的面庞似乎都消失不见了,因为大家都在忙着自己的新媒介工作。他们低下头自顾自地在看手机小说、上网或者玩游戏,却没有一位在看书或者看报纸。面对此情此景,没有人会怀疑新媒介时代真的到来了。

技术更新不仅改变了新闻业,在文学创作和其他一切方面,信息的繁衍也变得大大加速了。就文学写作而言,这种变化也是让人震惊的。作品字数膨胀成为网络文学作品的普遍趋势,一部网络小说动不动就好几百万字,几千万字的小说也并不鲜见,这在传统书写时代是难以想象的。但在信息网络时代倒也没什么奇怪的,对于利用电脑工具写作的专业写手来说,电子写作的成本基本上是零,而且编辑处理起来异常方便,加之网络付费小说的写作很多是按照字数来计算的,字数越多也就越能挣钱,这也助长了无限加长版的小说的盛行。

对于那些不以商业盈利为目的网民来说,生产信息的冲动则来自对于表达权的热衷。表达权曾经被认为是各种权利中最基本的权利,是其他各项基本人权的基础,可见它的重要性。过去人们曾经为了争取这种权利而抛头颅洒热血,不惜身死也要发出自己的声音。自由派文人胡适就曾以"宁鸣而死,不默而生"来表达自己绝不甘于沉默,并为此不惜牺牲一切的心迹。相比之下,生活在网络时代的人们似乎完全不需要这样的一份悲壮情怀。他们很容易就能够利用网络从事表达诉求的活动,尽管不是完全的自由,也不是完全不受到约束,但人们确实已经通过网络的使用而获得了表达的机会。

对于网民来说,公开表达是互联网与生俱来的一种特性,而"我写故我在"也成了一众网民们共同的信条。草根网民从来都不会因为自己不是现实生活中的重要人物就低估了自己的重要性;因为在网络的世界中,不管你是谁,身份和地位如何,都大致享受相同的表达权,网络表达仅仅设置了技术能力的门槛(运用特权所进行的不平等信息操纵不在这里展开讨论)。既然传统媒体的屏幕和版面被各色领导和各界精英把持着,那么网民就一定要利用好网络这个免费的舞台,将自己认为"伟大"得惊天动地的那些职场遭遇、家常琐事连同无比"高明"的意见都一股脑地摆到网上去,这使得互联网信息以几何级数的速度增长起来。但如此众多的声音,就像佛家眼中的繁华喧闹,大抵逃不出"天下熙熙,皆为利来;天下攘攘,皆为利往"的窠臼。真正讨论理性的公共生活和有文化意义的信息则并不在多数。加之众多看起来道貌岸然的意见和表述,实际上则是诲淫诲盗、为贼代言张目、欺世盗名而已。因此,按照佛家的话语来看,这些"我写故我在"的表述所反映的大多是人们的各种欲望以及围绕这些欲望而展开的争议,都是些"打妄想"的无常欲念的表述。

除了这些信息,网络上数量最多的"打妄想"信息则是各个商家和机构为了勾起人们的各种欲望以吸引网民而传播的信息,如各种商业广告、色情图片、奇闻怪录、奇谈怪论……这些信息可以被称为没有灵魂的信息,也即没有文化意义、没有文化目的,也没有文化归属的信息。它们不能被纳入任何思想文化体系的范围,很多信息仅仅是人们的感官感受的随意表述,是对人们变化无常的欲望的随意表达、记录与传播。欧洲的思想家们喜欢将这些四处漂浮、无头无脑的幽灵信息称为"漂浮的能指",事实上这些漂浮的能指虽然在思想文化上可谓毫无价值,但在技术和经济上却有宝贵的价值。这些幽灵般的信息一般都充满了感官娱乐的优势,往往通过刺激人们的感官而唤起人们的欲望,搅乱人们宁静的内心世界,让人们升起更多的"颠倒梦想",从而彻底迷失在由漂浮能指所结构的信息环境之中。一旦这些刺激性的能指消失,人们便会陷入空前的寂寞与孤独之中而难以适应,因此这些欲望信息所产生的神奇效果就像是毒品,一旦身处其中就难以离开。在这种神奇功效的作用下,人们对于信息的贪婪吞噬其实正像是吞噬毒品,剂量会越来越大,而且不能中断,这就是为什么我们获得越多的信息就越是感觉饥渴难忍的原因。

(三)拉康与类语言环境的欲望结构

更严重的问题还在于,"打妄想"的信息在网络中占据绝对优势的地位,逐渐成为我们网络生活的一种信息环境,一种类似我们在现实生活中所使用的语言环境。网络信息由此转换而成为一种次生的类语言或亚语言结构,之所以称之为类语言或者亚语言,是因为在网络环境中使用的话语确实已形成了自身独特的规则。这些规则是以时尚的面目出现的软性强制规则,网络上的人群需要遵循这些规则。一旦这种网络类语言结构得以形成,也就意味着身处其中的网民彻底丧失了逃逸的可能,他们将在使用网络表达语言的过程中被形塑为网络人。可以说,网络信息环境的结构将会决定人的存在样态。

现代哲学的很多思想家都曾经论述语言与人的主体性生成与存在之间的关系问题,最著名的莫过于海德格尔和拉康的论述。海德格尔提出的引人深思的论述是"语言是存在的家",即存在只有在语言之中才能得以体现,有语言的地方才会有人的存在。换句话讲,人的存在是通过语言来形塑的,因为无论是思考还是表达,我们都不可能离开语言来进行,人们在创造并使用语言的时候,实际上也在无形之中要受到这个交流工具的形塑。讲中文的人是不可能像讲巴利文的人那样思考问题的,他们的行为方式和习惯也完全不同,可以说人们在文化上的根本差异其实就来自于他们所使用的语言及其结构。

据此,一个人要成为什么样的存在者,在很大程度上要取决于他所使用的语言。后期海德格尔将这种带有强烈结构主义色彩的观点表述为"说话的是语言而不是人",即是说传统上的那种将语言仅仅视为人类交流工具的看法是错误的,语言不仅是工具,更重要的是语言结构所具有的那些内在的规则和文化密码形塑了人的思想和行为,因此与其说人在说话,还不如说是话在说人。海德格尔的这种结构主义语言倾向在拉康那里有了更为精彩的发展,拉康承接的是弗洛伊德的精神分析学说,他的观点更加适合于我们所要讨论的问题。

拉康并不反对人是由语言说出来的观点,但他在此基础上做了更加有趣的发展。他将语言与人类的潜意识的欲望联系起来,从而实现了对弗洛伊德精神分析原则的回归。在拉康看来,语言的一个特质就在于它具有隐喻的功能,这种隐喻功能的基础是符号的能指与所指之间的分离。符号的能指是浮在表面上的符号形式,使人们能够在公开表达中隐藏起自己的欲望,而这些欲望才是语言符号所要表述的真正的意义,它们在符号的隐喻或转喻机制作用之下深藏于潜意识的领域之中,只有在发生语言错乱、口误或者酒后呓语等特定的情形下才会以非隐喻的形式直接浮现出来。这个原理其实也就是弗洛伊德所谓的冰山之喻在结构主义语言论中的延展,按照弗洛伊德的说法,人们的意识表达就像是海上漂浮的冰山,露出海平面的只是人类意识的一小部分而已,而藏在海面下的巨大的冰山山体是人类的潜意识层面,只有在特殊的情形下才会被公开表述出来。对于人类主体而言,道德的绝对律令支配下的超我使得人们在公共生活中尽可能地压制潜意识王国中的那个奔腾涌动的遵循享乐原则的本我。遵循着现实原则的自我处于两者之间的交界之处:它一方面受到超我的道德律令约束而不断追求道德理想和良心上的完善;但另一方面,它也不断遭受来自本我的冲击,为了能够适应社会文化环境和公共交往,自我尽可能地压制本我的那些欲望,这样的压制事实上使得文化和文明得以产生。因此,长期以来我们对于人类文明优雅的生活方式的追求史也同时就是对于本我自然本能的压制史,这种压制维系了人类的公共生活,使得社会得以在一种协调彼此欲望的基础上共存。

网络世界的信息泛滥似乎正在破坏这样的文明秩序,我们说过,媒体市场争夺战在本质上可以被还原为对时间的争夺战,即对于人们消费媒体内容的时间的争夺战,而消费的时间直接取决于人们的注意力在多大程度上被限制在媒体的内容之上,这也就是俗称的"吸引眼球"的战争。为了吸引眼球,历史上的大众化媒介都在不遗余力地挑战人类文明的防线,不断刺激人类感官上的享受,从而唤起那些被压抑在潜意识领域中的本能欲望。在传统媒介时代,媒介使用在技术上存在着很多天然的限制,这使得"把关"成为信息生产与消费活动中一个常见的门槛,"把关"虽然限制了信息的自由流通,但也无疑保证了文明秩序的延续,那些离经叛道和挑战道德底线的信息会被过滤而无法进入信息流通的领域。然而在网络技术条件下,"把关"的信息传播门槛事实上已经形同虚设了,尽管不能说如今的互联网上已经没有了"把关",但对于很多直接表述本我欲望的信息在网络上大行其道,自由流通早已不是什么新鲜的事情了。潘多拉的盒子一旦打开,想要再将它关闭就不太可能了,于是互联网成了人们同时进行公共生活与私人泄欲的场所,传统的传播模式下的公共领域与私人领域的界限早已混淆不清。人们在网络这一公共平台上的生活必须面对如下尴尬的现实:享用精致美食的餐厅和排泄污浊之物的厕所被放置在同一个场所中,两者之间没有任何堵隔,并且大家在这样的网络公共平台中早已心安理得,相安无事了。打开互联网的主页,最严肃的联合国大会和安理会决议的旁边摆放着的是各种露骨的色情挑逗信息和图片,而国家最高级别科学表彰会议报道的四周则满是不堪入目的低俗广告和诲淫诲盗的信息。在这个四处充满欲望火光的网络信息环境中,语言表达的隐喻方式实在是过时的东西,潜意识中的那些被压抑的欲望直接被抛入网络的世界中。

人们在释放、生产和消费这些只遵循享乐原则的本能欲望信息的过程中总是能迸发出前所未有的热情,因为这些发泄和表述并不需要在大庭广众之下进行,网络上的公众彼此间看不到对方,这种隐蔽性使得大家免受现场传播情境中的那种“众人目光”的监督和惩罚,而互联网上日益增多的垃圾信息也在不断引诱新的网民到网络上去发泄自己的欲望和本能。在这样一种由各种欲望所编织的网络类语言环境中生存的人群,究竟会被这样的一种语言形塑为什么样的人?这还真是一件值得担忧的事情,尤其是那些对互联网生活充满了激情的未成年人,只要他们在生活中不慎触网,那么他们的文化世界中就不会再有天真无邪的童年时光,触网在事实上就意味着童年生活的结束,因为他们在网络上找到精彩卡通故事的机会要远远少于遇到低俗图片和视频的机会,远远少于遭遇各种暴力、色情、低俗信息的机会,他们会在网络语言的环境中过早地被形塑为成年人,尽管他们在年龄上其实只是个孩子。

当本能的欲望信息进入网络语言之中而成为一种结构性因素的时候,我们的信息饥饿症就难以遏制了。因为按照拉康的观点看,人们的欲望永远没有固定的所指,人自出生之后就一直处于匮乏的状态之中,他将以其一生的时间去寻求实在界的那种充实。这种充实是在婴儿与其母体尚未分离时所具有的完整性,它有时也可以用于指涉万物混成而未有区分的状态,也即人们在进入符号的象征界之前的那个世界。不管怎样,婴儿一旦出生,这样的完整性也就被破坏了,因此人们总是感受到匮乏的存在,总会试图依从自己的欲望而寻求满足。由于象征界的符号运作机制的存在,人们的欲望追寻往往处于迷失的状态之中,漂浮的那些能指被认为是欲望的对象,然而我们从来没有意识到那些以变形的方式出现的欲望其实都只是欲望的能指,而欲望的所指究竟是什么则无从知道。以能指形式存在的欲望实际上是没有固定所指的,它不断地变更,一旦得到满足就会被其他的新欲望替换,因此欲望的运作原则就是为欲望而欲望,越是得到满足就越是会产生更多的欲望,永不停歇。拉康指明了语言与欲望之间的关系,让我们看到了追寻欲望的徒劳无功,据此原理就不难理解为什么我们会处于信息泛滥和信息饥渴的双重悖论之中了。其实,很多时候我们追寻信息的行为并不是因为我们真的需要知道真相,而是因为我们需要获得与我们的愿望相一致的那种“真相”的信息,我们需要通过寻求这样的信息来充实我们关于某个问题的欲望意向。如果这个欲望的意向得不到充实,那么我们就不会停止搜寻信息。因此,尽管有关这一欲望意向的相关信息已经如江河湖海般的多了,但我们却仍旧感到饥肠辘辘,所得甚少;因为我们所追寻的仅仅是那种能够充实我们的欲望意向的信息,这样的信息自然是少之又少的,即便真的找到了也好像是人们对自己的颂扬之词,千言万语也绝不会觉得多。当然,由于这样的欲望意向本身就不是固定不变而是迁流变化的,因此这样的追寻往往只能是饥肠辘辘却永无止境的徒劳而已。

可见,前面所述的“打妄想”的状态下生产和传播的就是携带各种本能欲望的毒品信息,它的功能不是让我们获得对信息的满足感,而是让我们对信息产生更加强烈的饥饿感,而且生产和消费的信息越多就越是感到饥渴。通过这种奇特的运作方式,信息为技术垄断的意识形态逻辑奠定了坚实的精神上和经济上的基础,人们不得不消费大量的金钱在信息的消费上,尽管他们并不知道这些信息有什么有益人生的价值。人类的生产活动变得空前荒谬,大量的人群在从事包括媒体行业在内的所谓信息产业,人们生产各种各样的符号,不是因为离开了这些符号人们便不能生存下去,而是因为人们可以在下班之后去消费它们,是因为建立在此基础上的符号经济正在成为我们时代经济的驱动力。电影梦工厂的职员下班后回家去上网或者看电视,而电台的职员则在休息时间去看电影,虽然他们都没有生产彼此生存必需的食品和衣物,但我们的时代经济模式的演化已经到了非常高级的程度,以至于生产和消费符号信息成了社会的支柱性产业,成为我们社会的重要动力之源。可见,对于信息社会来说,漂浮的符号能指是社会正常运转的燃料,一旦规模庞大的符号生产和消费活动停止下来,那么技术垄断的社会就会随之瓦解。

（四）宁静与内省：对治信息病症的智慧

这样看来，我们几乎难有机会改变目前的现状，信息泛滥和信息饥饿的双重折磨必将继续伴随我们的生活，并且随着技术垄断逻辑的继续推进，这样的痛苦最终会变得越来越明显，直至终于有一天人们难以忍受为止。或许只有到了那个时候，我们才会真正意识到问题的所在，并且采取一些一致性的行动打破技术和信息的神圣地位，就像数百年前人类将至高无上的神灵从神龛中揪出来摔到地上一样。当然，我们可能也不必等待那样一天的到来，而是早一些认识到问题的症结所在，意识到对于人类的生存与幸福来说，信息并不是多多益善的，而信息崇拜只不过是技术垄断社会的阴谋。这还只不过是认识我们的问题所迈出的第一步，因为我们的目的并不是成为信息时代的卢德分子，卢德分子们在砸烂机器、破坏技术之后也不会得到安宁的生活。他们的行为不过是出于一时激愤而采取的鲁莽行动，至于捣毁机器之后的出路，则完全没有加以考虑。事实上，技术之所以取得空前的胜利，信息之所以能够对我们肆行折磨，都是因为我们对于自己的欲望看不清楚。技术的阴谋追根溯源仍旧是来自于我们自己，如果我们不随顺自身的享乐主义，不放逸自己贪婪的习性，而是将所有的精力都专注于理解人自身、人与人、人与自然万物之间存在的种种关系，并致力于寻求达成这些关系之和谐共融的无上智慧，则技术垄断就不会侵占人类思想和文化的领域。传统的佛教智慧认为我们生来具有佛性般若，只是因为被种种贪婪、嗔恚和愚痴所困，处于昏聩不明的状态之中。佛教的修行宗旨就是要对治这些人生的弊病，以彻照洞明的无上正等正觉之大欢喜替代生理感官的伪欢喜，在这种大智慧面前技术和贪欲的邪恶不会有赢的可能。然而，我们都不是彻悟之人，因此不可能像大德高僧们那样脱离技术社会，但或许我们可以试着在生产和消费信息的问题上不“打妄想”，也就是让桀骜不羁的信息能够有个智慧的头脑管着，在这个智慧的头脑的约束下来进行理性的信息生产与消费。这种意见虽然容易为人接受，却难以根治信息时代的问题；虽然具有现实的操作性,却没有实现目标的可能。总而言之,这种方案终归是“不究竟”的解决方案。

在古老的文化传统中,除了佛教的智慧之外,究竟的方案也是有的,只是这些方案对整个社会来说没有什么实践的可能而已。不过对于生活在网络时代的个人来说,这些智慧的意见仍然具有参考性。先秦时代的老子有很多观点颇有些类似于佛陀,在他的世界里也不会出现当下我们面临的那种信息悖论。在他生活的那个年代里,战乱与社会变革的频繁发生使社会动荡不宁,信息的生产与消费也变得日益活跃,四处游说、开坛讲学与著书立说成为常见的社会现象。在这纷纷扰扰的信息传播活跃的时代,老子极其敏锐地察觉到了它所带来的长期影响和负面效果:信息传播有可能使人们误入歧途,它会将人们导向贪欲无度,将人们引向亲近信息和知识而疏远内心和自然的歧路。因此,他建议人们隔绝信息,严格将自己的信息传播需求限制在极其微弱的状态,并且他还建议将这种对待信息传播的态度运用到治理国家上。在他看来,将信息传播减少到极致的人和社会才是最符合于天道自然的,也是最理想的治理社会的模式,即所谓“为学日益,为道日损,损之又损,以至于无为,无为而无不为。取天下常以无事,及其有事,不足以取天下。”[①]意思是说,如果你想了解外在世界的知识,那么应该通过接受信息的方式学习,日积月累地进行;但是如果你想要了解宇宙人生的真谛就应该不断减少对外部信息和知识的执迷,转而从内在心灵和智慧的深处寻求,在纷繁芜杂的环境中安静下来,涤除身心杂念而进入“静观”与“玄览”的境界,这样一日一日减少世间事务、信息和知识的纷扰,最终达到“无为”的境界,一旦达到了“无为”的境界,那么任何事情就没有不迎刃而解的了;治理国家也是一样的道理,应该让天下保持安宁无为的自然状态,而不是自作聪明地颁布各种法令规章,无事生非地去制定礼仪、宣说仁义,搅扰百姓的宁静;天下真正的道德就是效法自然、遵循自然之理,而自然的一个最为重要的特点就是

---

① 参见陈鼓应:《老子注释及评介》,中华书局 2009 年版,第 243 页。

“为无为，而无不为”。因此理想的人生状态应该是“绝圣弃智”“绝仁弃义”“涤除玄览”“清静无为”；而理想的社会则需要尽可能地减少信息传播，放弃利用传播工具追求包括信息、知识、财富、权力、名利在内的外在之物；不仅如此，还应该尽量减少人们之间的相互联系，防止出现大规模的信息传播以及由此造成的“大社会”，为此连文字这种信息传播的工具也不建议使用，而是重新采取上古社会结绳记事的办法应对生活的需要。在他看来，人类的相互连接保持在“鸡犬之声相闻，民之老死不相往来”的状态就很好，这样的社会才是真正安宁、和谐、完美的社会。

老子的这种智慧很难被我们所理解，甚至在当今的时代会被嘲讽为痴人说梦的呓语，但连我们自己都不会注意到，我们虽然深爱充满嘈杂信息的世界，但在我们的天性之中却从不会将这种乱哄哄的无序社会模式作为自己梦寐以求的至高理想。在人类历史上所描绘的无数理想世界中，那些经过千百年的历史检验而至今流传的美好理想，都必然是安宁而和谐的世界，不管是伊甸园、天堂还是西方极乐世界，甚至马克思的共产主义社会都和乱哄哄的信息社会无关。相反，在我们迄今为止所描绘的虚拟的世界中，机器的和技术的世界并不美妙，《黑客帝国》等影片中展现的高度技术社会中总是上演着一幕幕人与机器之间的紧张冲突。在这些高度发达的虚拟世界中，信息传播的先进程度可以说要比我们现在生活的世界强大得多，但人类为何在潜意识的深处对这样的世界总是充满了恐惧？再来看看信息传播极为落后时代的《桃花源记》吧。这篇千古名文中所描写的那种美丽、安宁与和谐的状态其实也就是老子所说的小国寡民的社会，是真正符合天道自然的社会。而这个美好社会的最重要的条件，就是弃绝技术、弃绝信息、弃绝大规模传播。在陶潜看来，桃园社会与其说是一个被时代抛弃了的文明孤岛，不如说是映照出他当时生活的繁华世界之虚幻本质的一面镜子。桃花源因为与世隔绝才能成就其和谐与安宁，在这里生活的人们所拥有的信息和知识可谓少之又少，人际关系也是简单得不能再简单，完全不能和当今时代的大社会相提并论。但是，正是在这样一个社会中，人们过着和谐、自然而美妙的生活。今天的人们很难想象,这种高度的智慧要在什么样的情况下才会不至于显得荒唐!因为我们早已在信息泛滥和信息饥渴的双重折磨中丧失了体验绝对安宁美妙之处的能力。我们的心不能安静下来,我们的欲望之火不能稍稍熄灭,我们深陷于这个信息泛滥的网络世界中,四处寻寻觅觅,所得到的结果却只是灵魂深处的那种冷冷清清凄凄惨惨戚戚。这就是生活在信息和传播高度发达的当代社会中的人们所不得不面对的宿命,事实上这也是由我们自己的内心欲望所造的人生悲剧。

三、信息超载与记忆改变

前面我们重点谈了信息时代中的信息悖论,即信息泛滥与信息饥渴并存的问题。现在我们可以将论述的重点转向信息超载的后果方面。信息超载是信息社会的一大特征,它的后果则并不仅仅是让我们饱受泛滥和饥渴的双重折磨,而是会直接改变我们的思维方式、记忆能力和集中注意力的能力,即对于我们的大脑运作方式产生影响。众所周知,人类的大脑具有很强的适应性和可塑性,在适应环境的过程中会改变自己的运作方式,而这些行为方式上的改变无疑会改变我们的文化,改变我们的物种属性。对于新媒介所带来的这些危险我们至今还知之甚少,并且完全没有防备之心。

互联网在信息传播方面具有很多一眼就看得出来的优势,它不仅信息数量庞大,而且大部分都是免费自由传播的;而互联网特有的链接功能使得这些海量信息的使用变得极其便利,对于一条信息的阅读会变得立体和多元,极大地拓展了阅读者的视野。此外,互联网上的信息并不全是以白纸黑字的形式显现出来的,它可以变得生动而有趣,通过多媒体技术的使用,我们很容易就能在互联网上获取与文字相互配合使用的图片或者影像资料。这些优点是如此显而易见,以至于人们普遍认为互联网的使用者必然是视野宽广、智力发达的人。由此,人们甚至担心那些没有使用互联网的人,将会因技术落后而沦为信息时代的牺牲品,著名的知识鸿沟理论的产生与广泛传播正好印证了这种担忧的普遍性。

（一）信息超载与健忘症

然而互联网的这些优点也同时是它们的问题所在，海量的信息和快速浏览的阅读习惯让人们懵患的第一个互联网疾病就是健忘症。健忘症是指这样的一种记忆状态：由于大量信息的涌入，远远超出了大脑对于信息的储存和处理能力，大脑不堪重负而转入短时记忆模式，并且信息保存在大脑中的时间越来越短，以至于我们在网络上浏览得越多，记住的东西反而越少。健忘症的产生主要是由于信息过载造成的，大量信息的涌入对于大脑的记忆功能来说是一种极大的挑战。记忆的一个重要条件在于信息在数量上不超过大脑的负荷能力范围，同时所记的信息是有序地被组织起来的信息。

一般情况下，人们用于网络浏览的时间会远远多于学习和背书的时间。工作时间越多，记忆的效果也就越差，这是一个最明显的记忆现象。与线下学习不同的是，网络阅读的时间会难以得到有效控制，人们总是在不经意之间就在网络上浏览很长时间，由于在这段时间中阅读的内容数量过多，以至于大脑必须采用溢出的方式对付过量的信息，也就是像处理流水溢满水缸的办法，在接受新的信息的同时过滤掉旧的信息，以便能够有充分的接受空间接收新的信息。当然，很多时候我们上网都不是为了学习和记住什么，而是消遣一下而已，这种漫不经心的浏览也是我们记不住什么内容的一个原因，但这并不是主要的原因，因为我们的记忆通常是在不经意间进行的，很多人在年纪尚轻时都有“过目不忘”的经历，但随着年龄日长，接收的信息越来越多，这样的能力也就逐渐弱化了。

另一方面，信息过载并不是单纯指信息数量上的多少而言，信息的组织质量也是影响记忆的一个非常重要的因素。我们注意到同样是学习三个小时的时间，准备参加高考或者研究生考试的学生能够在三个小时高强度的学习过程中记下很多内容，并且能够在一段较长的时间里保留这些记忆，而遗忘的过程会是一个逐渐衰减的过程。这与互联网浏览中的情况很不一样;三个小时的互联网浏览结束后,人们能够记住的东西极少,并且这些极少的记忆内容会在很短的时间被遗忘。造成这种差别的非常重要的原因在于信息的组织形式方面:这些信息是以无组织的碎片化形式呈现,还是以高度组织化的形式呈现。突击考试时,我们所接受的信息都是高度组织化的信息,这些信息的特点是:所有的信息都会依据其内在的密切逻辑关系组织在一起,正像我们在书籍上看到的那样,所有信息都有条不紊,纲举目张,共同构建起关于某个问题的知识体系。印刷书籍所具有的这种信息组织形式的优点不仅在于内部信息的逻辑关系条理清晰,而且这种组织形式的实质是对于阅读时间的精巧处理。随着阅读时间的增加,人们对于一个问题的认识会越来越深入,越来越全面,越来越清晰。当我们看完一本书之后,虽然不能记住所阅读的全部内容,但这本书大致讲了什么、有什么重要的内容还是可以复述出来的,并且如果你是有经验的阅读者,那么你完全有可能按照目录大纲的提示复述这本书的基本内容。当然,前提条件之一是这本书的信息量并没有超出你的承受范围,比如能在两小时之内读完的书,就不是超越阅读和记忆能力范围的任务。

与此相反,互联网上的信息完全是无组织性的,散乱而碎片化的。信息的碎片化组织形式其实早在报纸时代就已经开始了,自从有了报纸这种媒介,人们就开始了新闻式的碎片化阅读。一张报纸可以刊登几十条甚至更多的新闻,而每条新闻的篇幅都很短小,新闻与新闻之间在报道主题上毫不关联。打开 2013 年 1 月 27 日《人民日报》的报纸头版,你将看到的内容包括:《运-20 大型运输机首飞成功》《安徽全面启动美好乡村建设》《重庆居民收入与经济同步增长》《300 多漂泊渔民盼上岸》《春运启程》《改作风不能“等等看”(今日谈)》《李娜获澳网女单亚军》。这些新闻和评论之间显然是没有任何内在逻辑关系的,它们被组织在一起并不是因为它们之间具有内在逻辑联系,而是因为报纸新闻编排的行业规则,即所谓的“新闻价值”标准,——编辑主要按照新闻价值的大小来组织头版的新闻,而不是依据这些信息内在的逻辑关系来进行安排。当然,报纸也有很多做了分类处理的版面，比如文艺版、理论版等等，在这些版面中，新闻之间的内在逻辑联系得到了一定程度的体现，但是即便如此，专版的内容组织也不是围绕一个问题或者一个观念而进行有层次的组织工作，因此报纸阅读的要点是告知性的，而不是探究性的，不会从思想和理解的深度上考虑问题。我们之所以在这里提及报纸，是因为报纸是众多大众传媒中最接近书籍信息组织形式的媒介，它的信息组织形式可以被视为是从书籍到电视和网络的信息组织形式的过渡。对于报纸来说，由于容量有限，因此在信息过载方面远不如电视或网络严重，但是碎片化的内容组织形式已经颇为明显。到了电视媒介时代，信息的碎片化呈现就已经非常严重了，人们在半个小时的新闻时间中，会听到数十条相互之间缺乏内在逻辑联系的新闻；不过，由于电视新闻的播放时间是有限的，因此听完了新闻之后还是可以记住少数的重要信息。到了互联网时代，情况就变得更加不妙了。一方面，网络浏览是没有时间限制的，人们会在网络上不知不觉地浏览几个小时，这势必会导致信息过载的问题。另一方面，网络的信息组织从局部看似乎有一定的组织性，但事实上是杂乱无章、高度碎片化的。尤其是人们经常浏览的网络主页，这些主页就像是一个堆满了各种各样杂件的窗口，编辑们把他们认为能够吸引人们关注的所有的物件都摆放在这里，为了满足不同人群的需要，这里堆放的新闻和信息五花八门，混乱不堪。对这两个方面的影响我们分述如下。

在吸引网民不断浏览网页导致信息过载方面，“链接”这种特殊的互联网信息组织形式起到了极大的作用。“链接”的实质是利用人们在书籍阅读中养成的深度阅读习惯而将人们牢牢绑定在屏幕面前，关于这方面的情况我们在后面的内容中还会有详细论述。这里要说明的一点是，“链接”看起来是依据信息之间的内在逻辑形式组织信息的，但在实际的阅读实践中，这种“链接”的方式却是对信息组织形式的破坏。因为每一条新闻下面都会有多条链接备选，而每一条备选的链接所呈现的进一步的内容都不相同，这意味着接下来的第二次链接会在此基础上与原先的新闻相去甚远。这样无限链接下去，后面扩展阅读的新闻早已不是对原初新闻的深度阅读,而是在阅读相去十万八千里的内容了。或许举个例子就可以很容易地看出这一点。当我们在网易新闻频道上阅读"广东政协否认周星驰不堪重负申请退出政协"这条消息后,如果希望对这一主题有更深入的了解,我们可以选择链接相关新闻来进行,这条新闻的相关链接包括:"当委员周星驰不如彭丹""广东政协委员:给周星驰 10 分 满分 100 分""政协委员炮轰周星驰:来迟了又缺席讨论会""记者两会手记:少些明星委员 多些委员明星"。我们不得不承认这些链接都是与"广东政协否认周星驰不堪重负申请退出政协"具有密切的内在逻辑联系,逐条阅读这些新闻会对我们理解原初的那条新闻具有巨大的帮助。然而我们似乎忽略了一个重要的问题——书籍中的一个相关"链接"的扩展内容是限制性的,也就是说它不会一直扩展下去,而只能扩展有限的几个层次,并且这些扩展的内容都是作者精心依据自己的思想逻辑"量身定制"的,扩展链接的内容与原知识点之间严丝合缝,滴水不漏,因此即便是在多层次的扩展之后,这些内容之间仍然具有严密的内在逻辑关系。网络链接则不存在链接上的次数限制,只要你愿意就可以无限制地扩展下去,并且所链接的信息显然不是依据原新闻的内容"量身定制"的,虽然也与原新闻存在逻辑联系,但经过多次链接之后,所扩展的内容早已与原新闻风马牛不相及了。例如,我们阅读其中一条扩展链接"当委员周星驰不如彭丹"后,按照惯例会选择进一步对这条新闻进行扩展阅读,而在此时我们对彭丹已经有了初步的了解,并且期待对她(彭丹)有更多的了解。因此,在进行进一步的扩展阅读时,我们关注的对象事实上从周星驰一人变成了两个人,也就是说有关这两个人物的信息都会引起我们的阅读兴趣。于是我们转到链接的位置,看到网站编辑们早已把握了我们的心理,为我们提供的备选链接全部变成了彭丹的新闻,周星驰却不见了踪影,但此时受众既然已经对彭丹产生了极大的兴趣,阅读还是会继续下去。这样的阅读模式正是最典型的网络浏览模式,不难想见,在这种阅读模式下,经过几次链接拓展阅读,周星驰和彭丹都会在阅读过程中不知所踪,两个小时的网络浏览时间中所变换的主题轻易就能突破两位数。这种情况在传统的书籍阅读中是难以想象的。一个人看一本书,不管看多长时间一般都仅仅是一个主题,要变换主题就必须换另外一本书。如果以互联网的浏览方式来进行书籍阅读的话,我们就需要在两个小时之内看数十本以上的书(仅看书中的片段内容),在我们看来这是无比荒唐的事情,因为在这种阅读模式下我们只能依稀记得这些书是关于什么主题的书,并且仅仅能够记得其中少得可怜的几本书的主题,至于书的内容,我们只能是一无所知了。这种看似荒唐的阅读方式却是互联网阅读最重要的阅读模式,仅仅因为媒介的不同,这种阅读模式就在网络上大行其道,根本不会被人们视为荒唐之举。

另一方面,如果我们不是进行链接阅读,而是进行平面阅读的话,情况又如何呢?事实上,不管是链接式的线性阅读还是一过式的平面阅读,互联网的阅读模式都是高度碎片化的,这种高度的碎片化的根源就在于它的信息组织形式是高度离散的。前面说到,为了尽可能地吸引读者,网站主页会摆放琳琅满目的信息,这些信息被选择放置在主页上的原因并不是因为它们之间存在着相互联系,而是因为它们是吸引人的。除此之外,主页作为一个网站的门脸,有点像是电视的黄金时段。这样珍贵的媒介资源是不能不用于吸金的,因此主页在杂七杂八的各种信息之外还需要发布各种广告,从汽车到房产、从游戏到药品,只要客户给钱多,就一定能够在拥挤不堪的主页上找到一个发布广告的位置,并且这些广告要以强行传播的方式来发布,也就是说不管你愿意不愿意接收,这些广告都会强制性地跳出来显示在你的屏幕上。如此一来,这个乱哄哄的主页上又增加了各种闪烁不定、嘈杂不堪的东西。很难想象在真实存在的世界中,能否找到一个如此混乱不堪的地方,以前人们以“猪窝”“狗窝”指称那种混乱、肮脏不堪的地方,然而相比之下这些小动物的蜗居要比网络主页整洁、有序得多。

网络浏览训练了我们的健忘习惯,久而久之我们形成了一种新的大脑思维方式,也就是迅速接收信息又迅速遗忘信息的思维方式。这种模式所产生的后果极其严重。它不仅削弱了我们进行深度思考和冥想的能力,而且严重削弱了互联网民主的前景,使其遭受网络健忘的侵蚀。技术乐观主义者通常欢呼人们具有了比以前更加自由的言论和表达的平台,在互联网上人们能够对贪污腐败之类的事件发起监督并发表意见,形成有影响力的舆论,但与这种乐观相伴随的现象则是大量曾经轰动一时的网络事件,在还没有得到解决之前就已经失去了新鲜感,失去了当下性,其受人关注的地位迅速地被后面涌来的新事件所替代,那些没有被立案调查的案件很快消失在人们的记忆中,就好像它们不曾发生过一样。如果你能阅读到一本供研究用的记录历年网络重大事件的书籍的话,你对自己的记忆力会有全新的认识,那些曾经轰动一时的、牢牢吸引我们眼球的网络喧嚣,居然已经被全然遗忘,只有在翻阅文献记录时才又猛然想起。

网络问政中普遍存在的健忘症极其严重,它在很大程度上削弱了网络舆论监督的效果,冲淡了乐观主义者们为之欢呼的问政效率。因此,网络事件实为最新潮的"易碎品",其保鲜期之短暂令人咂舌。网络事件的这种特征也被危机公关机构加以利用,一旦发生网络公关危机,最好的应对策略就是着眼于时间:首先可以在尽可能短的时间内删帖和封堵信息,使得信息无法扩散。不过这种方法虽然有效,但实施起来困难比较大。面对网络世界中多样化的传播主体,要想让他们在行动上协调一致,其困难是难以想象的。其次,当第一种方法不能见效或者无法实施而导致信息扩散之后,网络上会立即出现舆论浪潮,在面对这种局面时最好的办法就是拖延时间,尽可能安抚人们的情绪,避免危机升级。一旦危机升级便导致新的刺激性信息出现,危机将重新回到人们的视线中,占据受关注的焦点位置。如果能够将人们的注意力加以分散或转移,将讨论危机、解决危机的时间拖延到数天,则很多危机会自然不了了之,因为人们对于危机的情绪反应会随着时间的延伸而迅速消退,数日之后危机自然也就被人们所淡忘了,最终湮灭于网络上每天不断地涌现出来的爆炸性信息之中。

(二)记忆外包与文明消亡

与健忘症现象密切联系的是尼古拉斯·卡尔所说的"记忆外包"现

象，也就是将本该由人脑记忆的信息改由媒介来存储。产生这种状况的原因仍然是由信息过载导致的。在信息爆炸的时代中，人们的大脑不堪重负，记忆的能力受到严重损害。面对浩瀚如海的信息，我们只能将记忆的任务交给电脑、互联网和手机等媒介，然而这种不得已而为之的举措会逐渐形成习惯。既然在互联网上什么都能找到，那我们何必费力从事记忆呢？当我们将所有记忆任务都外包出去后，我们的记忆能力面临着不可避免的衰退趋势，而记忆能力的缺乏影响了我们的文化感和历史感，人们逐渐失去了生存的时间性，失去了反思的意识，失去了从事批判的记忆基础。如此一来，人类的文明岂不是岌岌可危！

对于人的思维来说，记忆可能是进行深度思维所必须具备的能力，记忆的活力与容量大小往往会成为我们判断一个人是否具有智慧的重要依据。新媒介出现后，人们发现记忆其实是可以“外包”给这些新媒介的，互联网、手机、存储器都拥有巨大的信息容量，而且这些存储的信息也非常便于获取，只要打开电脑或者上网点击鼠标，便能查询你想知道的事情。计算机和互联网的这种记忆功能使得人类的记忆黯然失色。既然这样，为什么不将记忆知识的重担卸下来交给网络呢，而我们需要做的只是了解一点有关网络搜索的技能即可。这种想法自然也可以被视为互联网技术对我们发出的引诱，让我们将自己的大脑记忆功能置换成互联网，这样它便可以据此成为我们的身体功能不可或缺的“外挂”装置。技术的阴谋是如此险恶，然而天真的技术乐观主义者并不能意识到这里面所潜藏的危机：一旦“外包”记忆，我们自身的记忆能力便会削弱，并且机器的记忆事实上是无法替代人脑的记忆的，两者之间的鸿沟是无法逾越的。对于技术的这种阴谋，中西方古圣先贤都保持着高度的警惕。中国的古代先哲老子曾主张废弃文字的使用而恢复结绳记事的办法，目的可能也与保持人类的真朴天然的记忆能力有关。相比之下，古希腊思想家对此作了更加详尽细致的解释。

柏拉图在《斐德罗篇》中，曾经借苏格拉底之口讲述了一个有趣的故事：多才多艺的埃及神明特泰和国王赛穆斯在谈话中谈到了书写的技术，并提出应该允许埃及人分享这一技术,因为写字为智慧和记忆提供了诀窍,能让埃及人更有智慧,并能增强他们的记忆力。赛穆斯却不以为然。他提醒特泰,写字带来的帮助记忆的功能或许会成为弱化人们的记忆能力的罪魁祸首,它会“把健忘注入他们的灵魂,他们的记忆训练必将就此止步,因为他们过于依赖书面记录,不再依靠自身记忆而是依靠外部符号去想事情”,因此,书写“提供的不是真正的智慧,而是智慧的伪装”。尽管人类文明史证明赛穆斯的推断并不全然正确,书写的技艺为人类带来了另一种智慧和知识的丰富(或许对于什么是智慧会有不同的观点),但赛穆斯的想法也揭示了一个非常有趣的事实,那就是一旦我们将自己身上所承担的某种工作外包给技术来处理,那么我们在与其相关的功能方面就会出现退化和削弱。对于使用技术带来的人体功能麻木效应的这种担忧也是麦克卢汉所关注的。在《理解媒介》中,麦克卢汉写道,我们的工具“增强”了人体的哪个部分,哪个部分最终就会麻木。当我们用人工方式延展我们身体的某些部分时,我们同时也在让自己远离那个被增强的部分以及这个部分所具有的自然技能。动力织布机发明后,工人们的生产效率提高了,但她们过去的灵巧的手工操作技能却逐渐消失了。我们现在大量使用机器的结果导致大量手工技艺退出历史舞台。与此同时,人类在某一方面曾经无比卓越的能力也随着机器的挤压而不复存在,如果不是通过录像或者其他档案资料,我们的后人都无法想象他们的祖先在手工技艺方面居然会有尽善尽美的表现。可以想见的问题是:如果我们对计算机网络记忆形成依赖的话,我们的记忆能力也就岌岌可危了,这与埃及国王拒绝运用书写技术帮助记忆的理由如出一辙。

即便我们不考虑互联网记忆对于人脑记忆产生麻木效应的风险,我们也仍旧不能指望机器的记忆能够取代人的记忆。显然,人的记忆乃是一种生物记忆,而计算机网络记忆是机器的记忆,在人与机器之间存在永远的鸿沟。认知记忆活动事实上是人的生物活动过程的有机组成部分,它的存在与运行状况直接影响到人作为一种生物的智力状况,决定了人脑的机能:它的质量、创造力、情感和判断等方方面面。心理学家威廉·

詹姆斯指出，记忆对于“人格同一性”的形成与维系至关重要，人之所以能够进行自我认知，感知他自己与其他人的区别，或者在思维中断之后（比如一觉醒来后）还能够认识自己，找回自己的所有重要经验，正是因为人们具有统一的人格。在人格同一性的形成过程中，通过记忆找回经验是最为关键的机制，在中断了记忆和思维之后能够重新成为他自己、维系自己的面貌就是因为记忆能够重新唤起对于经验的回忆；而正是那些仅仅属于他自己的、独一无二的经验的记忆，给予他无比温暖而亲密的感受，这种私密而温暖的感觉使得他自己保持着他个人的“人格的同一性”；失去这种“人格的同一性”特征，便不能成为正常的人，而是精神分裂的人。因此，人的记忆绝对不是简单的数据、形象或者其他信息的精确复制与保存的问题，而是一个有机生物体的有机活动过程的重要环节，具有不同记忆状况的人会形成不同的性格、思维、情感和行为。而机器的记忆不是生物记忆而是物理记忆，它并不伴随复杂的生物过程。因此，它不可能完成生物记忆中的某些功能，指望通过技术发展来完善和弥补机器记忆以实现对于人脑记忆的替代无论如何是行不通的。不仅如此，这种不断完善“外包”技术的倾向只会不断削弱我们大脑的记忆能力，影响我们的情感、性格、思维等生物过程。事实上，把记忆的任务“外包”给互联网，不仅威胁个体的思维深度和个性，而且对于社会共享文化的深度与独特个性也形成了巨大的威胁。美国剧作家福尔曼写道：“一种新型的自我取代了错综复杂的内在身份，这是在信息过载和‘唾手可得’的压力之下不断演化的结果。”①随着我们“深厚的文化遗产的内部库存”日趋枯竭，我们面临着变成“扁平人的危险”②，我们访问那个规模庞大的信息网络时，仅需点击按钮即可，可谓广阔延伸但极其稀薄”。由此，卡尔指出：“人类文明并不只是互联网所表现出来的‘全世界信息’的总和，也不只是可以简化为二进制代码并上传到互联网的所有内容。人类文明要保持

---

① 〔美〕尼古拉斯·卡尔：《浅薄：互联网如何毒化了我们的大脑》，刘纯毅译，中信出版社2010年版，第213页。

② 同上书，第214页。

勃勃生机,就必须在每一代人所有成员的头脑当中重建。记忆外包,文明消亡。"①

四、超文本链接与心不在焉

网络阅读中的链接阅读方式使得人们的大脑思维模式逐渐回到印刷时代之前的状态,这种状态就是心不在焉和不能持续进行专注思考的状态。然而,持续专注于一件事情乃是我们进行深度思考和创造性思维时所必须具备的条件。从人类的天性来说,我们很难长时间专注于一件事情上进行思考,人们往往可以从儿童的心不在焉和注意力不集中看出这一点。同时,对于那些没有接受教育和阅读训练的人来说,他们总是要比接受较高教育的人活泼好动。从思维深度上讲,这两者之间的差别也是容易辨别的。

(一) 阅读方式的改变与专注力的丧失

文字发明以后,书写和阅读极大地改变了我们的天性和习惯。在长时间的记录和阅读过程中,我们需要安静和专注,否则难以进入文本的世界之中。因此,读书是一项沉思冥想的活动,读者需要训练自己的大脑,对周围的其他事物视而不见,听而不闻,并且坚决"抵抗把关注的焦点从一个感官信号跳转到另一个感官信号上的强烈欲望。"此外,在书本的阅读过程中,我们会随着文字的单一线性模式推进我们的理解活动,保持悄无声息、精力集中的状态。另外,书本的相对封闭而单纯的阅读环境是深度阅读得以进行的关键,如果我们在喧闹的大街上进行阅读或是在有儿童嬉戏的地方进行阅读,很难取得理想的阅读效果。当然,如果我们不是在阅读一本书,而是同时阅读好几本书,我们也常常会因为多信源产生的信息量超载而产生思维的碎片化,从而难以形成清晰的、有深度的线性思维。

① 〔美〕尼古拉斯·卡尔:《浅薄:互联网如何毒化了我们的大脑》,刘纯毅译,中信出版社2010年版,第214页。

季羡林曾经谈到过为《胡适全集》写作序言的经验。一开始他尽可能多地收集资料,参考各家对胡适的评价,但很快他发现他看得越多就会越糊涂,以至于无法形成清晰的思路。在经历了长时间的无效阅读的折磨之后,他索性将辛苦找来的大量资料推到一边,静心冥想,整理思路,最终才顺利地形成了写作的思路,完成了写作的工作。

互联网的阅读方式与书籍的阅读方式恰好相反,如前所述互联网拥有巨大的信息量,并且可以在阅读的时候随时进行超文本链接,或者多媒体的体验。这些看似优越的功能恰好正是互联网阅读的问题所在。经验告诉我们,假如你因为要查询一条信息而浏览网页,那么本来只需要花费五分钟进行的阅读,两三个小时后才会结束,因为就在你所阅读的文章周围的醒目处,网页设计师已经为你安排好了相关的链接,点击这些链接项是人的好奇心和进行拓展阅读所要求的行为,然而在进行了更多的相关阅读之后,你发现自己早已不记得先前所阅读过的内容。

一般情况下,人们最多能够在同时处理少数不同问题时保持注意力集中和思维清晰,从古至今人们都熟悉"一心不能二用"的常识,但电脑时代完全打破了这种传统思维与行动模式。电脑本身的功能就是多任务的,这一点也是它能够吸引人并且被人们所称赞的特点。电脑在上网的同时也可以播放音乐,可以同时打开办公文件办公,还可以打开视频放电影……只要你的电脑处理器足够先进,它同时处理的任务可以说是超乎想象的,这种神奇的功能让我们产生了极大的错觉:人们可以借助电脑同时处理多项任务,克服人们只能一心一用的局限性。我们希望能够一边工作一边娱乐,一边浏览网页一边听音乐,一边玩游戏,一边看电视。这真是极其美妙的时刻,因为我们可以借助电脑最大限度地利用好时间。当工作任务在进行过程之中,我们处于等待的状态时,就可以浏览网页、玩游戏或者看视频,从此在工作中不再有无聊的时间,所有的时间都最大限度地得到了利用。而在休闲和娱乐的过程中,我们也不耽误工作,手机可以随时接听单位领导的指示,后台运行的电邮和聊天软件等程序则可以在我们玩游戏和浏览网页的时候,随时提醒我们新邮件或消息来了。

电脑的这些神奇的功能真让人们惊叹不已,也让我们爱不释手,欲罢不能。然而,我们没有料想到的问题是:电脑或手机提供给我们这些便利、满足我们要求的同时,也在戕害我们作为一种特殊的生命有机体的特殊天性。我们人类在漫长的进化过程中所获得的那种专心做事的能力、深度思考的能力、长时间记忆以及静思冥想的能力都在电脑时代迅速土崩瓦解。

我们面临的现实是,一旦所接受的信息太多,我们便无法保持思维的清晰性,更无法再进行有理性和有深度的思维,我们的思维正在悄无声息地被电脑和手机这样的新媒介所重塑。人们引入电脑、网络、手机等新媒介让自己的工作和生活变得更加有效率,但在适应新媒介的工作模式的过程中,我们的大脑思维模式被改造了。最明显的问题是:我们不能集中精力长时间地专注于一件事情。如果打开电脑只做一件事情的话,我们总会感觉缺少点什么,于是在写作的同时我们上网看新闻,一旦进入新闻模式,写作的思维便中断了,效率也变得低下。即便我们认识到了这一点,也很难加以改进,例如在写作某些具有深度思维要求的文章的过程中,由于思维的连贯性的要求,我们努力克服分心进行多任务操作的诱惑,而一旦我们在写作过程中遇到一些疑问、需要获得求证的时候,便无法再拒绝网络的诱惑。我们会寻找网络上的论文资料,会求助于维基和百度百科,这样的求证工作原本是需要通过手工查找资料完成的,为了完成这样的一些求证,我们通常会将所有的疑问整理起来,到图书馆去查询证实。而现在这样的工作变得异常轻松,只需要点击一下鼠标就可以搞定,传统的求证方式与电脑网络的求证方式相比较,谁优谁劣立见分晓。然而,我们对于自己的判断力太过于自信,正是这种对于自身判断力的草率自信,使得我们在技术面前从不设防,因为我们能够看到的是它们的优点,并且也相信它们确实可以被控制在我们的手中而不至于失控。

然而我要指出的问题恰恰是:这些不过都是假象。还是以上面所谈的查证资料为例来说明一下。传统的查证方式是比较麻烦的,可能会耗费你两个小时的时间,但最终你查到资料后能够回到写作的状态中完成写作。如果使用互联网查询,情况会怎么样呢？首先,互联网上的材料是否能够进行质量控制就是个问题,维基和百度以及其他网络材料的可靠性是值得质疑的,可谓良莠不齐,不可全信也不可不信。因此,除了那些纸质材料的电子版比较可靠之外,大量网络文献资料因为其原始来源不能确定,因而其质量是难以控制和判断的。很多读书的学生由于不知晓资料的质量控制问题的重要性,非常喜欢使用互联网资料,这便是互联网造成的一个小小的困扰了;图书馆中的资料则不存在这种问题,其资料的来源是确定的,因而质量上是可以判断和控制的。当然,我们这里的要点不在于此,而在于两种查询模式的效率问题。因此我们假定网络上的资料与图书馆的资料具有同等级的质量,其可靠性相同。在这样的情况下,似乎没有理由再认为传统的查询方式在效率上会优于互联网了,然而事实并非如此。

互联网上的知识是无限链接式的,有点类似于德里达所说的“延异”,即词语的意义无法确定下来,会随着你的查询工作一直延宕下去,没有终结点。例如我们查询词语“计算机”,得到的解释是:一种用于高速计算的电子计算机器,可以进行数值计算,又可以进行逻辑计算,还具有存储记忆功能。但是,这个解释完全不能解决问题,因为这个解释中出现的很多词语,如“电子计算机器”“电子”“数值”“逻辑”“存储”等都需要确定其意思是什么,这样才能读懂这段解释。这样,我们需要进一步查字典,查到的解释依然需要再解释,如此下去没有终点,这就叫延异。现实生活中我们在通常情况下会因为技术上的不可行而强行终止进一步的查询,容忍意义确定上存在的缺陷。因此,我们对意义的解读虽然是模糊的,但却是具有现实性和可持续性的。网络上的词语解释会倾向于以“延异”的方式来进行,也就是说在解释一个词语和事物时会链接相关的条目。这给人们满足自身的确定性寻求欲望提供了便利的条件,因此人们往往会倾向于阅读相关链接以寻求进一步的意义确定或资料求证。因此当你查询到一篇你需要的文献时,你也会同时看到与此密切相关的其他文献,而这些文献对你产生的吸引力绝对是难以拒绝的,因为它们不仅与你的研究密切相关,而且向你展示了一些你急需的东西。对查询者来说,这种诱惑是非常致命的,因为一旦进入"延异"模式中,互联网查询的一切优势都会烟消云散。在这个过程中究竟会发生什么呢?当你链接到其他资料上去的时候,你的专注点其实已经悄然地被改变了。虽然我们会在一两个小时的阅读之后再重新回到自己原先的主题上来,但在高强度长时间的阅读后我们也没有精力继续写作了,而在这段时间里所看的内容非常多,而能够记住的东西却少得可怜,因此我们的写作进度无疑会受到影响。要再次进入写作状态,恐怕已是几个小时之后的事情了,而那个到图书馆去查资料的作者,因为没有发生"延异"模式的条件,因此他在查询每一条疑问的时候都会适可而止,并且由于在这一过程中,没有什么诱使他分散注意力的事情,也没有大量的信息要占用大脑,因而他能够一边查询一边快速形成思路,写作工作反而会进展得很顺利。这个现象解释了那些谙熟各种新媒体查询技术的大学生为什么不能离开图书馆的原因。每当有作业和论文要写的时候,更加努力的同学不是呆在电脑面前查询网络资料,而是到图书馆中进行工作。这里没有家里的舒适,但是却有安静的环境。更重要的是,在这里摆放了大量纸质的图书,翻阅这些图书能够获取的东西要远远超过网络上的搜索。当然,也没有人否认网络搜索的重要性,但那仅仅是在资料准备阶段要做的事情,一旦开始进入到写作状态,网络最好处于被切断的状态。

(二)读得越多,所获越少

有关网络链接的阅读效果,西方学者做了不少实验研究以便得到实证数据。这些实验的结果显示,实际阅读效果也许正好和我们的设想相反,在实验中那些不进行链接阅读的被试对于阅读材料的接收理解效果要优于那些进行较多链接阅读的;同样,使用多媒体辅助阅读和不使用多媒体辅助阅读的结果与此类似,那些没有使用多媒体辅助阅读的被试阅读效果要优于使用组。这听起来多少有点奇怪,却是为哲学家的思考以及心理学家的实验所证实的结论。事实上,西方学者早在上世纪末期就已经注意到我们对于链接阅读的误解。链接阅读的问题其实倒不在于对文献进行了拓展性阅读,如果能像传统阅读中所进行的拓展阅读那样在集中的主题下进行适量拓展的话,无疑将有助于我们对于问题的深度思考和理解。在思考网络链接的时候,我们往往没有区别两种不同媒体在拓展阅读方式上存在的差异,而是设想在新媒体的技术条件下,原有的传统拓展阅读方式得到了强化。孰不知由于媒体不同,所进行的拓展阅读具有本质上的差异,传统阅读的拓展不是超文本意义上的拓展,也不是链接式的阅读。在网络模式下,超文本链接阅读产生的问题在于拓展阅读的范围太广,游离主题也较远,这样一来不仅无助于在一个问题上进行深度思考和理解,而且每一次链接都增加了读者精力和智力上的无谓耗费。"1989 年所做的一项研究表明,超文本读者到最后经常会心烦意乱地'扫过页面',而不是仔细阅读其中的内容。1990 年的一项实验显示,超文本读者经常'记不得他们读了什么。没读什么'。在同年所作的另一项研究中,研究人员让两组实验对象分别查找一组文档,并据此回答一系列问题。一组实验对象在做成超文本形式的电子文档上查找,而另一组则在传统的纸质文档上查找。在完成指定任务方面,使用纸质文档的一组实验对象明显胜过另一组。……研究结果还表明,比起阅读充满超链接的电子文本的读者,纸质图书读者领会的更多,记住的更多,学会的也更多。两位加拿大学者在 2001 年开展了一项研究,他们要求参与实验的 70 个人阅读现代主义作家伊丽莎白·鲍恩的短篇小说《魔鬼情人》。其中一组读的是传统形式的纸质图书,另一组读的是加入了超链接的电子文本,也就是我们在网页上看到的那种形式。结果表明,阅读超文本的读者花了更长的时间,而在随后接受访问的时候,他们对自己读过的内容表现得更加含糊,更加不确定。这一组中有四分之三的实验对象表示他们读小说的时候困难重重,而在阅读纸质图书的那一组中,反映这一问题的读者只有十分之一。"①这样的实验研究结果如今已经不难找到,但是我们对

---

① 〔美〕尼古拉斯·卡尔:《浅薄——互联网如何毒化了我们的大脑》,刘纯毅译,中信出版社 2010 年版,第 137—138 页。

于超链接阅读却没有清醒的认识。事实上,研究人员的结论已经十分明确:在使用超文本链接阅读的时候,“全神贯注的私人化阅读模式受到了阻碍”。读者的注意力“被导向超文本这种技术手段及其相关功能,而不是故事情节”。这样一来,超文本链接模式产生了一个奇怪的悖论:吸引读者的注意力就是为了分散读者的注意力。读者因为深度思考和理解某一问题而被吸引进行超文本链接阅读,然而这种阅读要么就是没有提供有效的阅读材料,而是提供了一大堆不甚相关的阅读资料,白白耗费了读者的精力;要么就是提供了在单位时间范围内过量的链接阅读材料,以至于大脑一时无法对这些材料进行有效处理,这些所读材料在转化为有效记忆之前就像流水流过我们的大脑一样流走了,回过头来一想其实什么也没有得到。

(三) 心不在焉成为习惯

认识到了互联网阅读中的超链接方式的弊端之后,是不是意味着我们能够克服这种缺陷,而采取一些趋利避害的办法去使用网络呢?答案显然是不能,这样灰心丧气的答案其实是人们面对技术的社会效应时应该采取的一种诚实的态度。技术总是有它的长处和短处,我们总是幻想对于技术的长处加以利用,而回避技术的缺点,并且我们相信自己可以做到这一点。然而事实上,即便是能够运用更多的技术来解决某项技术所带来的麻烦,那么这也意味着这些被引入解决问题的技术最终会产生新的麻烦。对于链接阅读模式来说,它本身就是互联网的一个特性,即是说互联网会尽可能地吸引使用者不断点击链接,通过标题制作、信息筛选以及各种动画技术手段极大增强人们在面对网页时的饥渴感,急于在点击浏览中满足自己已被激发出来的好奇心。事实上,人们很快便能从互联网浏览中发现快乐,这种快乐主要源于链接的不断更新和转跳。每次转跳都会发现新东西,就像一个爬山的人,总是对于山峰后面的风景充满着好奇心,正是这种好奇心激励着登山者不断翻越一个个山峰。当然,浏览网页不同于登山,浏览网页总能使好奇心得到满足,同时还不需要付出艰苦的努力，浏览者所需要做的只是不断点击链接而已。既然如此，何不让自己放松一点，尽可能让自己的大脑变得丰富和聪明一些呢？不过我们也许很难想到，一旦体验到浏览网页信息获得的便捷感、新奇感、趣味感以及对占有大量信息的满足感之后，人们便很快形成了浏览习惯。也就是说，浏览似乎成为一种需要，如果长时间不浏览网页的话，大脑中曾经接受和形成习惯的信息刺激感便会提示你进行网页浏览，这可能也就是网瘾形成的最初原因。波斯曼将这种现象称为技术意识形态，每一种技术都会对它的使用者贯彻这种意识形态，使得他的行为总是为了协调工具和技术的使用。对于拿着锤子的人来说，随处可见的事物都成了钉子，他会不断产生将锤子砸向物体的冲动；对于拥有电视的人来说，将电视放置在屋内而不去打开它是非常困难的，即便他并不想看电视也会由于习惯将电视打开，让节目播放。而对于拥有联网电脑的人来说，当他的头脑中产生哪怕是一点点困惑的时候，他都会立即想到打开电脑使用网络搜索功能解决问题，即便他所需要了解的信息对他来说意义甚微。

可见，互联网的浏览习惯其实已经在悄无声息地改变我们的大脑，当大脑习惯于网页浏览的方式时，它便会强迫我们重复浏览信息所形成的习惯。因此，对于互联网的浏览者来说，他们很多时候是因为大脑形成的条件反射习惯才去浏览网页，而不是因为需要就某事进行思考才去浏览网页，很多时候即便什么事情也不想，网民也会习惯性地去浏览网页或者接收邮件。因此，我们也可以说在书籍的阅读过程中，我们是因为思考而进行浏览，而在互联网的电子阅读行为中，我们却因为习惯而浏览，并且还会因为这种心不在焉的浏览而丧失专注思考的习惯。

结　论

或许互联网确实使我们获得了前所未有的解放感，让我们体验到能够突破感官和身体功能的自然限制而变得强大。我们可以随时随地阅读网络信息、享受娱乐，运用它促进新经济的发展，甚至可以用它帮助我们从事学术研究,更重要的是互联网络的普及和使用让我们看到了改善民主状况和社会权力结构的希望,因此我们没有理由不为它所带来的便利和变革叫好。不过,我们在感受互联网的好处时也确实发现自己现在的行为与习惯正在发生一些奇怪的变化。我们越来越不能像过去那样集中精力思考问题,也不能长时间专注于阅读一本有深度的著作;通常我们会忍不住隔几个小时就要停下手边的工作去打开联网的电脑或者手机看看有没有新邮件、期待着这会儿网页上出现让自己兴奋的新消息或是微博上爆出了什么"猛料"、先前发出的信息有没有人回应、大家对自己写的博文有没有什么评价……总之,我们已经重返孩童时代心不在焉的状态,难以长时间集中精力读书写作了。我们宁可找点无聊的事情干或者将电视、音响的声音开到最大而不去欣赏它,也不愿意安静下来沉思冥想一些超越性的问题;而是像个孤魂野鬼似的整天在网上漫无目的地游来荡去,早已忘记自己上网时打算查找的信息是什么。在这一刻,时间是交给网络链接的,它会指引我们度过资讯丰富的几个小时,不过在几个小时后,我们会感觉重新回到起点,因为浏览大量信息除了让眼睛感到不适之外,并不能在大脑中留下任何记忆。人们可能不太容易将这些症状与互联网联系起来,可能更多地是在抱怨最近的状态不好导致精力不能集中,但如果人们稍懂一些有关媒介使用与大脑重塑的知识的话,就会同意卡尔的如下陈述:"当我们把互联网作为自己的万能传媒,全身心投入其中的时候,在我们做出的所有牺牲中,最大的牺牲可能就是专注能力的丧失。……20世纪50年代,德国哲学家马丁·海德格尔说,即将到来的'技术革命浪潮'是'那样迷人,那样诱人,计算思维必将作为唯一的思维方式为人们所接受和践行'。在他看来,人之为人的最本质的'沉思冥想'能力将会变成鲁莽进步的牺牲品,甚嚣尘上的技术进步就像康科德镇上到来的火车一样,带走了只能由沉思冥想而来的领悟、思考和情感。"①

① 〔美〕尼古拉斯·卡尔:《浅薄——互联网如何毒化了我们的大脑》,刘纯毅译,中信出版社2010年版,第240页。

第四章　网络时代的舆论政治:理性的困惑

正像绝大多数研究者观察到的,新媒介对于社会现实的重构性影响最明显地体现在政治生活领域,围绕着互联网平台展开社会政治活动已经成为当代社会政治生活的一个极为重要的方面。无论是在政治组织形式、意识形态调整、社会动员方式、信息监控模式还是民主参与渠道、政治互动方式等方面都体现出不同于传统政治生活的特点。在新媒介环境中,掌权者与无权者、统治阶层与被统治阶层都致力于积极利用新媒介为自己争取更多更大的利益。

互联网及手机的出现改变了人们的交流状况,从而也使得整个政治活动组织运行的方式发生了相应的调整和改变。最明显的变化在于:新媒介为广泛的政治参与提供了广泛的渠道,人们很容易就可以通过互联网沟通交换信息,讨论公共事务并由此而形成公共舆论。很多时候人们还会在此基础上从事社会组织与动员,力图将网络中讨论和协商的结果付诸实践。新媒体在信息传播和交流互动方面为人们提供了更多的机会,这意味着人们可以通过突破信息限制的方式获取权力,从而对传统政治权威的力量产生制衡与约束。面对互联网政治文化中出现的去中心化、去权威化、无政府主义、多元文化主义等倾向,传统政治权威及其组织体系面临巨大的挑战,如何应对这些挑战成为政府政治生活的重要内容。一些适应互联网政治环境的政策调整已经或正在付诸实施,如政府信息公开、加强信息监管、强化网络舆情监测和舆论引导、重视网络舆论监督与网络反腐、重视网络舆论……这些新的政策调整体现了执政者在社会管理方面做出的及时反应,目的在于改变传统交流环境中形成的传统政治习惯,积极探索从整体上提升社会管理水平的方法,而这些探索及其初步成果正在成为新媒介环境中政治制度创新层面的重要内容。

可以说,新媒介改变了人与人之间的交流模式,也改变了人们参与政治生活的形式,最终导致传统政治模式发生深刻变革。新媒介引起的政治变革是整体性的,同时涉及参与政治生活的各种社会主体和机制,对于这种变化的前景我们应该具有较为理性的认识。很多人倾向于认为互联网本身的技术特点是推动政治民主化和全球化的重要力量,互联网的匿名性、参与性、平民化、创生性等特征确实使公众舆论的地位得到了极大的提升。频繁发起的网络舆论声势浩大,对于日常政治生活的影响要远远大于传统媒体时代的舆论。这确实使得网络舆论成为当代政治生活民主化的重要动力,为传统政治模式注入新的变革气息。不过我们也应该看到事实的另一面:各种政治参与主体都在借助互联网平台开展话语权、意识形态领导权和实际政治利益的争夺,其结果是互联网公共领域迅速遭到实际政治和商业力量的侵蚀,从而由一个数字乌托邦理想的集散地变为实际政治利益竞争的延伸领域。当互联网政治的性质逐渐由单纯的乌托邦理想培育地演变成各种利益斗争的战场时,网络政治的实际影响力也随着时间的推移逐渐衰减。不过,从技术层面上讲,互联网在技术创新方面总处于推陈出新的过程中,当一种网络文化的政治乌托邦功能逐渐淡化时,另一种新的网络技术又强势出现,并重新刺激人们以新的方式开展政治乌托邦理想的建构与实践活动,开始一个新的互联网政治文化周期。从早期的 BBS 到博客文化的出现,再到微博客的出现,每一种新技术形式的诞生都会为互联网政治文化注入新的变革动力。新技术往往会给网络与舆论管理带来较大的挑战,因为新技术将以何种方式产生出新的政治文化方式,并由此产生怎样的实际政治后果都需要花费一定的时间去观察和研究应对,而在研究出应对策略之前,这些新技术文化将以何种方式对实际的政治生活产生何种影响仍然是传统政治权威必须面对的难以预知的难题,对于生活在由各种高科技编织而成的技术社会中的政治权威来说,要避免技术革新带来的麻烦几乎是不可能的。因此,适应新技术的挑战、调整和提高社会管理服务水平、顺应民意推动政治生活的民主化改革是大势所趋。

一、媒介变迁与权力结构变化

统治者与普通民众、政府与公民社会之间的利益互动关系始终都是政治生活中的核心内容,这种相互关系的焦点是对权力的争夺;少数人实际掌控政治权力与大多数人要求广泛参与政治活动的要求之间始终存在着紧张的关系,古今中外的政治历史无不是围绕着权力斗争而展开的,权力的归属、权力的代理、权力的监督和权力的参与等问题构成了政治生活的历史和现实内容。以互联网为平台的数字化新媒体时代正在演绎一种新的权力争夺的故事,这个故事的主要内容屡屡被人们描述为无权者通过新媒介争取自身权力,而传统政治权威则利用自身的优势地位竭力维护权力分配的既定格局;这种权力争夺的故事古已有之,只不过新媒介赋予了它新的形态。

(一) 代理与参与

毋庸置疑,新媒体政治的核心问题是公民政治参与问题,其实质是政治权益的争取。互联网和手机等新媒体的技术特性让人们得以跨越传统的界限而进行广泛的信息交流与沟通,这种交流与沟通的结果是导致社会组织与行动模式的变革,使得传统意义上的权力管理模式丧失了用武之地,人们由此能够突破权力的管辖而从事广泛的政治参与活动。一些学者将互联网的行为意义归结为“赋权”活动,包括“自我赋权”和“心理赋权”。通过使用互联网,人们获得了某种特别的权力,这种权力可以与传统的权力形成对话与协商。从无权者获得权力的角度看,这种观点无疑是贴切的,但是如果从近代政治权力观念的发展谱系视角来看,网络权力作为一种信息权、表达权已经包含在各国法律有关言论出版和信息传播的条款中了,而互联网技术的意义并不在于赋予权力,而是在于将本已具有但却被代理施行的权力重新转归自己行使。因此,本书并不打算从技术赋权的视角看待这一问题,而是循着权力发展谱系的脉络,从权力所有与权力代理关系入手来看待这一议题。从这一视角上看,新媒体的政治意义可以简单地表述为:通过技术手段实现权力的更多直接参与,并对权力代理活动加以严厉监督。

近代以来,世界各国政治的实际运行都普遍采取权力代理模式。权力代理含义很简单,就是在最终的归属意义上,一切权力属于人民,但实际政治生活中这些权力的实现又必须交由专门的政治组织、机构甚至个人加以代理。代理者和被代理者之间的代理关系并不稳定,经常会因为技术条件的改善而发生紧张对立的关系。代理者希望维持掌握权力的局面,而被代理者在条件具备的情况下则希望更多地直接参与到政治生活中来。这样,在代理者和被代理者之间便产生了现实的矛盾,因为他们的利益诉求各有不同,代理者在这种紧张关系中占有传统上的优势地位,而被代理者的政治参与行为则具有法理上的合理性和合法性依据,同时他们通常会借助于包括媒体在内的技术力量来为自己争取更多的权力。

对于近世社会来说,一切权力归于人民是个普遍的常识,这一普世价值观念的确立虽然仅有数百年时间,但是其源头可以追溯到遥远的古代社会;中国传统的民本思想中就存在一种抽象的"民"的观念,民众被认为是一种至高无上的制约君主和官僚权力的力量,是"天"的化身。《尚书·泰誓中》中所谓"天视自我民视,天听自我民听"就是这种观念的最好体现,其含义是指天意即是民意,天的意志乃是民的意志的体现,上天的意见其实就是人民的意见,因此统治者应该高度重视民众舆论,并根据民众意见调整自己的政策,及时调整统治者与被统治者之间的关系。古代统治者之所以如此重视民众及其意见的地位是具有其现实原因的,虽然普通民众在实际的政治生活中并不掌握权力,是被统治者;然而每当统治层与民众利益的诉求之间积累的矛盾达到一定程度而无法得到及时有效的调整时,民众就会爆发出巨大的能量将掌握权力的统治层赶下台,民众的这种力量是任何现实力量都无法抵御或抗衡的,所谓"水能载舟,亦能覆舟”的道理是历代统治者都心知肚明的。因此,中国古代的统治者都强调“爱民”“以民为本”,甚至提出了“民为贵,君为轻,社稷次之”的民本主义观点。

不过,传统的民本思想与现代民主思想具有本质上的差别。前者强调君主要爱护百姓,但这种爱护只是一种自上而下的恩惠和施舍,而民众也仅仅只是享有很高的地位但却不享有任何实际的政治权力,更谈不上在实际政治生活中实现自己权益。而启蒙时代以来的现代民主观念所强调的不仅是一切公共权力归民众所有,民众应当享有这些权力和权利,而且更关键的是应该由民众自己管理公共事务,政府的职责就是帮助人民实现对于各项权力的行使。林肯所谓“民有、民享、民治”的表述可谓是对现代民主思想的高度概括,公共舆论成为现代政治的基础,政府虽然实际掌握权力,但是它只有在为民谋利的职责中才具有存在的合法性与合理性。因此政府一切权力的行使都是对民众权力的代行,必须依据民众意见行事。正如杰斐逊所表达的那样,如果在有政府而无报纸和有报纸而无政府两者之间选择的话,后者才是民主理念的选择。

可见,“天赋民权”是现代民主政治的基石,也是中西方现代政治哲学传统中一个最基本的信条。近代以来,几乎所有的进步政治思想家和哲学家都倾向于维护这种观念。对于当代政治而言,“一切权力属于人民”是不需要加以争论的共识,值得研究和争论的问题仅仅是这些权力如何才能够得以实现,这些权力如何避免在代理行为中被滥用和异化。因此,有关社会政治的学术研究似乎都在关注民众权力的实现问题,关注民众与政府之间相互关系的调整,关注谁代理民众权力的问题,而不是国家权力归属于谁的问题。因为对于所有的政治家和政治学者来说,他们都不得不面临的一个难题是:在实际的政治生活中,民众虽然是权力的真正拥有者,但权力的实际运行却必须通过代理方式来组织实施,即由相对少数的能够代表民意的人员来加以实施。这样做的必要性是显而易见的:民众本身的权力诉求众多,他们在日常生活中难以就每一件事情都形成完全一致的意见与行为,而社会需要在一定的共识基础上加以有效组织才能正常高效地运行,因此按照民众对公务事务形成的公共舆论来组织实施权力达成民众的利益诉求是现实政治运行的基本方式。

权力代理模式的出现虽然具有其必要性和必然性,但它的弊端也是非常明显的。因为限于主客观各种条件的制约,在绝大多数情况下这种代理关系难免出现一厢情愿的情况,即由政治精英或政治组织强加于民众而非经过民众授权,或者虽经授权但却缺乏有效监督与问责淘汰机制,或者将一时的授权永久化和固定化,避免其他代理主体的出现与竞争。代理阶层作为掌握权力的独立利益群体,必定会存在滥用代理权力的倾向,并且会将代理的范围不恰当地扩大到民众自身能够有效组织和运转的领域,尽力将权力掌控在自己手中,从而压缩民众的实际参与权力运行的空间。更危险的情况是:由于在实际的政治生活中,民众是一个模糊不清的概念而不是能够具体指明的政治主体,当政治利益集团以民众的名誉取得代理身份并掌握权力后,作为实际政治权力主体的民众就有可能沦为无权者。在缺乏代理监督和有序竞争的情况下,权力的滥用和腐化在所难免,权力代理者与被代理者的利益甚至会处于尖锐的矛盾对立之中,其代理关系的性质也由代理服务关系异化为权力统治关系。近年来,伴随着新媒体的普及,民众在政治文化方面表达的一个诉求就是反对官样文章中的滥用代理表达。当权力层就某项公共事务而发表意见时,总是将自己的意见说成是代表民众而发表的意见。这种官样表达随处可见,小到工资收入水平或学生就业的统计数据,大到国内外大事的表态。当人们感受到这些表述与自身感受不相符合时,会通过网络渠道表达具体个人的差别性意见,由此而形成了一种所谓的“被”文化现象,如学生“被”就业、工资“被增长”、人民“被”幸福、拆迁“被”同意……网络上的这种“被”文化所反映的是人们对于不符合自身利益和意愿的代理行为不满,并且既然网民能够通过网络表达这种不满,那么也一定会通过网络发表自己的意见。尽管人们无法确定自己的意见与权力层的意见何者是占据多数的意见,但至少能够在网络上自由表达个体化的意见本身就意味着民主权力的最低限度实现。事实上,人们所谓“民主”的内涵可以理解为:为了防止权力滥用和代理关系异化为单纯的统治关系而进行的一系列制度安排和实际努力。这些制度安排和行动的宗旨在于保证人们能够拥有掌控公共事务的权力,而这种权力一方面是指人们在有条件和有能力直接参与政治讨论和决策时能够实施这些权力,另一方面是指在需要进行权力代理的情况下能够实现对权力代理行为进行有效监督(包括舆论监督和法律监督)的权力。

需要指出的是:尽管当代新媒介的兴盛对于传统政治运行方式产生了较大影响,民众政治参与的力度借助于新媒介的力量也得到了极大的增强,但总体上来讲目前发生的变化仍旧是积累性的,民众与政府之间权力代理与被代理的关系模式尚未发生根本变化,依然是当前政治生活最基本的模式。几乎可以预测的是,媒介的变革会对未来的政治生活方式产生持续影响力,但是民众权力实现的代理模式并不会在短时间内出现实质性改变。因为,一方面,导致代理模式出现的那些主客观条件不会在短时间内消除;另一方面,一种权力实现模式和政治生活方式的改变并不完全取决于媒介的变化,虽然这是一个至关重要的影响因素,但在适应媒介变化的过程中,影响政治生活的各种因素都会及时调整自身的行为以适应新的媒介环境,维系有利于自身的权力实现模式。因此,未来的政治生活方式必定是作为所有影响因素共同作用(合力)的结果出现的,而不会是某一种单一因素(如传媒)影响的结果。那些在新媒介浪潮的过程中涌现的形形色色的盲目乐观主义者的观点总的来说是站不住脚的,新媒介确实具有促进民主参与的功能,它所体现出来的自由、平等、共享、开放、互联等特性都预示了一个更加民主化的时代的到来,更多的人将参与到社会共同体的建构过程中来,未来的社会将是真正的舆论政治——由公共协商的决策方式施行社会事务管理的政治。然而,这些美好的远景只有从总体演化趋势上来讲才是可能的,并不意味着在现实政治生活中新媒介会立即迎来民主政治的时代。因为现阶段我们仍然面对诸多难题而无法看到解决的办法,比如,民众自身如何才能在广泛的讨论协商中协调彼此的利益诉求,保持理性而负责任的态度以形成公正而健全的舆论?

如何避免强权和商业利益对于公共舆论的侵蚀和拓殖？如何实现对必要的权力代理活动进行有效监督？……这些问题并非新出现的问题而是久已存在的老问题。正是由于这些问题的存在,权力代理行为才会具有其必要性,而由权力代理而导致的问题才会持续存在。

（二）政治参与的媒介渠道

如前所述,现代政治的核心其实是权力的所有者与其代理人之间的权力代理关系问题,这种代理关系如何安排才会最有利于民众权力和利益的实现？权力代理的范围应该有多大？如何实现权力运行的监督和管理？如何有效应对被代理的权力遭到滥用？……所有这些问题就构成了现代政治的核心问题。从理论上讲,权力归属民众的理念已是普遍的共识,假设民众具有亲自施政的条件与能力则不需要通过权力代理方式行使对国家事务和公共事务的管理。但这种情况显然无论如何都只是一种假设,事实上权力的代理需要正是基于现实政治参与条件而产生的。正如前文所述,实际条件的限制导致代理关系的存在,而这种代理关系形成了权力所有者与权力施行者之间的划分,并因此而产生了一种难以解决的政治悖论:权力代理人实际掌握权力,但却经常会处于与权力所有者的利益相互对立的状态中。从根本上讲,民众如果具有充分参与政治生活的主客观条件,并且能够进行有效的舆论协调组织,那么公共事务的代理需求便会相应降低,对于社会科层管理体制的依赖便倾向于减少,反之亦然。可见,权力代理双方的关系是需要随着民众参与政治活动的条件而发生变化的。

这里所谓的政治参与条件主要体现在三个方面:一个是进行民主参与的渠道与环境问题,同时包括技术和制度设计两个方面。主要涉及信息自由传播和获取的媒介条件、酝酿公共舆论的公共领域的状况、公众进行意见讨论和舆论组织与实施的条件等等。这些条件可以被归结为民主参与的外部环境限制性条件。在这些条件中,信息传播的技术和制度状况具有基础性的地位和影响,因为无论是教育水平的提升、政治智识的提高还是对于环境状况的认知判断都以充分的信息传播和知晓权为基础，没有信息传播的自由，政治民主是无从谈起的。第二个方面则主要涉及人的认知能力，也就是民众是否具备正确而有效地行使民主权利的智识能力问题。他们是否具有正确认识社会真相并形成正确的公共舆论的能力，是否具有协调意见并达成共识性行动的能力？在具备了信息自由交流与自由讨论的情况下，人们的主观认知能力便成为影响舆论状况的内部原因，如果民众认知与实际情况不符，那么人们根据错误的舆论图景而形成的社会行动不仅不能够帮助他们解决实际困难，而且会使得事情变得更加复杂，甚至被误导，损害自己的利益。第三个条件显得比较困难，是民主政治的三个条件中最为根本性的条件，但也是最为人们所忽视的，即政治伦理条件。政治伦理的核心是政治理性，其实质是处理政治生活中主体间利益的关系问题。由于政治伦理的获取必须对主体自身的权力和利益加以限制，以便达成公共生活领域中的公平与正义的政治理想，因此这一以公共性为第一原则的理性是所有民主政治条件中最难达成的一个条件。如果每个公民都具有高度的政治伦理，都能运用自己的理性克服自身的贪欲无度，那么掌握在民众手中的权力便不会变成一种产生政治灾难的根源。但迄今为止的历史向我们展现的实际情况是：人类民主政治的历史也同时是一部乌托邦式民主失败的历史，一部人类与自身贪欲不断战斗，且不断失败的历史。民众参与政治的这三个条件可以简单地归结为渠道条件、认知能力条件和伦理条件，三者都与媒介的状况有密切的关联，我们可以陈述如下。

首先，政治参与的基本条件是媒介状况的改善问题，没有媒介的信息传播和交流条件，人们就失去了从事政治参与的技术与制度前提。因此，媒介状况通常都是政治学者关注的一个重点。媒介状况的影响主要体现在两个方面：一方面是信息传播的自由，另一方面则是媒介的社会组织功能。启蒙运动以来，争取信息自由传播的权利是近代政治民主化最重要的一场斗争，思想自由、言论表达自由、出版自由等权利现在早已成为人类最基本的人权而受到世界各民主国家的保护。随着互联网的崛起，上网获取信息的权利也在很多国家成为受到保护的权利,“当前,上网权归属于通信权,因此名正言顺地被国际社会普遍视为一项受法律保护的基本人权。尽管它正在遭受商业利益的侵蚀和政府政治目标的强制性渗透,但是保护公民的上网权不受侵犯已是国际社会的主流,也是各国政府在全球化过程中的一种积极理性的政策选择”。[①]

值得注意的是:在媒介信息传播的技术和制度运行两者之间通常会出现较为复杂的相互关系。总的来说,信息技术的进步总是会对制度运行产生较大的冲击,迫使制度设计适应技术发展的趋势。技术与制度设计产生矛盾主要是由于现实制度运行中通常会出现两个不完全一致的方面:一个是理性原则支配下的法理层面,一个是现实原则支配下的政治实践层面。从理性原则支配的法理层面讲,与信息传播相关的诸多自由权利都会写入各国宪法和法律加以保护,因此信息传播技术的进步对于人们信息权利的增加与法理层面保护信息传播自由的规定总体上并不相互违背。但从现实原则支配的政治实践层面来看,实际利益总是会驱使利益集团想方设法规避政治理性和法理层面的制度规定,千方百计地将宪法和法律中的原则性条款具体化为对自身有益的管理规定,而这些规定无不以限制性条款为其要点,以便减少由技术进步带来的对既定秩序和自身利益的冲击。当然,我们在这里所要讨论的并不是这些限制性条款是否合理,因为这样的论题已经超出了本书的讨论范围,总的来说这些限制性条款会存在较大的争议,不同的人对此会有不同的看法,需要针对具体条款做具体的分析。例如涉及国家机密、国防安全、商业机密、个人隐私、造谣诽谤、不良信息等方面的限制性条款,都是世界各国通行的需要政府加以限制和禁止的条款,而另一些因各国风俗和习惯不同而设定的条款则存在较大的不同,例如韩国曾经实行的网络实名制,是否具有可行性和必要性是存在极大争议的。

我们在这里所要强调的重点是:传播技术的进步通常会对现实社会

---

① 蔡文之:《网络传播革命:权力与规制》,上海人民出版社 2011 年版,第 5 页。

的既定信息传播秩序产生巨大的冲击力量,突破管理制度运行上的限制。每一种新媒介技术的引入都会将某种新的尺度嵌入到现存社会结构和社会关系中,从而对社会的整体运行产生影响,而制度设计和运行的一个重要目标就是维持社会的整体运行现状,不断地再生产符合现存权力分配和财富分配的社会关系,这与媒介技术所带来的革新因素形成了某种较为紧张的关系。总的来说,技术因素在社会变迁过程中所产生的力量具有强制性,如果一个社会的决策阶层在制定社会政策时接受了某种新的媒介技术,那么它就必须接纳由此而带来的权力和利益上的整体结构变迁,它必须做出适应性的调整以便确保自身的利益在这种结构变迁中不被损害。不过,技术引入所产生的后果是无法预知的,因此无论如何加以调整,事情都有可能朝着不利于传统政治权威的方向发展。

在古代中国的专制型社会中,人们缺乏大规模交流与沟通的媒介渠道,因此难以维系大范围的密切联系与交流。人们分散居住在村庄中,过着自给自足的生活,他们也并不像现代社会中的人那样对于信息传播技术充满饥渴。在国家政治生活层面,古人除了身体五官之外是没有媒介渠道广泛参与其中的,普通民众甚至没有政治权力可言,也没有渠道争取自己的利益诉求,唯一可以依靠的就是上层统治者的怜悯和恩惠。这种权力模式也并非一无是处,至少人们所受到的政治监管和干预没有达到现在这样严重的程度。在日常生活的领域,人们在一定程度上享有乡村的自治权力和民主,也享有不同于技术社会机器文化的有机原生文化。他们把更多的精力用于处理人与自然的亲密关系,用于处理与生命本身相关的那些事情,而不是像我们把主要精力用于处理与权力相关的事情,处理与技术相关的事情,处理与生命本身无关的事情。因此,我们不能按照现代社会的制度设计去要求古代社会的制度设计,两者的社会组织结构并不相同,分别具有不一样的权力结构。当我们批评古代社会的制度设计时,我们的立足点是现代的价值观念,但从人类历史的整体来看,这些现代观念仅仅在特定的历史时代中才具有合理性。而在欧洲的古希腊城邦制国家,人们因为居住在城市中,因此发展出不同于东方民族的民主政治形态,雅典的公民凭借口头传播的方式实施政治上的协商和决策。他们之间的沟通是小范围的,也是颇有效率的。在这种民主政治中,说话的艺术具有至关重要的影响,人们判断事实真相的依据甚至不是事实的验证,而是雄辩的口才和修辞。但那些被排除在雅典公民范围之外的人群就没有任何渠道可以参与到政治活动中去了,一旦被排除在民主政治的范围之外,他们就没有表达自己不满和诉求的渠道,组织舆论给统治者施压也是不可行的,因为奴隶们都生活在分散的地方,在缺乏媒介渠道进行交流的情况下,要进行大规模的串联活动是难以想象的。如果奴隶们想彻底地改变这种状况,只能是在矛盾积累到一定程度后通过暴力革命的方式由一个阶级推翻另一个阶级的统治,从而重新安排国家权力和利益的分配。这种社会调整模式完全不同于媒介发达的当代社会,因为生活在彼时的人们没有传媒作为意见交流的平台,因此不同层面的利益诉求难以进行对话和协商,这就意味着政治协商不能随时进行,社会关系的调整频率较低,但是烈度却很强。

古代希腊社会在口语传播时代曾经建立的民众直接参与政治管理的民主制度是人类历史上了不起的成就,但这种民主传统在欧洲从奴隶制社会向封建制社会转型的过程中中断了。在封建时代的欧洲,人民生活在教会和皇权的双重统治下,既没有政治权力,也没有从事政治活动的媒介渠道,就连参与政治生活所需要的文化能力也不具备。直至15世纪古登堡的机械印刷技术发明和普及后,这一局面才出现了转变。印刷术首先使得《圣经》逐步普及从而走入了寻常百姓家中,这样一来人们就不再依赖教会也能够读到《圣经》了。一旦这种广泛阅读《圣经》的情况出现,对于《圣经》的解释也就不再统一,教会不仅失去了传播《圣经》的特权,而且也失去了解释《圣经》的垄断权力。在这种背景下,宗教改革也作为一个必然的历史趋势而发生,并且借助新的媒介技术取得了成功。1517年当马丁·路德在威登堡大学教堂的门口张贴宣告宗教改革正式开端的《九十五条论纲》时,距离古登堡开始采用转轴式金属活字印刷方式印刷《圣经》的时间仅仅过去了半个多世纪。仅仅两周以后,马丁·路德的这篇改革檄文就得以通过批量印刷的方式传遍全德国,得到了德国贵族和人文主义者的大力赞同和支持;四周后便迅速被翻译为各种文字传遍了西欧。可见印刷术对于引爆宗教改革的舆论提供了何等巨大的助力。面对这种机械印刷时代的速度,教会的反应显得颇为迟钝,最终没能赶在改革舆论传遍西欧之前就将它扼杀。而在 14 世纪和 15 世纪早期由约翰·威克里夫和约翰·胡斯等人推动的一些小规模的宗教改革中,改革思想的传播和舆论扩散均未能借助印刷术的翅膀而得以扩大,这些改革在其成功之前被教会扼杀了。因此,16 世纪的宗教改革可说是中世纪欧洲媒介技术突破权力封锁而取得成功的一个重要例证。

宗教改革的出现反过来又进一步强化和稳固了由印刷术带来的一系列变革趋势与成果,使得欧洲的政治生活向着有利于个人民主的方向发展。“加尔文和路德的教义对罗马天主教历史悠久的社会政治权威和权限构成了极大的挑战。更确切地说,在新教教义的核心里具有一种新的个人主义的观念。这种观念认可世俗的权威,但生活领域中直接与道德和宗教相关的部分除外,它还支持一种观念,即个人‘就是他们自己命运的主人’。到 17 世纪末,由宗教改革首先提出的这种观念融入了影响更大的自由主义哲学。自由主义哲学认为,个人应该在生活的所有方面进行自由选择,不管是在宗教、经济还是政治领域。”[①]印刷技术的另一个比较大的影响是在教育普及方面,古登堡的印刷术在欧洲受到欢迎,人们在 50 年间利用这种技术印刷了大约 3 万种印刷物,共 1200 多万份印刷品。大量印刷品的出现使得文化不再垄断于少数上层社会的人员,人们如饥似渴地阅读他们在过去无法获取的知识,这种求知的天性推动了社会对识字能力的需求,世俗化教育因此而得到了相应的快速发展。社会上受教育人群的增加带来了文化市场的兴起,这导致艺术家和文学家的生存方式发生了变化。过去那种依靠教会和保护人而生存的艺术家和文学家扩大了他们的服务对象的范围由宗教人士和贵族阶层向受教育阶层扩

---

① 〔美〕Vincent Price:《传播概念·Public Opinion》,邵志择译,复旦大学出版社 2009 年版,第 11—12 页。

展。所有上述领域的变化都是环环相扣、相互促进的关系,共同推动了社会教育水平的提升和知识阶层的增加。由印刷术推动的文化和教育事业的发展极大地推动了近代科学研究事业的发展,而科学研究反过来又对教会的权威构成了挑战,尽管教会在打击近代科学这种“异端邪说”方面无所不用其极,但是最终还是败下阵来。有趣的是,欧洲近代的科学家们都具有虔诚的宗教信仰,他们之所以从事科学研究,最初的目的也是为了传播上帝的福音,或者深入领悟上帝的圣谕,但科学探究本身的逻辑力量让他们感到恐惧,因为他们的理性认知与教会的解释不相吻合。哥白尼生前不敢发表自己的见解,一方面是由于害怕由此招致迫害,另一方面则是由于他们还抱有坚定的宗教信仰。这也多少有点像古登堡之于印刷术的发明,最初是为了帮助教会的传教活动,增强人们对上帝的信仰,然而其产生的结果却完全与此相悖,印刷术对于瓦解教会和宗教本身的权威起到了难以估量的作用,要是虔诚的古登堡地下有知的话,一定会对他的发明颇感后悔。

总的来看,由于印刷术的发明,导致了有理性的独立思考和知识探究替代了中世纪时期依靠教会传授知识的面貌,在资产阶级逐步兴起的过程中,文化事业的进步和和独立主体的理性思考推动了社会意见公共空间的形成,于是在社会由封建社会转向资本主义社会的过程中形成了资产阶级的“公共领域”,这一领域也是公共舆论得以形成的领域。

技术与管理制度层面的紧张关系在新媒介兴盛的当下体现得尤其明显,互联网和手机已经在冲击传统信息传播秩序方面为我们展示了最好的例证。网络黑客可以通过他们的技术侵入国家安全机构的网络获取秘密的信息;网民可以利用“翻墙”的技术规避管理上的限制,访问权力层不希望人们访问的网页,获取权力层不希望人们获取的信息;人们可以利用互联网和手机进行大规模集会和游行的组织工作,甚至利用这些媒体发起对统治权力的颠覆活动。近年来,随着新媒介技术的逐渐普及,这样的颠覆性政治活动发生的频率也非常“巧合”地同步上升了,从突尼斯和埃及的“茉莉花革命”到利比亚卡扎菲政权的颠覆再到叙利亚阿萨德政权的危机，新媒介的身影无处不在，它们甚至改变了人们对于政治危机的传统观念：新媒体时代的政权威胁并不仅仅来自于传统的军事对抗和颠覆领域，“也不仅来自于恐怖主义、经济安全等非传统领域，而是可能来自于虚拟的互联网世界。”并且，当国家内部的矛盾积累到不能调和的程度时，当危机已经爆发出来时，希望通过传统的信息管制方式消除危机已无济于事了。在中东地区的“茉莉花革命”中，“尽管突尼斯的本·阿里政府对 Facebook 等网站实行管制，但是反对派通过不断建立新交流平台的方式来保持与全国乃至全球网友的联系。他们将各地网友发来的消息汇总到信息平台上，并亲自到街头采集信息，随时在 Twitter 上发回新的报道。这些信息起到了前所未有的组织作用。新媒体在埃及革命中也成为汇聚抗议力量的重要工具。它有效地放大了反对派的力量与声音，促使骚乱横扫全国。尽管穆巴拉克随后采取了极端手段，立即屏蔽了社交网站和微博，切断全国的互联网及移动通信，但是，与突尼斯发生的情况一样，一切都已经太晚。”①可见，信息技术的进步已经对各国政权，尤其是制度设计还不太成熟的发展中国家政权构成了极大的威胁，人们不仅利用新技术手段突破制度层面的信息封锁壁垒，而且利用新媒介技术开展大规模组织联络活动，进行社会化动员以形成强大的实际政治力量。近年的新媒体政治的实践情况似乎表明：在制度设计相对落后的发展中国家，要保持社会权力结构的稳定只能有两种途径。一是拒绝新媒体的引入及其在日常生活中的普及，让人们生活在传统媒介时代的可控制模式之中。这样可以避免社会信息的多元化和社会意识的多元化，促进社会组织形式的稳定化。不过在全球化程度日益加深的形势下，闭关锁国的政策不仅让国民过着与世隔绝的生活，而且也无法有效融入国际经济大环境中发展国家经济，保障民生；而对新媒体技术的严格管制也将使国家经济无法进入信息化、数字化时代，其社会结构和发展水平也相应停留在传统时代。这些现实利益的损失是任何希望严格管制技术的政府都必须

---

① 匡文波：《如何在新媒体时代提高国际传播力》，载《领导之友》2012 年第 3 期。

加以权衡的。二是不拒绝新媒体的引入与普及,但需要在制度设计方面进行及时调整,以便社会权力结构的整体运行方式与新媒体时代的发展状况相适应。最常见的方式是在动态的相互关系中不断调整社会权力关系,使掌权者总能在这些动态的关系的调整过程中保持优势地位和既得利益。当然,更加至关更重要的是让人民生活富裕、捍卫社会公平正义、保障人民对各项正当权力的有效行使、杜绝权力腐化和滥用、杜绝以权谋私和与民争利的行为、建立权力运行的有效监督机制,这样才有可能以自信和开放的姿态迎接新媒介时代的挑战。民心向背与政权稳定之间的铁律并没有因为新媒介时代的到来而出现根本性的变化。

(三)政治参与的认知能力问题

技术渠道在扩大民众政治参与实践的过程中所起的重大作用是有目共睹的,这种优势如此明显,以至于无论是在政治理念和政治学说层面,还是在政治实践层面,它都是人们关注的焦点。从媒介技术的本性上讲,新技术的采用和普及必然带来社会整体结构与文化的变迁,因此技术创新所隐藏的政治可能性是难以预测的,每一次媒介技术的创新使用都会给人们的政治参与活动提供巨大的机会。因此,很多人都将民主政治的希望寄托在技术的创新上,但媒介演化的历史已经表明:无论哪个时代的技术创新都无法保证民主政治的完美实现,因为健全的政治民主必然是理性的民主,其合理性必须建立在政治理性的基础之上,而人们的天性似乎在政治理性方面存在着极大的缺陷,这种缺陷与生俱来,并且不是靠技术创新就能够解决的难题。因此,形形色色的有关技术乌托邦的论调听起来很美妙,但它们似乎忽略了技术之外的因素,而这些因素正是人们难以实现技术乌托邦理想的根源所在。

对于民众政治行为中的非理性现象的关注早在19世纪末期的法国早期社会心理学家古斯塔夫·勒庞、加布里尔·塔尔德那里就已开始。他们面对欧洲此起彼伏的群众运动和政治骚乱活动,深入分析了群体行为的一系列重要特征。他们的经典性研究为人们认识非理性的政治行为提供了宝贵的借鉴。不过，将人们的政治心理和非理性与民主政治的建设问题结合起来探讨的经典研究则是由美国学者和新闻评论家沃尔特·李普曼做出的。

从传统政治学的角度看，信息匮乏或信息不对称是权力代理关系异化的重要原因，因此争取信息传播方面的自由权是早期民主政治的核心，似乎只要能够畅通无阻地自由交流、获取信息、表达意见和想法，民主政治就会自动实现。这种误解一直未能得到人们的重视，但李普曼在 1927 年以振聋发聩的观点提醒人们注意，信息自由并不能保证政治民主的实现，从政治心理学的角度看，人们的政治理性存在着巨大的缺陷，无法保证人们获得对社会事实真相的认知，因此，也无法保证人们以认知图像为依据而形成的公共舆论不会存在着极大的缺陷。因此，即使在信息自由得到充分保障的情况下，要实现理想的政治民主仍然是极为困难的。

李普曼的讨论建立在这样的前提之下：对西方民主国家来说，政治的关键是公共舆论问题，而公共舆论问题的实质是大脑图像与外部现实之间的符合关系问题。从根本上讲，舆论乃是人们头脑中的图像，即"他人（人们）脑海中的图像——关于自身、关于别人、关于他们的需求、意图和人际关系的图像，就是他们的舆论。这些对人类群体或以群体名义行事（公共事务或活动）的个人产生着影响的图像，就是大写的舆论。"①可见，舆论并不仅仅是一个单纯的社会现象，而且是一种社会心理现象，如果不能从心理认知层面加以认识是很难对其持有深刻理解的。总体上来看，李普曼认为公众认知社会现象的能力是极为有限的，这与人们进行认知活动的内外部条件有密切关系。

外部的限制性条件包括信息审查与保密、交际网络与获取信息的机会、用于获取信息的时间与注意力以及信息本身的清晰度、新闻报道本身的特点和媒体的商业性质等等，但这些外部的限制还不是导致人们无法形成正确认识的全部原因，最严重的问题还在于人们的心理认知方面，比

① 〔美〕沃尔特·李普曼：《公众舆论》，阎克文、江红译，上海人民出版社 2002 年版，第 23 页。

如人们的刻板印象(成见)心理就是影响认知的重要因素,那些日积月累的想象、偏见和成见有力地支配着我们对世界的认知。人们在正确认知社会真相的道路上存在着这么多内外部限制性条件,并且,虽然限制人们认知能力的外部限制性条件可以通过制度变革和技术创新加以改善,但人们内部认知能力上的缺陷几乎无法加以克服。不仅如此,李普曼还将新闻媒体作为自己批判的对象,从而也排除了新闻媒介正确认知社会真相的可能。李普曼还深刻揭示了现代新闻事业和新闻机构的特点,例如新闻并不是对于社会事件的完整性的报道,而仅仅是对于已经形成了事实形态的那些事实的报道。对于一粒埋在土壤中的种子而言,新闻记者是不予关注的,但是当这粒种子破土而出的时候,新闻便由此产生了。而这样的一个完整的过程以及其中所蕴含的各种复杂关系都被记者忽略掉了,人们并不知道在种子破土而出之前的那些丰富而复杂的事情,他们所得到的仅仅是有关种子的完整事实的片段。因此,“新闻不是社会状况的一面镜子,而是对已经显露头角的那方面的报告。新闻不会告诉你种子如何在土壤中生长,但可以向你报告第一棵秧苗破土而出,甚至告诉你某人对种子在地下的情况都说了什么。”[①]此外新闻的制作程式化,按照一系列的惯常规则加以操作,事实的真相很多时候在这些惯常的职业行为中受到了损害,“新闻的常规就是按照这种路数运作的,对政治争端和国际新闻的报道差不多也是这套路数。……如果没有标准化作业,没有成见,没有常规性的判断,不去无情忽略那些微妙之处,编辑恐怕很快就会死于兴奋过度。当天报纸最后版面的大小是固定的,而且必须在规定的时间内准备就绪;只能给新闻加上有数的标题,每个标题都必须限定字数……如果没有系统化作业,这一切根本无法应付,而标准化生产则能节省时间和精力,还能在一定程度上防止败局。”[②]新闻的缺点还有很多,我们这里不一一列举,所有这些分析都旨在表明:“最有生命力的假设是新闻

① 〔美〕沃尔特·李普曼:《公众舆论》,阎克文、江红译,上海人民出版社2002年版,第270页。

② 同上书,第279页。

与真相并非同一回事,而且必须加以清楚地区分。新闻的作用在于突出一个事件,而真相的作用则是在解释隐藏的事实,确立其相互关系,描绘出人们可以在其中采取行动的显示画面。只有当社会状况达到了可以辨认、可以检验的程度时,真相和新闻才会重叠。"①可见,在李普曼看来,传统的新闻事业宣称它们能够忠实地记录社会真相,并且为人民提供真相,这不过是一厢情愿的事情或者是蓄意的欺骗。新闻机构并没有承担报告社会真相的能力,也不应该不自量力地承担这种职责。"如果考虑到新闻的性质,这甚至是不可想象的……如果要求报纸承担解释整个人类的公共生活的任务,那么它们会失败,它们注定要失败,在任何一个未来的时期,人们都会发现它们将继续失败。"②

李普曼通过他犀利的眼光将传统政治学和新闻学中有关新闻自由、言论自由、媒体自律、新闻道德之类的外部权力争取和新闻职业伦理问题转换成了政治心理学和新闻心理学意义上的难题,从而排除了公众和媒体正确认知社会真相的可能性,其目的是想要推出一种新的更加实际的观点:人们应该将认知社会真相的能力交付给由经过专门训练的专家组织而成的专家机构,由这些掌握了科学认知方法的专家们从事经常性社会问题的调查研究,然后再将科学结论通过媒体告知公众。李普曼希望通过破除传统政治学的"全能公民"观念,而代之以"全能专家"的观念。这是一种非常奇特的观点,这种观点的产生具有其时代背景,是20世纪初期美国社会的科学主义精神大行其道时期的产物。在当时的美国人看来,科学无疑是解决一切社会问题的法宝,似乎一切难以解决的社会难题都可以,而且也应该通过科学的方式加以解决。这种唯科学主义的倾向引起了思想更加健全和深邃的哲学大师们的批评。无论是詹姆斯还是杜威,他们都敏锐地察觉到了这种时代文化的偏向,而且都在自己的著述中

① 〔美〕沃尔特·李普曼:《公众舆论》,阎克文、江红译,上海人民出版社2002年版,第283页。

② 〔美〕Vincent Price:《传播概念·Public Opinion》,邵志择译,复旦大学出版社2009年版,第22页。

表明了协调科学与人文、科学与宗教之间紧张关系的重要意义,以及健全合理的观念不是偏执其一,而是应当依据实用主义的原则,对于两者进行调和,让它们能够共同服务于人们的生活。李普曼在美国科技进步的思潮下提出的方案事实上是一种新的权力代理模式,看起来这种代理和传统的政治代理有所不同,但其实质却是传统政治代理的一种延伸。民众因为其在科学认知能力上的不足和缺陷而完全放弃自己形成社会舆论的权力,并将这种权力交付给专家组织,而专家组织作为一种科层制组织的存在,必然成为统治权力的一部分,必然会与政治和商业的权力结合在一起构成强大的统治力量。如果这种打着科学大旗的代理方案得以实施,那么现代社会中的公民就不再是民主制度的积极参与者和建设者,而是变成了坐享其成,事不关己、高高挂起的看客。如果公民(还有新闻界)因其认知和心理上的能力缺陷将探究社会事务和世界的真相的全部努力托付于专业的科学家组织的话,民众将在向代理者交出实施各项公共事务的权利之后,连发表意见和形成舆论的权利也一并交出去了。如此,民主制度将会面临极大的危险(极权的危险,柏拉图基于其哲学产生的国家观念虽然意在科学理性地治理公共事务,但却也被无数后世的历史事实证明确有导致极权主义政治模式之嫌)。正是由于看到了这种极端的危险,杜威撰文指出:李普曼的著作堪称有史以来对民主制度所做的最有力的控诉。在接下来的几年时间中他不断思考与此相关的问题,并在李普曼的著作出版5年后发表了《公众及其问题》这一长文,算是对李普曼方案的正式回应。杜威明确提出:这种声称公众无能力承担政治事务的说法是非常无知、轻率和不可靠的,让人们依旧更多地被动地服从于知识分子的规则是不合适的。

总的来说,李普曼在科学昌明的时代,阐发了一种科学主义的公共舆论理论,但是却没有为这一看似光彩照人的方案提供制度保障方面的任何设想,无论是在权力监督及滥用还是在研究结论的权威性和正确性方面,李普曼都无法保证专家组织不会异化为公民的对立面。将社会真相的探究以及在此基础之上形成政策的权力交付专家掌握之后,人们面临的问题却没有解决,因为没有人能够保证公众将这些权力交付于专家组织之后,专家组织是否能够代表公众的利益。他们不会受到政治和经济力量的左右而偏离他们对于民众的忠诚吗?专家组织在掌握了社会事实的解释权之后,不会发展成为一个特殊的利益集团或者特殊阶级(阶层)吗?

李普曼在详细论证了一个深刻的舆论难题之后却草率地抛出了一个荒谬的解决方案——舆论代理制。我们只需稍微留神观察一下自己身边的实际例子,就能看到在我们的社会中存在着各种各样的专家,忙于打着科学理性的旗帜为各种利益集团进行代言:有将屡次上访告状的群众称为神经病的法学专家、有将残忍杀害妇女的行为解释为练习钢琴的习惯性动作的专家、更有无数卖假药欺骗群众的医药专家和为房产商造势的房地产专家,还有无处不在的拿着各种课题经费为市场利益和政权欲望服务的专家。他们从事科学研究的起点很多都是为了权力和金钱服务以谋取个人的特殊利益,而不是为绝大多数的社会底层民众服务,更不是为了广大公众的利益服务。(不是完全没有,而是说即便是为民众服务的项目,其问题的设置、研究的方向、解决方案的构思等等都不一定出自专家们自身学术思考的逻辑,而是出自学术逻辑之外的逻辑。权力逻辑和市场逻辑与自身学术逻辑相契合的研究项目是比较少的。)这些专家从事这些活动的原因很复杂,有的是主动为之,而另一些则是不得已而为之,比如各大学和科研机构都将课题数量作为职称晋升的重要条件,如果没有课题就意味着生活质量和职业成就将会受到极大的影响。

专家是现代社会中不可或缺的群体,但在各种利益关系的侵蚀下,有些专家已经异化成了社会公害。对于这些专家来说,知识和真相都不是最重要的,而与他们所服务的利益集团保持高度一致才是最重要的。此外,专家们固然能够用他们的专业知识服务民众,造福人民,不过他们也能利用他们的知识制造三聚氰胺、瘦肉精、有害食品添加剂、合成毒品、不良软件和游戏……所有这些高科技的产品无疑都是科学家制造出来的。当然,你或许会认为专家们的科学发现工作是中性的,他们没有想要利用这些东西祸害人类,就像诺贝尔发明炸药并非为了战争一样。然而这种辩解在任何一个具体鲜活的实际案例中都站不住脚,因为这些案件的核心成员往往就是某个领域的专家,而不是缺乏专业知识的普通公众。说到底,专家们也都是现实社会生活中的普通人,没有人能够保证他们的身上必定就会流淌着道德的血液。在物欲横流、道德滑坡的时代背景下,专家们利用自己的专业知识服务于权势和利益集团,或者追逐不当利益都是司空见惯的现象了。正像杜威指出的:专家阶层不可避免地将公共利益抛弃,而变成一个怀有个人利益诉求和认知的阶层,而这种认知不再是社会事务的知识。

当然,李普曼和杜威的争论焦点并不在专家的道德品质方面,而是在于依靠专家是否就能保证对社会真相的获取。即是说,假设专家们严于律己、恪尽职守地工作,他们是否能够提供给公众现实社会的真相呢? 是否能够解释公众的利益所在,并为此提供达成目标的途径与方法呢? 李普曼的答案是肯定的,因为在他看来,如果能够对社会上发生的事实作出客观的调查和记录,并加以仔细地分析研究,就能够获知社会事实的真相。这种想法显然符合我们对于事实真相的一般性理解。然而,杜威则具有完全不同的看法,他认为李普曼所陈述的方案在方法论层面是可行的,我们需要调查和记录,但是我们却不知道这些科学方法应该运用于何时何处。事实上,他们的分歧已经涉及对于事实"真相"的理解问题。非常明显的分歧在于:对于李普曼来说,事实的真相是预先存在的,我们需要做的事情就是去发现和揭示它,因此,将自然科学的精神与方法运用在事实真相的探究过程中至关重要。而杜威则并不认为社会现实的真相是一个已经存在在那里而等着人们去发现的事实,它可能已经存在在那里了,也可能还没有存在,究竟什么是真相,并不是一个可以预先设定标准或答案的事情。

我们注意到任何专家都是在一套既成思想系统的框架下思考问题的。专家甚至不同于独立思考的思想家,他们是工业文明社会中掌握了很多专业知识和研究工具的知识分子,他们的工作是在某种既定的思维框架下发挥自己的功能。这就像是演员在一部编制好剧本的电影中发挥他的功能性作用一样,他不会对这个剧本的整体框架和风格提出任何问题,这不是他的工作内容。正是由于这个原因,杜威指出:一个更为严重的缺陷在于专家最为乐意获得专业技巧的事务,这种事务要求在普遍方针已被满意的制定后而进行管理和执行。假设专家们的方针都是明智且慈善的,即他们制订的方针都是为保障社会真正的利益。那么,接下来的问题就变成了:什么样的框架才是我们所希望的?这样的框架怎样形成?如果不能在这一问题上形成见解,专家的工作在性质上是否合理、合法则都是非常难以判断的。也就是说,专家本来应该是我们实现社会共同体的理想和目标的工具,而李普曼却回避了社会共同体目标和利益诉求的问题,将社会科学的精神与原则当成了目标和理想。这一点看起来不太好理解,不过我们如果联系一下马克思主义的批判理论家们对于实证科学的批判性观点来理解这一点的话,事情会变得容易很多。也就是说,李普曼的专家系统的价值需要首先考虑到它们所依据的社会目标的合理性与合法性。不过在共同体的理想和目标形成方面,专家的意见最多也只能算是其中的一个组成部分而非全部,尽管这种意见是很重要的。显然,如果我们确定社会生活的主体是每一个活生生的个人的话,那么我们就应该让每个人都能参与到与自己的生活休戚相关的公共事务的讨论中来,在社会共同体目标的设定与调整上积极参与进来,而不是因为能力不够而被排斥。因为只有那个穿鞋的人才最清楚一双鞋是否合脚,即使是专家级别的修鞋匠对如何修鞋做出了最好的判断,但这仍然不能替代穿鞋的人自己的切身经验和感受。显然,专家的意见仅仅是一些指导和参考意见,这些意见是不是正确有效,还有待于人们在实践中加以应用和检验。

正是由于看到了李普曼设想中的问题,杜威提出了他的看法。显然,杜威的观点与李普曼是不一样的,杜威主张公民广泛参与的论辩式探究,主张协商式的民主。李普曼在《公共舆论》中论述专家机构的时候运用了包括他的老师詹姆斯的理论在内的实用主义心理学与认识论,这些理论的运用使他成功地论述了人类认知和心理能力的局限性,表明个人在获知真相的努力中所面临的重重障碍,并且,这种障碍与生俱来,几乎难以克服。由此,他才很顺理成章地论述了公众民主的替代性方案,即专家制度。在哲学背景上,《公共舆论》显示了前后两个部分,即提问与解答两个部分的差异,反映了对他的人生产生最大影响的两位导师的影响在提出问题的部分,他受到了实用主义者詹姆斯的影响,成功地论述了人类的认知与心理局限;而在解决问题的部分,他显然更倾向于另一位导师桑塔耶那的观点,甚至走得更远。李普曼已经感受到了美国社会科学即将开启的浩浩荡荡的科学主义大潮,他顺应这种潮流,提出了以科学的绝对逻辑来解决公共政治中纠结不清的问题。在李普曼的论述中,我们能够看到他的解决之道的一个未加言明的预设,即只有模仿自然科学的社会科学才能提供解决社会问题的答案,从而将我们从迷途中拯救。看起来这种观点似乎很符合现代文化的风格:凡是以严格的科学调查为基础而提出的解决方案都是合理和正确的方案。不过,杜威却不这么想,他认为李普曼的那些有关人类认知和心理能力存在局限性的论述无疑都是正确的,人们确实在认识真相、建构有关世界的真实图像方面存在极大的缺陷,这些缺陷由于李普曼杰出的论述而凸显出来,使它们由隐蔽的状态变成了和尚头上的虱子,但这并不意味着依靠绝对逻辑就能够将我们带出迷宫,利用新兴的社会科学来解决问题并不是可行的办法。

从政治哲学角度讲,有关社会事务的真相的认知(真理)不是外在于人的生活与利益、并非外在于人的日常生活世界的某种确定不移的东西,真理性的认识是在日常生活世界中产生出来的,并需要在生活中得到实践的检验、发展和修正。正像威廉·詹姆斯所表达的那样:真理乃是一个能够不断将人引导到实现人(社会)的目的和利益上去的过程。也就是说,真理,或者说对社会真相的认知是一个需要不断探究以适应不断变化的环境的过程,真理不是一成不变、一劳永逸的终极意义上的东西。既然真理并不外在于社会(人类)的利益,而是与人们的利益休戚相关,那么,对于世界事务真相的认知就不能脱离公民的广泛参与,社会共同体的共识需要共同体成员的广泛参与和讨论才能达成。当然，更重要的是，如果我们希望这个由所有人共同组成的社会共同体保持和谐与安宁的有机结合状态，保持系统的良好运行状态话，我们就不能仅仅按照某些人（如知识精英、政治精英、商业精英）的意愿和规划去设定这个社会的目标；相反，我们需要考虑到所有成员的利益，并且在这些差异性的利益诉求中寻求保持平衡之策略，因为只有一个大致符合全体成员利益诉求的共同理想才有可能成为凝聚全体成员的核心，共同体成员才会为着这个目标精诚合作，团结一致。也只有在这种情况下，共同体才会成为一个有机团结的社会而不是各行其是、相互敌视的无机社会。这本是很简单的政治原理，正如边沁所指出的那样，政治的目标不是少数人的最大利益，而是最大多数人的最大利益。对这个利益的追求意味着我们必须限制一些人的利益而扩展另一些人的利益，但是由于社会精英们占有知识、权力、财富和媒体资源上的优势，他们的声音总是能被放大为全体社会成员的声音，他们的诉求也会被想方设法地呈现为全社会的利益诉求，而他们的阴谋和贪欲则在各种阴暗的角落里腐蚀这个社会的根基。因此，对于社会共同体来说，多元人群的多元化利益诉求的呈现是极其重要的，而对于社会资源的占有者、使用者和管理者们的各种败德逆行、作奸犯科都应该有所揭露，对他们包藏祸心的各种伪装和诡计也必须予以揭露，只有这种公正的展示才能为社会的决策提供可靠的参考。但掌握着大量社会资源的既得利益者无论如何也不会让这样的呈现和揭露成为现实，因此虽然政治哲学上的道理很简单，却一直没有办法能够将这些愿景变为现实。媒介科技让我们似乎看到了希望，因为近期的媒介失控看起来似乎具有实现这样一种不可能完成的使命的需要，互联网和手机在短短的时间中能够大行其道，很重要的原因恐怕与社会精英的权力失控和草根阶层的权力赋予有极大的相关性。

詹姆斯·凯瑞在评价李杜之争时指出，在民主的传播模式方面，李普曼是视觉隐喻的（世界图像的描绘），而杜威则是听觉隐喻的，“耳朵与重大和外露的思想和情绪的关联比其与眼睛的关联更加紧密和多样。视觉是观众,听觉则是参与者”。因此,尽管李普曼所论述的人的认知缺陷和科学精神都得到杜威的认可,但解决之道却不能采取旁观者的方案,而是相反,要采取提高公民认知能力的方案,想方设法改善公民实行民主参与的条件,想方设法培育公民实行民主的能力。对于这种解决之道,历来的有远见的政治家都有论述。如中国的民主革命的先行者孙中山就曾经提出了实行宪政民主的三阶段说,其中最重要的一个阶段就是训政的阶段。这个阶段执政党最重要的任务就是帮助人民群众做好实行民主宪政的准备,帮助人们按照民主社会的基本理想在思想意识和操作技能方面接受基本的教育和训练。当然,这个设想在他的继承者那里并没有得到实现,失败的根源在于:孙中山的方案是否得到实施很大程度上要取决于政治精英的道德和理想,而不是取决于民众的意愿。固然,正像权力代理制度的鼓吹者们所指出的,民众在认知能力方面是有极大缺陷的,因此将希望寄托在先知先觉的政治精英身上似乎是毋庸置疑的,但如果政治精英并不打算将权力交还人民,那么这样的美好设计也就毫无意义了。孙中山可能严重低估了人民自己教育自己的能力,以至于他将所有的希望都放在了政治精英那里。当然这样的方案或许是不得已的选择,因为在互联网时代到来之前人民自己组织自己、自己教育自己的条件并不具备。不过,即便是在互联网时代到来之后,人民自己教育自己的可能性条件已经具备的情况下,人们真的会得到拯救吗?我们在后面的论述中会看到,情况可能并不像我们所设想的那么理想。杜威看到了精英是不可靠的,因此他认为问题并不在于公众没有能力,而在于缺乏充分的公共传播手段,即“收集信息的物质及外在手段的重要性要远远超过理性探究过程及其结果的结构”。[①] 对于李普曼来说,一个巨型社会永远都不会成为一个真正意义上的全国性的巨型民主共同体,这个观点无疑是非常明智的,因为巨型民主共同体所需要的条件并不仅仅取决于信息获取与传播的条件。从心理和认知能力的视角上看,人类本身是不完美的,认识自身的真实利

① Vincent Price:《传播概念 · Public Opinion》,邵志择译,复旦大学出版社2009年版,第23页。

益(不是指声色犬马和想啥是啥、要啥有啥的权力,而是就自身的生命意义和使命的认知而言的真理)所在已经很不容易了,何况还要协调不同利益之间的相互关系。而杜威则认为这还是可能的,尽管这个巨型共同体也许不可能具备一个地方性共同体的所有特性,但如果能够具有共同的利益诉求,那么这样的一个共同体还是可以期待的。解决问题的方法之一在于教育,也就是说,教育可以让人们获取认知自身利益的能力,也可以提供给人们理性的判断能力,这倒不是说人民会拥有对公共利益进行系统研究的知识与技巧,而只是说人民会有能力对专家提供的相关知识进行判断。在社会探究方面,杜威也认同李普曼的意见,即"社会科学在纠正民主国家缺陷的过程中扮演着重要的角色,但是杜威赋予它的角色是完全不同的。他不是建议建立一种高级的、专家级的情报系统,相反,他认为应该确立一种基层社区的社会科学,它能通过大众化的媒介把对现实的解释巧妙地传达给公众。'换句话说,真正需要的是改进争论、讨论和劝导的方法与环境。这才是公众真正的问题所在'。在拉斯韦尔的《公共舆论产生民主》(1941)这本书中,有一章的标题精辟地表达了与杜威相同的意思:'民主需要新的表达方式'"。①

二、网络政治参与的理性困局

李普曼和杜威的争议实际上揭示了民主政治中最难以解决的一个难题:政治理性究竟是在精英代理的情况下还是在公众广泛参与的情况下才能得到保障?有很多折衷主义的观点认为这样的二元对立很可笑,我们将两者结合起来不就解决了?既发挥精英代理的优点,又充分利用公众参与的优势,让这两方面相互制约、相互补充,并且相得益彰。事实上,这个问题没有这么简单,因为任何实际的政治设计都必须在这两者之间进行权衡,只能以一种方案为主而以另一种方案为辅助,除非我们将目光

① Vincent Price:《传播概念》,邵志择译,复旦大学出版社2009年版,第24页。

转向社会整体性存在的层面，寻求一种超越于精英和大众的对立或折中之上的政治伦理，并从这样的政治伦理出发来考虑实际的政治设计，而这样的一种新媒体时代的政治伦理显然还远远没有建立起来，人们甚至都还没有对此加以认真的思考。

对于生活在21世纪早期的人们来说，传播环境的改变导致了政治生活方式的改变。生活在互联网时代中的非精英阶层都不会认为李普曼的那种精英观念是值得认真考虑的方案。在数字化媒体高度发达的今天，人们在信息获取渠道方面已经有了大幅进步，不仅可以使用各种媒体突破权力设置的信息屏障，而且也可以随时通过网络寻找相关的政治参与所需要的知识和材料。互联网似乎使人们变得更加聪明了，数字化媒体时代本身所蕴含的政治治理模式无疑是大众化民主模式，广泛的政治参与已经成为大势所趋。看起来杜威的观点在数字媒体时代得到了回应，而李普曼的观点则显得过时了。不过我们还是应该冷静地看到，那些关于互联网时代的新神话，有极大一部分仅仅是一些一厢情愿的幻想，杜威的民主参与模式的核心是强调信息自由，以及用于讨论政治的媒介渠道得到不断的改善。这两个方面的困难如今已经由于技术进步而得到了一定程度的解决，这无疑向政治民主和公民社会迈出了重要一步。不过李普曼所提出的那些对于公众自身政治理性的质疑却丝毫没有得到解决，技术的巨大飞跃对于人性的弱点似乎并不能起到什么积极的改善作用。参与到政治生活中来的那些自认为变得更加聪明的公众依然没有能够解决认知和心理上的非理性问题。如今公共政治生活所面临的潜在危险并不是信息缺失、封锁或迫害，这些危险会随着媒介技术手段的不断更新而逐步消解。尽管仍然会出现新的信息管制与风险的可能，但技术在公众知情权和参与渠道方面扮演的角色会越来越重要。与此相伴生的一个奇怪的现象正在浮出水面，即信息爆炸和信息过载正在导致一系列让人意想不到的严重后果。人们梦寐以求的信息自由在促进政治民主化进程的同时也在制造着非理性的政治行为，而这些非理性的政治行为方式产生的根源就是互联网媒体本身。

众所周知的事实是,互联网具有海量的信息并且其更新速度也前所未有,但是其在引发思考和研究方面却难以与印刷时代的阅读相提并论,尤其在理解信息的深度和保持思维的一致性、连贯性方面,两者差距较大,互联网信息生产与流通的特征是碎片化、浅薄化、平面化、快速化。这种阅读习惯的养成反过来也影响了人们的思维习惯,使人们在思维上也体现出碎片化、肤浅化、心不在焉和非理性的特征。身处新媒介文化中的人群倾向于将新媒介的信息传播方式视为一种"时尚"生活方式,而非在思维的专注性和连贯性以及深度理解事物的能力方面的弱化与损失。然而早在古希腊时代,柏拉图就通过苏格拉底之口对"新媒介"兴起之后可能引发的损失表示忧虑,只是当代人很少具有柏拉图的那种警惕性,相反,他们深深浸淫于现代技术主义的意识形态中,对于一切科技创新都持积极乐观的态度,而对于它们所造成的危害则视而不见。

要理解互联网政治的非理性特征,我们就不得不对互联网信息所具有的碎片化、肤浅化和非理性加以分析,因为这样的一些信息特征也是网络人群惯常的思维习惯,是人们的大脑适应网络信息环境而发生改变的结果。只要稍加注意,我们就不难发现,虽然互联网信息数量很多,但由于这些信息都是人们在各种"打妄想"的状态下传播的信息,因此它们并不像数量庞大的蜂群社会或蚁群社会那样具有高度的组织性,而是像一大群无头无脑到处乱窜的苍蝇,彼此之间完全没有任何内在联系。这种碎片化的信息传播模式早在传统的新闻业中就已经初露端倪了,报纸和书籍的最大区别在于书籍的信息传播模式是线性化、组织化和系统性的,这种组织性和系统性首先来自于作者的哲学价值观或者思想框架,在这一思维框架的基础上作者围绕一个具体问题展开论述,书籍的各个章节安排必须是纲举目张、环环相扣的。其次,在行文上需要具有逻辑性,语言风格也体现出较为稳定的个性化风格。严整而统一的思维逻辑是文字媒介在内容上的必然要求,不符合这些要求的书籍是不能出版的。相应的,学校教育的首要目标就是培养学生整体思维的能力,只有具备这种能力,一个人才能进行有效交流。但是,在报纸、广播和电视新闻那里,我们看到信息传播的碎片化特征日益明显,在一个报纸新闻版面或一档电视新闻节目中会有很多条不同的新闻刊登或播放,然而这些数量众多的新闻之间却大多没有什么相互关系。比如上一条消息播出的是政治人物的外交活动,下一条消息就转到风马牛不相及的自然灾害报道上了,再接下去又可能会播出一条犯罪的社会新闻。在前后几条新闻之间全然缺乏逻辑上的联系性,内容互不相干,这种碎片化特征可以说是新闻信息传播的最明显标志。在互联网和手机这样的新媒体中,这种碎片化趋势得到了进一步的强化,体现在两个方面:一是新闻版面容纳的互不相干的新闻信息更加丰富,随便打开一个门户网站的主页,令人眼花缭乱、目不暇接的各种信息扑面而来。这里不仅有新闻,还有各种闪烁弹出的醒目广告,以及各种以色情暗示为主要诉求点的娱乐信息。如此众多的信息相互之间毫无联系,编辑能够做的事情是将它们按照新闻、娱乐、广告这样的大目录来它进行归类,或者将新闻按照国际、国内、政治、经济、教育这样的类别加以归类,不过这种归类的工作并不能解决人们在阅读和接受网络信息时感受到的杂乱无章和碎片化。

与碎片化密切联系的是网络信息的肤浅化。由于网络信息存在追求新、快、多的特点,因此无论是信息的制作传播还是信息的接受理解都是浅尝辄止,不予深究。互联网的传播模式是浅层的,其受众使用新媒体的思维模式也倾向于浅层模式。尽管互联网也传播大量传统文化和历时性的内容,但这根本不能改变其浅层文化的实质,因为几乎没有人在网络上依靠电子书研究哲学和历史。网络媒体的功能是浏览和查询,因此如果它对于人们的深度思维有任何帮助的话,那也仅仅体现在搜索和查询帮助方面。对于从事研究工作的学生或者研究人员来说,网络上的资料最好被转化为纸质文本,才更加有利于阅读、理解和研究。对于互联网媒体来说,思想的浅薄可能还不是最可怕的,最可怕的是迫于媒介竞争的压力而进行的媚俗化的信息生产倾向。这种媚俗化不仅使我们的信息环境严重恶化,而且还直接导致我们在信息消费方面的品位和习惯发生变化,感官刺激性的信息生产与消费活动逐渐成为我们社会的一种常态,以至于我们正在一点点地丧失对新媒介所传播信息的品质要求。

诚如我们在前面已经提到的那样,媒体的成功来自于它将人们的注意力绑定在自己身上,一刻不能放下,因为只有吸引了受众的注意力,媒介才会有上佳的收视率、收听率和点击率,而吸引力的强弱直接决定了广告收入的状况。因此,当代商业化环境中的媒介都不遗余力地追求传播的效果,尽可能地吸引最大多数的受众,这已经是媒介运营的“绝对真理”。为了争夺到尽可能多的受众,新媒介运用其科技和网络优势尽可能地提供异乎寻常的感官刺激来吸引受众。比如网络上的新闻,标题往往都追求耸人听闻,极为煽情,可能实际内容与其标题有较大的差距,但标题的吸引力被强调到了非常极端的程度。所谓的“标题党”,就是对这种题义不符、过于耸人听闻的标题制作方式的形象称谓。在互联网时代,报纸时代的很多新闻原则都已经发生了颠覆性的改变,新闻标题与内容制作的准则也发生了极大的改变。

过去人们在电报时代撰写新闻,讲求的是事实的简洁、准确与客观,甚至为了强调客观性而不惜压制新闻的文学与修辞技巧,杜绝使用过多形容词;避免铺陈叙事,娓娓道来的行文方式;拒绝使用文学写作手法夸张事实。总之,新闻应该是对事实的客观、准确、简洁的报道。为了达到这样的目标,新闻的写作方法也逐渐形成了定式,如所谓的倒金字塔形的写作模式盛极一时,它要求报道者以简洁明了的文字将最重要的信息放在新闻的导语部分,在随后的行文中再对新闻的细节事实进行报道。由于受限于电报和报纸等传播媒介的性质,新闻业十分强调自身与文学等其他写作形式的区别,富丽堂皇的修辞和夸张描述都是违反职业守则的。然而,这种情况在电视一统江湖的时代发生了一些改变。为了适应电视的娱乐性特征,电视新闻允许在新闻报道中不遵守报纸新闻的写作准则,而是显得更加文艺范,可以修辞夸张,并且也可以煽情。电视上的新闻不再是科学文章,而是强调讲故事的能力,强调新闻稿件的视觉性特征。为了抢夺收视率,电视业将过去新闻业极力摒弃的“下流小报”依靠声色犬马和煽情夸张吸引眼球的手法发挥到极致。相比于电视业,网络是一个更为复杂的传播平台,这里有严肃报纸的网络版、电视台的网络版,也有门户网站新闻网页等等。就互联网新闻的主体而言,各大门户网站是网络新闻的主要制作和传播者,这些门户网站的新闻倾向于进一步诉诸声色犬马的夸张煽情手法,以便尽可能多地吸引受众以赚取点击率。由于互联网新闻的主要播报方式是文字而非图像,为了与电视等媒体争夺受众资源,网络需要在文字的感官色彩方面下功夫,于是网络新闻业出现了所谓的"标题党",在制作标题上不惜夸张煽情到完全脱离实际;而在新闻写作上,网络新闻的写作已经全面恢复了文学创作的手法,各种修辞方法都被运用以"吸引眼球"。在迎合和唤起受众的感官刺激方面,网络媒体具有其他一切媒体形式无可比拟的优势。它的新闻数量极多,上至国际争端和高层活动这样的严肃新闻,下至偷盗奸淫、坑蒙拐骗之类的小道消息无不详备。并且,这些新闻的每一条都配有相应的扩展链接,如果你对一条新闻感兴趣可以点击相关链接继续阅读,这样的链接是无穷无尽的。

正是由于新媒介信息传播碎片化、肤浅化的特征导致了在传播过程中它的使用者都习惯于接受新的信息,但却难以对同一信息保持长时间的兴趣,更难以对这些信息进行深度理解。众所周知,在批评和讨论中如果没有充裕的时间进行理性思考,互联网上的这些活动就只能诉诸非理性了。然而,既然人们要在网络中快速接受大量信息并且还要饱受信息碎片化和肤浅化的折磨,那么进行理性思考和认真的调查研究就是完全不现实的事情了;即便你花费时间去思考、调查和核实,等你思考清楚并调查核实之后再来发表议论、引导舆论时,你会发现自己所做的这些努力全都失去了意义,因为此刻普通网民已经不再关注这一事件,他们的全部热情和全部冲动都早已转移到当下发生的事情上去了。因此,无论如何网络上的信息流通与消费时间的稀缺是造成互联网思维非理性特征的一个重要原因。

当我们打开电脑时扑面而来的是海量的信息,这些信息不仅量大,而且高度多元化,就像是杂货铺里的商品,琳琅满目。例如,在我写作文字的当下(7 月 20 日),搜狐网主页上的新闻大约有二三十条。这些新闻所涉及的范围很广泛,政治、军事、民生、社会新闻都有,其中不少新闻直接涉及网民的兴趣关切和利益关切。比如涉及重大外交事务和军事的就有 6 条:“胡锦涛出席中非合作论坛开幕式并发表讲话”“中方强烈不满渔船遭俄炮击 证实一名船员失踪”“中俄否决涉叙决议 中方:个别国家颠倒黑白”“德国年度报告‘中国间谍’成焦点”、“解放军数百枚导弹瞄准日本 日媒称是逼其变招”“东盟将就南海问题发声明 菲方:中国好邻居”。这 6 条新闻都涉及当前重大国际外交领域的问题,很难说哪一条是不重要的。而涉及民生问题、国内公共事务、与百姓生活休戚相关的新闻则包括:“国土部遏制房价反弹 上海廉租房住三年可购买”“李克强:建大病保险完善全民医保”“浙江黄牛向卫生厅长下战书:谁能治得了我”“税务总局公车费 13 亿 中央部门公车最多超万辆”。这些新闻事关民众利益,因此也是网民感兴趣的话题。此外,首页还有社会新闻多条:“小贩抱城管大腿照热传 涉事城管停职反省(图)”“浙江亿万富豪别墅内被杀 心脏被戳两个洞(图)”“母女进银行大厅内躲雨 因不办业务被保安请离”“航班因天气原因取消 陌生旅客被安排同睡一床”等等。这些社会新闻的重要性虽不及前面的外交新闻和民生新闻,但是也与人们的生活密切联系。由此看来,在当天上午 11 时的主页页面上,总共有大约不少于 10 条新闻具有阅读的必要性和较高可能性。当人们在阅读了这 10 条新闻甚至是其中的一半(5 条)之后,还会不会有理性地进行评价和讨论?答案几乎是否定的。正像前面所论述的,人们的阅读和记忆能力都是有限的,读得越多越散乱就越是不能专注。为了在短时间里看完这些新闻,一般人们采取的策略不外乎是略读,只求浏览而不求甚解。在时间仓促和内容众多的矛盾关系中,很难想象人们如何才能对所发生的事件进行理性思考。

法国学者布迪厄在分析电视时代的思考时指出,由于电视所具有的图像流呈现方式,人们无法在流动的画面和叙事过程中停下来进行思考,因此为了调和时间流动与思维本性(需要时间思考)之间的矛盾,观众开始被培养成为“快思手”,也即能够进行快速思维反应的人。“快思手”显然不符合思维的本性,一般所谓思维意味着在时间的流逝过程中展开的对于思维对象的有深度的、合乎逻辑的论证,“当笛卡儿说‘论证’时,他所指的是长长的推理之链。这需要时间,需要展开由‘所以’‘因此’‘如上所说’‘鉴于此’等链接的一系列论题。然而,这种具有思维的展开,本质上是与时间紧密相连的。”①然而,电视收视的特点恰恰在于没有时间从容不迫地进行推理之链的展开。布迪厄写道:“为何能在谁也不能思维的条件下思维。在我看来,问题的答案是他们是以‘固定的思想’来进行思维的。福楼拜所说的‘固有的思想’,是指所有人业已接受的一些平庸的、约定的和共同的思想,但同时也指一些在你接受时实际上早已被认可的思想,所以并没有一个接受的问题。”②用更加简单和直白的方式讲,所谓“快思手”其实并不意味着快速地进行真正意义上的思考,而是不断重复自己早已习惯了的思维方式,平静地运用模式化思维看待一切。

非理性的情绪化反应并不是一个“公众群体”所具有的特点,而是“乌合之众”所具有的特点。“乌合之众”是指容易受到暗示和情绪传染而在行为上采取偏激、冲动、攻击等失范行动的社会人群聚合状态,它对于社会所产生的破坏力极为严重。在“乌合之众”中,人们依靠情绪的暗示、模仿来行动,理性被非理性所取代。网络群体就具有“乌合之众”的社会组织特征。网络非理性的主要表现就是网络中的攻击、侮辱和谩骂。这些基于网络而采取的恶意中伤他人、煽动人们相互之间的仇恨的行为可以说是网络政治模式中最糟糕的病症。打开网络新闻的论坛或者评论跟帖,我们能够看到的是什么?首先,新闻根据其重要性不同而具有不相同的评论数量,但几乎每条重要新闻都会有大量评论跟帖。其次,大量跟帖内容可以按类别划分为数量极其有限的几类。中国网民最常见、最著名的分类就是“五毛党”和“美分党”,也称“五毛”和“美狗”。这是按照所持意见的倾向性进行的划分。凡是所发表的意见中含有主张民主、反省国内现状、批评政府及其行为者,一律被贴上“美狗”的标签,然后群

① 〔法〕布尔迪厄:《关于电视》,许钧译,辽宁教育出版社 2000 年版,第 30 页。
② 同上书,第 29 页。

起而加以攻击之、谩骂之;而那些持有相反立场和观点的人则一律被贴上"五毛"的标签,然后是施以同样的攻击和谩骂。在网络跟帖中一般很难看到有理有据有节的讨论分析文字,长度超过千字的评论文字也不常见,更多的回馈意见都是标语口号式的攻击和谩骂之词,用语极尽低级庸俗、泼妇骂街之能事,完全不考虑网络空间的公共性。除了"五毛"和"美分"的强制性划分之外,中国网络中最常见的仇恨主要集中在地域攻击方面,而性别、民族与宗教方面的攻击情况也不鲜见。网络仇恨与攻击现象带有一定普遍性,这说明:一方面从评论数量上看,人们参与公共政治和媒体新闻反馈的热情很高,具有评论表达意见的诉求,因此网络跟帖的数量较多。另一方面,从评论的质量上看,网民意见以感性意见为主,缺乏深思熟虑和理性的探讨精神,一般都是三言两语骂完了事。网民的这种情绪化反应一方面固然是公民素质教育滞后所引起的,另一方面也是互联网媒介本身固有的传播特性所造成的结果。

互联网作为空间偏向的文化弱化了时间的纵深度,也弱化了文化传统的重要性,而由此带来的最大不幸主要有两个密切联系的方面:一是前面已经谈到的道德和伦理领域的危机;另一个则是社会行为上的一系列改变,如媒体反馈行为偏向于感性化、虚拟化和脆弱化。过度感性化也即非理性,而虚拟化则是指新媒介文化的拥趸们往往沉溺于网络世界,他们的社会行为主要在网络的虚拟世界中展开,在网络上发表意见、在网络上交流……总之,网络行动力非常强。与此相对照的是,他们在线下的现实生活中的行动力往往趋向于弱化,即便有所行动也极其脆弱,一旦遇到困难就会转入网络虚拟世界中寻求精神抚慰。举例而言,网络人群在就某一公共议题展开讨论时偶尔会将讨论之后达成的意见付诸实施,不过在行动实施的过程中,网民的参与行动无论从数量上看还是从质量上看都远远不及网络讨论的阶段,有很多在网上表现积极踊跃者甚至不会参与到实际行动中来。另一方面,当线下行动遭遇阻力和困难时,网上的那种强烈的行动诉求就会迅速减弱或者干脆消失。中国的网络问政经验已经证实了这种情况。网民们也曾经为了调查网络事件的真相而组织公民调查团,但是这些调查团遇到的困难很大,这些调查往往无疾而终。网络问政刚刚兴起的时候,人们总是夸大其美好前景,但是实践证明实际情况并不会像人们设想的那样理想。

网络政治中的非理性、心不在焉、行动无力等弊端已经显露无遗,诸如此类的问题还有很多,篇幅所限就不一一展现了。不过从以上所述的这些内容可以看出,新媒介确实推动了政治的民主化进程,但却并没有让公众的政治理性得到与此相应的提升。相反,新媒介的媒介本性在一定程度上促进了政治民主的某些方面的时候,也在弱化另外的一些方面,这些被弱化的方面在很大程度上抵消了我们对于新媒介民主参与的期待。无可置疑,我们的目标仍旧是政治理性,也就是一种以人际伦理为第一原则的政治动机。为了达成这种理想,我们必须限制自己的习性和野性(快乐原则的本我和现实原则的自我),民主政治的基本假设应该是“一个都不能少”,每一个社会成员的权益都不应该遭受忽略。非理性的政治行为无疑是技术垄断世界中媒介本性所形塑的人类行为模式,但正如我们在前面讨论新媒介的特殊生活方式时所指出的,技术垄断的根源也在于人类有史以来的贪欲和无明,只是这些贪欲和无明如今插上了高科技的翅膀,它们将飞往何处我们不得而知,而我们对它们的危害似乎还缺乏足够的认知。

互联网时代是政治参与的时代,但在这些积极的参与过程中,我们也可以看到政治很多时候是被当做一种消费品对待的。人们在网络的政治生活中更加趋向于娱乐化,对于严肃政治问题的理性探究几乎没有多少公众感兴趣,即便感兴趣也由于各种原因而缺乏持续性,除非这样的问题直接涉及自己的切身利益。人们似乎都只是想利用互联网为自己赢得即时的好处,很少有网民着眼于惠及整个社会层面的公共利益的建设。总体来说,我们很容易在以上的一些方面看出数字媒体时代公众理性的脆弱性。这些在日常生活中司空见惯、习以为常的现象似乎从一个方面表明,以杜威为代表的企图依靠改善传播技术而达成民主社会共同体的理想是多么的不切实际,正如詹姆斯·凯瑞所评论的那样,杜威的思想过于乐观而富有浪漫气息，对技术抱有"致命的简单化思维"[①]，他无法对李普曼所提出的那些致命性问题做出有效的回答，即政府及公民的政治理性如何可能？杜威将解决之道寄托给未来的技术更新，似乎不断改善民主的参与渠道和交流平台便能够解决人性在认知和心理方面存在的局限性。作为生活在21世纪、沐浴着高科技媒体技术的后来者，我们便有机会以亲身体验来检验杜威和李普曼的假设，看出其中存在的问题。这是我们在时间上所占据的特殊优势，也是我们所承担的承前启后的历史使命。

① 〔美〕詹姆斯·凯瑞：《作为文化的传播》，丁未译，华夏出版社2005年版，第61页。

第五章　从图像理论到奇观理论

20 世纪 60 年代，法国学者德波就已指出，我们的社会已经进入到以“景观”为中心的社会时隔半个世纪，如今的社会已经不再是“景观”一词所能描述的了。随着 21 世纪视觉媒介技术的发展和媒体的高度普及，我们生活的这个世界已经成为一个“奇观”社会了。无论是琳琅满目的商品广告、具有神奇视觉效果的好莱坞大片，还是场面宏大的仪式和演唱会、参与人数众多的电视选秀节目、好莱坞化的政治竞选、层出不穷的选美大赛、随处可见的网络艳照……奇观都在视觉艺术和社会仪式方面全面渗入我们的生活，正如凯尔纳所说：“媒体奇观组织和推动了当代经济生活、政治冲突、社会交往、文化和日常生活。”[①]显然，媒体奇观已成为我们时代的重要特征。如今，数字化影像技术和新媒体快速发展，媒介组织的集中与向日常生活领域的扩张加剧，整个社会的奇观化趋势也在加速进行。最明显的表现就在于我们看到的一切都越来越符合审美的特征，都能引起视觉上的震惊。依靠先进的影像技术，现在的视觉媒体不仅可以完整而忠实地记录物质世界中的现象，而且可以创造虚拟世界，并且这些虚拟世界中的故事、人物角色也像现实世界中一样真实而具有打动人的能力。通过这些奇观影像，媒体或者那些操纵媒体的组织机构可以将人们的视线牢牢吸引住，并且在观众享受震撼性视觉效果的过程中，实现经济或者政治上的目的。

---

① 〔美〕道格拉斯·凯尔纳：《媒体奇观——当代美国社会文化透视》，史安斌译，清华大学出版社 2003 年版，中文简体字版前言。

一、奇观文化问题的由来

奇观作为一种视觉经验并不是在现代社会才出现的，在影像技术出现之前，人类也时常会制造出具有视觉冲击力的奇观景象。无论是古代埃及、希腊罗马还是古代中国，都遗留了不少古代的建筑奇观，如古埃及的金字塔，古希腊的神庙，古罗马的剧院和角斗场，古代中国的皇宫、皇陵和兵马俑、巨型佛像等。站在这些人工创造的视觉奇观面前，我们仍然能感受到古代社会生活中的宏大场面，感受到那超越历史时空的视觉冲击力和灵魂震撼。这些古代奇观显示：自古以来奇观就被制造出来产生视觉美学经验的震撼性，并借此展示权力的合法性、神秘性和威慑力；奇观制造从来都不是单纯的视觉艺术活动，它与权力、金钱、技术资本、宗教信仰之间存在着密切的联系。在古代社会中，建筑和仪式的奇观被运用于彰显皇权或宗教权威的合法性、神圣性。不过，由于技术上的限制，这些奇观被局限在一时一地，其传播效果和影响力都是很有限的。

1895 年，卢米埃尔的电影《火车进站》上映。当巨大的火车从荧幕上向观众驶来时，观众们被这逼真的视觉奇观吓得不知所措，都产生了即将被"驶来"的火车撞上的错觉。也就是从这时起，影像奇观的魅力随着影像技术的发展得到了前所未有的展现，影像技术使奇观不再被局限于固定的时间和空间范围，而是获得了时空"脱域"的能力：影像不像建筑奇观那样局限于空间限制，它可以被携带到世界各地展现给观众；影像也不像宏大的仪式场面，具有非常严格的时间限制，它可以被长期保存并反复使用。更重要的是，影像技术不是专属于帝王或贵族等特权阶层的技术，普通人也可以利用它来制造奇观。因此，影像技术的发明，使得各种奇观获得了保存和传播的机会，极大地延展了奇观的范围和影响力。不仅如此，随着影像和符号生产技术的不断改进和发展娱乐产业的需要，奇观不断与娱乐相结合，成为社会权力运行和资本增值运作过程中所倚重的工具或手段。尤其是在进入 20 世纪后，数字化影像技术和多媒体技术的发展使得人类制造奇观符号的能力得到空前的提高,人们不仅能复制高清晰度的现实景象,而且可以创造出现实生活中并不存在的各种奇观,如外星生命、魔法世界、银河系的战争、天堂和地狱里的生活场景等等。拥有如此高超的奇观生产技术,人们便将其融入到社会生活的方方面面,运用它为平凡的日常生活增添色彩、消遣娱乐并制造幻想和欲望,从而成为推动物质丰裕时代的消费型社会经济不断升级的动力。

当代社会中的奇观已经不再局限于纪念性建筑或者政治、宗教仪式领域,而是贯穿于人们社会生活的各个层面,上至全球性或全国性政治、体育、经济活动(如名目繁多的国际会议、奥林匹克运动会、世界杯足球赛、总统选举、NBA 直播、全国性政治会议、国庆庆典与阅兵等),下至普通百姓的娱乐追梦活动(如选秀活动、流行音乐的演唱会等),奇观现象涵盖了社会经济、政治、文化生活的全部领域。不过,与以往的时代不同的是:所有这些奇观都最直接、最经常、最集中地通过媒体加以中介和组织的。换句话说,媒体成为当代奇观文化现象发生、发展、运作的主要场所。由此,我们将我们所处的时代称为"奇观社会",而将集中展现了这一社会中的各种奇观的媒体现象称为"媒体奇观"。媒体奇观是由当代各种媒体共同制造的特殊媒体现象,而其主力则是电影、电视和新兴的网络媒体。在电影、电视和网络新媒体的带动下,奇观化的趋势已经延展到广告和商品推销、装潢与室内设计、会展、教育、节日庆典、仪式活动、政治选举、反恐战争、灾难报道等日常生活的各领域中。可以说,当代社会生活乃是通过媒体奇观而加以组织的,奇观逻辑成为我们政治、经济和文化生活的基本组织原则。

2009 年 6 月 25 日,美国最杰出的流行音乐歌手迈克尔·杰克逊因为滥用药物而突然离世。这个"埃尔维斯式"的死亡让杰克逊的粉丝们沉浸在失去"流行之王"的痛苦中。然而,伴随着这种痛苦而登场的还有媒体的狂欢,全世界的媒体几乎都将它们的焦点对准了杰克逊之死。关于他的死亡原因、他的葬礼、他的遗产、他的音乐成就、他的肤色、他的容貌、他的妻子和子女、他的纪念音乐会……所有相关的消息都成为媒体关注的焦点。在杰克逊死亡的一两周内,美国各大媒体持续不断地报道了有关杰克逊的新闻,并且这些新闻和专题节目取得了很高的收视率。而在大约三个月的时间里,全世界的主要媒体也在持续不断地关注杰克逊的身前与死后,一场跨越国界的媒体奇观围绕着杰克逊之死而在全球范围展开。对于杰克逊来说,他的艺术人生本身展现为一场场流行音乐的传奇奇观,而他的死亡也以罕见的全球媒体奇观方式进行。并且,他所遗留的音乐和影像资料现在已经由于他的死亡而被重新激活并以惊人的速度在世界范围内传播。从某种意义上讲,杰克逊的死亡仅仅是一场新的媒体奇观的开端,在这场奇观的背后,"杰克逊之死"这一媒体事件将为整个社会创造出并不逊色于他活着的时候所创造的产值。或许,"流行之王"的生与死对于媒体、观众或者市场来说并不真正的重要,重要的仅仅是:无论生还是死,他都能产生轰动性的媒体奇观,并且在这种奇观中,或者更直接地说,在这种资本增值和粉丝娱乐的需求中成为不朽。杰克逊去世所引发的媒体奇观的盛宴为奇观文化的内涵做了最好的诠释:人的存在及其价值完全取决于他有没有成为一种奇观。凡是没有在影视奇观中呈现出来的存在都可以被认为是不存在的,或者是没有价值的存在。在媒体奇观的文化环境中人成了媒体系统的"对象之物",即没有生命个体自身的存在价值,而只有为媒介文化体系而存在的价值。

二、视觉中心与图像理论的探索

当代奇观现象表明:在数字媒体快速发展的过程中,人类视觉文化发生了深刻的转型。新媒介时代的视觉文化与传统时代的视觉文化既有断裂性又有延续性的关系。与视觉文化相关的问题并不是人类面临的全新问题,古人也以他们特有的方式进行大量的与视觉相关的研究。不过,视觉图像作为一种资本、一种权力而成为时代文化现象之核心则是现代社会发展到数字媒体时代之后产生的结果。因此,虽然视觉文化现象具有历史的连贯性,但同时也具有历史的断裂性。维系其历史连贯性的应该是视觉与生俱来的天然特性,即是说:它从来都被视为我们认识和把握世界的最可靠、最愉悦和最值得信赖的方式。而造成这一现象在历史延续中产生断裂性突变的原因则是当代社会在新媒体技术发展方面的突飞猛进,以及由此造成的整个社会在经济制度和审美趣味等方面发生的整体文化意义上的结构变迁。

(一)视觉中心的人类生物特性基础

视觉在人的感官结构中始终居于重要的地位,眼睛的生物特性使它具有了非凡的能力,“这些能力是人类的进化结果赋予人类的普遍生物特性——这些特征是我们有别于其他物种——的组成部分。同时,它们为人类感觉中视力的首要地位奠定了生物学基础。”[①]在各民族的日常用语中都存在着“耳听为虚,眼见为实”“闻名不如见面”“若非亲眼所见,我绝不相信”之类的常识性话语,这些日常用语表明了人们对视觉在人类感官系统中的中心地位的认识。

人对外部世界的了解主要通过三种方式——视觉、听觉和触觉(包括嗅觉和味觉)。这其中触觉是近距离感知的能力,它的真实性是不容质疑的,它最直接地与人的个体经验相联系。而“看”和“听”都可视为对于外部世界的远距离把握能力。“看”在确定经验真实感方面虽不如触觉那样无可置疑,但相比于“听”来说,在对事实的确定性把握方面显然更具有天然的优越性;通过“听”对于外部世界进行把握的确定性又远不如触觉和视觉,“道听途说”“耳听为虚”都说明了“听”在确定对象事物真实性方面存在着缺陷。不过“听”也有它的特别之处,由于具有接收抽象信息的能力,因此,“听”也常常与理智的思维活动相关联,具有较高的文化评价。如“朝闻道,夕死可矣”就表明了听觉的特殊作用:对于不可见世界的抽象性理解,道是不可见的,自然也就只能靠听闻这一感官来加以接收。其实,听与说是同一个过程的两面,都与抽象性的活动相关。中国汉

---

① 〔英〕阿雷恩·鲍尔德温等:《文化研究导论》,陶东风等译,高等教育出版社 2004 年版,第 373 页。

字中用“圣(聖)”表示那些在道德和能力方面都远远超越一般人的伟大人物,就其字形构成,不难看出“聖”是指那种博闻强记、善于思考和表达的人。“耳”表善听,口表善言。“看”虽在把握抽象特性方面不及“听”,但它的特殊性也是很明显的。“看”在把握信息的真实可靠方面并不一定比听说更有优势,但它也具有特殊的重要意义,这种特殊的意义在于它在情感和经验的切实性方面具有较大的优势。我们也可以这样来理解:观看的经验是最能直观地感受到事物,并因此引起情感经验上的反应,听说不是不具备这种优势,但更加总体地把握这一比较的话,它们主要是作用于人们的理性和抽象思维的。正是因为这个原因,苏格拉底非常明确地反对文字,而大力提倡话语交流这样的探求真理的方式。事实上,视觉中心具有的优先性是一种历史性现象,就人的本性而言,视觉具有的优势十分明显,因为越是具体形象的事物越容易为人所接受和把握。这也是为什么人类用于交流的文字一般都始于象形文字而非抽象度很高的文字,抽象文字的发展往往要晚于象形文字。但是当人类步入寻求真理的时代之后,无论是在东方还是在西方,对于视觉中心主义的反制都成为一种明显的文化现象。雅斯贝尔斯所谓人类文明爆发期的“轴心时代”的那些思想家们,基本上都不是视觉中心主义的,而是听觉或者话语中心主义的。正如我们在下面的文字中所看到的那样,图像优越性的回归事实上与现代科技与传媒的关系极为密切,它也是启蒙主义兴起之后的社会历史现象,是现代性和后现代性文化的一个重要方面。

(二)人对图像把握的偏好

正如前面所述,人们的天性是喜欢通过图像来把握世界的。这并不是说除了图像之外,人们不能通过数学、逻辑等其他方式认识把握世界,但图像方式无疑是最初级、最基本和最重要的一种把握世界的方式。而其他的方式都具有一定的抽象性,因此不具有视觉把握方式的那种感觉直观性。

从本质上讲,运用抽象符号和语言来进行认知活动,其实质也可被视为是一种图像的认知活动。人是通过符号认识世界的,而符号本身一般是具有视觉性的。这是美国哲学家皮尔士在上世纪初期就已阐释了的。皮尔士依据符号与所指代事物在形象上的相似性进行了类别划分,在他看来符号其实也就是对各种对象事物的图像模拟。不仅如此,皮尔士还指出了思维的符号性质,也就是说思想的实质就是符号的运用,如果脱离了符号运用,思想将无法进行。换句话说,人类主要是运用各种抽象程度不同的模拟图像符号进行思维的,而人类的思维结果通常也是图像式的。

在皮尔士对符号进行的现象学分类中,肖像符号、指标符号、象征符号都不同程度地模拟真实事物的真实图像,只不过它们在抽象程度上有较大的不同。肖像符号在某些方面酷似它的指涉物,它带有其指涉客体的某些特征,照片、公路上的标志牌、地图等各种各样的视觉符号就明显地属于这种类型的符号。对于肖像符号的接受是最容易的、最省力的,完全可以通过直观的感知方式加以理解和把握。比较而言,指标符号和象征符号与它们的所指事物之间就不存在这种直接对应的相像关系了,但是我们却可以通过这些符号方式还原真实的事物或者观念的图像。比如一个物体上存在一个枪眼,显然,枪眼这一符号与子弹穿过物体的图像本身没有相似性,但是它却可以使我们还原枪击的事实图像,也只有当我们将其还原为枪击的图像时,我们才能形成对这一指标符号的理解。可见,指标符号已经具有了很大的抽象性质,但它还必须与它所指示的事物之间存在着实际上的联系对应关系。对于象征符号来说,这种符号与指涉物之间的模拟关系已经超越了能够由感官把握的现象事物的范围,扩展到了只能经由抽象思维把握的事实。比如阿拉伯数字符号就是一种典型的象征符,这些符号与它指涉的客体之间没有特征上的共享或分享关系,也不依赖于实际客体事物的形象。谁也说不清楚“1”所指涉的客体的形象特征是什么,现实生活中也不存在“1”这种物体。人们用这个符号来指涉“1”的概念,完全是一种约定俗成、习惯或者说规则要求的结果。同时,也只有当无形的概念“1”被符号化(形象化)的时候,这个概念才能成为可以交流或传播的概念。对于这些象征性符号,我们只能通过学习和反复训练才能具备解读能力。不管怎样,自然界的事物只有通过图像化处理(符号化、表象化)之后才能成为思考的对象,即便是无形的数字、逻辑概念,也只有当它们被以图像(符号)的方式把握的时候,它们才具有交流和传播的意义。

相比于维特根斯坦来说,皮尔士对符号模拟世界图像的表述还不是很完备。维特根斯坦则将人类对于世界把握的图像活动方式表述得淋漓尽致。在《逻辑哲学论》中,维特根斯坦的一个核心的论题便是探究人类语言(包括最具体的绘画语言和最为抽象的数学语言)是如何把握世界的,为此,他提出了著名的"图像理论"。这个理论赋予了"图像"绝对的重要性和优越性:"图像是实在的一个模型","图像能摹绘其形式为图像具有的任何实在。空间图像能摹绘一切空间的东西,颜色图像能摹绘一切有色的东西。"①根据这个理论,人类对于世界的认知或体验过程都是图像性的,也就是说是通过图像这一与视觉性密切相关的途径来进行的,或者用维特根斯坦的话来说就是"我们给自己绘制事实的图像"②。并且,就哲学方法论而言,也只有通过图像思维的方式才能理解语言与逻辑、逻辑与世界、语言与世界、语言与思想等概念之间的相互关系。因为对于思维来说,如果"一个事态是可思的,意即我们可以给自己绘制它的一个图像。"③同样,语言的根本特点也在于它是对于世界的描画,当我们使用它时,图像便会在大脑中浮现出来。对于人类来说,"一幅图画囚禁了我们。我们逃不脱它,因为它在我们的语言之中,而语言似乎不断向我们重复它。"④

为了使自己的"图像理论"具有说服力,维特根斯坦区分了摹画形式和逻辑形式这样两个概念。由于两者的区别仅仅是肖像程度上的区别或者说是抽象度上的区别,因此,这两个概念的界定并不很明晰。摹画形式

---

① 涂纪亮主编:《维特根斯坦全集》第1卷,河北教育出版社2003年版,第192—193页。
② 同上书,第192页。
③ 同上书,第195页。
④ 〔奥〕维特根斯坦:《哲学研究》,陈嘉映译,上海世纪出版集团2005年版,第56页。

和逻辑形式其实都是对事态的图像把握,都是指图像与事态之间存在的内在元素方面的同构性,不过逻辑形式在性质上比摹画形式更加抽象,因而有的学者认为可以将它理解为对一个事态的各种摹画形式(比如图绘、语言、表演等等)的共同点的称谓,即“一个事态的各种摹画形式的共同点是逻辑形式。”①当然,对于维特根斯坦将图像描绘视为把握实在世界的唯一方式的理论而言,这种形象上的具象或者是抽象的区分没有什么实质性意义,它只是更进一步表明:语言、绘画、雕塑或者表演等形式都是对世界的图像性的把握。不过,随着视觉媒介的发展,在影像权力全面接管社会的经济、政治及休闲娱乐领域的时代,这一区分便具有了特殊的文化意义。但是这些不是我们在这里要强调的重点,需要特别指出的问题是:早期维特根斯坦的图像理论蕴含着这样的一种世界观,即图像是实在世界的对应物,凡是能够以图像的方式,进而以语言的方式把握的都是实际存在的东西,也是能够说明白的东西,而那些不能通过图像把握的东西则是一些非实在的事物,它们是神秘的东西,对于神秘的东西我们应该保持沉默。这样的一种早期理论实际上反映了人们普遍所具有的那种视觉中心主义的天性:凡是能够用图像的方式加以感知和把握的都是好的,是实际存在的重要之物;而不能够以图像形式把握的事物则是虚幻的,并非实际存在的重要之物。

三、从现代到后现代:图像理论谱系

皮尔士和维特根斯坦的论述已经在自然的视角上,或者说生物普遍特性的视角上说明人类的思维、语言都是图像性的。这些论述似乎表明:人类是视觉优先的物种,视觉优先性并不是古人或者今人的专利,而是我们这个物种的特性(可能也是其他一些生物的特性)。不过,从历史的视角上看,这种视觉或者图像的优先性并不是看起来的那种情形,不是与生

① 陈嘉映:《语言哲学》,北京大学出版社 2003 年版,第 130 页。

俱来的，或者说人类原本是综合性的感知物种，但在不同的历史时期会有不同的感知偏向。在古代世界的智识界中，听觉和言说的重要性要远远大于视觉，在苏格拉底、柏拉图等人的哲学中，视觉的世界是不可靠的，而话语和听觉的世界则要可靠得多。但进入到现代历史阶段后，视觉的重要性越来越凸显出来，可以说现代性的一大特征就是人成为了主体，其结果是这一主体将世界把握为图像，于是图像的视觉中心地位得以确立起来。

（一）海德格尔与世界图像时代的沉思

在批判视觉文化的时代意义和价值方面，德国哲学家马丁·海德格尔为我们提供了最好的指导，他的“世界图像时代”理论虽然比我们所谈论的“视觉文化”的论域要更为宽广、更为深邃、更为根本，但也完全可以为理解当代“视觉文化与媒体奇观”提供形而上学方面的启示。也许他的理论的重要性就在于帮助我们理解视觉文化是如何伴随现代社会的转型而呈现出来的，以及现代社会中的世界为何被把握成图像。

海德格尔的目的是通过形而上学的沉思来理解时代中人的在世存在与现代技术之间的本质关系，“因为形而上学通过某种存在者阐释和某种真理观点赋予这个时代以其本质形态的基础。这个基础完全支配着构成这个时代的特色的所有现象。反过来，一种对这些现象的充分沉思，可以在这些现象中认识形而上学的基础。沉思乃是一种勇气，它敢于使自己的目标的领域成为最大的疑问。”①

海德格尔察觉到了“世界图像”的时代性问题，于是他在1938年的一次演讲中作了“形而上学对于现代世界图像的奠基”的演讲。这篇演讲中所说的“世界图像”一语，其实是一种类比，它所涉及的实际问题要比它的字面含义多得多。海德格尔解释说：“说到图像一词，我们首先想到的是关于某物的画像。据此，世界图像大约就是关于存在者整体的一幅

---

① 《世界图像的时代》，载孙周兴选编：《海德格尔选集》，上海三联书店1996年版，第885页。

图画了。但实际上,世界图像的意思要多得多。我们用世界图像一词意指世界本身,即存在者整体,恰如它对我们来说是决定性的和约束性的那样。图像在这里并不是指某个摹本,而是指我们在'我们对某物了如指掌'这个习语中听出的东西。……从本质上看来,世界图像并非指一幅关于世界的图像,而是指世界被把握为图像了。"[①]"世界被把握为图像",这就是海德格尔对于现代世界本质的诊断,是现代世界不同于希腊时代或者中世纪时代的根本性的特征。然而,对于这一论点的理解无论如何也不能脱离对现代本质的另一个理解,那就是"人成为主体"。海德格尔认为,"世界成为图像"和"人成为主体"是"对现代之本质具有决定性意义的两大进程","两者交叉,同时照亮了初看起来近乎荒谬的现代历史的基本进程。"[②]在海德格尔看来,只有当人成为主体之后,人才能够以其自身为尺度观关照世界,才能按照人的需要将世界绘制成为人的存在而存在的世界,假如不能被人作为对象而摆置在人的面前,世界图像也就无从谈起了。这即是说,"唯就存在者被具有表象和制造作用的人摆置而言,存在者才是存在着的。在出现世界图像的地方,实现着一种关于存在者整体的本质性断绝。存在者的存在是在存在者之被表象状态中被寻求和发现的。然而,只要存在者没有在上述意义上得到解释,那么,世界也就不能进入图像中,也就不可能有世界图像。"[③]

因此,在人成为主体之前的中世纪和古希腊时代,世界是无法被把握为图像的。在中世纪,上帝是至高无上的造物主,是一切现象的最终极的原因。而人只是一种结果,是被原因所制造出来的千千万万"受造物"中的一种。中世纪时代,存在者的存在意义并不是以人为中心而是以造物主为中心来进行衡量和判断的,"存在者存在意味着:归属于造物序列的

---

① 《世界图像的时代》,载孙周兴选编:《海德格尔选集》,上海三联书店 1996 年版,第 899 页。

② 同上书,第 902 页。

③ 同上书,第 899 页。

某个特定等级，并作为这样一种造物符合于创造因。"[1]而古希腊人是泛灵论和多神论者，他们也不会将人置于世界的中心。在这样的社会中，"存在者并不是通过人对存在者的直观——甚至是在一种具有主观感知特性的表象意义上的直观——才成为存在者的。不如说，人是被存在者所直观的东西，是被自行开启者向着在场而在它那里聚集起来的东西。……希腊人作为存在者的觉知者而存在，因此在希腊，世界不可能成为图像。"[2]

可见，正是在"世界被把握为图像"这一点上，现代世界体现出了它与传统世界的不同之处。不仅如此，"图像"方式也决定了现代社会与后现代社会之间的区别。对于后现代理论家波德里亚来说，世界已不仅仅是被把握为图像这么简单了，随着传媒的迅速变迁，世界与图像之间的关系变成了庄周与蝴蝶之间的关系，庄周梦蝶——究竟谁是谁？已经辨别不清楚了。

（二）李普曼与"我们头脑中的世界图像"

正如前面在谈到皮尔士和维特根斯坦时所说的，人们普遍认为图像与世界的真实性之间存在对应的关系。我们主要是通过语言等符号化的中介方式来把握世界图像的。在现代社会中，提供世界图像的工作很大程度上就掌握在媒介手中，各种各样的现代媒介重构了我们的信息环境。人们像是生活在空气中那样习惯于生活在由无数媒介构建的生存环境中，无时无刻不在其中呼吸却很少对这一存在方式的性质进行认真反思。

对于作为现代性后果的"图像"把握方式问题，李普曼一方面认为它具有极端重要的意义，因为图像问题直接涉及现代民主政治的基础，"他人（人们）脑海中的图像——关于自身、关于别人，关于他们的需求、意图和人际关系的图像，就是他们的舆论。这些对人类群体或以群体名义行

---

① 《世界图像的时代》，载孙周兴选编：《海德格尔选集》，上海三联书店 1996 年版，第 899 页。

② 同上书，第 900 页。

事(公共事务或活动)的个人产生着影响的图像,就是大写的舆论。”[①]他的观点显然延续了皮尔士和维特根斯坦在《逻辑哲学论》中的那种思路,即假定人们的感官经验是可以在头脑中形成有关世界的真实图像的,前提条件是我们获取图像的方法是正确的。与此密切联系的另一方面的问题就是:李普曼极为担心人们会在包括媒体在内的各种各样因素的作用之下误入歧途,从而不能获得有关世界状况的那份真实图像。在媒介与人们头脑中的图像之间的关系问题上,李普曼提出了所谓的“拟态环境”理论。他认为,在规模不断扩张的现代社会中,随着日常生活所涉及的社会范围不断扩大,我们个人很难对与我们生活相关的每一件事情都亲历亲为。这样,个体经验的可靠性难以发挥它的优越性,对于那些发生在遥远地方的事件,我们不能通过直接的视觉观看和触觉体验去把握它,只能通过报纸新闻或者私人通信之类的办法去了解它。在接收了这些信息之后,我们便通过想象机制将象征性的描述重新在大脑中还原为图像,这些在大脑中生成的图像便成为我们对于自身生存环境的认知,成为我们采取实际行动的依据。然而,这些象征性的描述却常常由于故意的欺骗或是操纵而偏离事实。这样,便造成了一种可悲的结果:我们依据媒介信息所构建的世界图像并不是我们现实中真实的那个世界的图像,我们的行为是依据媒介建构的环境而作出的,然而它却要在真实的那个生活环境中产生实际的后果,并且这个后果会实实在在地反馈到我们的身上。这就好比一个人在看不见的情况下依据提示信息走路,如果提示信息没有将他面前的一堵墙准确地提示给他,那么结果必然是他的头狠狠地撞到墙上。

在李普曼的视角中,图像无疑具有隐含的优越性。在他看来,人们行为的依据来自他们头脑中的“图像”,这个图像要么是通过自己的感官形成的,要么是通过整合别人的描述而形成的。无论怎样形成,人们头脑中的“图像”都会决定他们的行为。他说:“我们不妨假定,每个人的行为依

---

① 〔美〕沃尔特·李普曼:《公众舆论》,阎克文、江红译,上海人民出版社 2002 年版,第 23 页。

据都不是直接而确凿的知识,而是他自己制作的或者别人给他的图像。如果他的图像集告诉他世界是个平面,他就会由于害怕从我们这个行星的边上掉下去而不去靠近那个边缘。如果地图册标有一个永不枯竭的喷泉,一位庞塞·德莱昂就会前去探寻。如果某人掘起一杯像是黄金的泥土,一时间他会真的以为自己发现了黄金。这种对世界的想象方式,决定着人们在任何特定时刻将要做出的行为。他并不决定人们的成功与否。他决定着人们的努力、人们的情感、人们的希望,而不是它们的实现和结果。"[①]李普曼给这个所谓的人们头脑中的图像取了个名字叫虚拟环境,这个虚拟环境本质上是"'环境'和'人性'的杂交物"[②],因为它不仅来自于人们的实际生活环境,而且也来自于人们大脑想象机制的创造性的加工。无论如何,"虚拟环境,世界在他们内心的图像,是他们思想、感情和行为中的决定性因素"。

处于文字印刷媒介兴盛时代的李普曼特别忧虑的是"眼见为实"的直接经验被阅读报纸文字描述这一间接经验替代之后所产生的危险,因为在这一过程中人们的想象力必然要参与进来,才能够完成世界图像的生成过程。显然,通过阅读抽象的文字,再通过想象力还原世界的图像,这绝不是一个运用精良仪器照相的过程,而是一个类似手工描摹绘画的过程,难以做到对事物的真实还原。因此,抽象文字的描述与真实情况之间存在着很大的差距。俗语说,"耳听为虚,眼见为实",视觉呈现可以说是免于受到信息欺骗最可靠的保证,然而,如果我们真的能够实现将文字转化为"眼见为实"的图像(影像)的话,情况会不会就有所好转呢?会不会免于"虚拟环境"的困惑呢?

作为第二次世界大战之前撰写的著作,《公共舆论》自然不会涉及视觉媒介的"虚拟环境"问题。但媒介发展的近期历史已经证明,在视觉媒介一统江湖的今天,人们不仅没有能够摆脱"虚拟环境"的困境,相反却

---

① 〔美〕沃尔特·李普曼:《公众舆论》,阎克文、江红译,上海人民出版社 2002 年版,第 20—21 页。

② 同上书,第 20 页。

陷入了远甚于报纸时代和广播时代的新的困惑和危机之中。相比较而言,李普曼还算是幸运的,毕竟他在阅读报纸的时候还可以从容地对报纸内容进行估量、质疑和理性判断。在他日常生活的世界中,视觉景观向生活世界的渗透和殖民才刚刚开始。20 世纪 20 年代的人们还可以从容地将那些处于稚嫩发展阶段的商业广告视为不寻常的艺术来加以欣赏,并且为那些新奇的无声、黑白电影而痴狂。然而对于生活在第二次世界大战之后物质丰裕、消费至上时代的观众来说,他们一边享受着无处不在的豪华视觉盛宴所带来的惬意;另一边却正在丧失思考和批判的能力,甚至连令李普曼感到担忧的创造性想象力都丧失了。在这个电子传媒高度发达,图像、景观空前丰裕的时代,我们甚至都没有时间在一幅精美的照片面前停留端详片刻,便很快又被接踵而来的其他图像转移了注意力。如果是观看电视和电影,思考和反思就更没有可能性了,流动的画面以很快的速度在你眼前闪过,任凭你是多么博大深沉的思考者,在荧屏面前观看时都不再有时间进行思考了,画面的流动速度和强烈的感官刺激全面接管了你的身体,除了在那些美丽壮观而且快速流动的画面面前神经高度专注、高度紧张亢奋之外,你什么也做不了。一切的反思或批判都只能在神圣不可侵犯的观影仪式之后才能进行,而对于那些普通受众来说,这种时时刻刻都在观看影像的生活已经激发不了他们反思的兴趣了。

(三) 德波:景观社会批判

美学和艺术似乎在一夜之间变得稀疏平常了,摄影、电视、景观设计、彩色电影和五光十色的广告使得艺术和美学成为日常生活中的一部分,传统的视觉艺术和技能被请到了博物馆里。电视取代了报纸而成为普通人的主要社会信息来源,更重要的是电视似乎是我们世界中一个无处不在的“独眼兽”,每时每刻都在管辖着我们的休闲时间。它们进入我们的卧室,取代我们的亲人和朋友在传统社会中的作用而成为我们生活中最不可缺少、最亲密的伙伴。高科技的电脑原本使用抽象度很高的命令和语言,离我们普通人的生活很远很远。然而,在微软将其操作系统变得具有可视性之后，精美的操作界面使得这一神奇的人类创造物很快便具有了非凡的亲和力，迅速进入我们的日常生活中并成为须臾不离的伙伴。

显然，视觉媒介如今已经完全取得了胜利，我们社会的生产和生活逻辑似乎也都在围绕着如何获得更加豪华的美学景观而展开。电脑特技、豪华大片、高清晰电视、功能强大的摄像机和数码相机、制作精良唯美的各种广告……所有这些都与视觉有关，视觉景观不仅仅统治着我们的休闲娱乐生活，也统治着我们的文化生产和消费，更重要的是：它构成了我们社会经济结构的基础。没有视觉效果就没有生产和消费，这就是我们这个景观（奇观）时代的最真实的社会逻辑。或者用德波的话说："在现代生产条件无所不在的社会，生活本身展现为景观的庞大堆聚。直接存在的一切全都转化为一个表象。"①这句话正是德波对一个刚刚兴起的媒介影像空前繁荣、视觉成为权力中心的时代的准确描述。

电子时代的媒介环境完全不同于李普曼写作《公共舆论》的 20 世纪 20 年代了，但李普曼在书中所揭示的真实环境与媒介虚拟环境之间的分离、人与其真实生存环境之间的分离、人的行动与其生存需要之间的分离并没有因为视觉和景象呈现的日常化而减弱或消失，相反，李普曼对于媒介分离或异化的诊断只是发生于这一历史进程萌芽阶段的症候。时隔将近半个世纪之后的 20 世纪 60 年代，法国马克思主义学者居伊·德波阐发了新的理论，这一新理论是对于新的电子媒介景观无所不在的新时代的深刻诊断和批判。这一理论指出在资本主义的物质丰裕时代，在炫耀性消费日渐成为维持社会经济再生产的核心动力的时代，景观已经取得了决定性的胜利，人类于是进入到了"景观社会"阶段。

在这一阶段中，景观成为具有权力的决定性的力量。景观制造欲望，欲望又决定了生产和消费。正如波德里亚所说："原始社会有面具、资产阶级社会有镜子，而我们有影像"。② "看"和"表征"的呈现主导了社会

① 〔法〕居伊·德波：《景观社会》，王昭风译，南京大学出版社 2006 年版，第 3 页。

② 〔法〕鲍德里亚：《消失的技法》，见《视觉文化读本》，罗岗、顾铮编，广西师范大学出版社 2003 年版，第 76 页。

运行的法则,于是各种异化形式的分离进一步加重,其严重程度已经与宗教幻觉和世俗现实生活之间的分离相类似,或者干脆说“景观是宗教幻觉的具体重构。……是一种将人类力量放逐到‘现世之外’,并使人们的内在分离达到顶点的技术样式。”[①]情况正如费尔巴哈在《基督教的本质》第二版序言中对于宗教社会的本质所进行的诊断:“对于符号胜过实物、副本胜过现实、现象胜过本质的现在这个时代……真理被认为是亵渎神明的,只有幻想才是神圣的。事实上,神圣性正依真理之减少和幻想之增加的程度而增加,所以,最高级的幻想也就是最高级的神圣。”[②]这种颠倒的世界秩序在景观社会中重演。德波引用了费尔巴哈的话,用以阐发自己对于景观社会的看法。有各种媒介呈现的景观总体究其本性而言仍然是李普曼所谓的“虚拟环境”,不过,德波看到了这种虚拟环境的不可抗衡的力量。

景观不仅仅是一个影像的问题,甚至也不仅仅是影像加声音的问题。景观是对人类活动的逃避,是对人类实践的重新考虑和修正的躲避。景观是对话的反面。哪里有独立的表象,景观就会在哪里重构自己的法则。”[③]这些论述都精辟地指明了当代视觉媒介环境中,我们时代的深刻的危机和境遇,为我们认识媒介景观之外的那些被遮蔽起来的社会阴暗面提供了可贵的研究视角。

当然,德波的景观社会理论观点显然并非完全没有争议,作为一位马克思主义的批判理论家,德波也许并没有看到景观逻辑所引发的一些积极的方面。任何事物和现象就其所引起的客观的历史效果而言,都同时存在积极和消极的后果。比如,电视选秀节目所展现的“投票”的奇观,虽然明显是一种虚伪的民主景观制造,是娱乐经营公司和电视台为了“钱”的目的而弄出来的媒介事件;但就其客观的效果而言,也具有提升国人民主选举精神和意识的作用,对于很少有机会进行基于自己的真实

① 〔法〕居伊·德波:《景观社会》,王昭风译,南京大学出版社 2006 年版,第 7 页。
② 同上书,第 1 页。
③ 同上书,第 6 页。

意愿而进行投票选举、决定一项公共事件的结果的中国普通百姓来说，这种模拟普选权的参与和实现，其诱惑力和政治意义都是难以估量的。这种微观层面上的客观效果似乎没有引起批评者的重视。事实上，从西方文化研究的很多研究案例和结论中，我们已经看到：文化现象的效果并不会由于主导者单方面的操作来决定，文化的舞台是一个谈判协商与意识形态斗争的领域。在大众娱乐中人们受到了操纵和欺骗、满足了主导者（宰制者）的预期，但人们也从自身对于媒介景观的使用中得到了娱乐。更重要的是：他们在这一过程中已经开始了对于操纵和欺骗的抵抗与摒弃。也就是说，真实的情况往往是人们只会“端起碗吃饭，放下碗骂娘”。人们最终会知道事实的真相，一切操纵的把戏和欺骗的伎俩最终都会被揭示出来。当人们已经从这些媒体景观中获得了他们所需要的快乐后，他们接下来要做的事情就是将这些曾经风光时髦的东西当作最恶毒、最可恶的垃圾加以抛弃。但是问题的关键是批评者们怀疑媒介受众们的那些需求和欲望都是被制造出来的，是虚无的。因此，人们最好从批判性分析中了解这一点，然后再决定自己的行动方向。

（四）波德里亚：后现代拟像与仿真

德波基本上是在继承马克思关于现代资本主义商品社会批判的基础上来构建自己的景观社会理论的，他的分析将马克思关于现代生产型社会中的商品拜物教理论发展为消费型社会中的商品景观理论。在消费社会中，商品的景观逻辑而不是商品本身决定着资本主义社会的运行。在德波看来，由于社会经济结构已经由生产主导型转向了消费主导型，相应地，商品的拜物教也转变为景观的拜物教。景观是商品的形象，没有景观的展示也就没有了对商品的需求欲望，商品的交换价值和使用价值也就无法得到有效实现了。因此，媒介影像（广告、影视节目等）对于以消费为主导的资本主义社会的正常运转具有极其重要的作用。

德波的景观社会理论得到了早期的波德里亚的响应，从 60 年代起，波德里亚就在列斐伏尔的日常生活理论和罗兰·巴特的符号学理论影响下开始探索资本主义消费社会中的异化问题,这种探索所遵循的方向是马克思主义的。其基本的观点与德波相类似,不过波德里亚更强调对符号分析理论的引入,明确提出了“符号价值”概念,作为对马克思使用价值和交换价值概念的补充。他的基本主张是:“广告、包装、展览、时尚、‘解放了的性’、大众媒介和文化、商品的激增、符号和景观数量的扩大,导致了‘符号价值的’的迅速增值。因此,商品不仅如马克思的商品理论所说的,以使用价值和交换价值为其特征,而且符号价值——风格、声誉、奢侈、权力等的表达和标志——成为了一种持续增长的商品和消费的重要部分。”①在消费社会中,“消费不是指向物质产品的消费,而是指向符号的消费。在消费中,有意义的是符号的消费,它处于有差异运作的意义系统之内。这一差异是社会关系的差异,而符号是社会关系的抽象。所消费之物恰恰就是真实世界里一种关系的抽象”。②正是由于符号学理论的引入,波德里亚开始了超越现代社会理论的探索。不久,马克思主义政治经济学就不再是他的理论的基调,他不再遵循马克思的异化理论来解释媒介技术发达的消费社会。在 20 世纪 70 年代以后,他逐渐发展出一种以符号学分析为基础的后现代理论,这一理论的最大特点是将“真实”这一崇高的、具有稳固地位的西方文化概念加以解构,真实和虚假之间的界限被打破,我们的世界已经不辨真假,古代东方哲学(如佛教、道教)中关于世界生活中形象的真假、有无本就混淆不清的洞察在当代世界中已经成为明显的世俗性现实。

现代社会理论——无论是李普曼的虚拟环境理论、马克思的商品拜物教理论还是德波的景观社会理论、罗兰·巴特的神话理论——无不认为它们的工作目的就是揭示那些被权力和欲望以各种欺骗的伎俩隐藏了的社会真相,而这些真相的揭示必然有助于减轻、改善或者是彻底改变我们社会中存在的压迫现实,使得这个社会变得更加公平和合理。因此,真

① 〔美〕道格拉斯·凯尔纳、瑞安·毕晓普:《波德里亚:追思与展望》,戴阿宝译,河南大学出版社 2008 年版,第 5 页。

② 同上书,第 129—130 页。

实与虚假的界限必须是清晰的和完全对立的,对真相的寻求也就是对虚假的揭露和批判。马克思提出了意识形态批判的论题,指出意识形态的一个特点是通过颠倒和歪曲真实的事实来掩盖事实的真相。这一思想被巴特所发展,巴特的重要性在于他具体分析了意识形态运作的符号机制。在他看来,被权力和资本所控制的传播活动不断地运用视觉性符号制造出各种"神话",这些"神话"就其本质而言不过是视觉符号的巧妙运作,其功能是掩盖事实真相。神话的神奇功能在于,它可以使得历史的东西变成自然的东西,也就是说它通过符号运作机制而实现一种效果,将权力和资本的贪婪欲望掩藏起来,将压迫、欺骗、操纵等社会历史事实统统隐藏在让人赏心悦目的符号形象中,人们在消费神话的过程中也自然而然地接受了隐藏在神话中的权力和资本的意识形态的诉求。令人悲哀之处就在于"神话本身其实是一个符号学系统,但是人们却将它视为一个事实系统"。[①] 被权力和资本控制着的电视、广告、电影等现代传播媒介无疑就是不断制造着"神话"的产业,它们为资本主义社会关系和社会秩序的再生产提供了强有力的支持。

波德里亚显然受到了巴特符号分析的影响,也将符号分析视为自己理论建构的核心和基础。不过,在他看来,当代社会已经有别于马克思和巴特的社会,在传媒技术和娱乐业高度发达的社会,在消费逻辑主宰社会经济运行的情况下,人类实际上已经进入到超越真实与虚假界限的时代。波德里亚的分析在某种程度上可以被视为是对麦克卢汉"媒介即讯息"这一著名论断的继承与发展。麦克卢汉的观点使他的关注点转变到媒介技术形式变迁上来,并将这一理论和符号学分析结合起来。由此,他舍弃了马克思依据生产力和生产关系变化来考察历史的视角,而代之以媒介方式及由其所决定的视觉符号形式的视角来进行历史的分析。他声称在当代媒介条件下,我们的经济活动、生活方式都已经发生了完全不同于传统的马克思主义所讨论的那种资本主义社会,人们应该注意到这些由新

---

① 〔法〕罗兰·巴特:《神话:大众文化诠释》,许蔷蔷译,上海人民出版社 1999 年版,第 191 页。

的技术发展所导致的变化。正如萨拉·休恩梅克所说:"波德里亚通过将社会发展的阶段分析成拟像的秩序或客体得以复制的形式,突出了他同马克思主义的分裂。在仿真的当前阶段,数字编码为剧烈的社会转变提供了基础。它成为变化的催化剂,这些变化是如此的极端,以至于现实本身的性质都被转变了。"①

在波德里亚的论述中"拟像"存在三个等级:仿造、生产和仿真。这三个等级分别对应于文艺复兴以来人类历史发展中的三个阶段:古典、现代和当代(波德里亚没有使用"后现代"一词)。仿造的阶段是从文艺复兴到工业革命的"古典"时期的主要模式,生产是工业时代的主要模式,而仿真正是指目前这个受代码支配的阶段的主要模式。"第一级仿像依赖的是价值的自然规律,第二级仿像依赖的是价值的商品规律,第三级仿像依赖的是价值的结构规律。"②通俗一点讲,所谓的"仿造"也就是用符号模仿事物,在这种符号与客体的关系中,真实存在的客体事物和符号之间的区别是明确的,比如绘画活动或者其他一些比较抽象的图像符号活动都是对于自然事物的模仿,符号的价值就存在于对自然事物的模仿结果中。在这种关系中,符号的能指和所指之间的关系是比较固定的,这种固定的意义链接关系是维系社会等级次序的重要一环,比如中国古代的官服(其他如现在的军服等),会因为官阶和职位的不同而配以不同的符号及颜色,龙凤图案只能是皇帝专用,其他人都不能使用。符号使用的混淆,或者更确切地说,任意改变能指和所指之间的固定关系是要招致统治秩序的惩罚的。但是进入文艺复兴时代后,这种符号与客体之间的模仿关系、能指与所指之间的强制性固定关系被打破了。"这是强制符号的终结,是获得解放的符号的统治,所有阶级都可以没有区别地玩弄符号。竞争的民主接替了法定秩序特有的符号内婚制……人们从符号的受到限制

---

① 〔美〕道格拉斯·凯尔纳:《波德里亚:批判性读本》,陈维振、陈明达、王峰译,江苏人民出版社2005年版,第230页。

② 〔法〕让·波德里亚:《象征交换与死亡》,车槿山译,凤凰出版传媒集团、译林出版社2006年版,第67页。

的秩序(一种禁忌在打击符号的‘自由生产’),过渡到了符号的按需增生。”[①]在资本主义兴起的初期,这种强制符号的解放并不意味着符号与客体之间模仿关系的破裂,作为艺术和商品形式的图像符号仍然以模仿自然为生产原则。到了工业文明时代,由于技术的进步和经济需求的扩大,新一代的符号和物体出现了。这些符号生产不再来源于对自然事物的模仿,它们作为一个系列生产出来,或者说它们是彼此的“模仿物”。在这里,波德里亚将本雅明关于工业社会中机械复制时代的分析引入到对于仿像的第二阶段的论述中,循着本雅明的思想路线,波德里亚“将机械复制的技术看作是这个新的生产时代的一种媒介、形式和原则。”[②]产品和符号不再是对自然的模仿,也不再是手工性的生产,符号和客体之间的关系似乎变成了自身与自身的关系,或者说由于产品本身就是批量生产出来的,因此“它们的独特性和来源的问题不复存在:它们来源于技术。它们只在工业仿像的维度中才有意义。这就是系列,也就是有两个或N个同一的物体这种可能性本身。它们之间的关系,既不再是类比,也不再是原型与仿造的关系。在系列中,物体成为相互的无限仿像,而且生产物体的人也是如此。只有消除原型参照,才能带来普遍的等价法则,即生产的可能性本身。”[③]在以工业文明为特征的现代社会中,对原型的和真实之物的忠实模仿不再是社会组织和运行的关键,也就是说社会产品的生产不再具有重要性,真正重要的是社会的再生产原则。因为“正是在再生产的层面上——时尚、传媒、广告、信息传播网络——在马克思漫不经心地称之为资本意外开支的层面上,也就是在仿像和代码的范围内,形成了资本整体过程的统一性。本雅明第一个(其后是麦克卢汉)没有把技术当成‘生产力’(马克思主义的分析仍然坚持这一点),而是当成中介,当

① 〔法〕让·波德里亚:《象征交换与死亡》,车槿山译,凤凰出版传媒集团,译林出版社2006年版,第69页。

② 〔美〕道格拉斯·凯尔纳:《波德里亚:批判性读本》,陈维振、陈明达、王峰译,江苏人民出版社2005年版,第232页。

③ 〔法〕让·波德里亚:《象征交换与死亡》,车槿山译,凤凰出版传媒集团、译林出版社2006年版,第76页。

成整个新一代意义的形式和原则。”[1]值得注意的问题是:在这种以技术复制、批量生产和再生产活动为特征的工业时代,虽然对于真实之物的忠实模仿已经在事实上变得不重要和没有意义了,但是,就维系再生产和扩大再生产规模、诱导消费市场的形成来说,忠实模仿真实之物的原则作为一种欺骗性策略则实实在在地控制着技术复制和再生产活动。因为站在消费端看问题的话,公众对于现实主义和对于真理的追求依然是强烈的,因此传媒业仍然需要在符号生产中将其真正的目的(促进消费和再生产的进行)掩藏在巧妙伪装打扮而成的“真实”的形象中,即是说,巴特的神话原理还是有效的。

然而,波德里亚随即指出:“这个系列再生产阶段(工业机械、生产线阶段、扩大再生产阶段)是短暂的……从原始积累结束开始,系列生产就被模式生成替代了。这是起源和目的性的颠覆,因为各种形式全都变了,从此它们不是机械化再生产出来的,而是根据它们的复制性本身设计出来的,是从一个被称为模式的生成核心散射出来的。这里,我们进入了第三级的仿像。”[2]波德里亚在《象征交换与死亡》中论述第三级仿像时综合运用了遗传生物学、动物符号学、信息与计算机科学等自然科学中的发现,目的在于指出:我们当前的世界是一个由二项对立模式生发出来的世界,麦克卢汉对这一世界模式做出了预言,他说:“数学家莱布尼茨在只有0和1的二进制系统那神秘的优美中看到了创世的形象本身。他相信,最高存在的统一性通过二进制功能在虚无中的操作,足以从中拉出所有的存在。”[3]借助于自然科学的理论支持,波德里亚论述了宇宙事物的一种普遍存在的创世现象,所有的物质和现象其实都是从遗传代码或者数字代码那里衍生出来的,在这些初始的代码中本身就已经包含了衍生出事物的信息和传递这种信息的渠道。正是在这一论述的基础上,波德里

---

① 〔法〕让·波德里亚:《象征交换与死亡》,车槿山译,凤凰出版传媒集团、译林出版社2006年版,第77页。

② 同上书,第79页。

③ 同上书,第80页。

亚提出了他的令人惊叹的看法:一切事物及其现象,就其真实性而言都是等同的,也就是说,在代码控制的世界里,真实与虚假、原型与仿品之间根本就区分不开真假,真即是假、假即是真。我们今天高度发达的媒体技术可以制造出令人震惊的视觉效果,从外太空的星球大战到数千万年前的侏罗纪公园,从科幻虚拟到现实美化,对于现代视觉再现技术来说,几乎只有我们想不到的,没有我们展现不出来的视觉效果!而这些被展示出来的被称为虚拟世界的视觉图像,它所遵循的诞生模式也和我们自身的诞生模式是相同的,只不过我们似乎遵循的是遗传代码模式而不是数字代码模式。我们也许不能充分理解这些虚拟景观的真实性,但我们确实不能指出这些景观究竟模仿了什么?被模仿者在哪里呢?如果将这个问题换成生物遗传学问题也许就容易理解得多了。当克隆羊多利和其他的羊一起散步的时候,谁能轻易鉴别出它们谁真谁假?注意:克隆技术目前只是一种初步发展起来的生物复制技术,其水平仅相当于工业化产品的机械复制阶段,还远未发展成为现代数字编码技术这一层面的成熟技术。想想看,如果我们能够像操作数字代码那样操作遗传密码的话,那又将引起一场怎样的革命?因此,从这个意义上看,波德里亚认同本雅明和麦克卢汉将技术视为中介而非生产力的观点也不无道理。技术所导致的结果可能并不单是经济性的,而是涉及人类生活的整体。

在我们已经掌握了数字代码模式(操作代码)之后,符号的生产领域就不再存在真实与虚假的区别了。在这个主要由视觉技术构建起来的仿真世界中,真实的定义由"是那个可以等价再现的东西"改写为"不仅是那个可以再现的东西,而且是那个永远已经再现的东西:超真实"①。波德里亚认为,这一技术能力的掌握所导致的直接社会结果就是现代性自身的终结:"劳动终结了,生产终结了,政治经济学终结了,促进知识和意义凝聚的、叠合话语的线性语段的能指/所指的辩证法终结了。同时,使积累和社会生产成为可能的唯一交换价值/使用价值的辩证法终结了。

---

① 〔法〕让·波德里亚:《象征交换与死亡》,车槿山译,凤凰出版传媒集团、译林出版社2006年版,第107页。

话语的线性维度终结了。商品的线性维度终结了。符号的古典时代终结了。生产的时代终结了。”[①]在仿真的世界中,超真实的视觉图像成为仿真逻辑的核心。人们的社会关系和社会生活已经被各种各样的媒介所支配,或者说被这些媒介所表征出来的超真实的图像景观所支配。视觉图像与我们的身份地位、社会人际关系、社会生产劳作活动、休闲娱乐活动都产生了密切的联系。“经济、政治、社会生活和文化,所有的一切都被拟真模型所控制,借此,代码和模型决定物品是如何消费和利用的,政治是如何展开的,文化是如何生产和消费的,日常生活是如何存在的。”[②]

总的来看,波德里亚用符号学和西方马克思主义的某些理论发展和丰富了麦克卢汉的技术决定论,但麦克卢汉虽然注意到了视觉技术的文化效应,却没有将这一论断与社会系统的内在动力机制(经济结构)结合起来,他只是在现象层面提供了一个关于技术神话的洞察。诚如波德里亚在其论述中所表述的,技术的发展逻辑其实是在与社会经济结构相互纠缠的过程中被决定的,权力和欲望的制造需求为媒介技术的发展规定了方向,并提供了动力;反过来,媒介技术的发展也为社会系统的发展规定了方向并提供动力。这是一个双向影响的过程,它决定了人们的生活世界的面貌。

四、奇观理论的当代发展

前面所述的这些视觉文化的早期理论在20世纪行将结束之时显得尤其重要,因为随着新的信息技术革命的兴起,新媒介迅速成为我们生活中影响力最大的革新技术。它已经重新改造了我们的生活方式和社会运行结构,媒体奇观在这种情况下被提出来,成为知识界所关注的重要文化现象。当代奇观现象既是一个视觉经验与艺术创作的问题,也是一个利

① 〔美〕道格拉斯·凯尔纳、瑞安·毕晓普等:《波德里亚:追思与展望》,戴阿宝译,河南大学出版社2008年版,第12页。

② 同上书,第13页。

用奇观现象组织、推进政治、经济或文化活动的问题。因此，对于当代媒体奇观现象的分析实际上既是对当代文化艺术生活的分析，也是对当代社会生活中的权力、技术、金钱、社会心理和意识形态的分析。这种分析是诊断性的，目的是更好地理解我们时代中社会生活的趋势、特征及其复杂的运行机制，并在此基础上寻求社会改良和进步的方案。因此，媒体奇观现象的研究主要体现在两个主要的研究层面，即视觉经验与视觉艺术层面和社会批评理论层面；而这两个层面的研究又具体体现在以下三个研究领域。

（一）影视艺术批评领域

电影无疑是最善于展现视觉奇观的媒介，正如凯尔纳所指出的，“长期以来，电影都是奇观的滋生地。”①电影奇观包括电影工业所制造的各种盛大仪式和庆典活动，如：奥斯卡、柏林、戛纳、金马等电影奖项的颁奖仪式；名目繁多的各种电影节活动；电影推介和宣传活动；电影工业所衍生的明星文化和商品文化……但也许在各种由电影制造的奇观中，居于最基础、最直观地位的恐怕还是那些能够在视觉上产生强大冲击力的“奇观电影”。这些好莱坞视觉大片对电影观众的视觉经验产生的冲击和重构为知识界“奇观”话语的产生提供了直接的背景。

中国导演纷纷效仿好莱坞的奇观策略，将主要精力投入到视觉奇观的展现上，有的导演甚至对视觉奇观的偏爱和强调几乎达到了偏执和滥用的程度，破坏了电影艺术在形式和内容上的平衡。视觉奇观固然使得票房收入一路高歌猛进，但电影放映后也招致激烈的质疑和批评。正是在这种纷纷扰扰的争论中，“奇观电影”最终作为描述运用高科技生产具有特殊视觉效果的影片的新名词而被社会接受。对于这一新兴的电影创作模式来说，无论赞同者或是反对者都不否认它与传统电影创作模式之间存在着巨大的差别。电影批评研究界在近几年来已经对“奇观电影”

---

① 〔美〕道格拉斯·凯尔纳、瑞安·毕晓普等：《波德里亚：追思与展望》，戴阿宝译，河南大学出版社2008年版，第7页。

概念开展了一些初步的研究,围绕着奇观电影现象的产生、特点、性质、影响及其得失利弊等方面的问题,学术界的争议已经初露端倪,体现出这一话题的时代感和复杂性。有关奇观电影在美学、叙事艺术、技术革新、视觉效果等方面的研究还将会继续深入地进行下去,这些研究在视角和立场上更多地还是属于电影艺术学科研究的范畴而不属于批判性社会理论的范畴。

(二) 西方马克思主义社会批判领域

"奇观"研究的另外一个领域是西方马克思主义社会批判理论领域,基本上围绕着法国著名学者德波和波德里亚等人的著作而展开。由于德波的批判性著作 *La Societe du Spectacle* 最集中地探讨了现代社会的景观化问题,因而成为人们在思考"奇观"现象时最直接和便利的借鉴资源。不过由于 Spectacle 一词无论是在法语还是在英语中均同时具有"景观""景象"和"奇观"的意思(这些词在汉语语境中并不能相互等同),因此导致国内学者在翻译译名上的差异,有的学者主张译为"景观社会"或"景象的社会"理论,有的则主张翻译为"奇观社会"理论。例如在较早集中探讨当代视觉文化的《文化研究》集刊(2002 年)中,肖伟胜最早刊发了对德波同名著作的节译稿,他将德波的著作 *La Societe du Spectacle* 译为"景象的社会"。在同年出版的介绍德波理论的理论观点的《后现代转向》等书中,陈刚将德波的理论译为"景观社会"。2006 年王昭凤延续"景象""景观"的译法,将德波的著作译为"景观社会"。由于王昭凤的《景观社会》为德波著作的全译本,影响较大,到 2007 年梁虹翻译德波的一些文稿时也沿用了"景观"这一译名。可以说,"景观社会"一词在西方马克思主义社会批判研究领域取得了较为广泛的认可,绝大多数从事该领域研究的学者都使用了"景观社会"的概念。但也有学者将德波的著作和理论与已经在中国出现的"奇观"概念联系起来,将其译为"奇观社会",如在 2005 年出版的《视觉文化的奇观》一书中,吴琼将德波的著作译为"奇观社会",不过这种翻译并不常见。

（三）媒介文化批判领域

奇观现象的第三个研究领域是由当代媒介研究、文化研究、批判理论、传播理论等学术资源中交叉衍生出来的媒介文化批判领域——"媒体奇观"(*Media Spectacle*)研究。在中国的学术语境中,这一理论直接来自于 2003 年 12 月出版的由美国著名学者道格拉斯·凯尔纳撰写的《媒体奇观:当代美国社会文化透视》(*Media Spectacle*)一书,而凯尔纳在分析当代美国社会文化时使用的 *Media Spectacle* 这一概念又直接借鉴了德波的理论。在其著作中,凯尔纳明确表明了"媒体奇观"与德波的"景观社会"理论之间的内在联系与区别,显示了他对于德波理论的继承与发展。不过,由于凯尔纳综合了包括文化研究在内的多种学术资源,因此,他的理论在立场取向和研究方法、视角和理论内涵方面与德波的理论有较大的差异。

可见,"奇观电影""景观社会""媒体奇观"是中国当代学术话语中以视觉经验为核心的"奇观家族"中的主要概念。这三个概念彼此之间显然都存在着密切的关系,也存在着一些差别。

"奇观电影"基本上是对伴随着技术进步而发展起来的视觉新感受和艺术新形式的现象描述及研究。这个概念在内涵上可能与视觉技术革新、视觉艺术创新以及波德里亚等人描述西方后现代技术社会的"虚拟""仿真""超真实"等理论密切相关。在中国的学术语境中,"奇观电影"并不是一个具有西方马克思主义社会批判理论背景的概念。从这一观念的起源上看,它更多地是一个源于本土学术土壤的话题,从语源和内涵上讲与西方理论的联系都不直接,只是由于学术界随即引入了西方学术界关于视觉文化和奇观社会的理论,奇观电影研究也因此得到了西方理论资源的支持。

与此相比,"景观社会"或者"媒体奇观"则直接来源于西方马克思主义的社会批判理论,尤其是德波的"景观社会"和波德里亚等人的后现代理论。它的着眼点是透过技术社会中的"表象"或者"奇观"呈现的霸权,批判性地分析这一现象的社会根源问题，揭示现代资本主义社会中存在的各种形式的“分离”现象，而这些“分离”现象则可视为是对马克思异化理论的新发展。德波的基本观点前面已有所述，这里我们可以简单表述一下：随着资本主义物质丰裕时代的到来，炫耀性消费日渐成为维持社会经济再生产的核心动力，人类便进入到了“景观社会”阶段。在这一社会阶段中，“生活本身展现为景观（Spectacles）的庞大堆聚。直接存在的一切全都转化为一个表象。”①这是一个“符号胜过实物、副本胜过现实、现象胜过本质……真理被认为是亵渎神明的，只有幻想才是神圣的……最高级的幻想也就是最高级的神圣。”②的社会。在景观社会的现代生产条件下，表象或影像已经不再仅仅是一个表征而已，它具有了本体论的意义，正是由于它的存在，人们深陷于分离危机之中而不能自拔：“在真实的世界变成纯粹影像之时，纯粹影像就变成真实的存在——为催眠行为提供直接动机和动态虚构事物。为了向我们展示人不再能直接把握这一世界，景观的工作就是利用各种各样专门化的媒介。因此，看的视觉就自然被抬高到以前是触觉享有的特别卓越的地位；最抽象、最易于骗人的视觉，也最不费力地适应于今天社会的普遍抽象。”③由于这种“分离”机制的存在，人们在景观中被隐性控制，“不得不无意识地臣服于景观制造出来的游戏规则，从而也就遮蔽了现实生活中的真正出现的分离”。④ 也就是说，一方面，景观社会是在分离的基础上产生的；另一方面，景观社会又为掩盖资本主义社会中的现实分离服务。德波的分析开辟了一个重要的研究方向，那就是从资本主义社会中各种媒介表象或影像的视角上批判性地理解其异化本质。这种新思路对波德里亚和凯尔纳等人产生了启发。近年来，中国的西方马克思主义和文化研究学者对德波的理论进行了较多的研究。

---

① ［法］居伊·德波：《景观社会》，王昭风译，南京大学出版社2006年版，第3页。

② 同上书，第1页。

③ 同上书，第6页。

④ 张一兵：《文本的深度耕耘：后马克思思潮哲学文本解读》，中国人民大学出版社2008年版，第99页。

在媒体—社会批评领域,美国著名媒介文化和批判理论学者道格拉斯·凯尔纳在直接承接德波理论的基础上开辟了“媒体奇观”的研究主题,并且分别在2003年和2005年连续出版了两本以媒体奇观为主题的著作。凯尔纳在《媒体奇观》的中文简体字版序言中指出,他的“奇观”概念取自德波和国际情景主义组织的一些理念。不过,凯尔纳的理论和方法与德波的理论与方法也存在着很大的差异。总体上讲,我们可以将他们之间的差异视为西方文化批判理论在不同发展阶段所呈现的那些差异的一种典型的反映。德波的理论和方法与法兰克福学派具有更多的相通之处,而凯尔纳的理论方法更多地受到了从罗兰·巴特的神话分析到斯图亚特·霍尔编码/解码理论的当代文化研究的影响。对此,凯尔纳自己对这种差异性作了详细解释,他认为自己所使用的“奇观”概念与德波的理论在三个层面上存在着差异。

首先,德波的“景观社会”概念带有鲜明的整体论色彩;而凯尔纳的“奇观”概念则比较具体化,“例如以麦当劳为代表的消费文化奇观、以克林顿性丑闻和弹劾案为代表的政治文化奇观,或者以《X档案》为代表的电视文化奇观等等。”[①]与此相联系的更重要的区别在于:“德波所采取的是法国激进知识分子的立场和新马克思主义的视角;而我(凯尔纳)采取的是美国公共知识分子的立场——对阶级、种族、性别和区域等具体因素的关注,以及多学科的研究视角——包括新马克思主义、英国文化研究、法国后现代主义理论等等。”[②]

其次,德波的理论延续了法兰克福学派对资本主义进行社会批判时采用的整体性视角,侧重于从宏观上把握资本主义社会中“奇观”与“分离”(异化)之间的矛盾,并由此“对资本主义制度本身进行批判,目的是寻找具有革命性的替代方案。”[③]而凯尔纳“媒体奇观”概念的重点在于通

---

① 〔美〕道格拉斯·凯尔纳著:《媒体奇观》,史安斌译,清华大学出版社2003年版,第iii页。

② 同上书,第iii—Ⅳ页。

③ 同上书,第Ⅳ页。

过运用包括文化研究在内的文化分析方法,“揭示当代美国和全球社会的特征和发展趋势。例如,通过对麦当劳现象的阐释和质疑揭示消费文化、消费社会和全球化的一些本质特征;通过乔丹/耐克奇观的阐释和质疑来透视当代体育文化,以及当代社会中体育、娱乐、广告和商业化日渐合流的趋势;通过辛普森案的阐释和质疑来透视当代美国社会中存在的种族、阶级、性别矛盾,名人文化、媒体文化以及警察和司法制度中存在的问题,以及媒体对这一事件长达数月之久的近乎疯狂的关注究竟如何体现了以集团媒体和消费文化为主导的美国社会的本质特征。简而言之,我在对媒体奇观的研究中,将文化研究作为进行诊断式批评的主要手段,对当代社会中的各种奇观现象进行解读和阐释。”①

最后,正如法兰克福学派学者从整体上将文化工业视为推行资本主义意识形态统治无往而不胜的工具那样,德波也将社会景观化或奇观化视为维系当代资本主义社会经济、政治和文化模式无往而不胜的法宝。凡是景观/奇观所到之处,人们必然会屈从于它的力量和诱惑,成为接受奇观社会现实的被动的主体。凯尔纳显然延续了文化研究的文化分析方法与策略,他将自己的研究方法称为“诊断式批评”,并且借鉴了文化研究中商谈和抵抗的观念。这一视角使得他在研究中“着重分析了媒体奇观中的矛盾和逆转现象”。如在分析麦当劳文化时,他一方面注意到麦当劳在全球化时代综合运用多种手段进行全球性扩张并大获成功的事实;同时,他也注意到了在资本主义全球扩张的同时也存在着强大的反全球化运动,这些抵抗力量的存在使得麦当劳的全球化扩张受到了确实的阻碍。“全球性的和地方性的针对麦当劳的抗议运动不断出现——哪里有反全球化运动,哪里就有反麦当劳的抗议活动。几乎在每一处准备新开麦当劳快餐店的地方都会出现这类抗议活动。因此,麦当劳在全球的扩张速度大大减缓,集团历史上首次出现了利润率的大幅下跌。”②

① 〔美〕道格拉斯·凯尔纳著:《媒体奇观》,史安斌译,清华大学出版社 2003 年版,第Ⅳ页。

② 同上书,第Ⅴ页。

不过，面对资本主义全球扩张的强大趋势，这些局部的抵抗取得的胜利显得多少有些微不足道。因此，凯尔纳对于这种微观抵抗的效果抱有怀疑和矛盾的态度。他一方面承认德波的“景观社会”的整体性概念比他自己对奇观现象中存在的矛盾、逆转甚至翻转趋势的分析更具有说服力，因为这种理论揭示了资本主义的征服趋势；但另一方面，他又认为运用文化研究的微观分析方法对媒体奇观中的矛盾和冲突进行分析是很必要的。因为如果运用德波和国际境遇组织理论解释一些充满矛盾的现象是显得过于乐观而简单化了，前面谈到的麦当劳文化中呈现出来的逆转现象便是一例。此外，按照德波的理论分析，人们在政治奇观面前很难进行有效抵抗，他们会屈服于奇观的力量而接受奇观制造者的诉求；然而奇观的这种无往而不胜的能力显然是被夸大了。例如，在克林顿性丑闻和弹劾克林顿一案中，美国共和党中的保守派通过大肆炒作克林顿的性丑闻来达到弹劾他的目的。他们不断在媒体上掀起弹劾克林顿的高潮，但是这些炒作和媒体奇观的效果却没有达到目的，克林顿并没有被弹劾下台，并且“在经历了这场具有负面效应的媒体奇观后，克林顿的声望不降反升。”[①]由此可见，受众在媒体奇观面前并非无所作为，而奇观也不像德波所主张的那样具有无往而不胜的能力；文化研究中的经典受众研究理论显示，受众在接受媒体信息时具有服从、抵制、商谈等多种意义解读态度。因此，与其说奇观是一种意识形态和权力、资本征服世界的工具，毋宁说它是具有不同政治、经济和文化背景的人群进行文化战争的“角力场”。权力和资本制造种种媒体奇观以操控大众的事实固然无可争议，但受众通过微观层面的意义解读活动对其加以抵制和利用也是实实在在的事实。况且，在很多情况下，大众也针对权力和资本制造奇观事件，以此向权力和资本施加压力。我们在观看一场迈克尔·杰克逊的演唱会时，看到的不仅仅是商业力量制造的盛大的娱乐奇观和巨额票房收入，而且我们也会看到大众利用演唱会进行情绪宣泄和释放。并且，在这些演唱

---

① 〔美〕道格拉斯·凯尔纳著：《媒体奇观》，史安斌译，清华大学出版社2003年版，第V页。

会中,嘲讽权威、蔑视权力、桀骜不羁、张扬叛逆的个性,甚至鼓吹敌视现存秩序等都往往成为其魅力和卖点所在,而这些在流行文化中所逐渐积聚的抵抗性的文化力量会反过来对现存资本主义社会的权力和经济秩序造成强大冲击力,迫使现状发生改变,只不过这种微观影响的效果是渐进式的,很容易受到忽视。

综上所述,我们看到:奇观现象的研究包括视觉经验和社会批判两个层面。一方面,奇观所涉及的最基本和最直接的经验是视觉层面上的,因此,由技术进步所导致的视觉经验革新是一切奇观现象的基础。无论是摄影、电影、电视还是视频网络,都会因其在视觉技术方面的变迁而成为奇观现象的主要发源地,可以说视觉艺术或视觉文化是奇观的基本形式和基础。因此,对视觉奇观及其技术基础、艺术革新进行研究对理解我们时代的奇观经验是至关重要的,而奇观电影为研究这一层面的媒体奇观现象提供了绝佳的资源。另一方面,奇观的社会文化意义绝不仅限于视觉经验或视觉效果层面,我们必须看到社会的奇观化趋势并非孤立的技术问题,也非孤立的视觉艺术问题。它与当代社会生活的方方面面都具有密切关系,正如凯尔纳所说:"媒体奇观已经侵入人类生活体验的各个领域之中——从经济、文化、日常生活到政治战争。它还进一步侵入了虚拟空间,制造出属于未来世界的多媒体奇观和一个网络化的信息娱乐社会。"①事实上,就奇观现象的社会文化意义层面来说,它的背后往往纠结着社会权力、商业利益、大众娱乐、文化霸权、意识形态斗争等纷繁芜杂的社会问题。因此,从总体上讲,奇观现象看似一个纯粹的技术和媒体视觉效果问题,但事实上,技术和视觉效果都只不过是一种中介性的因素。这一中介的一端连接着形形色色的媒体——社会奇观现象;而另一端则连接着看不见的社会权力与资本的扩张、控制以及增值的欲望和诉求。因此,我们也可以认为:奇观社会的奇观逻辑取决于技术进化的逻辑,而技

---

① 〔美〕道格拉斯·凯尔纳:《媒体奇观》,史安斌译,清华大学出版社 2003 年版,第 13 页。

术进化的逻辑却又取决于权力和资本的欲望逻辑。正因为这样的原因，理解和解释奇观现象其实也是在理解和解释我们的生活，通过对奇观现象的文化分析和研究，将有助于理解当代社会文化和日常生活领域中的新的特征与发展趋势。

第六章　奇观文化的艺术与社会效应

一、从传统电影到奇观电影

正如前面有关媒介奇观的理论谱系所揭示的，媒介技术的进步深刻改变了人们的生活形态，媒介在为人们带来信息交流的便利和娱乐之外也在不断制造出层出不穷的风险和危机。当代媒介文化研究的兴起正是对这些媒介风险的加剧趋势在知识界产生的回应，揭示这些风险的努力促成了当今媒体文化研究的批判性传统的延续。由于这些风险往往是社会结构的结构性产物，通常制造风险和承受风险的双方都意识不到风险的存在，因此，批判性媒体文化研究就显得非常必要。媒介奇观的分析与批判将有利于我们增强对当代媒介文化的认识，知道媒介引发的社会风险的所在之处。这些理论上的研究无疑对于实际文化政策的制定会起到参考性的作用。

对于电影艺术来说，奇观文化既是它的根源，也是它的结果。作为一种现代技术的产物，电影艺术一直以来都与技术的发展状况休戚相关。我们在很多时候都更多地关注电影内容的政治、伦理和美学意义，但却不太注意形式对于内容所具有的那种深刻的形塑作用。奇观电影为我们关注技术改变艺术的模式提供了便利的实例，在接下来的讨论中，我们将首先关注这种由技术所引发的艺术上的改变；而后我们将把这样的讨论扩展到社会生活领域，即尝试考察奇观文化对于社会生活中的文化现象所产生的影响，以及这些影响所具有的评价性属性。无可置疑，电视和各种视频媒介都应该在奇观文化的主题之下得到研究，不过因为这部分设计的内容颇为丰富,因此为了章节划分的便利,我们将相关内容放在了后面的章节中加以论述。

(一)数字技术革命与奇观电影模式的盛行

上世纪70年代末期以来,全球电影产业始终笼罩在由信息技术革命所带来的压力与机遇的双重挑战中,数字图像处理技术的发展与应用已经在很大程度上变革了旧有的电影创作模式,并深刻地改变了电影工业的整个生产、流通和消费过程。数字技术制作的种种影像奇观不仅让观众们随着镜头上天入地,进入各种匪夷所思的虚幻世界中,享受一场场视觉盛宴;而且不断掀起阵阵票房收入的狂潮,近年来电影产业的实践经验表明:制造奇观影像已成为电影票房收入的重要保证。如今,高科技的数字电影制作技术以其高效、便利、快捷、高回报率等优势得到了世界范围内电影行业的认可,并逐步成为世界电影行业竞相模仿的标准和模式,这一趋势实际上已经宣告一个新的电影创作时代的到来。对此,美国著名导演詹姆斯·卡梅隆曾评论说:"视觉娱乐影像制作的艺术和技术正在发生着一场革命,这场革命给我们制作电影和其他视觉媒体节目的方式带来了如此深刻的变化,以至于我们只能用出现了一场数字化的文艺复兴运动来描述它。"①

无疑,这场"数字化文艺复兴运动"的直接产物和结果就是那些精美绝伦的"奇观电影"。中国人的"奇观"视觉经验最直接和最强烈的体验就来自于好莱坞制作的奇观电影。20世纪90年代中后期,每年引进的屈指可数的几部好莱坞大片都会在中国电影票房收入上刮起阵阵旋风。人们发现,这些大片总是能够给人带来观影的惊喜,它们精彩动人的故事情节和令人震颤的视觉效果总是让人欲罢不能。《终结者》《真实的谎言》《侏罗纪公园》《阿甘正传》《泰坦尼克号》《拯救大兵瑞恩》《黑客帝国》《加勒比海盗》等一批运用数字电影技术制作的好莱坞电影成了观众

① 转引自刘戈三、王春水主编:《技术成就梦想:现代电影制作工艺探讨与实践》,中国电影出版社2007年版,第4页。

心目中的最爱,因为这些影片为我们展示了数字化技术制作的奇观电影的神奇魔力。对于好莱坞大片的制作者来说,电影的局限性似乎已经不在技术表现手段的限制上了,而是在于他们想象力的局限。换句话说,数字技术的发展已经使得电影成为"只有想不到,没有做不到"的艺术创作。

投资巨大的高科技电影所获得的回报实在是物超所值,它们不仅能够在全球票房收入上赚个盆满钵满,而且在各种电影大奖的评选中赢得喝彩。以曾经轰动中国和世界影坛的《泰坦尼克号》为例,为了获得最佳的视觉效果,制造出最动人心魄的影像奇观,该片导演詹姆斯·卡梅隆在金钱的投入方面达到了近乎疯狂地步。他总共动用了高达2亿5000万美元的资金,这其中用于制作视觉特效的开支就占了将近一半。正当所有的人为这种疯狂举动捏着一把汗的时候,《泰坦尼克号》在全球票房收入上的极大成功证实卡梅隆的投入是物超所值的。《泰坦尼克号》使得观众们流连于奇幻瑰丽的影像奇观之中,一次又一次地走进影院去享受那些亦真亦幻的豪华视觉奇观,品味在这些华丽影像中演绎的浪漫而凄美的爱情故事。无论是故事情节、画面效果还是人物塑造、电影歌曲……《泰坦尼克号》的一切都是那么完美无缺,最终它在全球的票房收入达到了13亿美元,成为电影史上最赚钱的电影。不仅如此,它还追平了《宾虚》的记录,荣获11项奥斯卡奖提名,成为电影史上获奖项最多的电影之一。《泰坦尼克号》的成功还只是数字电影技术的一个典范,事实上,从20世纪七八十年代开始到21世纪的头10年这段时间,在世界影坛上大放异彩、大赚票房的电影大多是那些将奇幻的视觉效果与精美的故事情节完美结合的高科技的奇观电影。

西方电影创作的奇观化趋势及其所获得的巨大成功使得中国电影导演开始思考电影拍摄风格的转向问题,一批才华横溢的导演放弃了曾经使他们成名的西部片、民俗片或文艺片的创作,转而投入到对于画面和视觉奇观的追求上。张艺谋、陈凯歌、冯小刚和徐克、周星驰等中国一线名导们相继在自己的创作中引入了视觉奇观的因素,注重视觉冲击力和视觉效果逐渐成为电影获得成功的必备要素,奇观美学也成为当代导演在创作商业电影时必须考虑的因素。从2001年开始,徐克的《蜀山传》、周星驰的《少林足球》和张艺谋的《英雄》等大量运用特效技术制作的影片陆续上映,初步展现了中国电影导演力争在电影技术和视觉效果上跟进国际电影创作潮流的趋势。此后,《天地英雄》《无极》《功夫》《长江七号》《十面埋伏》《夜宴》《集结号》《画皮》等不同程度上运用特技效果、制造影像奇观的电影相继面世,中国电影创作正式步入了所谓的奇观电影时代。奇观电影的重点是通过新技术展现那些超越真实世界的电影奇观,将电影的吸引力放在影像制作和视觉诉求方面,而那些在传统电影创作中居于核心地位的故事情节、人物刻画、叙事结构等元素都因此而发生了一些变化:要么它们都变成了视觉表现的附庸,围绕着视觉图像的展现而进行安排;要么与视觉奇观的展现相互配合、相得益彰。前一种情况较多地见于奇观电影创作的早期,后一种趋势目前已成为奇观电影发展的目标。但不管哪一种情况下奇观电影都必须以展现影像奇观为中心,并且只有在这一前提下,电影传统叙事的模式才有可能在奇观电影中得以保存和发扬。无可置疑,奇观电影模式和传统电影模式是存在明显差异的,这种差异是由媒体技术更替所导致的。新技术的引入,不仅改变了电影本身的创作模式,而且使得整个电影产业的生产和消费链都发生了变化。

(二)电影叙事模式变化及其前景

国产高科技制作的奇观大片凭借其视觉冲击力和不遗余力的宣传推广,在票房收入上展现出不俗的成绩,但是在艺术成就上却是良莠不齐,争议颇大。其中最大的争议在于:技术上的视觉狂欢是否造成了对电影中语言和故事情节的压制?这些画面精美的奇观电影只能在视觉感官上带来愉悦,而在故事情节上几乎都很肤浅、薄弱。张艺谋、陈凯歌等大腕过去都以讲述精彩的故事见长,而一旦涉足高科技的奇观电影拍摄便仿佛换了一个人似的,失去了对故事情节的驾驭能力,技术上的视觉狂欢似乎已经造成了对电影中文学叙事性和故事情节的严重压抑。鉴于这种"奇观"与"叙事"两者之间的矛盾紧张关系,一些学者索性根据电影叙事特征将电影划分为"叙事电影"和"奇观电影"两类。所谓"叙事电影"就是指以文学叙事为主导来进行电影创作,故事情节饱满而厚实;而"奇观电影"则放弃了文学叙事的主导地位,变成了以华丽图像的生产为主导进行电影创作。[①] 换句话说,叙事电影是讲述故事的电影艺术大师,而奇观电影却仿佛变成了摆弄新奇玩意和障眼法的魔术师。然而,用"叙事电影"和"奇观电影"指称传统电影和数字化制作的高科技电影固然有助于我们认识两种不同电影创作模式之间的区别,但也容易造成认识和观念上的混淆和错误,仿佛"叙事"与"奇观"两者是相互对立的。但事实上,除了一些实验性电影之外,电影就其本性而言,都是叙事性的,只是不同的电影创作理念会有不同的叙事策略、风格与模式。奇观电影无疑也是叙事电影,只是它的叙事特征有别于传统电影,为了展现影像奇观的魅力,奇观电影的图像叙事功能在一定程度上得到了放大和增强,并由此而导致其整体叙事模式上的变化。奇观电影是技术发展的产物,也是电影技术未来发展的一个方向。如何认识这一技术所带来的挑战,如何在实践中弥合技术与艺术之间的矛盾关系,这些都是摆在中国电影界的问题。

1. 图像叙事及其在电影叙事中的功能。

众所周知,叙事这一概念虽然起源于文学分析,但是它在当代的发展早已经超越了文学叙事的范围。对此,戴维·赫尔曼在《叙述学:叙事分析的新视野》中认为,"过去单一的叙述学出现了诸如电影叙述学、音乐叙述学、女性叙述学、社会叙述学,以及在一个因特网盛行的时代的电子叙述学或电子网络叙述学等等。"[②]

一般来说,当代理论家在定义叙事或叙述的时候也很少将它局限在

① 关于"叙事电影"和"奇观电影"的论述,可见周宪先生撰写的《论奇观电影与视觉文化》一文,载《文艺研究》2005年第3期,第18—26页。

② 谭君强:《译者前言》,载〔荷〕米克·巴尔:《叙述学,叙事理论导论》,谭君强译,中国社会科学出版社2003年版,第6页。

以语言文字为基础的文学叙事的范围里。叙事学家米克·巴尔在论述视觉叙事问题时也指出:"正如我在对阿普提卡尔的绘画以及其他与之相关的视觉形象所做的分析中所提出来的,不存在将叙事分析仅仅限于文本(texts)的理由,尽管最适宜于对其进行分析的方式尚未出现,电影的叙述性仍是十分明显的。"①这里,米克·巴尔强调的是语言文字文本和视觉图像的叙事问题,叙事并非语言文字的专利,视觉图像也具有叙事功能。安德烈·戈德罗和弗朗索瓦·诺斯特在专门论述电影叙事的著作中探讨了画面的叙事功能,他们引述著名电影理论家克里斯蒂安·麦茨的论述指出:任何画面都具有叙事的功能,或者说"任何画面都至少包含了一句陈述:'一座房屋的画面不是表示'房屋',而是表示'这里是一座房屋'。"②并且,画面陈述远比语言陈述具有更加多样、模糊的含义,也就是说,"任何镜头都包含多个潜在的叙事陈述。"③比如:"如果主人公在沙漠长途跋涉后,看见远处有一座房屋,这样的画面确实可以表示'这里有一座房屋'。但换一个环境,例如一个男人和一个女人驾车经过长途旅行,其中一人用手指向一座房屋,人们更倾向于理解为'这里是我的家',或者,'这里是我们的家'。"④

可见,影像画面本身就具有丰富而复杂的叙事功能,尽管图像本身的这种叙事功能不能与语言文字的叙事能力相提并论,但图像的叙事功能以及图像的视觉效果确实会对一部电影的整体叙事节奏、效果、风格产生很大的影响。正如电影理论家大卫·波德维尔和克里斯汀·汤普森所指出的,电影叙事是一个复杂的形式系统,它几乎和所有的电影构成元素,如布景、灯光、动作、摄影镜头以至于类型、风格等等都有密切的相互作用关系,而这些电影元素大多又在电影中呈现为可视性的"视觉图像",成

---

① 〔荷〕米克·巴尔:《叙述学,叙事理论导论》,谭君强译,中国社会科学出版社 2003 年版,第 192 页。

② 〔美〕安德烈·戈德罗、弗朗索瓦·诺斯特:《什么是电影叙事学》,刘云舟译,商务印书馆 2005 年版,第 25 页。

③ 同上书,第 24 页。

④ 同上书,第 25 页。

为构成电影整体叙事结构的重要一环。[①] 比如,《超人》第一部开头的一段戏中出现了装载着小超人的外星飞船朝着地球飞行的壮观画面:高速行驶的飞船在深邃浩渺的茫茫宇宙中朝着一个蔚蓝色的星球飞去。这一奇观画面在电影中的叙事功能表现在两个方面:一方面讲述了奇观画面本身的含义:小超人经过漫长旅行终于到达了地球附近的外太空,很快他就会进入地球的大气层;另一方面,这一奇观画面推动着整个电影叙事的发展,成为整体电影叙事中不可或缺的组成部分:它提醒观众接下来的故事将会是飞船穿越地球,降落在地表上。这意味着电影开头的背景介绍部分即将结束,接下来的故事会在地球这一场景中展开。

事实上,图像在电影叙事中的这些作用是无处不在的,只不过其在电影叙事过程中所展现的重要性会因电影的题材、风格和类型而有所不同。对于现实主义叙事电影来说,影像的作用主要是提供故事情节推演的"自然"背景,图像运用需要依据电影文学剧本的语言叙事要求来进行安排;但是对于形式主义电影来说,情况则有所不同,形式主义电影往往带有创作者的个性特征,为融入纯然风格化的影像叙事或者抒情片段提供了空间,"歌舞片、科幻片、幻想片这种风格化的类型电影都赋予风格和华丽效果最丰富的园地。"[②]可见,图像叙事以及它在电影叙事整体中的功能都是不能忽视的。

由上述可知,如果将传统的电影创作模式称为"叙事电影"而将其与奇观电影相区别的话其实并没有把握住两者之间的实质性区别。毋庸置疑,当代奇观电影仍然也是叙事电影,不仅在画面叙事方面,而且在电影的整体叙事结构层面上,奇观电影都还没有脱离"叙事电影"的范畴。

2. 图像与话语:从一元叙事到双重叙事。

或许,我们对电影创作模式的思考应当考虑到媒介技术在电影创作

---

① 〔美〕大卫·波德维尔、克里斯汀·汤普森:《电影艺术》,曾伟祯译,世界图书出版公司2008年版,第180—184页。

② 〔美〕路易斯·贾内梯、英格玛·伯格曼:《认识电影》,焦雄屏译,世界图书出版公司2007年版,第306页。

模式变迁中所产生的决定性作用。作为一种典型的“技术性艺术”，电影最充分地体现了麦克卢汉关于“媒介即讯息”的论断，即有什么样的媒介表现技术，就会产生什么样的电影创作范式，因为在电影技术本性中潜藏了电影艺术发展变化的所有密码。有鉴于此，我们最好将传统电影技术条件下的电影创作模式笼统地称为传统电影，而将数字技术基础上的电影称为奇观电影(数字化电影)。传统电影与奇观电影的最重要的区别并不在于是否属于叙事电影，而在于影像技术及其视觉效果所引发的叙事结构的偏向与变化方面。

事实上，图像不只具有叙事的功能。如果我们将电影的历史回溯到1927年第一部有声电影诞生之前的时代，我们会发现，默片时代的电影叙事由于其技术上的局限性，完全是依靠图像来进行叙事的，而如今奇观电影时代的图像叙事则不过是对早期电影中的图像叙事的一种改头换面的复兴而已。历史总是如此相似，以至于我们不得不叹服麦克卢汉关于媒介演化的定律所揭示的那种过程——任何技术的运用都可以被视为对人的感官功能的延伸，不过，这种延伸总是片面的和不平衡的。一种新的技术的发明往往在导致某种功能得以延伸放大的同时也会压制或使得曾经出现的另一些功能过时。比如，广播放大了听觉的功能却压制了视觉的功能，使得报纸和书籍这些主要依靠阅读来获取信息的媒介过时；而电影的发明则放大了视觉功能，但是却导致了对听觉的压制。然而，媒介发展的规律总是在朝着“全功能”的目标进化，以达到实现功能平衡的目的。因此，曾经过时的媒介功能往往会以改头换面的新形式重新得到复活，这样广播补充视觉功能而得以发展为电视，而电视补充阅读文字功能而发展为更加全面的电脑。对于电影来说，巴赞早在20世纪50年代就提出过与此类似的“完整电影”概念，指出电影由无声发展成有声、由模糊发展到精确、由简单发展到复杂的进化过程，其目的也是要实现“再现一个声音、色彩和立体感等一应俱全的外在世界的幻景”。[①] 对于电影的

① 〔法〕巴赞：《什么是电影?》，崔君衍译，文化艺术出版社2008年版，第17页。

叙事结构而言,图像和话语这两种最基本的叙事工具也经历了麦克卢汉意义上的演化过程,逐步完成巴赞意义上"完整电影"的神话。

正像大卫·波德维尔和克里斯汀·汤普森所说,电影叙事首先是从图像叙事这种一元化叙事模式开始的,"虽然大部分影片到1903年左右仍旧是拍些风景或著名事件,但叙事形式却是打一开始就存在的……大概从1904年起,叙事形式(剧情片)开始成为主要的电影形式"。[①] 并且,在第一批出现的电影创作热潮中,就已经产生了像乔治·梅里爱那样运用影像拍摄和场面调度的手段制造"特技效果",以展现电影的奇观视效的大师。他在电影诞生的早期就向世人展现了电影的奇观本性,而这一本性在后来长时间的现实主义电影创作史中被严重压抑了。随着1915年格里菲斯的《一个国家的诞生》及紧随其后的《党同伐异》等作品的相继上映,图像叙事型电影的成就达到了它艺术上的高峰,成为一种成熟的电影故事的叙事手段。

不过,面对无声的影片,无论是电影人还是观众都感到深深的遗憾。很明显的事实是,在没有声音(语言、音乐)的情况下,电影的叙事力度很多时候是不够的,难以讲述深刻的含义。这一方面是由于画面所表达的意思时常会有模糊性,观众难以在短时间内精确地加以理解;另一方面,图像叙事主要是一种空间性叙事,不能在时间演进的层面上刻画人物的内心世界和性格。无声电影的缺憾在20世纪20年代末期得到了弥补,声音最终被引入电影创作中,有声电影的时代就此开始。

有声电影的出现改变了电影仅能靠图像进行叙事的一元叙事模式,声音的运用使得电影叙事出现了几个至关重要的变化:一是使电影叙事手段从仅仅依靠画面的一元叙事模式变成了由话语(声音)和图像共同推动电影叙事的双重叙事模式;二是画面陈述的模糊性得到了克服,在话语在场的情况下,画面的含义得以精确化;三是电影叙事的深度得到极大的提升。话语叙事具有线性延伸的特点,通过运用人物对白、音乐表现等

---

① 〔美〕大卫·波德维尔、克里斯汀·汤普森:《电影艺术》,曾伟祯译,世界图书出版公司2008年版,第528页。

方法,电影可以将故事的情节层层推进,复制出日常生活在时间坐标上的复杂性。这样,借助于对白与字母,电影可以更好地演绎文学文本中的精彩故事,于是电影成了图像、声音与文学剧本结合的综合性艺术。在这种结合中,话语(语言、对白音乐和字幕)占据主导性地位,我们可以称其为"话语支配图像"的叙事模式。这种模式的优点是不言而喻的,对白、音乐和画面的安排被用来表现电影声画之外文学文本叙事的要求。文学叙事使得电影中的不同要素被置于一个完整的结构体之中,从而避免了零散化和碎片化,使电影在结构的完整性中构建出文学文本的叙事逻辑力量。也许正是由于这个模式的历史由来已久,优势又格外明显,因此它一直都支配着我们的电影观念,以至于使我们几乎忘记了默片时代的图像叙事模式,而将话语叙事模式视为唯一重要的叙事模式。也就是说,"大多数情况下,对话,更一般地说是声音,用于减少视觉陈述的模糊性,以至于我们感觉不到有声电影所具有的这种二元性。"①

3. 客观记录与虚拟仿真:影像技术特性与叙事模式的偏向。

其实,声音技术的引入只是传统电影叙事模式发生话语偏向的一个原因,但还不足以解释图像叙事手段为何在长时间里仅仅扮演配合话语叙事的角色。因为在奇观电影兴起后,图像主导电影叙事的情况重新出现,但其逆转机制却不是声音的消失,而是图像本身的技术性质发生了变化。因此,影像技术的状况对于电影叙事模式中的图像和话语偏向也具有决定性的影响。

那么,传统电影技术的特性是什么呢?在电影理论家克拉考尔看来,传统电影的本性就在于它是对"物质现实"的还原,并且这不仅是电影技术的特性,而且也是电影实践所要追求的目标。巴赞虽然并不抹杀电影具有追求艺术理想的目标,但他也认为电影技术的特性就在于它能忠实地保存现实。为此,巴赞提出了所谓"摄影影像的本体论"理论,即电影的本性就是对生活进行客观记录,并在此基础之上完成电影故事的艺术

① 〔加〕安德烈·戈德罗、弗朗索瓦·诺斯特:《什么是电影叙事学》,刘云舟译,商务印书馆2005年版,第33页。

性建构活动。“一切艺术都以人的参与为基础,唯独在摄影中,我们享有不让人介入的特权。”他把这种技术特性比喻为“给时间涂上香料,使时间免于自身的腐朽”[①],即运用影像实现长时间保存现实生活的目的。传统电影的这一技术特性使得它非常适合用于表现那些写实性小说中的主题和故事,因此,也更便于借鉴这些文学作品的叙事手法。因为写实主义风格的故事具有其现实依据,它们往往是以现实生活中所发生的事件为基础进行的创作。这些故事所发生的环境、角色和时空关系都是与现实世界同构的,因此,用影像的方式讲述这些现实主义的文学作品并不存在技术上的难题。正是由于这个原因,巴赞断言:“从有声电影问世以来,可以说,电影一直向现实主义趋近。电影希望在既符合电影叙事的逻辑要求,又适应电影技术目前局限的条件下,为观众创造出尽可能完美的现实幻景。鉴于此,电影与诗歌、绘画和戏剧明显对立,而日益接近小说。”[②]电影学家杰·马斯特也对此做出了类似的表述。他认为传统电影中的真实感是由影像的视觉写实性与小说的心理写实性综合构成的,这种综合使得文学叙事与影像叙事之间保持了高度的协调性,因此,“电影或许须被视为19世纪晚期结构丰富多彩的现实主义与自然主义小说的逻辑的发展和顶点;在它从实际的生活之流本身编制出复杂式样的作品时,它延伸了小说的必然发展。”[③]这也就是说,传统电影的叙事结构是完全按照现实主义文学叙事的内在逻辑进行的,而影像所提供的只是故事所需要的“生活之流”。当然,这种“生活之流”对于影片的成败很重要,但是它的目的是服从于现实主义的文学性叙事要求。因此,传统电影的主流叙事模式是一种以话语叙事支配图像叙事的现实主义的叙事模式。

相比之下,奇观电影的叙事模式对于传统电影的叙事模式来说是一种颠覆。数字化时代的影像技术使得克拉考尔的“物质现实”论以及巴

---

① 〔法〕巴赞:《什么是电影?》,崔君衍译,文化艺术出版社 2008 年版,第 10 页。

② 同上书,第 248 页。

③ 〔法〕杰·马斯特:《克拉考尔的两种倾向说与电影叙事的早期历史》,载《世界电影》2005 年第 2 期,第 24 页。

赞的"影像摄影的本体论"都显得过时了。对于奇观电影来说,其影像的特性已经不再单纯是客观地再现现实的问题了,而是如何根据想象力创造一个现实中并不存在的虚拟的形象的问题。换句话说,影像技术的性质已经从"客观记录"转向"虚拟仿真",不仅人物角色,而且故事场景都可以通过"虚拟仿真"的方式完成。并且,这个虚拟的形象看起来完全符合我们的视觉真实性逻辑。它虽然并不实际存在,但是却能使我们的所有感官和知觉都察觉不出它有任何虚假性;或者说,它虽是虚拟的形象,但是从视觉效果上来说,它与真实世界的影像具有相同的质感、相同的"感官—心理"真实性。对于坐在电影院中的观众来说,《指环王》中的主角弗罗多是对现实中"人"的形象的客观记录,其摹本和原型之间存在着记录或模仿的关系;然而,对于数字虚拟角色咕噜(Gollum)来说,它是没有现实原型的,完全是一个无中生有的形象,但是我们并不会在观看电影的时候感觉到它和弗罗多是完全处于不同世界的物种。而张艺谋的《英雄》和《十面埋伏》中的那些在水面和空中的打斗动作或者《黑客帝国》的子弹时间都是完全不可能在现实生活中找到原型的。事实上,奇观电影在影像技术上的特殊的价值就在于它能产生比现实更为真实的虚拟形象和虚拟世界,如果仅仅是为了模仿生活、对现实世界的"生活之流"进行记录和艺术上的升华,那是完全不需要调动数字化高科技手段就能做到的事情。

由于奇观电影引发的视觉感官愉悦显然比现实景观更加具有冲击力和诱惑力,因此,当奇观电影诞生之后,其视觉上的优势和表现模式必定会逐渐成为电影创作过程中普遍遵循的原则,因为一项新技术的发明扩散过程往往是不可逆的。当然更重要的原因还在于:在当今消费型社会中,奇观技术一旦产生,便执著地寻求自身的霸权。这种霸权其实正是我们时代中的技术霸权逻辑和资本霸权逻辑的反映,是技术和资本垄断文化、统治社会的反映。当代社会的运行逻辑就是不断制造和升级奇观影像的逻辑,也就是德波所说的:奇观"覆盖世界的整个表面并永远沐浴在自身的光辉之中……是关于其自身统治秩序的不间断的演讲,是永不停滞的自我赞美的独白”。①

可见,奇观电影是消费社会中电影发展的一种必然性的趋势,体现了消费社会的要求。

当奇观技术越来越多地成为电影中着力表现的重点时,传统的电影叙事模式受到了冲击。奇观影像的一大特点在于:它遵循奇观展现的逻辑,极尽所能地展示那些去常识化和去生活化的虚拟的奇异景观,这种奇观展示的逻辑通常会破坏电影剧本中语言叙事逻辑的结构性和完整性。也就是说,在奇观电影中,原先由话语主导电影叙事的模式变成了奇观叙事和声音(语言)叙事争夺主导权的模式。很多时候,这两者之间的矛盾不容易调和好,尤其是对于那些将奇观展现视为衡量电影成功与否的标准的电影导演,他们最终会为了奇观展示而牺牲语言叙事的完整性和深度。奇观叙事的兴起实际上是默片时代的图像叙事的复兴,它意味着电影的图像叙事在受到话语叙事长久压抑之后造反,这必然会导致对传统电影观念的冲击。当然,奇观电影毕竟不是默片而是有声电影,因此,这种图像对于话语的造反并不会以消除话语为目的,而是要在图像叙事与话语叙事的双重叙事模式中寻找新的平衡点,以改变过去两者力量失衡的状态。但在两者之间达到平衡与和谐并非易事,在近年来我国的实践性探索中,确实也出现了由电影的奇观叙事偏向所导致的一些问题。

在着力表现奇观的电影中,奇观展现的逻辑和电影整体叙事要求之间的矛盾会非常突出,中国导演近年创作的《蜀山传》《英雄》《十面埋伏》《无极》《满城尽带黄金甲》等很多奇观电影都存在着这样的问题。这些电影遭人诟病之处就在于其“形式”大于“内容”,影像效果强烈但故事情节单薄肤浅,所谓“奇观支配叙事”的趋势十分明显。对于张艺谋、陈凯歌等著名导演来说,文学性叙事电影的拍摄经验非常丰富,怎么在追求视觉效果的影片中一下子便不会讲故事了呢?张艺谋导演的一席话也许说明了他们对于电影的新理解。“过两年以后,说你想起哪一部电影,你肯

① 〔法〕居伊·德波:《景观社会》,王昭风译,南京大学出版社 2006 年版,第 5—7 页。

定把整个电影的故事都忘了。但是你永远记住的，可能就是几秒钟的那个画面。……但是我在想，过几年以后，跟你说《英雄》，你会记住那些颜色，比如说你会记住在漫天黄叶中，有两个红衣女子在飞舞；在水平如镜的湖面上，有两个男子在以武功交流，在水面上像鸟儿一样的，像蜻蜓一样的。像这些画面，肯定会给观众留下这样的印象。所以这是我觉得自豪的地方。”[①]从这段话中，可以明显感觉出第五代导演在转型拍摄奇观电影初期对奇观展示的一边倒态度，即认为画面的视觉效果比故事情节更让人印象深刻，更能吸引人。但这种割裂视觉效果与故事情节的有机联系的判断并没有得到观众的认可，这些花费巨资拍摄的奇观电影，除了在奇观视觉效果和由此带来的票房收入上表现不俗之外，其艺术成就的社会认可程度并不高。在参加各类电影节评奖活动中，也没能再现第五代导演执导西部片、文艺片时期的辉煌，有的奇观电影如《无极》甚至引发观众和影评界的强烈不满。

4. 从玩具到艺术：媒介演化定律与奇观电影的未来。

奇观技术的神奇魅力让电影人感到兴奋，急切地想要把它表现出来，然而这种摆弄和炫耀视觉技术的急迫心理又导致技术成了展示新奇性的“玩具”。在《电影简史》中，杰·马斯特描述道：早期的电影人并不是艺术家，“他们的目标不是创造美，而是展示科学奇观。最早的摄影机和放映机启动的一个趋势是自我重复，每一个新发明做一番自我重复：这个发明本身就被当做新奇的玩意”。[②] 事实上，任何新的媒介技术形式产生之初都会使人们为它的新奇性所倾倒，于是“新技术像初生牛犊一样急忙亮相、炫耀力量和新的手法，具有超越的力量，技术本身实际上就成为内容。”[③]这种把技术作为“玩具”的心理往往导致技术的滥用，前些年轰动一时的《英雄》《无极》等大片都具有明显的纯粹炫耀技术的成分，因而受

---

① 转引自周宪：《视觉文化的转向》，北京大学出版社2008年版，第245页。

② 〔美〕保罗·莱文森：《莱文森精粹》，何道宽译，中国人民大学出版社2007年版，第4页。

③ 同上。

到较多的批评。然而,如果就此而对奇观电影的未来产生怀疑和悲观情绪也是大可不必的,任何技术性艺术都有它自身的媒介演化定律,经过演化它们最终都会走向成熟。情况也许正如美学家苏珊·朗格所指出的那样:“每一个新发明,无论是蒙太奇、音轨还是染印法问世时,电影迷都惊呼,电影‘艺术’完蛋了。当然,新奇的发明还来不及完善就迫不及待地开始探索时,它就以粗糙的状态招摇过市,并引起轰动……一般地说,每一次这样的进步总是伴随着一股特别坏的垃圾狂潮。然而,艺术还是阔步前进。”①

在从炫耀技术的“玩具”阶段向成熟的艺术创作阶段演化的过程中,新旧媒介之间的交替创新与融合起到了至关重要的作用。显然,任何新的媒介形式都不能单单依靠它的新奇性获得认可,相反,新媒介技术只有在和旧媒介相互结合的情况下才能够体现出它的真正价值,这也就是麦克卢汉所强调的“技术作为技术内容”②的观念,即旧媒介往往会作为新媒介内容而得以继续存在,并且也只有以这种融合旧媒介形式的方式,新媒介才能补救自身的不足从而充分展示自己的魅力。根据前述麦克卢汉的媒介演化定律,当新媒介的新功能放大到极端时,那些旧有的媒介功能又会以全新的面貌得以重生,并作为一种补救性的措施融入进来,进而使得该媒介形式逆转为一种全新的媒介形式,从而焕发勃勃生机。比如,电影影像技术的发明就放大和提升了图像的叙事功能,从而使得小说和戏剧的话语叙事艺术显得过时。但是当视觉愉悦和图像叙事的功能达到其潜力的顶峰时,它不能讲述深刻复杂故事的缺点也暴露无遗了;于是传统的戏剧和小说的叙事艺术作为一种补救的形式重新得到启用,借助于声音技术的帮助而以电影媒介的内容的形式融入进来,并使电影成为融合声音和图像叙事方式的综合性艺术。奇观电影的兴起也不过是这种媒介

---

① 〔美〕苏珊·朗格:《情感与形式》,转引自保罗·莱文森:《莱文森精粹》,何道宽译,中国人民大学出版社 2007 年版,第 14 页。

② 〔美〕保罗·莱文森:《莱文森精粹》,何道宽译,中国人民大学出版社 2007 年版,第 5 页。

演化定律的一次复演,它最终会重新将那些被它的视觉效果所压制的文学叙事模式重新启用,并纳入到自己的创作过程中,而这种新的启用和融合必然会将奇观电影的艺术审美价值带入一个新的境界。

我们看到,媒介定律所揭示的技术演化模式正在得到奇观电影创作实践经验的印证。就国内的奇观大片的发展历程来看,经过一段时间的摸索实践,不少影视导演也已经意识到单靠展现奇观画面并不能使得一部感官猎奇性电影变成一部伟大的艺术作品。电影毕竟是一种声音和画面、感性与理性互相补充平衡的综合性艺术。奇观所引发的感官享受固然是极为重要的,但传统电影中理性地讲故事的能力也绝不会随着奇观电影时代的到来而变得不重要;相反,奇观电影中的视觉叙事效果与电影剧本的理性叙事性效果犹车之两轮、如鸟之两翼,相互协调配合才能产生最佳效果。也就是说,传统电影中的理性叙事原则应该作为奇观电影的一个重要的内容被引入到奇观电影中来。不仅如此,传统电影中形成的那些成熟的讲述故事的技巧、刻画人物心理和塑造人物性格等方面的成熟经验也应该在奇观电影这一新的电影形式中得到保留和发扬。总之,尽管电影影像技术"客观记录"的时代已经成为过去,但是"剧作时代"却并没有终结,"剧本乃一剧之本"的箴言对于奇观电影来说同样是颠扑不破的真理。因此,文学与剧本创作的贫乏将成为真正限制奇观电影发展的瓶颈,这一点倒是与传统电影的历程完全一致。

就奇观电影的叙事结构安排来说,或许正像爱森斯坦所说,应该像撰写音乐总谱那样综合运用电影"表现材料"及其叙事方式,以寻求多声部的协调与配合。我们可以将这种"音乐总谱"称为"叙事总谱"。这种"叙事总谱"是超越于图像叙事或者话语叙事之上,需要通过综合协调图像叙事或者话语叙事来加以实现的电影叙事逻辑,使得电影中的图像和话语的双重叙事"通过一系列多线条的同时性进展,既保存其独立的结构秩序,又与整个段落组成的总体秩序不可分离。"[①]当然,这种协调配合并不

① 〔加〕安德烈·戈德罗、弗朗索瓦·诺斯特:《什么是电影叙事学》,刘云舟译,商务印书馆2005年版,第33页。

是说要回归传统意义上的电影叙事的老路子,而是要在新的技术偏向的基础上探索传统技术形式与新技术形式之间的结合点。毕竟两者之间的影像技术基础不同,因此,应当特别重视奇观影像的性质,再在把握这种性质的前提下来加以运用,以避免技术滥用。

为了吸取“技术作为玩具”阶段的经验教训,近年来拍摄的《集结号》《投名状》《画皮》《赤壁》等影片已经开始在探索如何协调奇观影像与经典叙事模式之间的关系问题上做出了不少努力。一方面,导演对于奇观炫耀的心理加以合理限制与克服,使之在电影中的运用趋于合理,不该使用奇观影像的地方就不用,以免破坏电影叙事整体的完整性和流畅性。比如《集结号》一片就采取压制奇观冲动的策略。电影中仅在战争场面上使用了大量的精彩特技,营造惨烈壮观的战争奇观;而未将这些特技过多地运用于电影中其他不需要展示奇观的场景中。也就是说,在这部电影的叙事总谱中,奇观展示的场景是被严格限定的。这种奇观与总体叙事逻辑之间的协调既能使人们享受奇观的视觉冲击,又不会因为滥用奇观而破坏电影故事和情节的完整性。而在《投名状》《赤壁》等影片中,导演更多地注重人物心理和性格的描写和刻画,这使得影片既享受了奇观场景和奇观叙事带来的感官层面的愉悦,又能从成功的电影人物形象刻画和心理开掘中收获理性层面的快乐。另一方面,为了适应展示奇观电影魅力的要求,导演们致力于发展与奇观电影相应的电影类型。正像传统电影的“客观记录”性质适合于表现现实生活题材和现实主义风格的创作一样,奇观电影的“虚拟仿真”性质也非常适合一些特定的电影类型的创作,比如战争片、史诗片、武侠片、灾难片、科幻片、魔幻片等等。相比于有意限制奇观影像的第一种趋势,发展与奇观电影相适应的类型电影是一个更加具有前途和可行性的方向。事实上,它早已成为当代奇观电影创作的主流趋势,《纳尼亚传奇》《指环王》《哈利·波特》《加勒比海盗》《金刚》《霍比特人》等一大批魔幻电影精品的产生正是电影技术影响类型电影发展趋向的证明。特殊的类型片一方面为奇观影像的展现提供了巨大的空间,另一方面又能保持故事情节和叙事深度不会因为奇观展示而受到损害。相反,在魔幻片等新类型电影中,话语叙事与图像叙事之间的关系很容易达成相得益彰的效果。不过,由于在中国的文学创作传统中,魔幻、科幻、灾难类的题材并不发达,很难找到像《魔戒》《哈利·波特》《霍比特人》这样的精品,因此,中国奇观电影的发展归根结底是受到电影文学和剧本创作能力制约的。只有这方面的积淀得到增加,能力得到提高,奇观电影中话语和影像两者之间的紧张关系才能转变为相辅相成的关系。

总之,和西方历史悠久的奇观电影创作经历相比,中国的奇观电影创作还只是处在刚刚起步不久的阶段。当1968年好莱坞推出使用大量特技镜头展现奇观场景的《2001空间奥德赛》时,中国电影人甚至还处于"文艺为政治服务"的环境中;而卢卡斯的《星球大战》上映的时候,中国电影才刚刚迎来天边的曙光。只是到了21世纪以后,奇观电影才逐渐登场并很快成为电影市场上的主流,然而,我们并不能跨越从"玩具"到艺术的成长历程。或许,我们还要探索很长一段时间才能生产出《黑客帝国》《哈利·波特》《指环王》《金刚》《霍比特人》那样成熟的奇观电影。然而,对于奇观电影的特征及其演化定律的分析,也许会使我们在摸索道路的过程中少费些周折。或许我们需要在实际的创作过程中转变一下思路,即重新面对中国传统文化中的那些资源。从历史和文明的发展积淀角度来说,中国文明的故事资源,包括神话、魔幻之类的资源都相当可观。但是这些文化资源如何才能被加工成电影创作所需要的那些原料则是一个极容易被忽视的问题。人们的炫技冲动和对即时回报的渴望严重限制了对于这些文化资源的深挖深掘,因为这样的工作首先要求电影人暂时放弃与忘掉电影特技公司业务经理的电话或其他联系方式,而是专注于文化资源的深潜和吸收,唯有这样的一种专注和深潜才能"到得宝山取得宝",从而才能在奇观时代开创出中国电影的新范式。虽然我们对这种新范式现在还毫无所知,但是可以肯定的是,它绝不是西方的《哈利·波特》或者《指环王》那样的电影范式,而是具有中国文化韵律和文化内涵的电影。这样的电影可以炫技,也可以追求视觉效果,但更应该能够给予观众穿越历史时空或梦想时空的回应,能够向他们提出一些值得思考的问题,并且也可以尝试给予他们一些寻求答案的方向;又或者干脆什么都不做,只是让观者能够留下一个具有深刻印象的记忆。

二、媒体奇观的社会效应

前面谈到,奇观现象并不单纯是视觉经验问题,也是社会、政治和文化问题。传统的视觉艺术研究与教育比较侧重于"视觉艺术作品或视觉文化产品的探讨,多以生产者(画家、建筑家、设计家、摄影家、电影摄影导演或摄影师)的观点着手……然而,当代视觉艺术教育的发展趋势已逐渐强调'社会中心'的重要性,并加入有关视觉文化研究的内涵"。① 因此,对于奇观电影,我们除了注意到它在技术和艺术创新方面的特点和影响之外,除了注意到它对我们的视觉经验和习惯的重构之外,还应该注意到它与当代整个社会的权力、技术资本、意识形态、全球化等问题存在着紧密的关系。

(一) 媒体奇观及其社会化

由奇观电影所直接引发的电影奇观现象包括各种名目繁多的电影节、电影首映式、颁奖典礼、明星文化……几乎涉及整个电影产业。这些电影奇观又与电视、网络、广告等行业不断制造出的奇观共同构成了我们生活的环境,直接影响了我们对于外部世界的感知,从而主导我们的思想和行为,使我们的生活完全由奇观社会的奇观逻辑所支配。对此,文化理论家尼尔·盖博勒指出:"在媒体奇观时代,生活本身已经被电影化了,我们像制作影视作品那样来建构我们的生活。在这场规模宏大的无休止的演出中,我们既是演员,又是观众。我们是有关我们自己的这场'生活秀'的主角,将生活变成了娱乐,按照媒体文化事先编好的剧本和它灌输

① 陈龙:《传媒文化研究》,中国人民大学出版社 2009 年版,第 162—163 页。

给我们的角色模型、时尚风格甚至外形设计来为与我们同时代的观众演出。我们习惯用电影术语来解读生活，娱乐成为‘我们时代最具有影响的一股势力——像癌细胞那样扩散和转移到我们生活的各个领域中’，最终使我们无法将两者严格区分开来。……在这个媒体奇观时代，拉尔夫·劳伦成为我们的服装师，玛莎·斯图尔特为我们设计家居用品，简·方达为我们设计体型，欧芙拉·温弗里帮我们解决个人生活中碰到的问题。”①因此，对于以德波或者凯尔纳为代表的批判理论家和文化理论家来说，奇观现象并不仅仅是一个视觉经验和艺术生活的问题，而是透视当代社会趋势与特点、揭示其隐蔽的压制和异化机制、解读其社会意义、分析其意识形态争斗的窗口。正像罗兰·巴特运用符号学理论分析当代资本主义中的各种神话一样，奇观研究的重要目标也是对当代社会中的种种奇观神话进行剖析，从那些被自然化了的奇观现象中找回历史和人文价值，以寻求社会改进的途径和方案。

从媒体—社会奇观的层面上看，奇观电影只是奇观社会推行其奇观逻辑的马前卒和急先锋。除了电影之外，电视和网络也是当代社会中各种奇观现象最为集中的展示场所。事实上，它们在制造媒体—社会奇观以影响我们的日常生活方面甚至要超过电影，因为虽然在视觉经验的冲击方面，电视和网络虽不及电影来得直接，但电视和网络是渗透到人们日常生活中的媒介，对于人们的日常思维和行动具有更强烈的影响。在电影奇观化模式的带动下，在近年的电视艺术创作中，奇观化的倾向也开始日趋明显。和奇观电影所产生的问题一样，很多电视剧在拍摄过程中大量使用特技效果，却罔顾电视剧剧情上的要求，破坏了作品在图像、故事和叙事整体方面的平衡，严重影响了其艺术性。

与传统电视喋喋不休的说教和操纵控制不同，网络是一种较为民主的媒介。网络是具有强大兼容功能的媒体，它几乎融合了电影、电视、图片、文字、广播的全部功能，是一个相当全能的媒介平台。随着网络在人

---

① 〔美〕道格拉斯·凯尔纳：《媒体奇观》，史安斌译，清华大学出版社 2003 年版，第 6 页。

们日常生活中的广泛普及,它日益成为制造、展现社会奇观的媒体平台,并且其影响力与日俱增,大有超越传统媒体的趋势。诚如凯尔纳所言:“互联网站成为技术文化制造炫目景观的场所,这就使信息和娱乐相结合的领域逐渐扩大,也使媒体文化效应得以加强。”①艳照门事件、周正龙虎照事件、名目繁多的网络监督事件(周久耕案、温州官员买房案等等)、层出不穷的人肉搜索事件和各种不同类型的网络文化现象从整体上构成了网络媒体奇观,网络的开放性和广泛参与性为集中呈现社会事件,使之成为具有影响力的媒体奇观提供了得天独厚的优势,也使得网络媒体奇观具有了比传统媒体更加复杂的性质。和其他媒体不同的是,网络奇观现象是更加多元、复杂的现象,同时存在着奇观化与反奇观化的斗争;存在着为特定政治与经济目的而进行的奇观操纵,也存在着为反对权力压制和经济奴役而进行的反向的奇观化策略。

总之,我们社会生活中的奇观现象可谓层出不穷,涉及社会生活的各个领域,这些奇观中的一部分是由媒体组织、制造的,如奇观电影、奇观电视和平民选秀节目所制造的选秀奇观等等;不过,也有很多奇观的制作者并非媒体,但是却经由媒体集中、放大而形成媒体—社会奇观,如政治选举奇观、消费文化奇观、反恐奇观等等。无论何种社会奇观,如果未经过媒体的报道和展示是很难成为具有重要影响力的奇观事件的。可见奇观总是与媒体相关的,因此,当今社会中的奇观现象都可以称为媒体—社会奇观现象。在凯尔纳的《媒体奇观》中,他通过对麦当劳与全球化、乔丹和耐克、辛普森杀人案和庭审、《X 档案》中的异形生物、阴谋和生化技术、美国总统选举、“9·11”事件等一系列个案的文化分析,分别探讨了“消费文化奇观”“体育文化奇观”“电视文化奇观”“政治选举奇观”和“恐怖奇观”等不同领域的奇观现象,类似的研究主题可以说是数不胜数的。

① 〔美〕道格拉斯·凯尔纳:《媒体奇观》,史安斌译,清华大学出版社 2003 年版,第 1 页。

（二）奇观逻辑与消费社会

为了正确理解我们时代中的奇观化趋势，德波特别提醒说：奇观“不能被理解为一种由大众传播技术制造的视觉欺骗，事实上，它是已经物化了的世界观。”①也就是说，奇观的制造其实是现时代的社会经济结构基础之上的一种普遍的意识形态，或者说是居于统治地位的社会总体意识，这种奇观意识形态“发出的唯一信息是：呈现的东西都是好的，好的东西才呈现出来”②。由此，表象的视觉性观看取代现实的触觉性体验而成为我们思维和行动的指南。这本身是自然而然、合情合理的事实，因为表象的视觉呈现与观看最大限度地满足我们的娱乐天性，使生活变得更为轻松并富有浪漫的色彩，这是人类文化的进步。这种奇观意识形态事实上是对“表象的肯定和将全部社会生活认同为纯粹表象的肯定”③。于是我们看到，在视觉技术高度发达的今天，社会生活中的方方面面都具有奇观化的趋势，无论是政治选举、电视娱乐、网络舆论、网络炒作，还是商品广告和商品推销、体育赛事、反恐战争，似乎一切都只有以奇观的形式出现才能引起广泛的关注和重视，而那些不能以奇观形式呈现于媒体的社会生活中存在的矛盾或问题，则没有人加以重视和关注，就好像它们都不存在一样。在这种多少有点畸形的奇观意识形态流行的背后，是消费社会的社会经济基础的支撑。

在消费社会中，社会生活的组织、运行都遵循着制造奇观、生产奇观、消费奇观的逻辑进行，奇观逻辑成为社会生活所要遵循的逻辑。所谓奇观逻辑，也就是不断生产、复制具有视觉冲击力、戏剧性、吸引力或轰动效应的奇观形象，并通过制造奇观形象引导娱乐和消费行为，组织建构社会经济、政治、文化生活的逻辑。它的特点就是不断地追求自身的再生产和消费，用德波的话讲：“奇观（景观）同义反复的特征在于这样一个简单的

---

① 〔法〕居伊·德波：《景观社会》，王昭风译，南京大学出版社 2006 年版，第 3 页。

② 同上书，第 5 页。

③ 同上书，第 4 页。

事实,即它的手段同时就是它的目的……在奇观(景观)——统治经济秩序的视觉映像中,目标是不存在的,发展就是一切。奇观(景观)的目标就在于它自身。"[①]当代社会的一个重要的特征就在于,似乎只有在奇观逻辑的支配下,消费社会才能维持其存在与繁荣。如果没有奇观展示就没有了幻想和欲望,消费社会的经济运转也就无法进行下去,并且,建立在这一经济基础之上的政治权力和文化秩序也就难以维系了。

西方学者早在上世纪60年代就已经意识到了资本主义社会从商品生产型社会向商品消费型社会的转变。随着这种转变的形成,西方社会逐渐进入了"景观社会"(德波,20世纪60年代)、"符号社会"(波德里亚,20世纪七八十年代)和"奇观社会"(凯尔纳,20世纪八九十年代以来)。德波和波德里亚等人的分析指出,20世纪60年代后的资本主义已经进入了物质丰裕的时代,炫耀性消费日渐成为维持社会经济再生产的核心动力,景观/奇观/符号经济已经取得了决定性的胜利,人类于是进入到了景观/奇观/符号的社会阶段。在这一阶段中,社会经济基础的核心已不再是传统的工业社会中物质商品生产与消费之间真实的一阶关系,而是转化为表象/符号及其消费之间的二阶关系。以实物商品消费为主导的社会经济运行模式也转变为以形象/符号消费为主导的社会经济运行模式。形象、符号或景观(奇观)制造欲望,欲望又决定了生产的组织和消费重复。在消费社会中,商品使用价值的消费让位于对其交换价值的消费的重要性,消费的内涵彻底发生了改变。过去的商品消费重点是对于实际物品的实际使用价值的消费,而在消费社会中,消费的重点不再是商品的实际效用,而是对于商品所呈现出来的整体意义的消费。例如对于一瓶茅台的消费,传统工业社会中的消费重点是它的口味和对于食欲的满足,但在消费社会中,口味和食欲的满足并不是重点,相反,茅台这一商品形象所包含的整体意义,如"国宴用酒""品质高贵""权力阶层""富贵""稀缺""国酒"等等,与消费者对社会地位、经济、权力的认同意识

---

① 〔法〕居伊·德波:《景观社会》,王昭风译,南京大学出版社2006年版,第5页。

具有密切相关的关系。更有甚者，同样的商品如果是在普通商店出售，其价格要远远低于在品牌店铺中的价格，因为出售商品的店铺具有不同的附加意义，对这些意义的消费往往成为消费者消费行为的重点。而商品广告利用各种奇观形式所着力展现的也正是商品的符号意义，但事实上，奇观所提示和唤起的消费欲望与意义和我们真实生活的需要是没有太大关系的，更与我们实际生活中面临的实际问题没有关系。

可见，对于我们生活于其中的整个消费社会来说，其社会运行逻辑也就是不断升级制造奇观，以唤起公众对于商品或者服务，或者娱乐事件的意义消费欲望，也就是奇观的逻辑。我们前面重点提到的《超级女声》便是精心策划的奇观事件，它的所有手段和目的都服从于意义的生产和消费原则，而实现这一原则的最为有效的途径和方法就是不断生产、制造奇观，最直接地从视觉感官上引起消费者的消费欲望。这一要求也规定了技术进步的方向，那些最能与消费社会的奇观制造相适应的技术领域也得到了最充分和快速的发展。

显然，就经济领域来说，如果没有奇观形象及其神话，消费社会的经济活力将会受到影响，每一个媒体奇观事件的诞生都意味着一系列生产和消费链条的产生，而这个“生产—消费”链条所涉及的社会经济环节绝不仅限于媒体或影视明星，而是直接关涉包括娱乐演出公司、网络、电视、电影、报纸、杂志、广播、广告、电信、音像制作、图书出版、服装、化妆品、美容美发与形象设计、会展、酒店、旅游等在内的诸多社会经济部门。围绕着一位有影响的影视明星或者一场电视选秀奇观都会产生巨大的产业市场。人们对于这种特殊的经济现象已经有所关注，称其为“娱乐经济”或“文化创意产业”。“娱乐经济”概念的倡导者，美国人迈克尔·J. 沃尔夫认为：娱乐业已经成为发达国家经济发展的重要产业，娱乐休闲的花费在发达国家的支出比例越来越高。并且，根据美国学者的研究，人类的经济形式经历农业、工业、服务业的发展历程，目前出现“体验经济”的新概念。体验经济注重的不是产品的实用价值、功能价值或者舒适度，而是“注重情感层面的感官体验和心理认同。消费者现在问的不是‘你能为我做什么'，而是'你怎样让我开心'。""社会已从'我要更多的家当'过渡到'我渴望更好的感觉、更加感性、更多信息，我希望吃得更精致、活得更轻松的时代"[①]。在这种社会经济环境下，媒体奇观成为发展"娱乐经济"或者"体验经济"最有力的媒介，通过奇观的制造，社会中的各经济部门都能在公众的娱乐消费中获取巨额利润。前面谈到的《超级女声》无疑就是一个最好的例子，正如学者们指出的："《超级女声》以电视选秀节目为起点和中心，众多增值产品、衍生产品相继跟进，环环相扣、相得益彰，从而使得一档选秀电视节目的利润突破了广告的单点模式，形成了多点利益的一条基本完整的传媒产业链。其中，节目制作商、节目品牌运营商、冠名赞助企业、广告代理商、电信运营商、短信增值服务提供商、娱乐包装公司、网络公司之间默契配合、联动运作，与卷入这场互动娱乐节目的'超女'们、各类新闻媒体、粉丝以及上亿的普通观众们一起创造了一个市场价值巨大的'超级女声'商业品牌。"[②]根据中国社会科学院《2005年度中国文化蓝皮书》的数据，"超级女声"直接创造的经济效益是7.66亿元，间接社会经济效益达20亿元左右。在这场由多种商品生产行业共同策划合作的商业性媒体—社会奇观中，各参与方都能从观众对节目的消费活动中获得巨大的经济效益。

可见，社会商品生产的重点如今已经转变为以消费为推动力的对于符号和奇观的生产，奇观生产的逻辑逐渐取代了商品生产的逻辑。在德波看来，奇观已经取代了商品的地位，成为奇观社会的经济运行中心。"作为当今物品生产不可缺少的背景，作为制度基本原理的陈述，作为一个直接塑造不断增长的影像客体的发达经济部门，景观（奇观）成为当今社会的主要生产。"[③]

在凯尔纳等文化研究学者看来，奇观现象中蕴含的意义远比德波所分析的要更加复杂。从《超级女声》的个案中，我们也可以看出，超女粉

---

① 郑欣等：《平民偶像崇拜》，中国传媒大学出版社2008年版，第265页。

② 同上书，第277页。

③ 〔法〕居伊·德波：《景观社会》，王昭风译，南京大学出版社2006年版，第5页。

丝、参赛者、商业联盟、行政管理者和普通公众对于超级女声的意见都是不相同的。商业联盟中的各方只是将这一节目视为文化创意产业的典范,或者媒体营销的成功案例。他们对于节目的兴趣只是在于能不能使得产业资本得到增值,能不能从节目制作和播放环节获得经济回报。而电视台除了需要回报之外,还会将这一节目形式视为电视艺术的平民化革新或者媒体策划营销的成功范例。对于参赛者和"民星"的粉丝们来说,他们在节目提供的舞台上充分娱乐,展现自我,张扬个性,虽然是被主办方牵着鼻子走,但是他们也有自己的意义生产,毕竟在这个免费的舞台上尽情挥洒要强过花钱去看别人演出。他们似乎很乐意看到前辈权威们为了一场青少年唱主角的比赛而气急败坏的样子,因为在他们看来,正是这些一本正经地关心他们的成长的长辈们剥夺了他们接近艺术和文化的权利;对于行政管理者来说,节目的好处是有利于国家文化创意产业的发展和文化市场的培育,缺点是难以控制其影响,并限制其向低俗化方向坠落……可以说,不同社会背景的人对该文化现象的文化解读都极其不同。因此,很难从整体上对它的性质进行概括,而是应该从不同的角度、不同的视角来理解其蕴含的复杂文化意义,并从这些具体的分析中演绎出当代社会文化的一些趋势和特征。

不仅如此,我们还必须看到,在网络时代,奇观制造已经不再是权力阶层和财富精英们借以达到自己目的的专利。网络媒体的兴起打破了社会话语权力控制在少数人手里的局面,网民们会就共同关注的问题达成舆论上的一致性,并就同一公共事件开展调查、取证、核实活动。为了达到最佳的舆论效果,网民们往往会自发围绕某一事件制造网络媒体奇观,营造强大的舆论压力,对实际生活中的当事者和事件发展产生影响。例如,在 2007 年发生的"虎照"事件中,广大网民将这一已经湮灭于传统媒体海量信息中的事件突出出来,并自发地在网络上上传照片、提供资料、发表分析言论,在一段时间内形成了一个网络媒体奇观事件。在这一事件中,挺虎派与打虎派针锋相对,激烈的辩论引发全民性的积极参与。一时间这一网络奇观形成了强大的舆论压力,最终促使相关管理部门对案件高度重视,开展专门调查并在掌握证据的基础上进行严肃处理,极大地推动了网络民意对于政府行为的监督。

总之,媒体奇观已经成为我们时代的一大特色,奇观逻辑主宰着社会政治、经济和文化生活的运转,我们的经济基础已经从物质生产型经济转向了以表象意义消费为主导的消费型经济,"直接存在的一切全都转化为一个表象"。[①] 与此同时,奇观也因此成了权力、资本和意识形态斗争的战场,各种力量都在这一领域汇聚和较量,并由此演化出我们社会生活的全部形态和内容,无论什么事物,似乎都只有借助于奇观化的转化中介才能成为真正存在的东西以及能够影响社会运行的事物。无论是权倾一时的总统和国家元首,还是大红大紫的影视明星,只要缺少了媒体的关注、缺乏了影像的展现,都将很快退出公众的视野。如今,奇观不仅主导着消费社会的生产方式,而且决定着技术进步方向。此外,奇观也是组织人和人之间的关系的决定因素。正像德波所说:"奇观……覆盖世界的整个表面并永恒地沐浴在自身的光辉之中"。[②]

---

① 〔法〕居伊·德波:《景观社会》,王昭风译,南京大学出版社 2006 年版,第 12 页。
② 同上书,第 5—8 页。

第七章　奇观时代的电视文化批判

一、视觉媒介的文化隐喻与娱乐至死的精神

在开始讨论之前，我们最好界定一下本章所谓“电视”的含义。顾名思义，“电视”这个词的本意是指“电力视屏”或“电子视屏”。不过，在数字化时代到来之前“电视”的媒介形式只有一种，那就是传统的家用电视。但是在数字化时代到来以后，“电视”的外延得到了极大的扩展，包括网络、手机等媒介形式在内的所有“电子视屏”都属于“电视”媒介的范围。并且在媒介融合的大背景之下，这些形式多样的电子视屏相互融合，彼此之间在内容上共享共融，无法将它们的内容截然地划分开来。传统电视机构的节目使用网络播出，反过来手机和网络视频也通过传统电视机构向公众播放，因此当今数字化时代的“电视”的范围，应该界定为：以传统电视为代表的，包括各种电子视屏在内的视觉媒介，其中传统电视依然保有明显的优势和主导性地位，而网络和手机等视屏媒介正在迅速兴起，并有取代传统电视媒体优势地位的趋势。本书所探讨的电视文化现象基本上是基于上述概念来进行的，主要涉及的是传统的家庭电视形式，但很多情况下也包括其他电子视屏形式。

电视自诞生以来就一直充当当代景观文化和媒体奇观的主要制造者，德波生活的时代是电视占据统治地位的时代，他的景观社会理论也主要是针对电视和电影所引发的社会结构变化来说的。与历史悠久的印刷媒介相比，电视进入千家万户的历史至今不过数十年时间，然而，它所产生的文化与社会影响力却不逊色于任何其他媒介技术。由于电视具有视

觉展示方面的优势,它在进入我们的日常生活世界的过程中几乎没有遇到任何障碍和阻力,世界范围内电视观众的数量几乎是在较短的时间里以几何级数增长的。如今,电视已经成为世界各地城市家庭中最常见的家电用品,在美国、英国、中国等许多国家,一个家庭拥有多部电视接收终端已不是什么奇怪的事情了。以英国为例,20 世纪 90 年代的数据显示:"每台电视机平均每天打开 5 到 6 小时。在其他西欧国家和美国,情况也是如此。在英国,4 岁和 4 岁以上的人每周收看电视的平均时间为 25 小时!"①而在美国,早在 20 世纪 60 年代时,电视就已经在全国范围内普及,此时"90% 的美国家庭拥有电视机"②。事实上,对于西方社会来说,上世纪 60 年代以后就已经步入了"电视时代",西方社会的生活与文化都深刻地打上了"电视时代"的烙印。中国的电视普及时间稍晚,但也大约在上世纪 80 年代后逐步进入了电视业繁荣兴盛的时代。

"电视时代"其实就是指主要由电视媒介塑造信息环境并主宰我们日常生活方式的时代。每天下班后人们最惬意的休闲活动就是躺在沙发上看电视,或者与亲戚朋友们谈论那些由电视为我们提供的话题;我们通过电视了解外部世界的状况,并且仿佛我们正在亲身经历那些遥远世界里发生的一切;我们会按照电视所展示的生活方式调整自己的性格、爱好和习惯,仿佛电视是一位最为权威的导师;它为我们规定社会生活的礼仪模式、服装款式、兴趣爱好甚至还有价值观念。当然,"电视时代"的内涵还不仅限于此,它也表明电视在社会媒介生态群落中的主导性地位。无论是图书出版还是期刊,甚或报纸内容设计都要适应"电视时代"所带来的新的审美和价值尺度,由此出版界便迎来了所谓的"读图时代"以便适应"电视时代"人们的图像欣赏习惯,而广播的地位也因电视的崛起而迅速衰落,很多时候它也和其他媒介一样需要依靠谈论由电视所设置的那些话题来吸引受众。电视明星也逐渐取代电影明星的地位而成为娱乐界

---

① 〔英〕安东尼·吉登斯:《社会学》,张旭东等译,北京大学出版社 2002 年版,第 572 页。

② 〔美〕斯坦利·J. 巴伦:《大众传播概论:媒介认知与文化》,刘鸿英译,中国人民大学出版社 2005 年版,第 53 页。

的新贵。很多情况下,电视明星的粉丝要比电影明星更多。因此,“电视时代”的明星不大可能仅仅是电影明星,而需要同时成为电视明星和网络视频的明星。

进入21世纪以后,传统的家庭电视的风头一度让位于方兴未艾的网络媒体。不过由于电视领域保持了科技创新的动力,数字化等科技创新维系了传统电视在人们日常生活中的优势地位,使之避免了印刷媒介在互联网时代所遭遇的那种冲击和危机。如今,传统电视业已经探索出适应数字化媒体时代的生存策略,将自身的发展与网络和手机等新媒介技术的发展融合在一起,通过开通网络电视台和手机电视频道的方式使自身融入整个新媒体的发展系统中。未来电视不会因为新媒介的出现而遭到淘汰,而是会随着新技术的发展获得更多的发展机会。事实上,正如我们在开篇时所说,现在的“电视”媒介已经由单一所指变成了具有多层所指的词汇。作为一种整体意义上的媒介,这种曾经影响并将继续影响人们日常生活方式与文化的强势媒介是需要我们特别加以关注的。

(一) 文化隐喻与视觉真理

我们注意到:几乎所有的技术形式都具有某种文化上的偏向,也即一种技术的发明与使用会预示和催生出与该项技术的使用密切联系的特殊生活方式,从而形成特殊的文化。在主张媒介技术决定人类文化偏向效应的理论中,最著名的莫过于麦克卢汉的“媒介即讯息”论了,其后的传播学家波斯曼在此基础上提出的“媒介即隐喻”则更为恰当地表述了这一效应的具体含义:电视作为一种文化“隐喻”,它自身的技术特征蕴含着特殊的文化偏向,电视的使用给人们所带来的绝不仅仅是信息与娱乐,更重要的是带来了一种新的生活方式,即一种新的文化。换句话说,媒介技术总会用一种隐蔽但有力的暗示来定义现实世界。人们把诸如文字和电视这样的技术引入文化,其产生的结果一方面是人类对时间和空间的约束力得以超越,另一方面则是人类思维方式得以转变,从而也造成了人类文化模式的改变。伴随着这种新的媒介技术的引入,一种新的人类思维方式和生活方式、一种新的文化将取代旧的技术所形塑的人类思维、生活与文化。

媒介之所以会具有这种文化隐喻的功能,很重要的一个原因就在于它影响了我们感知和认识事物的方式,从而影响了我们的认识论和世界观的形成。具体而言,在不同的媒介环境中,我们对于"真理""智力""自由""事实"等概念的理解是不相同的。比如人们对于"真理"的认识,在很大程度上要取决于人们所使用的媒介形式和表达方式,也就是说任何所谓"真理",都"必须穿着某种合适的外衣出现,否则就可能得不到承认"①。在古希腊口语文化传统中,修辞的重要性不言而喻,真理与修辞之间具有密切关系,"说话为实"是这一文化的重要特征。如果不能以恰当的修辞手法表达一种观点,那么它就不会被认为是真理。苏格拉底在为自己辩护的时候没有考虑到修辞的重要性,而是更加注重思想和事实的表达,结果却未能使法官和陪审团接受他陈述的事实,最终被判死刑。对于热衷于修辞和演讲术的古希腊人来说,多数情况下,人们的表达方式是认定事实和真理的重要因素。到了书写和印刷时代,人们则更相信经过理性和抽象思考后的东西而不是事物表面的现象,更不是"道听途说"的东西。书籍使他们的真理观变成了"阅读为实",人们都相信那些被奉为经典的文本上所传授的知识和观念。因此,人们在很多情况下会说,书上就是这么说的,或者圣人(指圣人写的书)就是这么说的,仿佛书上的知识才是最可靠的。也正是由于这种原因,直至如今,我们在撰写论文时,必须引用印刷文献上的材料,否则就不能被视为严谨、可靠;如果引用某个名人的口头讲话或者引用互联网上的材料都会受到质疑。

在当代的技术文化时代,人们认为主观抽象的思考是不可靠的,而实验、计算和测量获得的数据才是可信的,过去那些书本上的伟大人物的言论不再具有真理的权威。生活在当今社会的心理学家、社会学家、经济学家乃至政客官僚都坚信,任何观点和理论只有在穿上了数字的外衣时才

---

① 〔美〕尼尔·波斯曼:《娱乐至死》,章艳译,广西师范大学出版社2004年版,第28页。

是可信的。这样,“数据为实”“计算为实”的真理观在我们这个时代大行其道,其偏执程度与“口语时代”的说话为实或者书写印刷时代的“阅读为实”也没什么本质上的差别。同样,电视技术自然也会有它独特的认识论和真理观。电视模仿现实,并且借助于技术的力量使得这种模仿达到了“拟真”的程度,但就图像的性质而言,我们并不能判断电视影像和现实生活中的真实所见之间有何差异。正是由于有了这种“拟真”性,电视影像具有了特别的优势:凡是电视上所展现的都是实际存在的、都是好的,“眼见为实”的古训在电视媒介环境下得到了最有力的体现。“随着一种文化从口头语言转向书面文字,再从印刷术转向电视,关于真理的看法也在不断改变。尼采说过,任何哲学都是某个阶段生活的哲学。我们还应该加一句,任何认识论都是某个媒介发展阶段的认识论。”①所谓“说话为实”“阅读为实”“推理为实”“计算为实”“眼见为实”,作为不同的真理观,是随着文化中的媒介变迁而跌宕起伏的。不过,从文化变迁史的视角上看,“眼见为实”或许只是一种特定时代的特殊认识论和信仰,在某种程度上说,它只是一种特定的意识形态而已,因此,波斯曼指出:“媒介即意识形态”。他说:“每一种工具里都嵌入了意识形态偏向,也就是它用一种方式而不是用另一种方式建构的世界倾向……这是一种历史悠久、永世长存的智慧,其最简单明快的表现是古老的箴言:在手握榔头者的眼里,一切仿佛都是钉子。”②对于我们的文化来说,媒介意识形态偏向所引起的后果是生态环境意义上的,也即整体性的、牵一发而动全身的影响,包括我们的感知方式、认识论、价值观念、常识、生活习惯、社会制度等等。

可见,电视作为一种人们有意识地生产出来的科技产物,自它出现之后便在人的意志与技术的意识形态偏向的双重作用下对我们的文化产生了整体性的影响。对于那些想要了解当代奇观文化的人们来说,首先应

---

① 〔美〕尼尔·波斯曼:《娱乐至死》,章艳译,广西师范大学出版社2004年版,第30页。

② 〔美〕尼尔·波斯曼:《技术垄断:文化向技术投降》,何道宽译,北京大学出版社2007年版,第7页。

该明确的问题在于,作为奇观制造者的视觉媒介一旦被人接受,就会坚持不懈地按照自身所设计的目标前进。换句话说,媒介具有自身的意志,一旦我们接受一种媒介技术,就不能不接受这种媒介意志所产生的文化后果,而那种主张媒介是中性的,要受到人的媒介使用目的与性质的支配的观念,不过是自欺欺人的说辞而已。视觉媒介的盛行是我们这个社会的历史结构所造成的结果,它以一种同义反复的方式向我们强调一种真理观,那就是"眼见为实"的视觉真理,尽管人们在不断重复的被欺骗的经验基础上能够区别媒介奇观与现实生活的差距,但是面对不断奔涌而来的视觉信息,视像认识论理想遭到破灭之后的观众于是将注意力转向了这些信息的娱乐功能。既然视觉媒介不能给我们提供事实真相,而我们又不能不接受被无情抛入奇观社会的现实,那么何不将这些信息都当作娱乐来消遣呢?正是为了适应这样一些有聪明头脑的观众的需要,同时更是为了在市场上获取媒介机构的各种利益,电视将它的娱乐功能发挥到了淋漓尽致的地步,成了名副其实的娱乐之王。

(二)家用的日常活动图像

电视的独特性就在于其图像性,没有了图像画面,电视将变成广播。对此,我们可以观察到一个有趣的现象:所有的电视遥控器和控制开关上都会有一个按钮是用于取消声音的,但是无论如何也找不到设置了消除画面按钮的电视遥控器。电视遥控器的设计理念是:画面明暗可以调整,但不能消除;而声音既可调整,也可消除。这种有趣的设计理念透露出人们对电视和广播的区别具有明确的认识,尽管电视是声画结合的媒介,但视觉画面才是电视的生命所在。准确地来说,电视(还有电影)是通过活动的图像讲述各种故事的媒介,这些故事有少数来自于现实生活,但绝大多数则来自于虚构。电视是一种巧妙融合了现实和虚幻世界的媒体,它(和电影一样)的奇特魅力就在于:它一方面通过影像的现实性给人们提供强烈的现实感受;另一方面,又能够通过这些具有现实感的图像讲述各种虚构的故事,这些故事往往能够满足人们内心深处的心理期待与欲望,当然,需要指出的是,这些心理期待很大程度上讲也是由电视媒介的虚幻故事所激起的。也就是说,电视的运作秘密就在于它通过亦真亦幻的日常叙事,一方面培育、生产着观众的欲望和需求(信息与娱乐);另一方面又生产出满足这些欲望和需求的产品(新闻、电视剧等)。

其实,电视的上述特征也和电影的媒介特征基本相同,但电影对当代文化所产生的影响力却比电视逊色得多。其中的原因主要在于电视是一种“家用媒介”①,它已经深度介入人们的日常起居空间,在家庭客厅、卧室甚至是浴室中,随处可见电视的身影。在数字化和媒介融合的趋势下,电视深入渗透到个人的私人空间,如今手机基本上实现了成为个人贴身用品的角色转换,传统电视与网络和手机的结合必定会让“新型电视”的影响力无处不在,无孔不入。就传统电视而言,无论是在中国还是世界上其他许多国家,大多数家庭早已习惯了每天收看几个小时的电视,看电视已经成了很多家庭的日常娱乐休闲活动与生活习惯。如果从麦克卢汉式的视角看待电视技术进入家庭这一现象的话,那么电视技术事实上重塑了家庭文化。这种观点体现在英国传媒学者罗杰·西尔弗斯通的研究中。在他看来,电视的产生和介入已经构建了一种新的家庭文化。过去的家庭成员通过“围在壁炉边讲故事”这一特定的仪式化行为来构建家庭文化,这是一个私密的私人空间,与社会的公共空间相互隔离,人们在这一空间中通过谈话和交流来增强彼此的情感和家庭氛围。现在电视取代了壁炉成为家庭文化构建的核心,在看电视这一仪式化活动中,家庭成员共同分享一种以电视为核心的家庭文化,不过在这种共享活动过程中以安静地观看取代了活跃地交谈。另一方面,电视将家庭这一私人空间与社会公共空间联系起来,使得家庭成为公共空间的延伸。通过电视这一媒体,家庭与工业资本主义和市场经济密切联系起来,并成为其中的重

---

① 〔英〕罗杰·希尔弗斯通:《电视与日常生活》,陶庆梅译,江苏人民出版社2004年版,第34页。按:“家用媒介”一词并不是泛指家庭中使用所有的媒介,而是指作为构建家庭文化的基础和核心的媒介,网络、手机等媒介也都进入了家庭,但是它们基本上是一种个人使用的媒介,而不能成为构建家庭文化的仪式化活动的核心,因此不是所谓“家用媒介”。

要组成部分。因此,“在家的构造中,电视的角色超越了现象本身,包含了一系列更为宽泛的概念。”在这一主题下,我们可以讨论的问题相当的多,但总的来讲,电视的引入重建了家庭文化,并且也改变了家庭与社会的关系。

正是凭借着画面传达上的优势以及深入人们家庭日常生活的特点,电视在当代媒介生态中几乎占据着绝对优势的地位。从单向信息传递或宣传的角度上看,目前几乎找不到任何媒介在政治统治、商品销售、文化消费等方面具有超越于电视之上的优势和效率。可以说,在商业电视高度发达的文化环境中,电视已经成为具有统治霸权的“元媒介”,电视所呈现的模型成了这个世界应该如何存在的模型。它的语言形式、表达模式和娱乐精神都成为整个社会竞相效仿的典范。我们容易观察到,当电视台播出一部具有轰动效应的电视剧时,媒介生态群体往往很快就会发生一系列的连锁反应:出版商会及时出版与该电视剧密切相关的书籍:或是原本小说;或是演职人员访谈;或是演职人员自传之类。报纸会及时报道与该电视剧相关的消息、访谈记录、评论等。网络也会迅速跟进,播出该电视剧的网络视频,开辟讨论该电视剧的网络专栏,推出相关的博客文章或者讨论。在媒体行业中,报纸、杂志、书籍和网络都大量使用精美图片,以迎合电视时代公众的感官习惯;由于电视大量生产娱乐性节目,报纸、书籍、杂志也逐渐放弃对公共事务进行的严肃而富有深度的讨论,而更多地将版面和篇幅让位于煽情、肤浅、无聊的娱乐信息。

(三) 娱乐至死的媒介

娱乐是市场化视觉媒介的本性,波斯曼所宣称的“娱乐至死”的时代,主要就是针对电视而言的。娱乐性是由于电视的技术特性所具有的特殊属性产生的文化效应。要认清电视文化诉诸声色犬马的感官娱乐这一特征,我们最好是比较一下它与印刷文化之间的差异,因为这两种当代主流媒介文化形态之间存在着极大的不同。很多媒介学者都注意到,电视文化的兴起正在威胁着数百年来印刷文化建构起来的文化信仰——严肃与理性。正是由于电视文化破坏了传统印刷文化建立起来的理性文明模式,用无休止的娱乐精神挑战印刷文化的理性精神,因而它成为众多当代知识精英一致批判的对象,从阿多诺到卡尔·波普,从布尔迪厄到波斯曼,数十年来电视一直伴随着知识精英的批评声浪成长。

首先,印刷文字并不提供视觉享受,它没有五彩斑斓的色彩,也不能提供形象逼真的现实模拟画面。相反,它在视觉形象上是高度抽象的。除了中国的古代汉字及其书法艺术这样少数的一些象形文字尚能引起人们视觉上的有限兴趣之外,使用拉丁字母的文字(如英文、德文、法文、俄文等)在视觉上可以说是毫无趣味的。这些抽象文字的唯一作用就在于记录思想和观念、表达意义,除此之外别无用途。如果想要理解文字符号所传达的意义和情感,阅读者需要对抽象文字进行复杂的解码活动才能从中获取传达的意义与情感。这种解码活动意味着从抽象文字符号到意义与情感唤起之间存在着转换的环节,它在一定程度上限制了理智和情感上的直接冲动。相比之下,电视本身的魅力就在于其画面符号,电视的叙事符号都是生动形象的,能够给人视觉上的直接享受。电视画面所传达的意义和情感几乎都是一目了然的,人们不需要像阅读文字时那样进行思维转换,而是直截了当地加以接受。换句话讲,相比于文字阅读的“曲径通幽”而言,电视的特点是“一览无余”的。这也意味着,文字的阅读理解乃是一种线性深入的思考过程,而电视图画的欣赏则更多的是一种平面肤浅的感官愉悦。

其次,如上所述,一般来说文字并不能引起视觉上的感官享受,它们被发明和使用的首要目的就是记录和表达意义。而在表达意义方面,文字必须按照既定的规则进行组合排列,构成句子才能完成表达和叙事的功能,如果脱离了自己所存在的语境,单个的文字是毫无任何意义的,阅读的愉悦感就来自于对这种精心安排的线性排列的解码过程。图像符号则不同,由于图像符号本身具有形象生动的外观,可以给人感官愉悦,因此,单独一个画面或者多个画面不严谨的随意组合也能产生愉悦感。文字符号与图像符号的最大差别可能就在于此。零散而互不关联的文字放在一起只不过是不能产生任何意义的线条而已,但零散而互不关联的图画放在一起则仍然可以产生愉悦,因为每一张单独的图像都可以提供意义和感官愉悦。更为有趣的是,很多时候杂乱无章的图像连续播放甚至可以产生奇特的视觉感官效果,影视艺术中常用的"蒙太奇"效果恰好就是将本属于不同语境中的图像重新剪辑组合在一起而产生的特殊效果。电视符号的无语境播放特征使得电视的思维方式不同于印刷书籍,电视的制作和播放无一不体现它作为无语境的"东拉西扯"艺术的特质。我们之所以还能够感觉到某些电视节目的系统性和逻辑性叙事力量,是由于电视借助于声音的帮助来引入语言和文字,以便组织和维系其内在的逻辑。不过,由于电视主要诉诸图像和感官刺激,因此,即便通过声音引入语言和文字来组织图像,其效果也完全不同于印刷媒体。

从电视节目的播放特征来看,这种"东拉西扯"的特征非常明显。尽管这种编辑特征始于大众化报业时期,不过电视将这种特质发挥到了极致。很多电视节目的编辑播放都没有严整统一的主题,而是一堆杂乱信息的拼凑组合。以电视新闻节目为例,通常情况下,在大约半小时的时间里会播放几十条内容五花八门的新闻,这些新闻之间几乎没有任何内在的逻辑联系。它们被组织在一起进行播放并不是由于这些新闻具有一个预置的主题,而是纯粹为了将栏目时间填满(当电视凸显其政治功能的时候,新闻组织便具有了条理性)。然而,与报纸上的"东拉西扯"不同,人们在阅读一张报纸上的杂乱新闻时,可以保有自主权,选择那些与自己的兴趣爱好相关的新闻加以阅读,而那些与自己的兴趣和思维逻辑不相吻合的部分则可以过滤。也就是说,报纸或者网络新闻的阅读者可以通过自主性的选择组合阅读行为对"东拉西扯"的新闻材料进行整理,使之具有逻辑和条理,报纸和网络的空间展示特性使得读者的阅读自主权得到了保护。

相比之下,电视的播放乃是一种时间上的线性展示。人们没有选择的自主权,只能随着电视播放被动地逐条接受信息,根本无法避免这种"东拉西扯"的编辑播放模式的影响。然而,人们的思维特性,尤其是时间序列中的思维总的来说是需要逻辑性的，面对这种毫无逻辑联系的一系列新闻，导播和播音员很多时候会发挥自己的想象力，力图在互不相关的新闻之间寻找相关性，以改变只能向观众不断重复“接下来是一条有关……的新闻”之类的陈词。然而，很多时候他们的这种补救措施总是让观众感觉太过“牵强”，有生拉硬拽的嫌疑。比如在播报完一条有关净化水污染的新发明之后紧接着安排一条天旱不雨或某国发生水灾的新闻，在前后两条新闻之间点明其内在的逻辑联系在于“水”。然而，这种奇怪的逻辑性解释就像电视播放的内容一样，不过是显示电视具有十足的娱乐精神罢了。

如果说节目编排上的零散性尚可忍受的话，频繁的广告插播则更将电视的“东拉西扯”模式推向了极端，让人无法容忍。广告的诉求特点和诀窍就在于完全摒弃理性，纯粹以感官上的刺激来引起观众的注意，频繁插播的广告总是将观众的思维完全搅乱。当电视观众的思维进入一个主题（例如电视剧或纪录片）并开始在这一方向上进行深入思考的时候，频繁插播的广告会强行将观众的思考打断，将观众从理性思维的状态转换到欣赏声色犬马的广告的状态。一个具有严整统一的思维品质的观众是根本无法适应这种模式的，因此，在电视的这种“东拉西扯”的播放模式面前，严肃、理性、自主而有深度的思维是难以进行的，电视与探究性思考是绝不相容的。

最后，电视画面的快速流动更强化了电视媒介的直观性和感性特征。人们在阅读文字的时候可以不断品味揣摩文字的意思，反复琢磨文字中的意义，甚至针对阅读内容进行反思和批判性思考，并在空白处记下自己的想法。电视却与此相反，电视画面流动很快，每一个画面停留的时间都不会很长。对于画面的含义和意味，观众只能在很短的时间内加以感受，不可能有时间停留下来细细品味思考，更不可能有时间进行反思和批判。布尔迪厄认为人们如果要想对电视传达的内容进行理性分析与思考的话，必须将自己变成“快思手”，但一般人都不具备成为“快思手”的能力，他们大多只能成为在快速流动的炫目画面面前目不转睛、应接不暇的图像刺激接收器。正如前面所说,在电视观看模式之下,通过看电视进行有深度的理性思考几乎是不可能的,而通过画面刺激满足感官享受和情感冲动便成为看电视所能得到的收获。因此,如果脱离了“声色犬马”的娱乐内容,电视就不再具有强大的媒介竞争优势。电视虽在形象生动和情感性力量的唤起方面具有特别的优势,但在对严肃理性的公共事务进行的深度探讨和阐释方面却不擅长。总之,电视是一种娱乐至上的媒介,因此,娱乐精神也是作为合格的观众所必须具备的。我们在看电视时最合适的角色定位就是将自己作为一个单纯寻求娱乐的人,对于电视所播放的内容大可不必认真,看电视的时间就是娱乐时间。这倒不是说电视不传播知识,不能担当教育的职责,而是说电视就其技术特性而言总体上是趋向于娱乐性的,无论新闻节目、娱乐节目还是教育节目都具有娱乐性,都充满了娱乐的精神。尤其是在市场经济环境下,电视自身的经济诉求使得其娱乐特性得到了最大限度的发挥,在自由开放的市场经济中电视本质上就是一种娱乐至死的媒介。

娱乐精神给电视的自身发展带来了至关重要的影响,电视的娱乐精神让它看起来要比印刷媒介更为“友好”。它不需要人们付出太多的脑力劳动,只需要躺在沙发上,按动电视遥控器就能享受到电视尽心尽力的友善服务。相比之下,阅读就不这么轻松惬意了。它的最低服务门槛是读者必须掌握文字符号的含义,如果不经过长时间的艰苦学习,这道门槛无论如何是迈不过去的。这就意味着阅读要比看电视具有更大的难度,需要更多的智力投入和付出。试想,有谁会拒绝面带微笑、童叟无欺的电视的服务呢?有谁会拒绝让人欢乐无忧的电视呢?这种充满了微笑的娱乐精神也正是商业资本的最爱,是最适合于作为消费社会中市场卖点的东西。由于具有了这些优势,电视在很短的时间里就早早地取得了极大的成功,成为我们时代中影响力最大的媒介,并且直到如今的网络时代,它仍然风头正劲,尚未出现明显的衰落迹象。平心而论,娱乐并非洪水猛兽,无论在何种社会中,娱乐都是人类的正常需求。不过,当商业利益介入娱乐之后,娱乐便成为过度发展的行业,而过度的娱乐所产生的结果就是:在我们的生活中,除了娱乐业之外,不再有其他的行业。在全民性的欢声笑语中,我们逐渐习惯了电视娱乐所呈现给我们的支离破碎的世界,习惯了逻辑混乱、自相矛盾和肤浅廉价的煽情表演,也逐渐习惯于将低级庸俗而没有灵魂的节目内容视为常规性节目。仿佛借助于电视这一剂“解忧丸”,我们终于有机会实现没有思考,也没有痛苦而只有无限欢笑的生活了。然而,正如传媒理论家尼尔·波斯曼在其批判电视的经典著作《娱乐至死》中所指出的,当人们用笑声代替了思考,却不知道自己为什么会笑以及为什么不再思考时,一切就都为时已晚了。

二、电视文化的社会影响

作为一种具有很高普及性的媒介,电视(包括各种电子视觉媒介)的广泛使用使得人们的媒介环境得以重构,视觉媒介悄无声息地影响着人们对世界的认知、影响着人们的价值观念与意识形态的形成、影响着当代社会的社会生活方式。如果没有电视,人们的社会认知、审美观念、价值观念、社会意识形态、社会经济形式、社会文化形态以及人们在生产和消费活动中形成的社会关系都会截然不同于如今的面貌,这是人们特别容易忽略的电视影响。当然,我们并不是天真的技术决定论者,不会将电视强调为当代社会历史形态形成的唯一或者终极的原因,而是希望提醒人们注意到,电视确实在以一种不同寻常的方式建构我们社会的整个文化环境,而处于电视统治中的人们就像鱼儿生活在水中一样,生活在由电视所主导建构出来的环境之中。因此,从某种意义上讲,媒介不仅是制造它的人体的功能的延伸。更重要的是,在创造和使用媒介的过程中,人也同时变成了媒介的产物、成了媒介的延伸,人与他所创造的技术之间始终是一种双向互动和影响的过程。当然,电视技术的这种影响并不像机器上的开关,它的影响方式、它的作用机制、它的特征等等,都还需要结合我们社会生活中的其他种种因素(如社会政治和经济方式、文化传统、媒介生态状况等等)进行综合性分析,并且由于这种影响是多方面的,因此,我们也不能将它们一一列举出来,而只能就其主要的几个方面进行考察。

(一)电视与奇观社会

电视的技术特征是活动图像和娱乐,它能够在视觉和听觉上给予人们感官享受,这也是它能够广受欢迎和快速流行的最重要的原因。对于处于市场竞争环境中的电视来说,发挥视觉娱乐上的优点是解决一切难题的关键所在,只要把握了图像制造的金钥匙,电视就能施展身手,游刃有余。不仅如此,对于与电视共存的媒介群体来说,要想让广告商投放广告就必须争取收视率、收听率、发行量、点击率的增加,也就是说必须制造出媒体受众来。然而,当今时代最有效的吸引受众的方法就是制造媒体奇观,以影像奇观来牢牢吸引受众的眼球和注意力。而电视的技术特性使得它在奇观制造方面独具优势,因此,电视成为当代媒介生态群中具有较强"领袖力"的媒介,也就不足为奇了。近年来,电视的霸权地位受到来自网络技术的挑战,但总体上来说,电视由于其"图像媒介"和"家庭媒介"的天然优势,依然占据着主导型媒介的位置。

德波指出,随着电视和电影工业的日益繁荣,人类进入了"奇观社会"①的时代。奇观社会的基础自然就是电视电影等影像媒介的普及,影像媒介的繁荣日渐催生了一种新的认识论和真理观,视觉的重要性得到了空前的强调。在这种认识论和真理观的基础上,社会经济运行和社会关系的流转均以媒介影像为核心。这种奇怪的社会模式实际上隐含了消费型社会中现象与本质颠倒、真实与虚幻混淆的异化状态。

德波的分析开辟了一个重要的研究方向,那就是从针对媒介表象或影像的批判性视角理解当代社会的异化本质。随着视觉媒介的高度发展和普及,我们如今生活的这个世界已经成为极其典型的"奇观社会"。无

---

① Spectacles 一词,有"景象""景观""奇观"等意思。对于德波的著作,国内也有翻译为"景观"的。不过,汉语中"景观""景象"与"奇观"的意思大致相同,都与视觉和图像有关,只是语义程度上略有不同。因此,可以将影像媒介发展的前期称为"景象"或"景观",而将视觉媒介高度发达的当今社会称为"奇观"社会,不过这种区分并不严格。

论是琳琅满目的商品广告、具有神奇视觉效果的好莱坞大片，还是场面宏大的仪式和演唱会、参与人数众多的电视选秀节目、好莱坞化的政治竞选、层出不穷的选美大赛、随处可见的网络艳照……奇观在视觉形象和社会仪式方面全面渗入了我们的生活。正如凯尔纳所说："媒体奇观组织和推动了当代经济生活、政治冲突、社会交往、文化和日常生活。"显然，媒体奇观已成为我们时代的重要特征，而所谓媒体奇观，即"那些能体现当代社会基本价值观、引导个人适应现代生活方式并将当代社会中的冲突和解决方式戏剧化的媒体现象，它包括媒体制造的各种豪华场面、体育比赛、政治事件。"①

媒体奇观是由以影视媒体为主体的当代各种媒体共同制造的，这些媒体奇观最重要的特征可以通过关键词的方式罗列如下：消费、形象、视觉冲击、商品、戏剧性、吸引力、轰动效应……奇观社会遵循的运行逻辑即所谓的奇观逻辑，也就是不断生产、复制具有视觉冲击力、戏剧性、吸引力或轰动效应的奇观形象，并通过制造奇观形象引导消费行为，组织建构社会经济、政治、文化生活的逻辑。用德波的话讲，所谓奇观逻辑也就是不断升级生产奇观的逻辑，除了升级生产自身之外，奇观并没有任何别的目标。

虽然整体上的当代媒介奇观是由各种媒体共同制造的，但是其中的主角并不是文字或图片媒体，而是视频（影视）媒体。在当今中国，电视媒体可能不是公信力很高的媒体，但却是普及性很强、影响力很大的媒体，因为电视媒体在制造媒体奇观方面具有无可比拟的优越性。在奇观逻辑和媒体技术发展的背景下，近年的电视创作中，奇观化的倾向日趋明显。就视觉表现方面来说，很多电视剧在拍摄过程中大量使用特技效果，却罔顾电视剧剧情上的要求，破坏了作品在图像、故事和叙事整体方面的平衡，严重影响了其艺术性。在炫耀视觉技术的冲动之下，谈神说鬼的电视剧充斥荧屏，以便最大限度地展示视觉技术上的奇观；又或为了同样的

① 〔美〕道格拉斯·凯尔纳：《媒体奇观：当代美国社会文化透视》，史安斌译，清华大学出版社2003年版，第2页。

目的胡编乱造,如将舌战群儒的文人诸葛亮塑造为好勇斗狠的武夫高手,而大德高僧唐三藏也在荧屏上大展拳脚,勇斗妖魔,如此种种,不一而足。

除了炫耀奇观的电视节目之外,商品广告和购物节目更是成了电视消费奇观的集中展示台。正如凯尔纳所指出的:电视自诞生之日起“就一直充当推广消费文化奇观的工具。电视媒体不仅被用来推销汽车、时装、家用电器等商品,而且还被用来传播中产阶级的生活方式和价值观。”如今,电视利用最新媒体技术不断改善广告的视觉效果,而且不断突破相关法律法规的限制,大量播出品质低劣、充满视觉和听觉暴力的商品广告和电视购物节目,甚至不惜因此而扮演形形色色的商业欺骗活动的帮凶,坑害包括电视观众在内的广大消费者的利益。对此,国家广播电视管理机构隔三岔五就要严加训责、三令五申加以整顿。然而,在巨大的经济效益诱惑面前整治效果非常有限,总有不少电视台阳奉阴违,与监管部门展开“敌进我退,敌驻我扰”的游戏,规避监管。

(二)电视与民众参与的媒体奇观

奇观电视、广告、电视购物等都还远不能概括电视所制造的奇观文化。作为人们日常接触和使用较多的媒体,为了提高收视率,谋求自身经济效益,电视一方面积极搜罗那些具有奇观展示价值的社会事件和人物,另一方面不惜利用娱乐化、低俗化的方式迎合观众的收视趣味,或者利用其在制造明星等方面的优势想方设法地制造大量的媒介事件以吸引观众的眼球。从狂欢节一般的电视体育赛事转播、电视情节剧般的政治选举活剧,到规模巨大、旷日持久的全民选秀造星现象……电视奇观的逻辑就是:在保证政治方向正确的前提下,一切都按照收视率指标的要求进行策划和评价、一切都为了电视台经济效益最大化。为此,近年来电视业开始突破自身能力范围,通过联合社会上可以合作的商家共同制造更大规模的媒体奇观,通过强强联手的方式打造巨型奇观媒介事件,将更多的观众、更多的商家、更多的媒体卷入其中,并由此产生庞大的经济收益。近年来电视媒介的节目策划视角已经发生了很大的转变。一方面,媒体自身在不断升级技术以自身的编导力量制造影像奇观;另一方面,媒体为公众搭建了娱乐和展示的平台,让观众尽可能多地参与到奇观的制造中来,这种形式的电视节目策划事实上是将电视意识形态深深植入公众的日常生活中,以追求快乐和一夜成名为诱饵,打着"平民化"和"公民参与"的旗号将公众组织起来为媒介的经济利益服务。事实上,在这种节目的策划方案中,并没有征询和容纳公众的意见,公众并不能决定节目的形式和内容等方面的运作,所有有关节目方案和游戏规则方面的决策均由电视机构与合作的商业机构联合做出,公众的任务仅仅是参与到游戏中来,在电视提供的表演展示平台上按照主办方的策划方案进行演出。在这一"公众参与"的游戏中,公众能够得到的是展示自己以实现梦想的机会,而媒介却能够得到收视率和大量的经济收入。

由于选秀模式能够实现观众和电视机构(包括合作的商业机构)的利益双赢,因此,选秀节目成为全球范围内电视娱乐节目的流行模式。中国的电视选秀节目也一直在与时俱进,随时跟踪国外节目的开发趋势,并及时将其成功模式复制到国内,掀起一浪高过一浪的选秀奇观。尽管这种引导全民进行娱乐性选秀的节目从社会效益上看存在巨大争议(如存在鼓励追名逐利的价值观等),也多次因为触碰传媒职业道德底线(如为取得最佳戏剧性效果而在节目中蓄意造假、欺骗观众等)而遭受监管部门的惩罚和打击,但总体上看,由于这种电视制造的社会奇观潜藏着巨大的经济效益,因而电视机构始终不屈不挠地推进选秀活动的改进和升级,从限制选手性别和表演技能类别的"超女""快男"选秀,到限制年龄和婚姻状况的"非诚勿扰",再到不设置任何参赛条件的"中国达人"。近年来,伴随着监管部门的责罚和公众的质疑声浪,选秀节目的规模却在不断升级。究其原因,自然是因为这类节目得到了大量参与其中的观众的支持。在奇观社会发展出的特殊认识论和真实观之下,凡是能够在电视媒体上出镜的人物、商品和事件,都会成为公众关注的焦点,都会成为人们憧憬和崇敬的对象。那些在电视荧屏上长袖善舞的人,很快就会成为名满天下的成功人士,并在一夜之间就拥有社会影响力、地位和金钱,而这一切似乎和他先前的个人成就以及经历都没有关系。一个名不见经传的在校读书的学生经由电视选秀的包装展示,便能神奇地化身为家喻户晓、拥有众多粉丝的名人。而那些没有在媒体上展现自己的人,即便是才高八斗、身怀绝技也难免被淹没于茫茫人海、芸芸众生的命运。正如德波所指出的那样:“景观不是影像的聚积,而是以影像为中介的人们之间的社会关系。”简单点讲,表象呈现将会在转眼之间把你从普通人的社会关系结构中解放出来,并为你重建一个“有名望的人”的社会关系结构。对于景观社会中的个人(演艺人员尤其明显)来说,如果不能被虚幻为一种非真实的景观式的呈现,那么个人对于世界和他人来说就是无所谓存在或不存在的。景观社会是影响资本的时代,倘若不能在媒体上“秀出风采”的话,再好的东西也相当于是不存在的。对于淡泊名利者而言这并不是什么问题,也不会对社会形成什么不良的影响;但是如果反过来看,一切能够在媒体上露面的事物,无论美丑都将拥有一种神奇的效应,即获得一种虚幻的“名望”。这种以影像观看为基础而形成的“名望”会得到人们的热烈追捧,对于景观社会而言,凡是以景观形式呈现的都是好的。这个原则不像上面一个原则那样无害,相反它将混淆社会的价值。

正因为这种奇怪的逻辑,参加电视选秀便成为诸多怀抱成名梦想的观众趋之若鹜的目标,电视选秀舞台也成为实现其成名理想的“星光大道”。在奇观社会的奇观逻辑支配下,我们社会生活的模式基本上都由媒体形塑,电视媒体为我们提供行为的标准、生活方式的标准以至于社会价值观念的标准,也为我们提供名人的标准。成为媒体名人的关键并不是你的工作业绩、生活阅历、学术成就、科技发明、社会贡献、道德品质……即便在这些方面取得了不俗的业绩,但如果不能在电视上进行富有戏剧性的展示并取得戏剧性效果的话,那也是无法成为电视名人的。因此,电视为我们挑选出来的社会名人几乎无一例外的都是擅长歌舞、表演逗乐,或者外形靓丽、巧舌如簧的人才,至于那些沉默口拙的数学天才或者学问家,那些长于实干而不善言谈的科技专家,以及那些善良勤劳、朴实无华的普通民众是无论如何都不能成为电视明星的。这倒不是说电视不愿意展示他们的非凡才能，而是因为他们的才能并不适合于电视的媒体特性。

事实上，大浪淘沙般的明星制造是奇观逻辑的客观需要。如前所述，奇观的逻辑就是不断生产出奇观自身。在这一逻辑的支配下，生产奇观成为一种实际的需要。资本在为自身的增值而进行生产时，其目标实质上就是不断再生产出新的奇观，因为“当资本积累到成为一个形象的程度时，奇观就是那资本”。有意思的是，为了实现资本的增值目的，资本必须先生产出具有奇观效应的媒体明星，通过这些媒体明星及围绕着这些媒体明星而发生的那些或光怪陆离，或哗众取宠，或打动人心的娱乐奇观拓展受众市场。这样，资本势必会将某些恰好能在资本目的、媒体舞台、受众消费三者之间达成最佳契合点的人挑选出来，作为制造媒体奇观的基础和核心。在这样一个过程中，明星得到了资本的支持，并因此在瞬间变成了高效的吸钱机器。也只有在此时，明星才最终使资本实现了价值增值和扩张的目的，而明星个人也会从中获得由资本作为后盾的个人财富。很明显，如果明星不能满足资本增值的需要，不能成为高效的吸金机器，那么他/她将被资本无情抛弃。为了避免这种情况的发生，明星们(包括那些还没有进入资本选择视野范围内的潜在明星)使出浑身解数，采取各种手段制造娱乐性事件，以增加个人的形象资本，争取社会资本对于自己的关注，甚至不择手段地制造轰动效应，通过低级趣味的炒作和触碰社会道德观念底线的行为吸引公众的眼球，以实现自己的形象资本增值的目的。

(三) 电视对青少年文化的影响

商业电视文化对儿童及青少年群体的影响一直是国内外学者关注的热点。不过，就迄今为止学术界已有的重要研究结果来看，结论与评价基本上都是负面的。如果说电视尚有什么能够帮助儿童和青少年成长的优点的话，那就是电视教育节目和一些有益身心健康的卡通电视，不过这类节目一般都是公益性质的，数量较少并且人们对其影响的利弊评价也还是存在着较大争议。因此,总体来说,长时间看电视并不利于儿童和青少年的健康成长,这也是大多数家长为何总是倾向于严格限制孩子们看电视行为的原因所在。

1. 电视与童年的消逝。

电视技术的特性使它具有特殊的魅力,它展现的世界具体而生动,并且富有情感魅力。更重要的是,无论你是知识精英,还是未受过教育的文盲,也不论你是经历丰富的老人,还是尚未成年的儿童,都会得到电视尽心尽力的平等服务,都可以在电视的世界中找到乐趣。电视和书籍的极大不同就在于,要具备阅读并理解书籍内容的能力需要艰苦而长期的训练,而要欣赏电视节目则几乎不需要任何训练。书籍不会将世界的秘密摆在你的面前,而是需要你在不断积累阅读能力、推理能力、逻辑判断能力和综合理解能力的基础上去获取。正是由于书籍具有这样的特性,因此可以根据阅读理解的难度和内容进行分级,不同年龄的人阅读不同难度级别的书籍。这样,儿童与成人的差别便一目了然了。由于阅读能力的障碍,儿童无法轻易从成人书籍中了解成人世界的秘密。

相比之下,电视的世界则是一览无余的。对任何人来说,电视上的内容都是一目了然的,没有理解难度上的差别。此外,由于电视需要每日播出大量娱乐性节目,因此,它也不可能像电影那样实行内容上的分级管理。为了适合娱乐的需要,电视更倾向于展示成人世界的秘密,并将偷窥他人私人生活的行为公开化、合法化、日常化。电视的娱乐本性同时导致两个结果。一方面,儿童很轻易地就能掌握大量成人世界的秘密,从而成为不折不扣的“小大人”;而另一方面,成人则陶醉在儿童都能理解的娱乐化信息中,成了“在知识和情感能力上还没有完全发育成熟”的“成人化儿童”①。更有甚者,如今电视不仅公开展示儿童不宜的节目,而且想尽一切办法引诱、教唆、绑架儿童观众为成年人的娱乐服务。于是当我们在家里打开电视的时候,经常看到儿童们穿着暴露的服装,模仿成人的仪

① 〔美〕尼尔·波斯曼:《童年的消逝》,吴燕莛译,广西师范大学出版社 2004 年版,第 141 页。

态，学着成人的腔调在荧屏上展示，以博取“童星”的名利，而电视策划、节目导演和儿童的家长们则各怀鬼胎地在一旁观看，并盘算着能从这些幼稚可爱的成人化表演中得到什么样的好处：或许是收视率，或许是广告赞助，或许是节目冠名收益，或者是名利双收和家长们虚荣心的满足……或许，所有这一切收益都是必要的，然而儿童自身的天性和快乐时光需要做出牺牲。幸运的是，有识之士已经注意到了问题的严重性，他们开始行动起来，力图改变这种状况。据《广州日报》2011 年 3 月 5 日的报道①：

政协委员庄威建议：少儿模仿成人秀应禁。

打开电视，稚气未脱的孩子模仿成人的“表演秀”节目层出不穷，少儿电视节目成人化问题亟待关注。全国政协委员、民革中央祖统委副主任庄威建议主流媒体应该抵制成人化的少儿节目，严格审查少儿电视选秀节目，对于诸如爱情小品、成人模仿秀等成人化选秀比赛则应禁止。

伴随着“你是我的玫瑰，你是我的花”的成人歌曲，表演的几个小男孩嘴里衔着花，跪在地上向旁边站着的小女孩献花；某儿童时装表演秀节目，穿着奇形怪状的时装、走着猫步的儿童还不时模仿时装模特的扭臀耸肩，做出一些极富挑逗性的动作……

现在只要打开电视，总能看见稚气未脱的孩子表演模仿成人。全国政协委员、民革中央祖统委副主任庄威认为，儿童不是成人娱乐的玩偶，把成年人表演的节目让天真无邪的孩子表演十分有害，长期如此，孩子的心理年龄逐渐比生理年龄大，会提早成熟，发育不平衡，造成人格或情绪发展方面的问题。

为此，庄威委员建议主流媒体应该抵制成人化的少儿节目，避免以成人视角来剪裁、规范少儿充满童趣的内心世界；严格审查少儿电视选秀节目，对于诸如爱情小品、成人模仿秀等成人化选秀比赛则应

---

①　于梦江、李栋、何涛、张莹：《少儿模仿成人秀应禁》，载《广州日报》2011 年 3 月 5 日，A 叠（28 版）。

禁止。

庄威委员表示,应该鼓励优秀儿童作品创作,多一些融思想性、艺术性和观赏性于一体的优秀少儿节目,要编孩子之所想、拍孩子之所拍,使少儿电视节目真正贴近儿童、服务儿童。

对于少儿节目成人化这一现象,全国政协委员、广东省歌舞剧院国家一级演员李素华认为,天真、纯洁才是孩子本身固有的特征,这种特征也应该体现在少儿节目中,本色地展现出来。

谈及成人化的原因,李素华认为是制度造成的,现在电视节目完全市场化了,向"收视率"看齐,一切为了吸引眼球,为了追求轰动效应,是利益驱动的结果。

……

可见,印刷文化为人类文化提供了儿童与成人的区分性概念,但随着电视时代的到来,人们又回到了印刷时代兴起之前的中世纪或更早的时代。在那时的文化中,儿童和成人之间没有任何文化意义上的差别,儿童不会受到特殊的保护,而成人在日常的娱乐中也与儿童的智力水平相似,这也就是波兹曼所谓的"童年的消逝"。类似的研究结论我们可以很容易地在很多媒介理论家那里看到。例如,约书亚·梅洛维茨也认为:"电视扫除了曾经区别对待不同年龄和不同阅读能力的人进入不同社会情境的障碍。人们对电视的广泛使用等于是一个社会决策,即允许幼儿出现在战争和葬礼、调情、诱奸、犯罪密谋和鸡尾酒会上。幼儿也许未必能完全理解电视上关于性、死亡、犯罪和金钱的问题。或者可以这么说,他们很可能会以儿童的方式来理解这些问题。尽管如此,电视毕竟把成年人几个世纪以来都一直试图隐瞒儿童的话题和行为暴露给了儿童。电视把儿童强行推入一个复杂的成人世界,刺激儿童询问那些他们在没有电视时不可能已经听到或看到的行为和话语的意义。"①

---

① 〔美〕斯坦利·巴兰、丹尼斯·戴维斯:《大众传播理论:基础、争鸣与未来》,曹书乐译,清华大学出版社 2004 年版,第 199 页。

2. 电视与青少年追星。

童年的消逝并不是电视对于未成年人群带来的唯一影响，对于那些世界观、人生观、价值观还处于形成期的青少年来说，电视影像所提供的媒介环境无疑是他们最为熟悉的环境，青少年对于世界的认知及其人生观、价值观都将会在电视的影响下得以塑造，这种塑造既有即时性的影响，也有长期性的“培养”影响。美国学者格伯纳的“培养”理论为我们认识电视的长期效果提供了说明。在格伯纳看来：电视对于人们的现实感、人生观和价值观的影响其实是个潜移默化的过程，也就是逐渐“培养”的过程。“电视促成了主要观念的培育和积累过程，在此基础上，在生活的各个方面人们都系统地接触了一些经过选择的社会观。这种社会观进而又形成他们的信念和价值观。（认知）环境被电视所垄断，以至电视教导的内容一再地被人们所学习。”①

青少年正处于世界观、人生观和价值观尚未完全形成的阶段，也是一个人的个性塑造、理想确立的重要阶段，很容易受到电视的示范效应的影响。在电视为青少年提供的环境中，他们最熟悉的面孔就是那些在舞台上进行各种表演的俊男靓女和各种明星。这些明星每天都以友善而美丽的姿态向他们微笑，除了自己的亲人，这些形象便是青少年观众们最亲切的朋友了。电视通过讲故事、表演展示等多种方式将电视的意识形态传输给广大青少年，而这种由电视传播的意识形态只不过是一种虚幻和虚假的意识，正像阿尔都塞所说，是“个体与实在生存条件的想象关系的‘表述’。”②对此，我们可以通过电视偶像剧来理解电视的这种影响。

或许是由于年龄上的原因，青少年对于青春偶像剧情有独钟。由于这些故事倾向于描述一些虚幻而浪漫的爱情故事，因此深受包括青少年

---

① 〔英〕丹尼斯·麦奎尔：《麦奎尔大众传播理论》，崔保国、李琨译，清华大学出版社2006年版，第93页。

② 〔法〕阿尔都塞：《意识形态与意识形态国家机器（研究笔记）》，载陈越：《哲学与政治：阿尔都塞读本》，吉林人民出版社，第352页。

在内的广大电视观众的喜爱。作为一种电视节目类型，偶像剧从剧情设置到人物塑造，大多重复着既定的情节和套路。例如香港 TVB 的剧集早在 20 世纪八九十年代成为内地偶像剧的主流，其剧情经常是以豪门恩怨为主要线索展开，涉及上流社会的种种内幕。通常男主人公都是富家子弟，形象俊美帅气，衣着光鲜，家财万贯，出手阔绰；而女主角则往往都是家境贫寒、美貌动人的善良女孩。他们历经千辛万苦，终成眷属。香港这一时期的主要代表作有《创世纪》《珠光宝气》《酒店风云》等。进入 21 世纪后，台剧、韩剧异军突起。台剧以《流星花园》《天国的嫁衣》《绿光森林》《王子变青蛙》《放羊的星星》《泡沫之夏》为代表，讲述的也均是富家公子与灰姑娘的爱情故事，历经波折最后两人终于在一起。韩剧的模式与之相似，如《浪漫满屋》《我叫金三顺》等等。不过韩剧还非常善于以悲剧形式来演绎偶像剧。两位青年越过重重阻隔终于相爱，但其中一方，常常是女主角，通常会被意外的疾病夺去生命或者失去记忆，通过将一段美丽的爱情故事残酷摧毁来博取观众的泪水。比如《蓝色生死恋》《天国的阶梯》《我脑中的橡皮》等。近年来，大陆各个电视节目生产机构出品的自制偶像剧也没有远离以上套路，从湖南台开自制剧先河的《一起来看流星雨》，到后来的《又见一帘幽梦》《幸福一定强》《爱上女主播》等，均是围绕富家子弟与平民的爱恋，或者涉及时尚、新闻等极少数“光环”行业的故事。

偶像剧的主要受众是青少年，他们日常收看的正是这一种类型化、程式化的偶像剧，接触的都是与真实的日常生活相差甚远的豪门恩怨、白马王子与灰姑娘的爱情故事，不断受到豪华汽车、艳丽服饰、富丽堂皇的别墅和酒店等物质欲望的诱惑。显然，偶像剧是对虚幻的，但又十分吸引人的金钱和权势的肆意渲染，是对于拜金主义价值观的极力颂扬。在偶像剧中，着重突出了爱情、财富、权力等几个要素，整个故事情节围绕这几个要素来编排。白马王子与灰姑娘的爱情故事，紧紧吸引着青少年观众的眼球，而社会的其他方面的面貌则消失在偶像剧营造的虚幻光晕中。老年人与普通人在偶像剧中很难找到自己的位置，他们是偶像剧中的“边缘人”，要么不出现在剧中，即使能在剧中出现，也往往以负面的形象示人。

事实上，青少年很容易混淆电视中的世界与现实世界之间的差别，误把偶像剧中的一切当成社会现实。偶像剧在青少年的头脑中建立起一个虚幻的“乌托邦”，那里是上流生活和财富享受的美妙世界，每天需要做的只是谈谈恋爱，享受人生，而人生的其他意义则在偶像剧王国里被彻底地驱逐了。一些深受影响的青少年往往沉溺其中而难以融入现实平淡的生活，难以面对和接纳现实生活的简单安详。为了继续这样的梦幻之旅，他们情愿留在虚幻的世界中，通过当上青春偶像剧的演员的方式继续自己的梦想。因此，在每年大量的艺术考生中，有不少考生都是怀抱着电视世界的梦想参加到考试中来的，他们的目标就是要亲自参加到电视造梦的活动中，延续自己的梦想。

迷恋电视节目的青少年极易成为电视、电影偶像的忠实“粉丝”，他们从电视中寻找自己心目中的偶像，通过各种方式来表达自己对偶像的喜爱。所谓“粉丝”人群，也叫追星族，指的是一群特殊的媒介文化受众，他们专注且深度投入于他们所倾慕或崇拜的特定的明星、名流、电影、电视节目、流行乐团等，对于这些喜爱和倾慕的对象他们了如指掌，即使是细枝末节的信息，他们也都能说得头头是道，而对于自己喜欢的对白、歌词，可以随口就来、引用无误。

青少年有自己独特的心理特点和需求，而成为追星族，正是满足青少年内心需求的重要途径。青春期的青少年正处于一个情感波动比较大的阶段，我国的青少年大多都是独生子女，娇生惯养，但却缺乏手足亲情。现代生活紧张忙碌，尤其是处在应试教育的高压之下，他们往往有着沉重的课业负担。他们内心敏感，波动极大，需要安抚与交流，情感需要得到宣泄和抒发。而电视提供的各种明星则满足了这一内心需要，影星们带着青春偶像剧，与青少年一起分享爱情的青涩；歌星演唱充满激情的歌曲，跳着动感的舞蹈，点燃青春的激情，青少年能够在追星的过程当中寻找到快乐。青春期也是青少年寻找人生意义、定位人生目标、形成人生观价值观的时期，他们在找寻自己的人生定位。而电视提供的明星选秀节目,让广大青少年看到了一夜成名的希望,从李宇春、张靓颖到曾轶可,一个个造星神话正在上演,随之而来的财富和地位更是让人目眩。成为一个追星族,追逐自己喜欢的明星,也是在追逐着一个成功人生的模范。歌星、影星们的知名度和伴随知名度而来的荣耀与财富,令青少年逼真地看到了朦朦胧胧的成功,他们渴望成为这样的辉煌成功者。于是,他们热情地追随眼前的成功者,认为能够在芸芸众生中脱颖而出、占尽风光的,必定不是平庸之辈。同时,谈论明星话题,追逐时尚,正成为青少年社交中的重要组成部分。明星的穿戴总是引领时尚的风向标,模仿明星的衣着风格,从而跟随潮流,在一定程度上也能增强青少年的自尊和自信。成为追星族,与同类人共同分享追星带来的喜悦,也成为增强青少年人际互动的重要纽带。

从以上分析来看,青少年选择成为追星族有着他们的深层心理原因,但追星族的出现也同整个电视产业的经营机制密不可分。电视台播放的偶像剧、歌曲榜等节目为追星族提供了丰富的土壤,各种娱乐节目为追星族提供了源源不断的话题。尤其是近年来获得巨大成功的选秀节目,更是培育了新一代的追星族群体。从追逐"四大天王"等港台明星到成为"玉米""凉粉",追星族与电视节目的类型一起升级换代。从表面上看,追星族是在使用种种媒体资源来满足自己的各种需求,但是,从电视机构的角度来说,节目制作者也在想方设法地笼络追星族,制造追星族,不断投其所爱,为自己创造出更大的商业空间。就拿红遍全国的选秀节目《超级女声》来说,选秀的游戏规则为普通平民百姓提供了一个展示自我的舞台。观众眼中的李宇春、周笔畅、张靓颖不仅仅是她们自己本身,更是观众的自我投射。观众从她们身上看到了另一个自己,另一种潜能,"超女"点燃了青少年一夜成名的希望。于是才有了疯狂的"玉米"和"凉粉"们,才有了每一届海选时的疯狂。不难看到许多学生逃课,排一整天的队,只是为了在评委面前展示一分钟,成为冠军。更常见的是每年 2 月份,北京电影学院外的考生大军,在寒风中,每一个人都怀抱一个明星梦。但是,成功的永远只有那么一两个,更多的人永远是在等待。同时,短信投票的方式也使普通观众从结果的接受者成为了结果的决定者，观众仿佛才是整场比赛中的“上帝”，而短信投票则是证明观众存在的最佳方式。就当追星族们如火如荼地上街拉票、为短信数量发愁的时候，手机运营商和电视台早就已经赚得盆满钵满了。不管你的票投向了谁，只要短信数量在不断增长，商业的利益就得到了最大的满足。在电视娱乐的世界里，没有理性、深度和严密的思想逻辑，荧光屏里展现的永远不会是科学家的长篇大论，只有星光闪闪的影视明星。追星族们正是电视“娱乐逻辑”的最终产物，他们因娱乐而生，最后则成为娱乐新闻的注脚，每个人都成为了娱乐的下脚料。

综上所述，处于人生特定的发展阶段的青少年自我把握能力还相对较弱，身处一个电视无孔不入的时代，青少年被当作媒体赚钱的市场，被媒体设置的一个个具有商业目的的陷阱捕获，无处逃避。那么，或许最有效地减少电视对青少年（以及儿童）施加危害的一个现实途径就是让他们远离电视，走入书房去将自己训练成一个具有理性思考能力和判断能力的人。这样看来，家长们限制儿童与青少年看电视的行为倒是十分明智的。

（四）电视与“三俗”文化

面对商业化环境下无休止、无节制的娱乐泛滥，人们总是在提到娱乐的时候将它视为负面的东西，就好像它是一个恶魔，一无是处。事实上，有节制的娱乐并不完全是一件坏事情，娱乐的首要功能就是给人们带来轻松和愉快，试问会有谁不需要娱乐呢？当人们劳作一天之后能够看一会儿有益身心的电视节目，放松一下疲惫的身心，调节一下紧张的神经，自然是一种惬意的享受，也是一种休息的权利。而对于那些真正需要娱乐的人士来说，娱乐更是一种福祉。比如医院里养病的病人或者退休在家休养的老人，电视娱乐能够帮助他们打发时间，帮助他们排遣孤独，给他们带来快乐，没有电视娱乐，他们的生活将会变得枯燥无趣。娱乐并非全是坏事，娱乐之所以向来遭受恶名，其主要原因在于娱乐很难保持节制的状态。娱乐与庸俗,甚至是低俗之间总是如影随形,如同孪生的兄弟姊妹。无节制地娱乐必然会导致娱乐的媚俗、庸俗与低俗问题,也就是所谓的三俗问题。尤其在市场竞争的环境下,在收视率、收听率等广告投放指标的竞争压力下,媒体总是极尽媚俗之能事,或致力于迎合观众的低级趣味,或粗制滥造以争抢市场份额,或挑战社会传统、主流价值观念,大打低级庸俗的擦边球,触碰社会道德底线。如此种种,使得公众对于媒体的信任度大打折扣,在一波未平一波又起的媒体三俗浪潮中,电视(还有网络)可以说是领军者,这与它天然的娱乐特性是密切联系的。

1. 电视俗文化与低俗文化。

尽管作为一个特定的社会现象,反对媒体"三俗"的运动仅仅是最近一段时间才出现的现象,但事实上这一运动的历史由来已久,其历史一直可以追溯到市场化大众传媒的出现时期。从世界范围看,媒介的"低俗""庸俗"和"媚俗"问题几乎是一个全球性难题,各国文化界备受困扰,却难以破解。对此,我们应该看到,这一问题的解决事实上涉及众多相互矛盾的因素,由于无法厘清这些相互矛盾的关系,因此,媒体的"三俗"问题从来都没有得到真正地解决。随着媒介技术的发展和市场化竞争的日益激烈,包括电视在内的中国媒体存在的"媚俗""低俗"和"庸俗"问题越来越严重,引起了中国文化界和公众的不满,以至于整个社会对于以电视为代表的媒介"三俗"问题反应强烈。

近年来的一位有争议的电视名人是自称"小沈阳"的沈鹤,他是一名来自东北的二人转演员。在春节联欢晚会上名为《不差钱》的小品节目演出中,"小沈阳"以其怪异的打扮、阴阳怪气的语言和惟妙惟肖的模仿能力出现在全国电视观众面前,而在此之前,中国国家电视台的最重要的文艺晚会上还从未出现过如此扮相和另类表演的形象。这种"大胆地突破"强烈刺激了全国观众的眼球,一时间小沈阳成了电视界的新宠。观众有赞扬喜欢的,也有批评厌恶的。伴随着争议声浪而出现的,则是小沈阳喜剧节目的热播。由于片源有限,一些电视台甚至将小沈阳成名之前在民间舞台上演出的视频也找出来播放,而在这些早期的演出中,小沈阳的表演充满了污言秽语和荤段子,打情骂俏、脱衣撒泼的表演更是屡见不鲜,但是在收视率的压力下,这些演出也能展现在电视荧屏上。

就在电视台热播"小沈阳"的潮流已经归于平静之时,2010 年夏季出版的美国《新闻周刊》刊登了一篇评论中国文化现象的文章,点名批评"小沈阳"为"中国最低俗的人"。文章指出:"在中国,喜剧方兴未艾,其中最不可思议的明星之一是一名男扮女装的叫小沈阳的演员。这名 29 岁的喜剧演员以性别颠倒的着装以及时不时的粗俗之举而出名。小沈阳参加了中央电视台去年的春节联欢晚会。那天晚上,他抖的包袱里没有黄段子,但这名新人还是穿了一条裙子——称之为'苏格兰裙'。在这台晚会的 6 亿多观众面前,小沈阳一炮走红。……小沈阳一夜成名反映了中国社会宽容程度的变化。下流笑话和其他与性有关的话题——中国人称之为'黄段子'——不再遮遮掩掩。"①

显然,文章的用意并不仅仅在于批评"小沈阳",而在于通过小沈阳现象批评中国当代文化中存在的低俗现象。文章的发表即刻引起了中国文化界的强烈反应,因为它触动了人们如何评价当代中国文化新趋向这根敏感的神经。极力为"小沈阳"现象辩护的文化商人们适时地祭出了民族主义和民粹主义的大旗,如本山传媒集团的代言者在人民网上发表的《逢俗必反是罪过》一文便堪称最具有代表性的辩护词。民族主义的大旗自然没什么新鲜的,不过是以民族情绪为依据指责外国人的文章居心叵测,对中国新生的文化现象既不了解也不尊重。这种论调但凡遇到国内外文化论争时必然都会出现,倒也没什么新意。不过,民粹主义的旗帜就值得重视了,因为它是时下的各种媒体三俗现象大行其道最好的辩护词,其核心要点主要有两方面:首先,凡观众喜欢的就是好的,就是合理的。诚如小沈阳在接受媒体采访时所表达的那样,"我不知道什么被视为俗,但我知道观众喜欢我的表演。"②言下之意,低俗还是不低俗并不重

---

① 新华网:《美刊评小沈阳走红现象 称中国社会宽容度远超想象》,http://news.xinhuanet.com/world/2010-07/27/c_12378247.htm。

② 同上。

要，重要的是观众喜不喜欢，如果观众喜欢，有什么理由要反对或禁止！我们不禁要问，如果是这样的话，诸如扫黄打非、影视分级之类的社会文化监管措施岂不是都可以取消了？果真如此，“小沈阳”们恐怕也难以接受一个到处充斥着黄赌毒等低俗文化的社会，因为他们将无法在这样的文化环境中保障自己孩子的健康成长。其次，是将“三俗”文化与“俗”文化混为一谈以移花接木地转移公众讨论的焦点。争议乃是因为人们批判“低俗文化”，但《逢俗必反是罪过》一文却通篇大谈俗文化的合理性以及雅俗共赏的必要性，丝毫不涉及“低俗文化”的问题。也就是说，在振振有词地为自己辩护之前，三俗文化的传教士们先将争论的焦点由“低俗”文化转化为“俗”文化，然后再将人们对“低俗”文化的反对置换成对“俗”文化的反对。随后便大谈低俗文化与传统文化和民间文化之间的关系，指明它是民间文化，是人民喜闻乐见的文化，批评这样的文化事实上是不懂得、不尊重中国的传统文化和民间文化。因此，所谓辩护实际上也不过是误导公众、混淆视听罢了。

针对这种论调，我们需要指出：“逢俗必反”确实是一种“罪过”，但与此同时，逢低俗文化而不反更是罪过。这里必须弄清楚的是，“俗”与“低俗”或者“三俗”并不是一回事，虽然仅一字之差，但其内涵和性质则存在巨大差别。这里的“低俗”其实就是所谓的“三俗”，包括“媚俗”“庸俗”“低俗”等几种表现形式。所谓“媚俗”是指毫无原则地一味迎合受众的低级趣味，而置媒体的引导和教化职能于不顾。而所谓“庸俗”，《辞源》解释为“平凡鄙陋”，古人早有“庸俗之所贵，乃至人之所贱”的说法。用于谈论文化问题，意指其平庸无奇，缺乏创意，一味模仿国外节目模式，又不能加以创新。至于“低俗”自然是指格调低下，内容污秽。“三俗”文化无疑都是“俗”文化，但是反过来说就不能成立了。“俗”文化也即一般所谓通俗文化，是指大众喜闻乐见的、容易理解和接受的、普通人的文化。作为一个比较中性的词汇，它强调的是文化上的“亲和力”，也就是在表现形式上为大多数人所喜闻乐见。而在内容方面，俗文化的表现范围几乎是无所不及的，从经典学术著作到卡通漫画，从政治哲学到色情故事都能成为通俗文化表现的内容。也就是说,通俗文化形式既可以用来表现高尚而积极的内容,也可以用来迎合受众低级趣味、表现格调低下的内容。因此,所谓“三俗”问题的要害其实不在于其形式上的“俗”,而在于表现内容上的“媚”“庸”和“低”。正像我们不能笼统反对一切娱乐,而是要反对“娱乐至死”的信条一样;我们要反对的是“三俗”文化,而不是一切“俗”文化。不明了这一点,我们将容易陷入自相矛盾的尴尬境地。另外,也应当谨防将“民间”和“传统”作为护身符。用以保护“三俗”文化的极端民粹主义论调、“二人转”之类的俗文化固然与民间文化和传统文化具有密切联系,但是民间文化和传统文化中也有精华与糟粕之别,文化工作者在利用这些资源进行文化再创造时,必定需要根据时代和社会发展的实际,以及自己的社会责任意识进行去芜存菁的选择加工。

2. 治理三俗:一种补救。

如此看来,“俗”文化并不一定就是“低俗”或者“三俗”的文化,然而,处于市场竞争压力下的媒体,总是存在着极大的向着“三俗”方向发展的压力。要解决这一问题,需要考虑的因素是相当复杂的。就电视而言,追本溯源,我们不难发现导致其“三俗”问题的三个主要方面的原因:一是媒介内在的技术特性的影响;二是市场竞争方面的原因;三是媒介外部监管和制约方面的原因。

从技术上讲,前面所述的图像性和娱乐性都已决定电视文化从根本上讲是一种通俗文化,此外,电视还是一种独白性媒介而非对话性媒介。电视的传播方式是单向信息传输模式,缺乏及时的反馈机制。对于处于市场竞争下的媒介机构来说,受众就是市场,就是利润所在,而争取受众的最好办法就是提供受众喜欢的产品。然而,单向信息流动的传播模式使得电视不可能为每一位受众量身定做他所喜欢的节目,因此只能将大量的受众的丰富个性化需求抹杀掉,而把节目开发的重点转向他们共同的、普遍的兴趣。不过,普遍兴趣也仅是一个模糊不定的观念,受众所喜欢的电视节目,既可能是高雅的,也可能是低俗的。对于电视节目生产者来说,雅俗共赏、格调高尚的电视节目的开发,其难度和成本都要比简单迎合受众低级趣味的节目高很多,并且,对于高雅和高尚节目的接受,会因受众的教育程度、艺术修养、思想境界等因素的影响而不同,播出后的收视效果很难预测。因此,对受众普遍兴趣的猜想最终会落实到诸如反常、新奇、煽情、暴力、色情、梦幻等几种人类天性中的脆弱关节点上。这些要素便成为电视节目生产中需要遵循的法则,完全不涉及以上要素的电视作品是难以具有市场号召力的,也是难以争取制作资金投入支持的。在一定程度上讲,处于市场竞争环境下的媒体内容生产总是要遵循"人性"需求,因此,三俗的倾向可能是所有将不确定的最大多数受众作为潜在的媒介产品消费者的媒体所共同具有的倾向。

监管机制对于媒体内容生产品质的保证来说是极为重要的,因为无论从技术还是商业上说,媒体都具有滑向"低俗"文化的压力,而有效的媒体监管则可以对于媒介的品质进行约束。媒体监管的手段包括政策法律和行政法规。中宣部副部长孙志军认为媒体"三俗"现象的成因除了经济利益的驱动之外,主要是法制不够健全、管理不够到位。不过,不可否认的是媒体监管和规范与媒体的商业利益之间存在着天然矛盾,如果想让媒介在法制轨道和品质监管下取得良好的社会效益,势必就会影响到媒体的经济效益,监管过严也会导致文化事业失去活力。正是由于监管上存在着投鼠忌器的顾虑,在"三俗"的治理过程中监管方和媒体之间往往循环上演"猫抓老鼠"的游戏,一阵子收紧些,一阵子又放松些。因此,若想要市场竞争环境中的电视及其他媒体脱离三俗,取得社会效益与经济效益的双赢,事实上是很困难的事情。在发展文化产业时,必须明确:首先,必须理顺社会效益与经济效益两者之间的关系,坚决地把社会效益放在第一位,绝不能为了单纯追求票房、收视率和发行量,而忽视艺术品位、放弃社会责任、突破道德底线、有损民族情感。……绝不给腐蚀人们心灵、败坏社会风气的文化垃圾提供传播的渠道。其次,解决"三俗"问题应当着眼于提高媒介生产的创意能力,提高媒介从业人员和观众群体的整体文化素养和媒介素养。只有从文化产品的品质和质量上入手才能摆脱一味迎合受众低俗趣味的粗制滥造的生产模式,也只有从文化创意和品质提升入手,才能实现媒体娱乐与教化功能相融合。

三、电视媒体神话的解魅:以世界杯足球赛为例的分析

电视是媒体神话的制造者,现代社会所流行的各种意识形态神话都是媒体在奇观基础之上进行的更为高级的操纵受众的方法。神话是除技术因素之外使得奇观文化取得全面胜利的另一个最重要的原因。罗兰·巴特的神话理论对于生活在媒体世界中的人们认识媒介的意识形态操纵特征具有很大的帮助。作为生活在媒介社会中的人们,我们为什么总是倾向于按照电视所呈现的生活方式、行为方式甚至是言说方式安排自己的生活?为什么我们总是倾向于相信电视或者混淆电视与实际生活之间的界限?为什么我们常常也会对电视产生抗拒和厌恶,但是却无法不受到它的影响?或许我们可以借助于巴特的理论,通过对足球世界杯比赛进行的神话学分析来寻求对这些疑问的回答。

由于现代传播技术,尤其是电视的普及,源于欧洲的现代足球文化裹挟着大众媒体和商业逻辑的力量,横扫各种"文化进入壁垒",成为一种嵌入不同社会文化系统中并取得合法性地位的全球性文化。在每一次世界杯期间,日常生活神话的创造者——大众传播媒介都不遗余力地用足球信息填充我们的日常生活空间,将比赛宣扬为一场世界性的大狂欢,基本上每隔四年我们就会经历一场难以抗拒的足球神话的冲击。在2002年的韩日世界杯,中国队首次进入了正式比赛队伍之中,加之这场世界杯在亚洲邻国举行,多种因素的叠加使得这一年中国媒体上的世界杯狂欢达到了一个巅峰状态。那是一段消弭了多元文化信息及社会信息的日子,除了足球人们似乎再难以寻找到什么别的公共议题,足球被提示为国家公共生活的中心事务。对于受到媒介操纵影响的媒体受众而言,世界杯期间足球几乎成了我们应当予以关注的社会生活的核心,关注足球比赛的行为也被赋予了某些体育运动之外的社会意识形态寓意——关注足

球、谈论足球、热心参与足球文化活动的人被暗示为符合时代潮流、通情达理、富于生活情趣的形象;而那些不受媒体信息影响、在世界杯期间依旧按部就班生活的人则被暗示为保守、古板、缺乏人情味的形象。世界杯期间突如其来的足球文化热潮,让人想起西方社会的狂欢节。然而,在缺少狂欢传统的东方,媒体足球文化怎么竟成为了一种具有霸权性质的“狂欢话语”了呢?

事实上,如果我们将足球文化视为一种静态文化文本,我们发现它不过是媒体场域在内外竞争及商业利益作用下塑造而成的一种媒体文化的神话,这一奇特的神话文本的根本原则就在于:“它将历史转化为自然。”[①]“世界给予神话的是一个历史性的现实,而神话所回报的却是这个现实的自然意象。”[②]也就是说,本应该是具有历史性内涵的现象却被媒介以巧妙的言说方式去历史化,而代之以一种伪自然的意识形态神话操作,让人们将呈现于眼前的事物看成是自然而然的事情,是具有客观规律性或者确定性的事情或者必须加以接受的不可更改的事实。这样的一种意识形态的作用就是旨在消除人们从历史中认识真相的可能性,也同时消除了人们对历史之物产生的不满。比如,对于足球比赛来说,虽然它的早期历史与中国关系密切,但中国的足球运动基本上是王公贵族们闲暇时消遣的娱乐方式,这种运动形式似乎在民间并不盛行,也并没有发展出现代大众足球的任何迹象。现代足球运动的兴起是工业革命之后的现象,也是现代工业文明的环境中所产生出来的一种群众性的体育运动形式。中国基本上没有西方经验意义上的那种工业革命的漫长历史,因此并不具备产生现代足球文化的土壤。但是这些历史上的事实对于电视等现代媒体来说是不重要的,最重要的事情是世界杯蕴含着巨大的商业利益,如果能够让观众深处足球赛事的狂欢之中的话,媒体将能够利用这一赛事大赚特赚。

---

① 〔法〕罗兰·巴特:《神话:大众文化分析》,许蔷蔷、许绮林译,上海人民出版社 1999 年版,第 189 页。

② 同上书,第 202 页。

出于追求巨大商业利益的需要，电视必须将没有历史文化传统的中国观众都打造成足球爱好者，这其中最关键的问题是让他们都意识到：足球是世界各地的绝大多数人都为之疯狂的运动，也是现代文明的重要体现。一个不喜欢足球运动的人是脱离潮流和大众的，是社会中的离异分子。当然，媒体神话的最大特点就是在宣扬这些意识形态时所采取的是一种非常巧妙的方式，无论如何不会让观众们察觉到半点意识形态说教的痕迹。因此，神话的策略并不是想方设法去隐藏意识形态，而是将它们统统"呈现"在大众的面前。这里"呈现"的意思是指以一种特殊的符号操作方式加以言说，这种言说的效果就是让意识形态这种历史性的、政治性的、商业性的东西以"自然"的形式出现，因为人们如果认为他们所看到的东西是自然规律中发生的现象时，他们就不会有任何质疑或反抗的意愿了。就好像对于生老病死这样的事情，人们尽管并不喜欢，但却只能加以接受。既然不能改变自然的现实，那么何不让活着的时候都充满快乐？同样，既然足球这样的文化是世界各国的人民都普遍为之癫狂的事物，那么我们何不检讨自己，顺应自然潮流，加入到这样的狂欢之中呢？即便是假装享受足球也是值得的，因为这样让人们感觉到我并不是社会中不合群的离异分子。

媒体神话之所以能够将历史呈现为自然，从而进行意识形态操纵，其根源在于神话乃是一种特殊的符号表意系统。罗兰·巴特将现代神话描述为一个独特的符号学体系，并据此分析解构当代五花八门的大众文化现象，从而将被神话掩饰的"历史"复原，让人们能够通过对神话符号系统的分析认识到其意识形态欺骗性的实质。在他看来，神话是一个奇特的系统，它从一个比它早存在的符号学链上被建构：它是一个第二秩序的符号学系统。事实上，神话里有两个符号学系统。一个是被称为"语言—客体"的第一符号系统，它是建构神话系统所需的语言；另一个则是被称为"元语言"的神话本身。它事实上也就是神话文本的意指作用。巴特将这一复杂的系统表示为图1：

<table>
<tr><td rowspan="2">语言
神话</td><td>1. 能指</td><td>2. 所指</td><td></td></tr>
<tr><td colspan="2">3. 符号
Ⅰ 能指</td><td>Ⅱ 所指</td></tr>
<tr><td></td><td colspan="3">Ⅲ 符号</td></tr>
</table>

图 1

为了更清晰地解释这一符号系统中符号与意义之间的关系,约翰·费斯克在其《传播学导论》中将这一模式表示为图2:

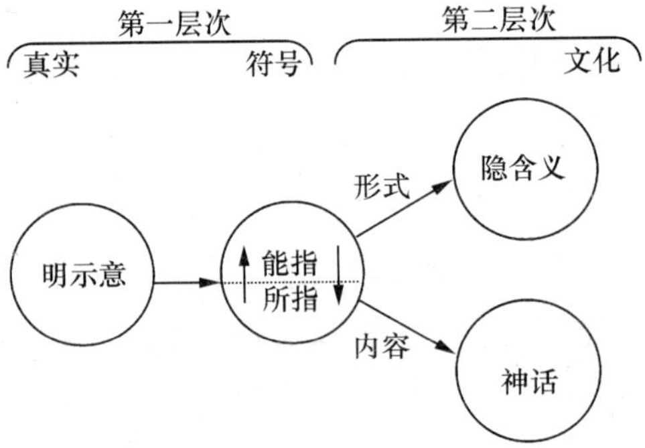

图 2

从这样两个图显示的情况看,神话的符号系统及其内部各种关系便一览无余了。第二幅模式图中的明示意是由符号第一层系统而得的显而易见的意义,而隐含义则是第二层次符号系统的形式,说明了符号如何与使用者的感觉或情感及其文化价值观互动,由于隐含义的产生主要根源于使用者的主观层面,所以我们常不自觉。如足球转播中电视镜头的取景角度、光线运用、镜头焦距等隐含义常被当成明示的事实,符号学中的语义学分析目的就是为了避免此类误解。神话则是第二层次符号系统的内容,根据巴特描述的模式,第一个符号系统中能指和所指建构而成的符号(最终名词)变成了第二符号系统中的能指(第一个名词)。在这里,"神话从侧面将第一个意指作用的形式系统予以改变。"它通过一些已经存在的符码、成规和资料的再排列组合为第一层次的符号系统添加上新的意义。足球文化的文本属于第二层次的符号系统。在神话中"一套魔术的把戏已经开始；它已经将现实内外反转过来，它将本身的历史掏空，并且用自然填充它，它已从实践中移开它们的人性意义，而使它们能意指作用人类的无意识。神话的功能是要掏空现实：它确实地是一种无止的涌出、流失，或许是蒸发，简言之是种可觉察的缺席”。神话扭曲了现实，而受众却不能像神话学家那样解读神话，他们的接受行为只专注于神话的能指，并视之为由意义与形式所组成的解不开的整体。也就是说，他们并不视神话为一种符号学系统，而是将神话的意指作用作为事实的系统：神话被阅读为事实的系统，然而它只不过是一个符号学系统。现代媒介技术已使一种体育运动文化的意义生成变得如此非同寻常，以至于我们必须尝试着为这一神话形式解魅。

需要特别注意的是这里所说的“历史”，可以解释为媒体文化现象“此在”状态的全部现实基础，其核心内涵在于被神化所扭曲、掩饰或蒸发了的那部分现实，包括文化的传统，文化的意识形态，以及文化场域内部的秩序、状态、关系及其在社会各场域网络中的地位及相互关系。在这里，当我们不得不对“历史”进行经验或实证的考察时，我们需要暂时离开神话学的理论而导入社会学的理论与方法。在近年的学术研究实践中，西方学者已注意到符号学与社会学的理论、方法各有优劣，将两者结合起来的努力产生了一种新的倾向，即“使用这些技巧（符号学分析）的社会学家们一般使用社会学概念和理论阐释符号学分析的结果”[①]。因为，正如多米尼克·斯特尼纳蒂所指出的，符号学的神话理论存在着一种缺陷，“如果分析被限于符号本身，经验上的有效性问题被忽略，那就很难看出怎么才能证实这一主张。例如，我们怎么能知道符号学所提出的各种结论不是分析者主观印象的结果，而是对意义的系统结构的客观揭示？”[②]因此，神话理论用于文本的静态分析是可以自足的，它对社会现象

① 〔美〕戴安娜·克兰：《文化生产：媒体与都市艺术》，赵国新译，译林出版社2001年版，第87页。

② 〔英〕多米尼克·斯特里纳蒂：《通俗文化理论导论》，阎嘉译，商务印书馆2001年版，第125页。

的洞悉也是极其深刻的,但如果我们需要对静态文本分析所得的结论进行实证证明并分析这一结论“怎样”产生的问题,我们就必须求助于社会学。在当代“欧洲批判传统”的社会学理论中,法国生成结构主义社会学家皮埃尔·布尔迪厄的社会“场域”理论恰好弥补了这种忽略经验研究的缺点。恰如剑桥大学教授帕特里克·贝尔特所评论的:“布尔迪厄不单纯是一个理论家,因为他做了许多经验研究。但有一种比较基本的方法使他疏远他所看到的盎格鲁—萨克森的社会理论概念:不依赖任何经验基础的合乎逻辑的、抽象的设计。在他看来,没有经验的基础,社会理论的研究就会变成一项不得要领的、无意义的工作。”[①]此外,由于将消解主客观二元对立作为自己社会理论的目的,他从传统社会学的实体论思维方式转向了关系论的思维方式,不仅重视社会问题的客观性研究,而且也重视社会成员的主观性交流和个人行动,在一定意义上融合了古典社会学中实证主义和人本主义的尖锐对立。这种倾向有助于我们不是将媒体足球文化仅仅视为个人行为的自为结果,如个人兴趣、心理喜好、行为动机等,也不仅仅将这一社会流行时尚视为文化历史的自然选择结果,如体育文化传统精神的自然延续,或足球文化在历史的某一时刻的偶然巧合似的全球勃兴或媒体自然具有繁荣一种特定文化的天然使命等。我们的焦点应当转到它们之间的相互关系上来,转到社会网络中场域的结构和各种相互关系上来。社会是由许多处于相互关联、相互矛盾斗争着的“场域”构成的,而“场域则可以被定义为在各种位置之间存在的客观关系的一个网络(network),或一个构型(configuration)。”[②]根据“场域”概念进行思考就是从关系的角度进行思考,因为“场域”的结构和运动过程都是以关系为本质特征的。

从历史传统基因与现实文化生命形态的关系看,如果足球在我们的

---

① 〔英〕帕特里克·贝尔特:《二十世纪的社会理论》,瞿铁鹏译,上海译文出版社 2002 年版,第 30 页。

② 〔法〕皮埃尔·布迪厄、〔美〕华康德:《实践与反思社会学导引》,李猛、李康译,中央编译出版 1998 年版,第 134 页。

社会中是“历史”的，那么，它在当代的繁荣也应当是合乎逻辑的文化顺延，媒体足球文化的勃兴则是对“自然”事实的反映；恰如它在英、法、意、德等西方国家中的那种情形，尽管这些国家中也不乏对于媒体将这一文化形式“渗透”到社会各个角落并对其非理性的一面总是推波助澜而进行的反思性批判。然而，正如前面已经提到的那样，体育史的材料显示：我国是一个缺乏现代足球文化传统的国家，现代足球运动在我国的勃兴缺乏传统依据。事实上，这种文化形式的全面入侵仅仅开始于十余年前（它的传入则可追溯到大约150年前），而这也恰好与中国媒体改革繁荣的进程相吻合。不少人将大约起源于春秋战国时代的“蹴鞠”游戏视为我国足球运动和足球文化之嚆矢，但这种游戏与现代足球无论从形式上还是内容上均相去甚远。现代足球乃是工业时代的产物，而古代足球则属于农业文明时代的游戏。况且，古代足球运动从明初起就屡遭禁止，逐渐衰落了，“清代中叶之后，史籍中关于此项运动的记载便不多见了。”①现代足球运动是由欧洲入侵者在19世纪40、50年代传入的，并且一直发展缓慢，中国人一开始就对这种入侵的运动充满敌意。“事实上，足球和革命在这个国家的传播过程中，民族仇视一直没有中断过。1900年前，大多数中国人对欧洲的运动是十分蔑视的。”②此后的50年时间里，中国社会一直处于战乱之中，国人根本无暇顾及体育运动这种事（关于这一点，只需查阅解放前各主要报纸杂志关于体育的报道即可看出）。建国后，体育运动受到重视，各种运动项目都得到了平衡发展，但直到90年代初，足球在体育场域中的位置并不彰显。70年代的乒乓外交使乒乓球运动成为民族文化中具有非凡文化意义的组成部分。80年代，女子排球成了国家荣誉和民族自豪感的象征符号，在国际大赛中一系列的胜利使一个刚走出历史阴霾的民族找回了医治民族心灵创伤所急需的民族自信心，从而自发涌出一种对该项运动的热爱，“女排精神”一度成为人们日

---

① 国家体委体育文史工作委员会、中国体育史学会：《中国古代体育史》，北京体育学院出版社1990年版，第87页。

② 〔英〕比尔·莫瑞：《世界足球史话》，郑世涛译，光明日报出版社1998年版，第33页。

常生活话语的中心。当时的媒体也参与了这两项运动的传播,但它的动力和目的均与商业无涉。联系当时的背景,我们可以认为正是社会设置了媒介的议程,媒介则反映并代表了那一时代的社会议程和公众舆论,而不是相反。然而80年代后期,这种情况随着媒体场域的结构性变化而发生了改变。足球场域借助于中国媒体场域的结构变迁消弭了它的国家边界,中国足球场域成为全球足球场域的一个部分,这意味着它作为一个相对"自主"的场域的时代结束了,它开始受到除政治场域、受众场域之外的更多外部场域的影响。媒体介入并开始扮演传播西方足球文化传教士的角色,它的重要性在于它将政治场域、商业场域、受众场域与足球场域黏合起来,从而在它们之间构成了一种新的客观关系。

参与社会文化的报道与传播本是媒体的天然职责之一,足球运动诞生之初媒介便将其纳入自己的报道范围内。在电视出现以前,报纸、杂志、书籍、电影和广播都曾为足球文化的传播推波助澜,但它们的影响相对于电视而言是有限的,报纸的抽象文字和文化素质要求不仅将其受众范围限制在识字阶层,而且它几乎完全缺乏现场感,缺乏感官冲击。电影院中舒适的桌椅和暗淡的光线所造成的冷色调氛围,无论如何也不能与狂风烈日下的看台和成千上万球迷的喧嚣相提并论。广播虽然不能满足受众的视觉要求,但在电视普遍应用于足球赛事转播之前它是转播足球赛事的最佳方式。由于这几种媒介的功能互不兼容,因此各媒体的传播活动基本上处于相对独立的非共谋状态,媒体场域内部各媒介形式间的竞争相对平衡,尚未产生由一种优势媒体居主导地位的竞争格局。在媒体场域的自主性历程中,这一阶段尚处于"现代社会"阶段,其特点是场域产生社会分化,形成各种次场域如报纸场、杂志场、电影场、广播场等,各次场域具有相对的自主性,彼此之间的相互影响对场域本身的结构并不具有关键性作用。然而电视技术的应用普及引发了媒体场域的结构性变迁,这种非凡的媒介创造了新的"传播星系"(galaxy)。[①] 二十世纪六七

---

① 〔美〕曼纽尔·卡斯特:《网络社会的崛起》,夏铸九、王志弘译,社会科学文献出版社2001年版,第409页。

十年代以来,媒体场域开始步入"后现代社会"阶段,场域的构型呈现出"逆分化"趋势,各次场域间彼此"分融",相互间的影响日趋强烈。媒体场域发生了结构性变化,电视逐渐发展成为媒体场域的结构性网络中居于霸权性"位置"的"社会资本"①,其他媒体则处于受支配的"位置"。它们不断调整自身的内容、形式、受众群乃至整个经营策略以适应其在媒体场域内与电视的竞争关系。正如曼纽尔·卡斯特所描述的:"其他媒体并未消失,而是在以真空管为心脏、以电视屏幕作为魅力面孔的系统中被重构与重组了。广播失去原有的中心位置,却在普及性和弹性上取胜,并且随着人们每日生活的节奏来调整模式和主题。报纸和杂志则是深化内容,或者是锁定特定读者群,同时密切注意提供有关主要电视媒体的策略性信息。书本则依旧是书本,不过有许多书的潜意识欲望却要成为电视剧本;畅销书排行榜里很快便充斥着书名提及的电视演员或电视流行主题的书籍。"②电视重构了媒体场域的结构,重构了场域结构中各种媒体间的社会关系,这种社会关系的实质是在电视主导下的"一种激烈的、无情的甚至荒谬的竞争关系,同时也是串通的关系,客观上的同谋关系。"③可见"媒体共谋"乃是媒体场域结构重构的产物,而它的构型动力则来源于商业场域的介入及由此带来的商业利益的推动。如今经济力量已控制了媒介生产从而也控制了整个社会文化的生产,其商业逻辑在于:"通过收视率这一压力,经济在向电视施加影响,而通过电视对新闻场(媒体场)的影响,经济又向其他报纸,包括'最纯粹'的报纸,向渐渐被电视问题所控制的记者施加影响。同样,借助整个新闻场(媒体场)的作用,经济又以自己的影响控制着所有的文化生产场。"④

---

① "位置"就是场域社会之网上的各种网结。社会不同要素通过占有不同位置而在场域中存在和发挥作用;"社会资本"则既是一种资源,也是一种权利,是行动者凭借它在场域中发生作用的权利,也是行动者凭借它占据某种位置而可以支配场域的权力。

参见刘少杰:《后现代西方社会学理论》,社会科学文献出版社 2002 年版,第 204 页。

② 〔美〕曼纽尔·卡斯特:《网络社会的崛起》,夏铸九、王志弘译,社会科学文献出版社 2001 年版,第 409 页。

③ 〔法〕皮埃尔·布尔迪厄:《关于电视》,许钧译,辽宁教育出版社 2000 年版,第 39 页。

④ 同上书,第 39 页,第 65—66 页。

这里似乎还有一个微观层面上的问题:作为媒体场域结构性重构产物的“媒体共谋”究竟是怎样将一种大众文化形式(足球)塑造成我们时代的神话的呢?答案就在于:媒体共谋营造了一个单一信息的媒介环境,从而剥夺了人们获取进行理性思维所需的多元信息的权利;通过媒体共谋而设置媒介议程,媒体控制了受众的思考范围。正如美国报人伯纳德·科恩所指出的:“在多数时间,报界在告诉人们怎样想方面可能并不成功;但它在告诉它的读者该想什么时,却是惊人的成功。”[①]不唯如此,媒体还在某一特定时间(如世界杯期间)通过“特别亲密”的共谋关系左右公共舆论的生成及其形态,将媒体营造的“媒体公共舆论”置入社会公共舆论的场域中,并模糊两者之间的界限。借助于公共舆论的强大力量“媒体公共舆论”取得了公共性的权威地位,而这种权威却反过来加深了大众对其所处真实环境的“缺席”状况。这样,受到商业逻辑制约的媒体场域牢牢控制了大众的注意力和消费兴趣。“批判的公共性遭到操纵的公共性的排挤”[②]。文化生成过程中具有理性的批判品质的“公共性”原则便被消弭掉了,公共舆论生成的“公共领域”也日益蜕变成媒介符号文化商品的消费领域。根据哈贝马斯在《公共领域的结构变迁》中的论述,人们在公共领域中的理性自由的讨论是形成理性的社会公共舆论的基础。公共领域的早期形式是17世纪末、18世纪初巴黎和伦敦等大城市中出现的沙龙和咖啡馆。一些资产阶级的文人雅士在这里探讨社会问题并形成一种公共见解(舆论),进而构型一种他所说的“公共性”原则:个人可以凭借其独立思考形成见解,并通过公民的理性——批判论争形成社会公共舆论,而这种公共舆论乃是现代民主的基石。然而,随着现代社会逐渐向后现代社会演进,这种民主的公共性原则难以在社会中得以充分实现;国家权利的干预和渗透,其他社会组织的介入和影响,尤其是现

① 〔美〕沃纳·赛佛林、小詹姆斯·坦卡德:《传播理论:起源、方法与应用》(第4版),郭镇孟颖等译,华夏出版社2001年版,第248页。

② 〔德〕哈贝马斯:《公共领域的结构转型》,曹卫东等译,学林出版社1999年版,第196页。

代大众传播媒介的商业化趋向和舆论管理技术的出现，限制甚至是从根本上改变了“公共性原则”。“具有操纵力量的传媒褫夺了公共性原则的中立特征，大众传媒影响了公共领域的结构，同时又统领了公共领域。”①这使得原先的公共性领域逐渐蜕变为媒介文化消费的市场，而公共舆论则被“媒体公共舆论”所置换。这一转型趋势事实上正是印刷媒体时代向电子媒体时代转型过程中不断加剧的趋势。在一些特别的条件下，当代媒体舆论与公共舆论的这一混淆关系模式会变得特别明显，我们可以将这一转型过程及其两种模式以图 3、图 4 表示出来：

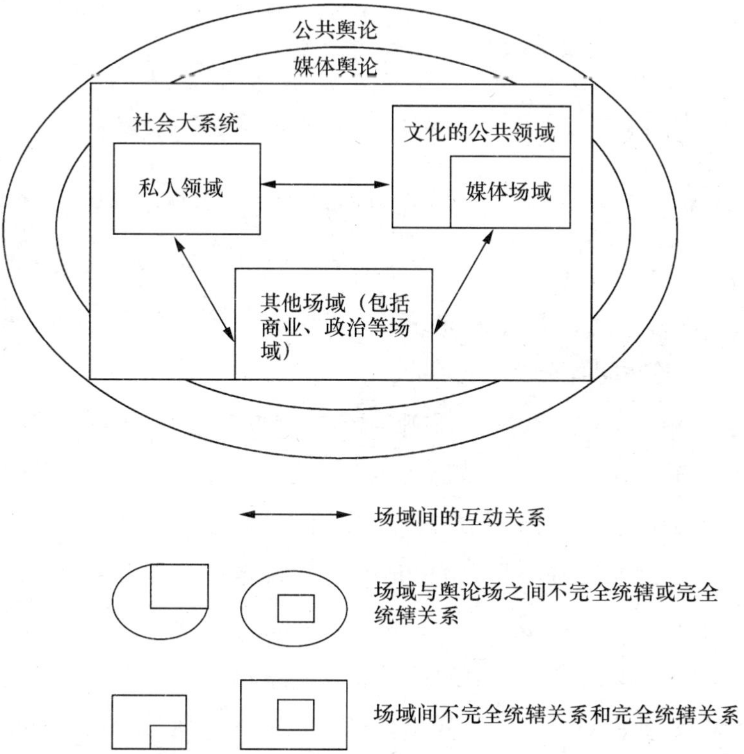

图 3　印刷时代的公共舆论与媒体舆论与社会各场域间关系图

图 4 所描述的关系，在一些特定条件下（如世界杯赛期间等）会有较

① 〔德〕哈贝马斯：《公共领域的结构转型》，曹卫东等译，学林出版社 1999 年版，第 14 页。

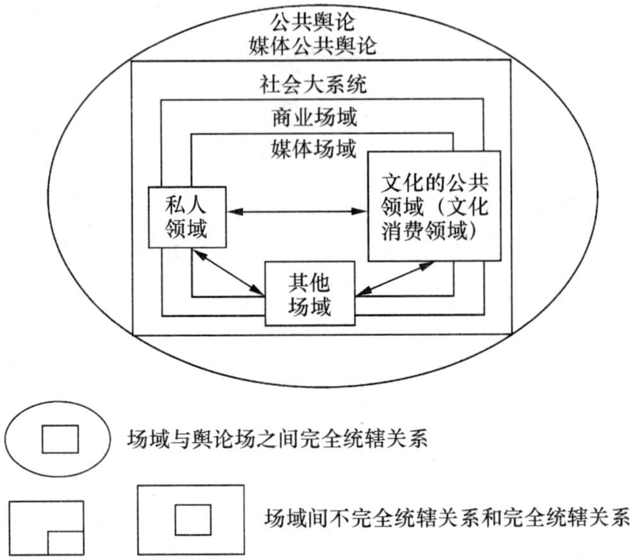

图 4　电子时代的公共舆论与媒体舆论及社会各场域间关系图

明显的反映。与图 3 相比,图 4 中的媒体舆论成为一种公共性舆论——媒体公共舆论,且与公共舆论间的界限变得模糊乃至于完全消失了,或者说社会公共舆论被媒体公共舆论所置换了。

如今,在咖啡馆、沙龙、酒吧、网吧等公共领域中,不再充满理性的争论和批判,人们聚在一起收看媒介为我们精心安排的内容(如足球赛事),在快速切换的电视画面和奔涌而来的信息流面前,处于公共领域中的人群(与私人领域中的人群一样)被罗织于媒体营造的“拷贝世界”的魔力之下,并被“剥夺了‘成熟’所必需的距离,也就是被剥夺了言论和反驳的机会”[①]。受众在快速流动的信息面前难以做出理性的或批判性的深度理性思考,他们更倾向于将媒体对现实世界有意图的编码当作自然事物而予以接受。由此,媒介影响和改变了受众的行为方式及其结果,其负面的影响在于:“他的行为是对于虚假环境的一种反应。但是因为是行

① 〔德〕哈贝马斯:《公共领域的结构转型》,曹卫东等译,学林出版社 1999 年版,第 202 页。

为，如果见诸行动，其后果就不是在刺激行为的假环境中而是在发生行动的真实环境中起作用。”①这似乎可以解释为何在一场过分渲染的电视足球转播过程中或之后，人们（包括一些最为老成持重的政治家或商人）总难免会做出情绪化反应或行为。很明显的事例是在韩日世界杯期间，安贞焕为韩国足球队打入淘汰意大利队的金球后，意大利的足球界、商界乃至政界都做出了一些与他们的社会地位、经历和奋斗目标均不协调的幼稚反应：他们宣布取消安贞焕在意大利踢球的资格，原因是他使意大利的民族尊严受到了“侮辱”。然而，这种受媒介渲染的影响而作出的决定，其冲动和幼稚是不言而喻的。在高度商业化的西方社会，足球俱乐部的国际化特征是与俱乐部的巨大商业利润以至于整个商业足球体系的利益密切关联的，商业利益总是要求民族情绪作出让步。因此，在几天之后，意大利的足球俱乐部便匆忙修改了他们的一时冲动，取消了对安贞焕的民族情绪化制裁。当然，在另外一些情况下，公共领域中的人们或许确实在交谈或争论着一些社会问题，但与过去相比，这些在酒吧、咖啡馆、沙龙、会议、网吧等场所中进行的谈话也不能完全摆脱媒介的魔影。传播学实证经验研究的证据表明：媒介为社会安排的议题往往会成为公众探讨的话题，“媒介可以形成人们对目前社会重大问题的观点，而媒介着重强调的议题可能并非现实生活中的主导问题。”②

如今，在一场大型体育比赛如世界杯期间，一股强烈的足球文化的“媒体公众舆论”迅速在社会各领域中布控开来，这种“媒体公众舆论”是媒体场结构所决定的媒体共谋的产物，它与在公共领域中通过自由讨论而形成的公共舆论不同，它并不能完全（不是完全不能）代表社会公众的舆论并反映此种舆论；相反，从本质上看，它是在商业逻辑影响下媒体为谋求收视率和广告额而制造的文化消费舆论。波德里亚指出：现代大众传媒技术，尤其是电视直播“造成了某一类非常具有强制性的信息：信息

① 〔美〕沃尔特·李普曼：《舆论学》，林珊译，华夏出版社1989年版，第187页。

② 〔美〕沃纳·赛佛林、小詹姆斯·坦卡德：《传播理论：起源、方法与应用》（第4版），郭镇之、孟颖等译，华夏出版社2001年版，第267页。

消费之信息,即对世界进行剪辑的戏剧化和曲解的信息以及把信息当成商品一样进行赋值的信息。对作为符号的内容进行颂扬的信息,简言之,就是一种包装和曲解的功能”。① 韩日世界杯期间,“媒体共谋”几乎使公众丧失了获取多元信息的自由,媒体的公益职能让位于商业利益。各大电视台的足球报道和赛事转播连篇累牍。为培养公众兴趣,围绕着足球比赛,电视节目从前方报道到后方评论,从游戏竞猜到足球宝贝,从美女评球到明星侃球,可谓花样百出,费尽心机。为了培养女球迷,央视不惜铤而走险,将专攻财经报道的主持人推到足球评论员的位子上,欲借此刺激节目收视率。我们看到,在财经类节目中长袖善舞、游刃有余的女主持人在足球直播间里左支右绌,捉襟见肘。女主持人足球知识的贫乏与男主持人的专业水准形成了鲜明对比,简直就是男主持人的一种陪衬,一种依附。事实上,电视台对于节目设计的男权主义意图并不隐讳,央视体育部的负责人在谈到为什么让不懂足球的女主持人来主持世界杯时表示:“我们不喜欢一个女专家在那指手画脚,这是为男观众着想。”启用女主持人一方面可以刺激男性观众的观看兴趣,另一方面又是为女性观众的参与提供了示范。为了让一项完全男性化的比赛培养出尽可能多的女球迷以消除球赛在家庭中的收视障碍,电视台几乎成了足球文化的传教士,喋喋不休且毫不隐讳地对观众进行热爱足球方面的说教。对于家庭中男女双方因收看球赛而产生的冲突,评论员的解决之道永远是:最好一家人都是足球迷。为此,电视台请来明星人物中的模范球迷家庭为观众做榜样,这些模范球迷家庭占据着电视观众的时间,向观众传授他们的“宝贵经验”,然而这种说教似乎既无社会价值又缺乏代表性。为了能在世界杯大餐中分食或多或少的一杯羹,几乎所有的媒体都参与到了这场由电视唱主角的媒体共谋结构中。世界杯期间,“无论是都市报,党报,还是行业报,专业报,几乎都改版成了足球报,成为一大奇观。”②网络在报道足球

① 〔法〕让·波德里亚:《消费社会》,刘成富、全志刚译,南京大学出版社2001年版,第131页。

② 贾义凡、陈斌、希言:《点击世界杯》,载《新闻记者》2002年第7期。

赛事方面并不具有优势，但也加入了“共谋”行列。当所有媒体在商业利益驱动下以竞争机制为纽带形成媒体共谋时，受众所应该有的多元信息权利便丧失了。“世界杯”对于足球迷来说，自然是一个盛大节日，过足了足球瘾；但对于那些不喜欢看球的受众来说，则无异于一场灾难。”①仅以体育信息为例，世界杯期间，报纸(包括某些体育专业报刊)上几乎只能看到世界杯的新闻，而同期发生于国内外的其他重大赛事如男篮四强邀请赛、女篮四强邀请赛、法国网球公开赛和仍颇有影响力的NBA总决赛及泰森挑战刘易斯的世界拳王争霸赛等，居然都被有意无意地忽略或淡化了。体育信息尚且如此，其他信息更是几乎淹没于足球信息的汪洋大海之中。可见，媒体共谋隐藏了媒体场域的一种真相：“它们的功能是对世界的特殊、唯一、只叙述事件的特性进行中性化，代之以一个配备了多种相互同质、互为意义并互相参照的传媒宇宙。在此范围内，它们互相成为内容——而这便是消费社会的总体‘信息’。”②媒体共谋在某种程度上阻断了我们获取信息的多元渠道，将公众置于它所精心设计的“媒体公众舆论”的强大压力下，被剥夺了多元信息权利的受众只能被迫地消费世界杯神话了。其中的一部分受众在媒体的长期影响下逐渐成长为一名合格的球迷——更确切地说是一名媒体足球文化的忠实消费者。

当受众在“媒体公共舆论”环境中将媒体足球神话的意指作用作为事实的系统，而不是一个符号学系统加以接受时，媒体场域在商业逻辑支配下的苦心经营便有了丰厚的回报。在韩日世界杯期间，媒体的经济收入比平时大大增加。据当时媒体资料显示：国内媒体的龙头老大中央电视台成为最大赢家，赛后央视索福瑞媒介研究公司公布的监测数据显示，在2002年5月31日世界杯开幕的当天，中央电视台体育频道在全国八大城市的平均收视率为9.7%。6月5日，中国队首战哥斯达黎加队的观众人数更是创下历史新高，收视率达24%。专家估计全国有三分之二以上的

① 贾义凡、陈斌、希言：《点击世界杯》，载《新闻记者》2002年第7期。

② 〔法〕让·波德里亚：《消费社会》，刘成富、全志刚译，南京大学出版社2001年版，第132页。

收视人口看了"中巴之战",绝对人数超过7亿。从实际的广告收益来看,至少有4.5亿广告收入进账。与1998年法国世界杯广告收入相比,这次广告收入猛增了5倍以上。平面媒体在世界杯期间的广告大战也如火如荼。《北京青年报》零售量增加了15%以上,广告额则净增四五千万元;专业媒体《东方体育日报》的广告收入也翻了两倍多;网络媒体在报道足球赛事方面与电视和报纸相比缺乏明显的优势,但在世界杯期间也分到了"一杯羹"。调查显示,73.79%的网民在韩日世界杯期间曾上网看世界杯报道,新浪网世界杯专题网站的访问量则突破一亿人次的纪录,搜狐总裁张朝阳更是喜形于色地宣称:"世界杯让搜狐在今年实现了盈利。"至此,媒体的共谋已完成其任务,通过一套精致的利益分配机制,媒体场域、足球场域、商业场域乃至政治场域都分享到了世界杯的好处。然而,在这些繁荣和经济成就的背后隐藏的却是公众享受多元信息权利的损失和社会理性批判精神的消逝。这种信息权利的丧失从长远来看将有可能导致全球文化的同质化和民族多元文化的终结,更严重的是由于缺乏"有内容"的多元信息,我们的思想之源将日益枯竭,我们的批判创造能力将会渴死在奔涌泛滥的信息狂潮之中。

最后需要特别指出的是:媒体共谋所形成的媒体象征暴力是一种结构性的产物,是"通过施行者和承受者的合谋和默契而施加的一种暴力,通常双方都意识不到自己是在施行或承受"。[①] 对于媒体足球文化的神话学和社会学解读,是希望将媒体神话中的"自然世界"引向其原初的"历史世界",并揭示现代大众媒体场域的一种令人忧虑的趋势:由于商业逻辑的介入,作为社会公共舆论机关和社会民主权力重要保证的大众媒体已经越来越面临着蜕变为大肆追求收视(听)率、发行量,谋求高额广告收入的商业工具的危险。在西方社会由于商业力量的全面导入,经营性媒体的公益性质已几无所存,"媒体在当代社会已不是一种民主的工具,而是带有压制民主的强暴性质和工具性质。"[②]20世纪80年代以来,

① 〔法〕皮埃尔·布尔迪厄:《关于电视》,许钧译,南京大学出版社2011年版,第14页。

② 同上书,第7页。

伴随着我国媒体经济实力的增长，媒体的公共性质及其公益性特征已开始面临蜕变、削弱的风险。对此我们不得不保持高度警惕，在媒体制造的一幕幕奇观大戏面前，保持自身的反思与批判精神，避免陷于媒介奇观的神话之中而毫不知觉。若非如此，我们将难以认识到媒介与人之间所存在的关系以及这种关系与人的自由之间的关联性。

第八章　网络青年亚文化的批判与再批判

在第一章中，我们曾经重点介绍过文化理论家雷蒙·威廉斯的文化理论，他的观点是“文化”应该包含三个层面的意思：理想的文化定义、文献式定义和社会定义。这个观点对于理解亚文化现象具有至关重要的影响，从这个理论中，我们可以摆脱道德和审美的束缚而将文化研究的范围扩展到包括一切社会生活方式的广泛领域。这样的文化定义激活了人类学意义上的文化研究，而西方学术界从符号学到结构主义和结构主义的各种文本阐释理论为范围广泛的文化研究提供了解读上的技巧。亚文化研究在此基础上得以兴起，也在此基础上得以摆脱简单的意识形态批判的局限性，从而展示了一种分析性的学术潜力。然而，在这一充满活力的文化研究历程中也不可避免地出现了一些问题，最主要的问题在于将意义阐释的批判维度淹没于大众民主所带来的文化乐观主义倾向中，严重削弱了批判理论的宗旨和精神。这种民粹主义的倾向甚至意图将一切亚文化和通俗艺术提升至精英文化的位置，力图通过学术的批判解构传统文化与古典艺术的合法性和合理性，并在此基础上将通俗文化和通俗艺术抬高至不恰当的位置，以实现其僭越、窃居于传统精英文化“王位”之目的。这种极端民粹主义的倾向最终也就成为真正的批判事业所要致力批判的对象，即对于批判的再批判成为文化批判事业所要面对的对象。

一、文化分析的批判性指向及其民粹主义倾向

威廉斯所谓理想的文化定义指的是人类思想、精神和美学发展的一

般过程,“根据这个定义,就某些绝对或普遍价值而言,文化是人类完善的一种状态或过程。如果这个定义能被接受,文化分析在本质上就是对生活或作品中被认为构成一种永恒秩序,或与普遍的人类状况有永久关联的价值的发现和描写。”①一般所谓“精英文化”或者“高雅文化”指的也就是这一意义上的文化。文献式定义与第一种含义关系密切,只是并不强调永恒秩序、永恒价值,也不强调普遍性,所谓“文化”即人们知性和艺术活动的作品和实践。这个定义主要强调文化是一种表意实践活动,通过这种活动人们将自己的经验与情感记载下来,并通过这一实践形成相互之间的社会关系。如果说第一种文化定义指的是《诗经》《尚书》《史记》《哈姆雷特》《薄伽梵歌》《圣经》等经典作品的话,那么第二种文化定义就是指通过各种媒体呈现和传播的音乐、小说、绘画、动漫、新闻、肥皂剧等当代通俗文化作品。不过这两种文化定义并不能完整表述“文化”的内涵,有很多人类文化现象,尤其是日常生活中的文化现象还没有被纳入到文化的定义之中。这就需要一个更加宽泛的定义来描述日常生活中的文化现象,如果缺少了这种文化定义,那么文化与人们当下的日常生活的关系就不会十分密切,也就是说,文化分析将难以与社会中“活的文化”联系起来。为此,威廉斯提出文化的社会定义,即文化“表示一种特殊生活方式(关于一个民族、一个时期、一个群体或全体人类)”;这个意涵是由19世纪的人类学家泰勒引入的。他认为文化是一个“复杂的整体,包括知识、信仰、艺术、道德、法律、风俗以及作为一个社会成员的人所获得的任何其他能力和习惯”。② 根据这个定义,文化研究应该阐明某种特殊生活方式的意义和价值,表现其制度和日常行为中的意义和价值。文化的“社会”定义包括了被前两种定义排斥的、在很长时间里没有受到重视的文化现象。威廉斯要求我们把文化当作一种生活方式看待,因此,对表意作品的文本分析应当和它们所诞生的技术、经济、社会制度等方面

① 罗钢、刘象愚主编:《文化研究读本》,社会科学出版社2000年版,第125页。

② 〔英〕阿雷恩·鲍德温等:《文化研究导论》,陶东风等译,高等教育出版社2004年版,第6页。

的情况具体地结合起来。

威廉斯有关文化的定义对于青年亚文化研究来说具有极为重要的意义,因为唯有排除审美和道德完善的标准,将文化扩大为特定人群的特定生活方式,这样包括青年亚文化在内的众多社会边缘群体的文化才有可能受到认真的对待。事实上,在马克思主义传统的西方学者中,工人阶级文化的研究早就已经随着工人运动的高涨而开展起来,但女性、同性群体、少数族裔以及青少年群体的文化现象则没有能够像无产阶级文化那样引人注目。对这些群体文化的系统关注事实上是英国文化研究兴起之后的事情,它的研究重点是政治权力的规训与抵抗、群体文化身份认同的建构与文化意义共享等问题,而不是审美或者主流道德伦理问题,也不是政治经济学意义上的那些制度和经济结构所造成的问题。但是,尽管人们在伯明翰范式的路径启示之下所进行的研究具有深入理解青年亚文化的微观政治意义的优势,但很多时候会导致意义阐释和解读方面的极端化现象。强调亚文化群体的文化意义解读与阐释,目的在于摆脱机械性的经济还原论和决定论,恢复文化和意识形态批判在批判理论中的重要性与活力。

这种批判思路上的文化唯物主义倾向原本是符合西方社会历史发展的趋向和结构的,二战之后的西方世界在制度和结构层面已经出现的变化和调整,已然表明传统的经济还原论以及与此密切联系的革命理论已经不再适合于新的环境,如果一味坚持传统的批判路径,则只会导致左派在主观能动性和行动上的虚无主义。法兰克福学派对于西方文化制度和结构的批判可谓淋漓尽致,但除非揭竿而起、改天换日,还有什么办法可以解决资本主义的疾病?在革命环境和条件已不可得的情况下,批判理论如何避免成为除了抱怨之外就无所作为的牢骚理论?形式的发展需要左派在宏观政治理论走向僵化和死胡同之后,寻求更加积极而且灵活的路径,以便恢复新环境下批判理论的活力,保持社会批判的现实性和可行性。正是在这种背景下,文化研究出现了一次转型——从单纯注重社会结构性因素的批判转向主观经验意义的认知与唤醒,即从文化意义的阐释中，从日常生活行为中解读出人们文化行为与文本之后所潜藏的微观政治意义，并将这些意义视为保持批判理论活力的源泉。这种思路的一个重大变化就在于研究视角从社会整体经济运行和意识形态的操控方面，转向微观的文化经验与意义的建构，将批判理论的前途寄托于人的积极能动的微观政治活动中。如此一来，只要是资本主义意识形态和权力运行之处，必然就能够在其施加影响的人群中解读出抵抗的意义来。毋庸置疑，这种思路对于保存和激发社会批判的活力是具有积极作用的，是资本主义批判事业的新的发展。同时对于人们认识到各种形式的权力压迫或者意识形态操控具有十分重要的警醒作用。单就青少年群体而言，很多看起来属于群体亚文化的失范行为无疑具有抵抗主流群体权力和意识形态的意义，这些在霍尔等人有关仪式性抵抗和海布迪格有关亚文化风格的讨论中都已经具有成功的论述。自从伯明翰的亚文化研究兴起以来，无数学者在他们的新思路的启发下做了大量的相关研究，极大地扩大了亚文化研究的范围及其影响力。

然而，凡事如果兴盛过度就难免出现脱离中道的极端化倾向，一旦亚文化的微观政治抵抗意义得以揭晓，文化经验的意义得以阐释，也就难免陷入经典化和模式化的危险，而一旦遭遇经典化和模式化，亚文化研究便难免被提升至主流研究范式的地位，这种情况早已与亚文化研究当初兴起时的情况背道而驰了。更严重的问题是伴随着模式化和主流化而出现的民粹主义倾向。这种倾向力图将民众的一切文化都进行合理化的阐释与赞美，也就是说任何亚文化现象到了研究者那里都能得到积极乐观的解释，仿佛只要人们能够意识到经验意义阐释的无处不在，资本主义的压制性和意识形态的操控性等结构性问题就不复存在了。但社会变革显然不是简简单单的微观政治抵抗所能承担的，也不是所有的微观政治意义都是具有合理性和合法性的。亚文化研究中出现的民粹主义倾向一方面正在使社会批判理论失去其批判宗旨和目标，变成一种纯粹技巧性的意义阐释游戏；另一方面，由于民粹倾向的研究极端忽略权力和意识形态在整体结构性层面所施加的压制及其产生的强大影响，因而导致对于亚文化现象的意义阐释和解读宛如空中楼阁,不仅对这些现象进行无原则的过度美化和赞扬,也失去了对于亚文化本身进行自我批判的维度。事实上,正如我们在后面的研究实例中所显示的,很多亚文化现象的研究都必须深入到社会文化现象的基础上,必须注重与社会结构批判的结合,唯有这样,亚文化的微观政治抵抗和积极意义才能被限定在一个合适的位置上,而不是被极端化到不恰当的地步。总的来说,我们必须牢记雷蒙·威廉斯的警告:对于一种全面的文化概念来说,文化的三种定义都具有它们特殊的价值和意义,“任何一种充分的文化理论都必须包括这些定义所指向的三个事实领域,反过来,一种定义——不管它属于那一类——若是排除了它跟其他定义的联系,就必然是不充分的。”[①]在本章,我们试图从两个不同的视角对青年亚文化现象进行解读,一个是结合闪客文化的案例作微观政治及文化认同上的解读;而另一个视角则是审美文化视角,在有关李雷、韩梅梅的案例和电子游戏的案例分析中,我们将从批判性的视角上指出微观政治解读视角的局限性,即对亚文化现象进行批判之再批判。

二、闪客文化的性质及其意义解读

当我们谈论网络青年亚文化的时候,我们事实上是在谈论一种通俗文化,并且,我们并不将通俗文化作品作为抽象孤立的东西看待,而是将它与产生作品的社会结构性因素结合起来看待,即将它与特定人群的“整体生活方式”密切结合起来。对于社会中的人群来说,他们会因为在年龄、财富、权力、宗教、教育、性别、职业等方面的差异而拥有各不相同的生活方式,并由此而导致他们在文化表意活动方面产生差异,出现众多的亚文化现象,如老年文化、青年文化、女性文化、男性文化、官场文化、草根文化等等。所谓网络青年亚文化,也就是指以年轻网民为主体而形成的亚文化,本章所谈论的“闪客”文化、电子游戏文化或者网络涂鸦文化都是

---

① 〔英〕雷蒙·威廉斯:《漫长的革命》,倪伟译,上海人民出版社2013年版,第52页。

比较典型的网络青年亚文化。

例如“闪客”文化就是指那些在网络上使用 Flash 等网络动画软件从事动画创作的网络玩家们所建构的一种网络文化。中国的网络动画繁荣始于 20 世纪 90 年代末，经过十余年的发展，闪客动画如今已经成为动画发烧友们借以表达对生活的理解、感悟的工具，成为一种日常性的图像叙事媒介。闪客们通过这一媒介手段将闪客群体的思想、意识和情感融入到他们的作品之中，并在此基础上形成了一种特殊的网络青年亚文化。当然，这里所谓“亚文化”的名称也是相对于更大规模的青年文化和网络文化而言的，如果将它置于与“闪客文化”形成的相互关系中的话，那么亚文化指的就是“闪客文化”而非网络青年文化。网络青年文化是在特定的生活方式基础上形成的文化现象，而这种特定的生活方式就是所谓“网络化生存”的生活方式。互联网作为一个媒体平台，为人们提供了全新的生活空间；在这一空间中，人们像在现实生活中那样交朋友、做买卖、学习、工作、娱乐、讨论问题……并且兴趣爱好相同的人还可以建立起自己的社区，形成一个个小型的文化群体，如“闪客文化”“博客文化”“播客文化”等等。

可见，“闪客文化”只是众多网络文化现象中的一种，这种文化的最基本的特征在于：它是以网络动画制作软件为技术基础的技术文化，并且，其文化主体主要是那些喜爱网络动画的青年网民。如果我们将文化视为雷蒙·威廉斯所说的“特殊生活方式”的话，那么我们对闪客文化的研究实际上就包含着两个密切联系的方面：一是通过考察这一群体的“特殊生活方式”来探究该群体文化在技术表现、艺术形式和商业前景方面的状况；同时通过对闪客文化作品的分析来透视“闪客”这一特定人群在价值观念、意识形态、艺术审美等方面的状况，强调其作为一个特殊文化场域在内部价值观念、性别意识、艺术趣味等方面的特性。

（一）作为技术、艺术与商品的闪客动画

闪客文化是基于一种新媒介技术而产生的、主要流行于青少年群体

中的互联网亚文化现象,总体上讲属于通俗文化的范畴。在我们这个时代的生活背景下,Flash 动画同时具有技术的、艺术的和商品的属性,不过这三种基本的属性之间的主次关系并不均衡。归根结底,Flash 是一种技术文化,是一种新媒体艺术。

1. 作为新媒体技术文化的闪客动画

正像麦克卢汉等媒介技术论者所论述的,技术决定着我们的文化生产与日常生活的面貌。“媒介即讯息”的说法听起来不免有些骇人听闻,以至于在 20 世纪 80 年代前它受到了广泛的批评。不过技术社会史向我们证明这一论断具有非凡的预见性,当互联网时代和数字化生存时代顷刻间就改变了这个世界的人类生活的方方面面的时候,连最顽固的反对派也承认,麦克卢汉的预言具有其毋庸置疑的合理性。日新月异的信息技术已经改变了我们的生活,也改变了我们的文化格局。对于闪客文化来说,没有互联网和 Flash 软件之前,我们根本无从想象会有一种“闪客”新文化形式的产生,没有信息技术的支持,就不会有互联网文化,自然也就不会有闪客和闪客文化。总之,正像麦克卢汉所说的:“任何媒介对个人或社会的影响,都是由于新的尺度产生的;我们的任何一种延伸(或曰任何一种新的技术),都要在我们的事物中引进一种新的尺度。”[①]技术通过使人的各种感官得以延伸的奇特方式深刻地改变了人的整个生活方式及其文化。

从媒介研究的观点看,技术属性是闪客文化最基础的属性,就算是在艺术性已经成为闪客文化的灵魂与生命的今天,技术的重要性和基础地位仍然没有丝毫的改变。如果说艺术性是闪客文化的灵魂,那么技术就应该是它的肉身。没有了肉身,灵魂自然也就没有了依托。这种论述应该是容易理解的,它在传统艺术和文化那里已经得到很好的例证。比如中国的水墨画与西洋的油画是极为不同的两种视觉艺术体系。它们的不同可以表现在众多的方面,不仅外部的表现方式、手法和画面效果等方面

---

① 〔加〕埃里克·麦克卢汉、弗兰克·秦格龙编:《麦克卢汉精粹》,何道宽译,南京大学出版社 2000 年版,第 227 页。

存在很大的不同,并且它们在艺术精神和艺术哲学的层面上也存在着巨大的差异。我们可以从多种视角解释这些不同,并且可以写出几本论述它们之所以不同的各种原因的书籍。不过按照麦克卢汉的看法,这些方面的差异也许还不是根本原因,造成差异的最根本原因在于它们所赖以完成的物质技术基础不同:油彩和中国墨汁的不同、油画笔和毛笔的不同、画布和宣纸的不同,也就是"媒介技术"的不同。在《理解媒介:论人的延伸》一书中,麦克卢汉举了铁路这一技术媒介来作为这种观点的论据,他指出:"铁路的作用并不是将运动、运输、车轮或道路引入人类社会,而是提高与扩张了以往人类活动的尺度,由此创造出全新的城市、全新的工作与全新的闲暇。无论铁路是在热带或是寒带地区运行,这样的变化都会发生,而且这样的变化与铁路运送的货物(或者说内容)是毫无关系的。"①

Flash 动画技术作为一种新的媒介技术,同样也为我们引进了行动的"新的尺度",并由此而产生了新的文化艺术形式。很明显的一点是,艺术家的创作不再依赖笔墨纸张这些传统的绘画工具,许多艺术家意识到了这种变化,并且感觉到这两种创作方式事实上已经划分了两种不同的艺术形式和两种不同的生活方式。著名闪客卜桦在接受中央电视台《人物》栏目采访的时候回忆她刚听说无须纸笔与油墨就可以进行艺术创作时的第一反应:这绝对不是艺术,用这种方式进行艺术创作的艺术家肯定不会有美好的艺术前途。然而,世事难预料,不久以后她自己也加入了没有纸笔的新艺术创作中来,并且凭借《猫》一炮打响,成了中国影响力最大的闪客艺术家之一,卜桦的人生因此而发生了转变。传统的艺术创作方式没有使她成为名人,当她在这条道路上艰难跋涉、几乎对自己的艺术生命绝望的时候,一个小小的动画制作软件彻底改变了她的艺术生命。

卜桦的经历印证了新媒介技术的神奇力量,不过我们也要看到,卜桦的成功是在艺术与技术的结合模式下产生的,不管技术具有怎样的魔力,

① 张国良主编:《20 世纪传播学经典文本》,复旦大学出版社 2003 年版,第 375 页。

它都只是一个技术的基础,而如果缺少了艺术的成分,技术的效果就会完全不同了。卜桦并不是精通技术的技术派闪客,无法同许多在技术上超过她很多的技术派闪客相提并论,然而最后成功的是她,而不是那些技术高超却缺乏艺术元素的技术闪客,这恰好说明了传统艺术作为闪客文化的生命和灵魂的重要性。我在这里并没有丝毫贬低技术闪客的意思,事实上我认为技术闪客中的佼佼者之所以能够成功同样因为他的作品中包含了卓越的新艺术成分。不过,这种新艺术和卜桦的传统风格的艺术略有不同。在很多情况下,卓越不凡的技术本身也常常被人们视为一种令人惊叹的艺术,但仍需指出的是,它与古典美学理论所谈论的那种典范艺术是两回事。

技术的这种基础性的决定作用无可置疑地也为它未来的延续发展埋下了否定性的种子:技术的变迁决定着一种文化的未来命运,"因为在正常使用技术即人的延伸的情况下,人不断受到技术的修正。反过来他又不断找到新的方法来改造技术"①。这种改造的结果使技术不断更新,从而使得文化艺术形式也会不断地随着技术变迁而变迁。我们可以很容易地设想,在不久的将来,会有更加强大的网络动画制作软件整合、取代 Flash 的功能,这种新技术也许会是对 Flash 技术的修正、改良,也可能会是对这种软件技术的彻底否定,即宣告网络动画艺术的 Flash 时代的终结。那时候,闪客文化是否会消失呢?我想答案是肯定的,闪客文化会成为历史而只能保留在文化词典里,它将被随着新技术的扩散而产生的新的命名方式所取代。即便这一命名得到延续,它的内涵与外延也将不再是现在这样了,这也就意味着作为一种现实文化形式的闪客文化的终结。

还有一点需要注意的是,对于闪客文化来说,Flash 软件在使用过程中体现出的技术限制也说明了技术对于文化艺术的基础性作用。技术瓶颈往往是艺术创作中无法摆脱的"上限",同时,技术的性质也往往是艺术创作发展不能突破的"下限"。我们不能指望 Flash 动画或者什么别的

---

① 〔加〕埃里克·麦克卢汉、弗兰克·秦格龙编:《麦克卢汉精粹》,何道宽译,南京大学出版社 2000 年版,第 422 页。

软件或新媒介技术能够生产出在质感和视觉效果方面能够与在油墨纸笔技术基础上完成的作品完全相同的艺术作品。新技术对传统艺术的复制永远只是一种模仿,或者用一种更有说服力的解释来讲,传统艺术的内容、形式都只能在新媒介技术那里以新媒介艺术的"内容"的形式出现,新媒介艺术绝不会成为传统艺术形式本身。新媒介及其艺术形式必然会带有与生俱来的某些不可以超越和克服的局限性,在这一点上和传统的媒介技术及艺术形式是一样的,只不过人们更习惯于用乐观的观点来看待技术的这种局限性,或者说人们很容易被新技术制造的某些假象所蒙蔽。

技术始终深刻地影响文化的内容与表现形式。在当代社会中,新技术已经完全植入了传统艺术的生产领域,深刻地改变着这些古老艺术的生产面貌和消费活动。不仅如此,新的技术尤其是媒体技术已经派生出众多的新兴文化形式。相对于传统文化,对这些新的文化形式的性质和价值的判定还是一个争论不休的问题,但不管怎样,新的艺术和文化因为技术发展而得以出现。伴随着新媒介技术出现的网络动画就是一种新的文化艺术形式,它在各个方面都有别于传统的动画影像。当然,更完全不同于古典美学意义上的那种艺术。对于这两者之间区别的混淆冲动主要来自为新媒体艺术正名的冲动。一些当代新媒介艺术爱好者们希望他们所喜爱的新媒介艺术能够占据一个至高无上的美学巅峰的位置,因此往往不顾及当代媒介艺术与传统媒介艺术之间的巨大差别,力图将古典美学所阐释的传统艺术理论套用于新媒介艺术之上,使后者能获得典范性的美学解释,并因而具有审美和文化价值上的合理性。这种罔顾时代差别、完全丧失实事求是精神的新媒介艺术观念是技术收编思想并奴役学术的明证,是需要特别加以警惕的倾向,有关这一点我们在后面谈论电子游戏的时候会加以论述。

2. 作为通俗艺术的网络动画

Flash 无疑具有与其他艺术活动相类似的一些共同特点,创作的过程同样讲求生活经验的积累,既有倾诉内心的欲求或者自娱自乐的心情,也有框架的构思和意象的设计选择,在创作的过程中同样也有辛苦细致的思索和灵感爆发的瞬间。但是,也有很多评论者站在传统美学观念上反对这种判定。他们认为 Flash 只是一种流行文化现象,这些作品是难登艺术殿堂的涂鸦之作。那么,它们真的可以被视为艺术吗?。

(1) 艺术与通俗艺术

其实,"艺术"在当代社会的含义已经与过去很不相同了。传统艺术属于精英艺术,只有少数掌握艺术技能并且训练有素的天才才会被视为艺术家。在20世纪上半叶,艺术的世俗化问题成了法兰克福学派理论家讨论的主题,他们怀着对传统艺术和审美经验的无比怀念无情地抨击艺术的世俗化现象。不过批判并不能阻止艺术的世俗化进程,艺术最终摆脱了知识精英的评判标准而出现了所谓的"通俗艺术"。本雅明指出,古典艺术是诉诸上帝的带有神圣仪式特征的活动,而机械复制时代的艺术品则是诉诸大众的。由于受到商业因素的影响,艺术家与美学沉思之间的关系还不如与画商之间的关系来得重要,精英艺术开始世俗化并逐渐丧失其独立性,文化工业生产的艺术品只能是另一种意义上的艺术,要将它视为艺术的话,那么它们应该是通俗艺术。

按照美学的一般解释,艺术应该是人类的一种审美活动,艺术的真谛就在于美,艺术活动就是一种审美的活动,艺术作品就是审美基础上的创造。那么,究竟什么是"美"呢?什么样的东西能够被界定为"美"?也就是说,能够将艺术与其他的东西相区别的标准究竟是什么?在现代艺术史上,这种问题一度成了困扰人们的核心问题。因为我们确实很难解释,为什么当一些废弃的轮胎和杂物被先锋艺术家有意图地堆放在一起并放进博物馆展示时,它们就成了艺术品;而当它们以自然状态存在于街头巷尾或工厂的某个角落时,则只是一堆需要清扫的垃圾。诚然,对于什么是艺术、什么是美,我们在认识上始终处于模糊状态,因为作为感觉和体验的美确实是仁者见仁、智者见智的问题,人类至今没有在这一问题上取得共识。不过,这并不是说在美和艺术的问题上我们就陷入了"混沌"的状态。对此,当代艺术的解释与古典美学的解释具有很大的差别,例如康德和席勒将艺术审美活动的标准确定为人的自由活动状态的实现，也即人的感性和理性冲动达到了完美的和谐状态。而当代艺术解释给出的解释并不强调自由与解放、和谐与升华，他们认为艺术作品与非艺术作品的差别最根本的地方并不在于它表现的内容，也不在于它表现的形式，更不在自由与解放、和谐与升华之类的问题，而是在于它的建构性，也就是“最终使一件艺术品与其他物件相区别的也许是对其建构性（constructed status）的突出，正是在这个意义上，我们才得以把一堆工地上的砖瓦和泰特美术馆中的砖瓦作品——卡尔·安德雷的《等价之八》（*Equivalent* Ⅷ）区别开来”①。对于艺术的这种解释可以说是一种全新的理解，比较符合后现代时期的艺术实践。不过正如阿瑟·C.丹托所说的那样，这种新潮的艺术观念企图抹杀艺术与非艺术之间的界限。在这种思潮之下，艺术作品与普通物品之间没有什么实质上的差别，一件普通的衣物能不能成为艺术品，关键是看作者对于它的意义的诠释。这种诠释是哲学性质的，因此艺术与非艺术之间的差别仅仅在于物品是否获得了哲学和观念上的诠释。如此一来，艺术的标准也就不再是多元化的问题了，而是转移到了哲学观念的标准上。对此，丹托提出了著名的“艺术终结”说，也即艺术终结于哲学和观念。

对于现今存在的有关艺术的复杂解释，我们还可以在丹托的结论基础上得出很多类似的说法。比如以技术标准衡量艺术，将新媒介的表现形式视为一种艺术，这就是使艺术终结于技术。与此密切联系的是以视觉效果为标准的艺术观念，即认为视觉的愉悦性享受才是艺术的标准。那么，这种说法也可被视为艺术终结于感官享乐。事实上，这种观点也是与主张技术标准的那些解释相互重叠的。但是对于这些不同形式的艺术终结观点，我们也可以将它解释为是艺术观念的新发展，因为所谓终结都是针对传统艺术而言的。无可置疑，由于媒介技术的发展，我们正处于一个泛艺术的时代。一切物象皆可称为艺术，一切体验活动皆可称为审美，

---

①〔英〕丹尼·卡瓦拉罗：《文化理论关键词》，张卫东、张生、赵顺宏译，凤凰出版传媒集团、江苏人民出版社2005年版，第167页。

这可能也正是“日常生活审美化”这一口号式命题的含义。黑格尔曾经在他的那个时代里断言,他所生活的时代已经不是诗的时代,不再适合于艺术的滋长。而对照他的那个时代,我们可以说现今的泛艺术时代则基本上已经实现了人人都是艺术家的理想,只要你喜欢一种媒介表达形式,就完全可以将它称为艺术。于是我们便有了演讲艺术、书籍装帧艺术、摄影艺术、电影艺术、广播艺术、电视艺术、新媒体(数字媒体)艺术、动画艺术……几乎每一种媒介形式都对应着一种艺术,至于这些媒介艺术的文化内涵则无法清晰地加以界定和深究,但无论如何它们早已不是传统意义上所谓的艺术了。这么看来,“闪客艺术”的提法也就顺理成章了。我们可以将 Flash 视为一种艺术,只是因为它无论在技术特征上(在传统的艺术观念中,艺术技巧与形式是重要的),还是在文化意义和建构性上,都具有符合后现代艺术观念的特征,而不是认为它具备了古典艺术与美学的内在品质。说到底,网络动画艺术也像后现代时期的艺术大家庭中的其他成员一样,是一种主要基于技术感官美学基础之上而形成的后现代意义上的通俗艺术。

总而言之,由于艺术这件事本身就与技术具有天然的联系,因此将新媒介的表征形式解释为艺术是完全可行的,但我们并不能因此而模糊不同时代的不同媒介技术条件之下所形成的艺术之间的巨大差异。传统艺术的一些典范之作,由于它们曾经达到了在媒介质料、技术形式、社会意识形态以及人的思想和心灵诸条件与能力之间的和谐状态,而生成了人类艺术美学历史上的至高无上的典范。当代媒介技术条件下的艺术显然不具备这种高度,甚至由于存在着过于强烈的商业目的和政治目的,这些新时代的艺术完全不具有传统意义上的艺术的内涵。如果有人希望为这些新媒介艺术正名,抹杀它们与传统的典范艺术之间的差别,那么就应该提供一些基本的证据以证明新媒介艺术作品具有让人获得完全自由与解放的审美经验,而且这种经验带有普遍性。显然,即便是现代媒介艺术中最接近古典艺术典范的艺术电影,也不具备传统艺术所取得的那种审美高度。它们是工业社会大规模生产和拷贝的艺术,缺乏古典艺术所具有的那种与它的情景密切结合在一起的“灵韵”。这种渗透着宗教氛围的神秘性质是难以复制和拷贝的,一件古典艺术作品就是一个历史时空中人的创造性与他的历史条件之间所形成的最和谐关系的定型,具有无法复制的唯一性。此外,就古典艺术的典范而言,人的自由与和谐状态是艺术和审美活动的理想,但这种理想与新媒介艺术完全背道而驰,当代新媒介艺术是一种工业技术的订造。从根本上讲,它的目的不是让人们在艺术和审美活动中获得自由与身心的和谐宁静,而是要把人们订造为技术产品的消费者。如果说新媒介是一种艺术的话,那么这种艺术的一个区别性特征就是以强化美学的特殊形式吸引并控制人们,让人们在消费新媒介产品的过程中度过人生,因而这种艺术具有一种原罪:让人们在自由的表象欺骗下陷入不自由的境地。可见,新媒介艺术与传统艺术之间在古典美学意义上的差异性是绝对不可混淆的,具体情况我们将在有关电子游戏的一节中加以详细阐述

(2)闪客动画的后现代主义艺术特征

总体来说,Flash 艺术是新媒介技术的产物,属于通俗文化范畴。从艺术风格上讲,网络动画艺术是很难用一种风格加以概括的多元复合体。我们看到的往往是多种艺术风格和创作主张的并存。闪客们一方面创作了像《大话三国》那样的无厘头经典作品,另一方面也创作了像《猫》那样歌颂真善美的传统主题的作品。有时候,不同的艺术风格甚至可能在同一位闪客的同一个作品中并存。这种多元风格的杂糅体现了后工业时代艺术的特征。在后工业时代或者后现代时期的艺术中,既有来自当代世界和过去的传统的因素,又有来自精英文化和大众文化的影响,即有来自跨民族和种族的外来文化的开放性,又有本土文化和群体文化的狭隘性。这一切使得网络动画文本呈现出非同寻常的复调性。

可能更为重要的特点还在于这种文化和艺术的非精英化和平民化。后工业时期的通俗艺术消弭了日常生活与艺术(传统意义上的)之间的界限。当代社会是一个日常生活审美化的世界,后现代艺术已经渗透到了人们的日常生活中。它不再是专属于艺术精英的事业,而是普通人日

常生活中的内容之一。在数字化时代的今天,人们借助于新兴的媒介技术可以绕开古典时期和现代时期的艺术家们所遇到的各种艺术技巧方面的困难,轻易地建构自己的艺术作品。新媒介使艺术的世俗化进程达到了无以复加的程度,尽管数字时代的艺术仍然存在着区别判定作品良莠的标准,但是从技术的层面上讲,“人人都是艺术家”已经是一定程度上的现实。新媒介技术当然会需要精英的专业人员来进行研发,但这种研发始终是诉诸大众需求的,复杂的媒介技术到了普通民众手上会变得非常简单,非常便于使用。Flash 软件技术的出现及其在使用上较低的技术门槛已经充分证实了这一点,这使得从事艺术创作所需要许多技巧变得容易掌握了。只要你愿意,就可以从事艺术创作而无须经过长时间的专门训练。

多元并存、对话竞争的关系使得闪客江湖成了一个不折不扣的文化或意识形态商谈的“文化场域”(文化研究者更喜欢将其视为“文化战场”)。闪客江湖中的竞争关系其实并不明显,但是也不是说各种价值倾向的作品呈现均衡地分布和存在。闪客界不乏卜桦那样的现代叙事者,但更多的是大量游走于时尚、解构、嘲讽、搞笑的后现代风格的作品。一般情况下,这些作品的直接的功能是使人得到快乐,其次才是启发思考。对于很多年轻的闪客来说,他们并不想探讨世界的深奥道理,也不想建构什么宏大的叙事,他们只想通过后现代的艺术手段使自己得到快乐、得到别人的赞赏。对于这些处于社会权力边缘的普通人来说,他们有他们生产快乐的文化艺术策略:有时候他们会在创作中表现出他们不遵循这个世界既有的秩序和法则,不关心也不相信那些完善的古典美学传统,摒弃那些有关终极救赎和真理的宏大叙事的后现代艺术特征;有时候他们又会因为日本首相参拜靖国神社或是台湾民进党闹分裂而变得义愤填膺,急于通过创作来表达他们的爱国主义和民族主义情绪。但不管是解构秩序还是建构意义,他们都不追求永恒,也不追求稳定的主题。即便是对于爱国主义和民族主义,他们也往往是与时俱进,追随时尚潮流。

显然,作为一个整体,闪客动画艺术符合后现代艺术的一些基本特点。对于这些特点，我们虽然难以在总体上加以说明或者定义，但是我们可以把握其基本的一些特征，包括碎片化、异质性、去中心化、平民化、断裂性……针对这些特点，苏珊·桑塔格将后现代主义文化描述为一种“新感性”文化。这种文化与马修·阿诺德关于文化是“世界上最好的思想和文化”的理解格格不入。从后现代文化环境下所形成的“新感性”文化的视角上看，马修·阿诺德的文化观念不论是从历史角度看还是从人类发展的角度来看都已经“过时”了。“新感性”实质上就是反对古典主义和现代主义文化杰出人物统治论的感性，因此，有时它也被保守人士称为是“反文化”的。约翰·费斯克描述了后现代文化的一些特征：拒绝传统理论体系中的“总体化”或“本质论”倾向，“特别是经典马克思主义以及这些体系所声言的有关真理、科学性和进步的信仰。与之相对，后现代所致力的思考与表述模式，则强调从思想体系到建筑设计的某个特定对象所具有的片段化、断裂化与不可闭内容”。后现代艺术青睐的是“蒙太奇而非透视法，是互文性而非指称性，是‘片段复片段’而非统一化总体。它兴高采烈地沉浸于放纵、嬉戏、狂欢、不对称，甚或混乱，沉浸于将意义从其束缚中解放出来”[①]。后现代艺术的这些特征在闪客江湖（场域）中是作为一种流行时尚而位居主流地位的，但在影响力方面，这些作品并没有体现出它们的优势。

3．作为文化商品的闪客动画

无论是技术还是艺术，它们在当今的市场经济环境中无疑具有商品的属性，互联网本身就是一个生来就具有无穷财富神话的新事物。从摆脱军方垄断走向民用的那一天起，互联网世界始终在掀起一波一波的财富浪潮。Flash 动画的商业传奇也是众多财富传奇中的一个组成部分。流氓兔和阿贵的发迹史极大地推动了中国闪客界对 Flash 动画的商业价值的重新思考。短短几年时间，商业化运作的理念使众多闪客意识到，好玩的 Flash 动画还有赚钱谋生的功能，于是他们纷纷放弃单兵作战的方式

① 〔美〕约翰·费斯克等：《关键概念》，李彬译，新华出版社 2004 年版，第 214 页。

走向联合,成立公司,宣传自己,构建品牌。一时间,“闪客经济”似乎从一种构想的理念变成了实践。不过,这种经济实践的未来如何却难以预料。从目前的情况看,闪客经济最可能的前景是既不可能出现盛传一时的财富神话,也不会全无商业价值,完全无利可图。和许多在互联网泡沫经济时代产生的神话一样,闪客经济不能逾越一般的经济规律出现超常的发展,因此,致力于 Flash 商业化的闪客最应当做的就是去脚踏实地地艰苦创业,并且还得有足够的韧性和耐心去做出精品。当然,还有很重要的一点是应该意识到闪客经济属于一种文化经济,而文化商品在当今市场经济中具有其不同于普通商品的性质和经济规律。

正如约翰·费斯克所说的,文化商品的市场就是它们在人群中流行的市场,一种文化商品要流行就必须适合使它流行的那些人群的利益,同时也要适合它们的生产者的利益。也就是说,文化商品不同于一般商品的一点就在于它必须同时在一般商品经济和文化商品经济中流通。商品交换的目的是取得物的有用性,而文化商品的有用性在于它能再生产出文化意义和快感。这种特殊性使得文化商品在一般商品经济和文化经济的两种流通中表现出自己独特的流通过程。

首先,作为一般商品,Flash 动画的生产者将这种商品出售给节目销售者(比如电视台、音像制作商等),然后在这些销售商家那里,Flash 的角色从商品变成了生产者,它们生产出的新商品就是观众。之后,这些由 Flash 生产出来的观众会被卖给广告商和网站经营者。文化商品同时在一般商品经济和文化商品经济的领域中完成流通。在这一过程中,Flash 从商品转变为商品的生产者,生产出受众,这是一个很关键的环节。这个环节能够实现的一个重要前提条件在于:Flash 动画对于观众必须具有文化上的生产功能。也就是说,它必须有能力使观众的角色也发生变化,使他们能够从 Flash 动画节目中得到意义和快感。不过,观众的这种意义和快感的获得并不会再次产生用于流通的商品,意义和快感最终被受众所消费,成为文化商品流通过程的终点。如果 Flash 不能使观众成为意义和快感的获得者,那么它将不会为商家带来销售利润,文化商品在两种经济领域的流通过程不能顺利进行，那么 Flash 作为商品的价值就无法实现。

可见，一个很重要的关键问题就在于：既然文化商品最终的关键是受众在消费过程中必须得到意义和快乐，那么 Flash 动画生产者就必须在制作过程中将文化和快乐的信息凝结在 Flash 商品中。当然，不是所有的文化和快乐信息都可以激发观众获得文化意义和快感。能够激发受众获得文化意义的信息是凝结在文化商品中并使它具有商业潜力的“文化资本”。按照法国著名社会学家布尔迪厄的说法，文化商品是物质资本和文化资本的综合体，正是由于这种“综合”，文化商品具有与其他普通商品不一样的特征。文化资本的一种重要形态是指具体的或者说个人化的文化资本，这种文化资本存在于个人的身上，是在个人的教育、家庭、事业、性情等因素影响下形成的综合体，“是转化为个人习性的外来财富”。这种资本形成的关键是个人的学习与教育背景，而它的功能在于给个体带来超常的价值，能为拥有文化资本的人“提供物质利益和符号利益方面的庇护，任何特定的文化能力都会依靠它在文化资本的分布中所在的位置，获得一种超常的价值，并为它的拥有者带来可见的利益”①。具体一点讲，文化资本不同的人所生产的文化产品的价值是不同的，文化商品是客观化了的个体文化资本，是个人文化资本的外化。显然，文化商品如果要获得受众的认可就必须依赖创作者的文化资本，因为文化资本具有区隔社会阶级与阶层的功能，比如各种各样的专家和普通大众的区别就在于专家在某些专门领域里面拥有特别的文化资本，这些资本将专家与普通人相区别。专家凭借这些专门知识在社会中获得现实的物质利益和权力。同样，艺术家的社会地位和现实利益同样也取决于他们占有多少文化资本。他们所拥有的文化资本越多，在艺术创作中就越发表现出独特的品位和吸引力。Flash 技术或艺术创意就是这样的具有执行社会区隔功能并能带来经济效益的文化资本。当大众还没有掌握 Flash 技术的时候，那些最先掌握这种技术的闪客就会成为闪客英雄，一旦这种技术被大

---

① 〔法〕布尔迪厄：《资本的形式》，见《全球化与文化资本》，薛晓源、曹荣湘编，社会科学文献出版社 2005 年版，第 10 页。

多数人掌握,这些技术就不再具有执行区隔社会阶层的功能了。这样,想要在闪客江湖上出人头地的闪客就必须想办法获得其他的稀缺文化资本,以保持自己的优势竞争地位。这些文化资本可以是更加完善的技术,也可以是让人耳目一新的艺术创意,或者是某种能给人启发或感动、快乐的东西。因此,作为商品的 Flash 动画创作者必须在技术和艺术方面不断完善自己,精益求精才能拥有市场和受众,才能让自己的作品更有效地发挥使受众产生意义和快乐的职能的文化产品。由于我们在前面已经讲到 Flash 技术的门槛较低,而在技术上能做到精益求精的也不多见,因此在数字技术普及化的今天,Flash 作为一般性技术经济的发展前景的并不乐观,只有那些精于技术、能够掌握更加专业化的技术甚至能够发展出新的 Flash 技术功能的专业人士才会在技术经济的层面上赢取利益。对于大多数没有专业技术背景的闪客玩家来说,技术恰恰是他们最无利可图的地方。于是,艺术上的突破也许是比较可行的一种选择。当然我并不仅仅是指卜桦、老蒋、豆批、何熠这样的一些受过专门艺术训练的闪客而言的。在故事的创意方面、在剧本创作方面,或者甚至在 Falsh 商品的流通领域努力寻找稀缺资源,使之成为自己的文化资本,也许是一个希望在商业上有所作为的闪客的明智选择。

对 Flash 动画的三种形态的归纳虽然只能看作一种粗略的概括,但是这种归纳大体上囊括了当前闪客文化发展过程中出现的各种各样的现象。它给我们提供了观察闪客文化的三种角度,也总结了闪客文化的三种性质。三条纬线的搭建构成了闪客文化的全景,也可以说是构成了闪客动画这一文化场域。在这一场域之中,三条纬线又代表了不同的发展动力,相互之间既有补充,同时更各自代表了一种不同的内在逻辑。因此,当前的闪客文化既表现为各种形态的矛盾纠结,最终又在三种逻辑的合力之下不断获得更广阔的发展空间。这三种属性的相互交织构成了闪客文化生存的语境,对它的发展分别发挥着不同的作用。三种力量所构成的不同对比关系决定了闪客文化发展过程中的不同时期的阶段性特征。闪客文化的技术形态和艺术形态既具有自身的个性,又无法摆脱事实上的对商业化力量的依附关系。我们可以把这种矛盾处境解读为一种新兴媒体在商业化过程中的必经阶段,也可以看作一种新兴的艺术种类在商品经济的语境中为了获得生存和发展的空间而经历的必然磨合。在这种磨合的过程中,各种力量的此消彼长给当前的闪客文化带来了众多的不和谐,诸如媒体技术与艺术创作的冲突、创作者群体化和体制化的需求与闪客各自为战的创作习惯之间的矛盾,加之技术发展超前和内容发展滞后的困境以及网络动画在跨媒体传播过程中所产生的版权纠纷等,这些方面构成了当前闪客文化的现实图景。

（二）闪客动画中的意识形态:多元并存与竞争对话

闪客动画作为一种网络青年亚文化,蕴含了该文化群体的价值观念和意识形态。从某种意义上讲,Flash 动画是当代中国网络青年的精神世界的展示台。通过这些作品,我们可以对中国网络青年在权力、娱乐、国家、民族、性别等诸多方面的意识状况进行分析。分析这些通过作品体现出来的意识和观念,可以让我们更好地认识这一群体的精神层面。

（1）对意识形态的一般理解

对于文化分析和文化研究来说,意识形态是一个至关重要的概念。英国文化学者格拉姆·特纳指出:“意识形态是文化研究中最为重要的观念范畴,正如詹姆斯·凯瑞所说,‘英国文化研究或许可以简单地但却又或许是更为精确地被描述为意识形态的研究,因为他们以各种复杂的方式,把文化纳入为意识形态之中。”①这种‘归结’的机制是如此的复杂,以至于文化和意识形态两者之间的区别有时候看上去更像是某种策略的(故意)结果而不表明两者是各不相同的独立实体。意识形态理论是马克思对异化的认识中一个不可或缺的重要组成部分,也是马克思主义对文化分析最有独创性的贡献之一。由于马克思和恩格斯的杰出的论述,意识形态成为分析资本主义社会文化领域的异化现象的批判性理论。经

---

① 〔美〕詹姆斯·凯瑞:《作为文化的传播》,华夏出版社 2005 年版,第 74 页。

过列宁、卢卡契、科尔斯、法兰克福学派、葛兰西、阿尔都塞、霍尔等西方马克思主义思想家的论述,意识形态理论最终成为含义复杂不定而又始终贯穿于西方哲学与文化研究的关键理论范畴。事实上,我们看到,在许多文化分析研究中,意识形态的概念与文化本身,尤其是通俗文化,可以相互替换使用。如果用一种麦克卢汉式的表达方式来强调意识形态对于文化研究的重要性的话,我们不妨以略显夸张的口吻来表达,那就是“文化即意识形态”。当然,这个说法只是一个比喻,在“文化”与“意识形态”两者之间,还存在一些不同,就像霍尔所说的,“当某人说‘意识形态’时,有些东西被遗漏了,而当某人说‘文化’时,又缺少了些什么”[①],但是两者的核心领域却是一致的。

如同文化的观念一样,意识形态的观念也极其复杂,正如大卫·麦克里兰所指出的,“意识形态在整个社会科学中是最难以把握的概念,因为它探究的是我们最基本的基础和正确性”[②]。文化学学者约翰·斯道雷在《文化理论与通俗文化导论》中将意识形态的理论的含义归纳为五种。(1) 意识形态指与某一特定人群相结合的思想体系。例如,我们可以用“专业意识形态”来指渗透于某一特定专业群体实践的思想。(2) 指某种颠倒的、歪曲的、虚幻的意识,这是马克思经典论述中的最常见的意识形态含义,它具有欺骗性,是统治阶级用来维护统治利益的工具,是社会中占据支配地位的意识。“资本主义意识形态”就是这样的意识形态。(3) 第三个定义与第二个定义密切联系并在某些方面依赖于它,指的是“意识形态模式”。这个含义的目的是使人们注意各种作品(电视、流行歌曲、小说、故事片等)表现世界特定表象的方式。(4) 第四个含义是阿尔都塞的马克思主义的结构主义意识形态理论。在阿尔都塞那里,意识形态是一种物质实践。某些惯例和实践把我们束缚在某种结构性的秩序中。这种秩序是以财富、地位、权力方面的极不平等来界定的。(5) 第五

① 〔英〕约翰·斯道雷:《文化理论与通俗文化导论》,杨竹山译,南京大学出版社 2001 年版,第 3 页。

② 〔英〕大卫·麦克里兰:《意识形态》,孙兆政、蒋龙翔译,吉林人民出版社 2005 年版。

个含义来自法国文化理论家罗兰·巴特。在他看来，意识形态主要在内涵和“神话”的层面上运作，“神话”即传达资产阶级意识形态的言说方式。“神话”通过一个独特的符号系统的表意形式将“历史的东西”扭曲成“自然的东西”，其目的在于将资产阶级文化变成社会公共文化，将个别的、片面的意思变成放之四海皆准的和合法的真理，将“历史的东西”变成去政治化的自然，以此维系资产阶级的统治权力和社会秩序。

由于意识形态语义理解存在极大的复杂性，因此，就其功能和性质来说也是“仁者见仁、智者见智”的。在我们普通中国人的角度上看，意识形态似乎是一个极为敏感而又难以对其性质作出判断的概念。当我们用意识形态分析社会主义文化和政治的时候，意识形态并不含有贬义，基本上是从肯定的理解上来阐述的；但是当讲到资本主义意识形态时，我们往往会延续经典马克思主义的论述，指出它的欺骗和颠倒的性质，对其作批判性的否定。事实上，在一些人类学家、社会学家以及文化学者中间也存在对意识形态的不褒不贬的中性解释。在这种中性的理解中，意识形态相当于“世界观、价值观、信仰系统、宗教仪式等，而且还指一切精神现象、心理现象、语言现象、文化现象的综合。在他们那里，意识形态只是描述性的，可以以之分析一定的社会结构与功能，它不论真假是非，不作价值判断”①。我们在这里所使用的意识形态基本上就是这样一种中性的概念，意识形态分析的最大优点就在于它能够通过闪客的创作窥视中国青年群体在娱乐上展现出来的精神面貌和他们在面对社会政治、文化、性别、传统等问题时所具有的价值取向。

（2）多元价值取向和风格中的几种基本倾向

价值观念可以说是意识形态的核心，在最能体现网络动画制作者的原创精神的 Flash 短片中，我们可以轻易看到，闪客文化是一个价值多元化的文化场所，不同的意识形态价值观念在这里交汇，相互之间处于多元并存的格局中。这种情况也反映了中国闪客精神世界的复杂性：传统的

① 季广茂：《意识形态视域中的现代话语转型》，北京大学出版社 2005 年版，第 9 页。

意识形态、现代主义的意识形态、后现代主义的意识形态、民族主义的意识形态、女权主义的意识形态在这一文化领域交汇并存,它们之间存在着或明或暗的竞争关系,但彼此之间并没有尖锐的矛盾斗争。闪客江湖更像是一个展示各种意识形态的作品相互对话的公共场所或公共领域,在这个领域中,不同意识形态和价值观念之间的竞争更像是在作品展示中进行着对话交流,它们相互影响而很少激烈对抗,很有几分像是穆勒所谓的"意见的自由市场":各种观念自由流行,最终正确的意见会战胜错误的。

占据优势地位的一方会以一种时尚流行的趋势引领相关领域的创作,并在此基础上形成闪客文化的主导文化特征。比如以恶搞、狂欢、嘲讽权威、反传统为主要表现的后现代主义风格就是闪客江湖中的流行风格,尽管传统的和现代的价值观念、意识形态也能在江湖上占有重要的地位,但是很多时候它们并不占据主导性地位。再比如在民族主义意识形态问题上,在爱国主义与极端民族主义的竞争格局中,极端民族主义往往会占据强势的地位。在女性叙事和男性叙事的竞争格局中,女性叙事和女性主义的意识形态处于相对弱小的地位。

在网络动画创作中,多元价值倾向的故事短片和系列动画是各个动画内容制作者的品牌形象所在,是他们用力最多、制作最精良的作品,自然也是最能反映网络动画创作者的创作理念和价值取向的作品。

目前来看,尽管网络动画作品的价值倾向多种多样,但归类起来有两种价值倾向或者说制作风格是比较明显的。一是在经济主导的物质消费时代里,怀疑一切价值和权威,凡事总要采取嘲弄、挖苦、颠覆、解构的态度戏弄一番的后现代主义风格,它们往往反映的是一个商业化社会里的时尚青年的人生态度和乐趣。"我一看到这些词就心烦",王朔在《三联生活周刊》的随笔上列举了一串名词——"崇高、精神、凡·高、莫扎特……"这样的表白表达了这个社会的一部分人对于文化和娱乐的一种心态,也符合年轻的闪客们的心理。不过,他们用 Flash 叙事的方式释放这种心烦。解构一切权威、打破一切现有秩序、更新一切现有的观念、挑战一切常识性的知识和理性是这种意识形态的共同特点。

对传统价值理性进行颠覆的作品最典型的莫过于大话经典或者大话文艺作品。对经典作品的解构、嘲弄、戏拟或者是戏仿（分两种情况。一是保留经典的基本框架结构和基本的叙事结局，甚至保持人物的基本的性格特征，而将细节部分加以改编，细节上的故事与经典无关，如《大话三国》。另一种则是将经典作为文化的资源和文化记忆的基因库，作品与经典的相关性仅仅表现在框架和人物的符号层面，人物性格特征、故事情节以及所叙述的故事的方方面面都与经典作品无关，或者处处与经典不同并表现出强烈的嘲弄解构特征。这种作品数量比较多，如《鹿鼎记》《大话李白》等。），受到以周星驰为代表的一批大话作品的影响，具有比较明显的后现代无厘头风格。这种大话经典的作品大都倾向于将作品中的经典人物描绘成打通时空界限、穿着古代服饰而享受当代最新时尚和通俗文化的消费者，他们往往会是沉溺于网络而不可自拔的网民，网民身份是他们最常见的一种身份，几乎所有的大话经典作品的人物都具备这个 E 时代的特点。与他们在传统经典作品中的英明神武的形象相反，他们往往弱智、呆傻、不拘小节，而且是非常容易遭遇尴尬、出丑的搞笑形象。这种结构性的经典文化颠覆具有其深刻的社会文化背景，是当代社会结构性的文化表现。

从另一方面看，Flash 作品中也不乏认同和再诠释传统价值观念的作品。这些作品并不倾向于采取后现代的文化策略，而是更多地把创作的焦点集中在对于人性的真、善、美的追求和对于人生、艺术、哲学、社会等方面的矛盾现象的思考与追问，用新的艺术手法、艺术观念和技术来表达自己对人生诸问题的严肃思考。它的目的并不在于展现自己的机智，而是展现自身的智慧；不是为了炫耀所掌握的技术，而是用技术来传达对人生的艺术化的思考；不是为了轻松幽默的无厘头效果，而是为了通过艺术的形式打动人心，引发人们的思索，帮助人们得到真善美的体验。事实上，必须指出的一个问题是，在对传统价值观念进行颠覆的那些作品中，也不乏通过曲折的或者说扭曲的方式来进行严肃思考的作品，但相比以严肃风格面貌出现的作品,数量不占多数,并且在表达的方式上是比较隐晦的。当然,两种截然不同的风格的并存也反映了 Flash 创作的多元价值取向,可以说闪客的天空确实是一个充满着各种互不干扰的“意见的自由市场”。还要指出的是,还有许多 Flash 作品我们很难将它们按照价值取向的标准来进行分类,因为它们只不过是一些表达自己的情绪或者一点点想法、一点点感受的作品。在很大程度上讲,创作者们创作的出发点是自己,终点同样是自己;也就是说他们的创作完全是为自己而进行的,作品只是属于私人性图像叙事,尽管在很多情况下这些作品也会引起不少受众的情感共鸣。

(3)《大话三国》与《猫》——早期作品的两个典型

网络动画在意识形态和价值观念方面表现出来的多元共存特点可以从《大话三国》和《猫》这两个完全异质的具有代表性的作品中体现出来,它们各自的典型性分别代表了传统与时尚、现代与后现代、男性与女性的二元对立。这种完全异质和对立风格的作品在闪客江湖中和平共存,对话竞争,各自都具有自己牢固的领地。

《大话三国》是这样的一种典型:它是由周星驰的《大话西游》开创的后现代无厘头风格的延续。它的出现为中国闪客的创作提供了一种模式,那就是在动画创作中把 E 时代青年的无厘头搞笑、恶搞的风格贯彻到底,在解构经典和搞笑搞恶中娱乐至死!大约从《大话三国》之后,搞笑、恶搞成了 Flash 动画的文化招牌,很多人是听说了这种彻底的无厘头后现代艺术的大名之后开始接触 Flash 动画的。对于那些读书求学时代的青年来说,欣赏这种多少有点“坏”的 Flash 作品是他们在闲暇时候最好的娱乐与放松,也是他们调侃、对抗那些权威和传统意识形态的最好方式和渠道。

《大话三国》由一系列的三国故事改编制作而成,每集都不长,只选择三国故事中最为人熟知的一些故事进行改编,如《凤仪亭》《桃园结义》《草船借箭》《三英战吕布》等,由较早的闪客团队 SHOWGOOD 公司制作。《大话三国》系列 Flash 主题鲜明,表达方式十分另类,各种人物的表演妙趣横生、令人捧腹，是当时中国内地最典型的无厘头式搞笑网络动画。

《大话三国》是在《大话西游》的直接影响下诞生的 Flash 动画系列，它为 Flash 动画玩家们探索出一条如何将后现代无厘头移植到网络动画创作中来的典范。所不同的是，《大话三国》由于是一部动画片，因此在影像符号方面的游戏色彩要远远超过受到真人拍摄的许多限制约束的《大话西游》，但是在叙事创意和后现代主义色彩方面，却不及《大话西游》来得深刻。在《大话西游》中，主创人员几乎尝试着解构一切，包括爱情。如至尊宝对紫霞仙子的那段经典爱情对白就是对爱情誓言的彻底嘲讽："曾经有一份真诚的爱情放在我面前，我没有珍惜，等我失去的时候我才追悔莫及，人世间最痛苦的事莫过于此。你的剑在我的咽喉上割下去吧！不用再犹豫了！如果上天能够给我一个再来一次的机会，我会对那个女孩子说三个字：我爱你。如果非要在这份爱上加上一个期限，我希望是……一万年！"这句听起来感人至深又非常煽情的爱情表白居然是至尊宝为了在紫霞的剑锋之下求生而编织的谎言，是花心的孙悟空说出来骗骗紫霞以达到逃命的目的的鬼话。爱情的誓言在这里以极其荒谬的面貌出现。然而，在笑过之后，观众发现，在经历了艰难痛苦的感情折磨之后，至尊宝和紫霞的爱情故事也像传统的经典爱情悲剧一样感人至深，催人泪下，笑声与泪水始终交织在一起。悲剧因为搞笑而不那么阴暗了，同时，喜剧却因为悲剧而获得了一种深沉。这种游戏与悲喜无常中的搞笑至少说明后现代无厘头并不是单纯的胡闹，并不是粗鄙浅薄甚至下做的文化垃圾，在欢乐与痛苦之间永存的是解构权威，解放被束缚的艺术创作的追求和对于人类基本价值观念的尊重。正因为如此，人们常常说后现代主义是反传统文化形式和传统社会规则的，但绝不会说后现代主义是反人性或反文明的。

《大话三国》就是把无厘头文化嫁接到三国故事中，恶搞和搞笑的事情比比皆是。比如王允家墙上贴着"王家行为守则"：不准随地大小便，不准随地吐痰，不准……曹操最喜欢对着镜子说自己是个大帅哥……在

《凤仪亭》里,王允使用貂蝉设“美人计”挑拨董卓和吕布之间的感情的原因竟被修改为是王允害怕董卓发现他有“香港脚”。更有甚者,著名的《三英战吕布》这场戏,也被改得面目全非。他们的第一局比赛是比体重,较重者胜;第二局是比胡子长;第三局竟然是刘皇叔与吕布比下智力棋。“无厘头”风格的再创作就这样使经典的三国故事被彻底颠覆了。《大话三国》借着古典名著中的故事和人物来表达在大城市中拼命挣扎的人们那种无奈、无聊、泄愤的心情,一时间成了最流行的娱乐方式。

就在人们开始对网络动画形成“无厘头”后现代恶搞风格的刻板印象的时候,卜桦的《猫》的出现改变了这种刻板印象。《猫》《无常》《木偶戏》等卜桦作品的诞生让闪客们重新开始思考一些过去被有意无意地忽略了的问题:

这些富有哲理又具有相当高的艺术专业水平的短片的出现,使得人们对网络 Flash 动画世界以搞笑搞恶的后现代无厘头风格占绝对统治地位的局面有了新的认识。Flash 并不仅仅是后现代无厘头风格的王国,它的价值取向是多元化的。这些作品所表达的主题和唤起的艺术感动很难和“后现代无厘头”这一网络时代的招牌联系起来。用 Flash 动画搞笑搞怪固然可以十分惬意,而用它表现有传统的或者现代的价值观念也未尝不适合。正是这样的一种多元化的风格使我们看到了闪客文化在意识形态上的多元并存的局面。一方面,年轻一代利用新的媒介技术创造《大话三国》这类仅仅属于他们自己的文化,尽情地解构经典,嘲笑、挑战传统观念,通过这种挑战来回应他们在日常生活中承受的来自权威和传统规范的约束;另一方面,正统观念(占优势地位的意识形态)也在这一代人身上打下了深深的烙印,它们牢牢地占据着年轻人的意识结构的一个部分,使他们也能认同、接受并传承这些人类历史文化中的优秀遗产。

《猫》的故事并不复杂,但是它却能在简单的故事中用新艺术的形式展现“爱”和因爱而生的“勇气”这一传统的,也是永恒的主题。猫妈妈和猫孩子到处流浪,相依为命。猫妈妈白天去给人家干活,讨得一点食物,马上就跑回家给猫孩子吃。它们享受着天伦之乐。突然,有一天,灾难降临了。一群歹徒欺负猫孩子，猫妈妈奋力保护自己的孩子。后来，歹徒们找个机会暗算了猫妈妈。猫妈妈死去了，猫孩子为了挽救妈妈的生命，毅然冲进了地狱。它不断与死神较量，最后打动了上苍，让猫妈妈复活，母子团聚。很多看过这部作品的网友都表达了他们共同的感受：看了这个Flash，好难受哦，害得我现在好想好想回家，好感人！""打开这个 Flash 默默地听着、看着，第一遍是新奇，第二遍是心动，看到第三遍的时候，是泪流满面"……感人至深，这是《猫》给人的最直接的艺术感动。《南方周末》为此登了一篇文章，名字就叫《让人哭了八遍的 Flash〈猫〉》。正是凭借这部让网友们感动得一塌糊涂的《猫》，卜桦的名字迅速为人们所熟悉，仿佛就在这一转眼的工夫，卜桦成了横空出世、叱咤风云的闪客女侠。不过在以后的一段时间里，她又陆续创作了几部在思想和艺术上都让国内闪客界耳目一新的作品。人们开始意识到她和一般闪客的不同，最终，她被认为是中国的"艺术家型"的闪客。

《猫》改变了人们对于 Flash 的娱乐性质的流行观念，它其实还可以是一种纯粹艺术的表达，可以用来传达人们对于世界与生活的严肃思考。《猫》所宣扬的是一种全然不同于《大话三国》的价值观念，一种高尚的、传统的但是确是永恒的价值观——平淡真实的爱和真、善、美。

可见，卜桦的作品中没有解构颠覆、没有玩世不恭的调侃，也没有嘲讽和揶揄；相反，它坚持表现人类传统价值理性中为爱而努力、为爱而坚持的勇气与精神，为人类文明历史长河中遗留下来的真、善、美的价值观念做出新的艺术形式的再现。如果说《大话三国》代表了后现代文化的反传统风格，力图通过难以置信和极端对抗的姿态彻底地对传统文化观念中的秩序、等级、规则、有序进行反判的话，那么《猫》则是一部解构风行的 Flash 界重新建构传统和现代秩序观念的作品，它的成功使得闪客文化不再只是"搞笑"与"搞恶"的娱乐方式的代名词，而变成了具有传统观念中的"艺术"品质的严肃美学形式。一旦 Flash 重新被审视为严肃艺术，它就变成了一个文化意识形态的杂合体，这里面既有居于统治地位的传统和现代的意识形态，也有反传统和反现代的"后现代"意识形态，两者共存于一种文化形式中。当然,除了这两种截然不同的意识形态倾向之外,还存在着另一种策略,那就是“去意识形态”的作品,小小的作品就是这样的代表。

(三) 网络动画叙事的性别特征

西方女性主义学者认为:总体上看,我们的社会意识受到历史上形成的性别偏见的影响,从而在研究和表述中忽视了女性体验的表达,掩盖了女性体验的特殊价值。传统大众媒介机构往往会通过“不在场、谴责或者浅薄化而把妇女们象征性地歼灭了”。[①] 然而,在新的媒介技术条件下、新的媒介环境中,女性的媒介表达状况发生了比较大的变化,女性闪客可以比较自由地在网络上通过动画艺术的形式表达自己对于生活的体验与思考,表达自己的要求和意愿,这对于纠正人类社会文化在性别上的悬殊差异具有巨大的积极作用。

1. 媒介环境与女性表达

传统媒体一般是以机构的形式存在的,而其中的媒介产品往往是集体创作的产物,“集体意识”中包含了女性媒介工作者的意识,但是这种处于弱势的女性意识在强大的男性意识的压制下往往并不能合理有效地传达女性的声音,更难以改变媒介产品中的男性中心意识的现实。另一方面,这些媒介机构的媒介文化生产必须要与社会政治、经济层面形成某种特殊的互动关系,而在这些社会经济和政治的领域中,男权主义意识形态占据着绝对的主导地位,因此尽管女性已经加入到了这些媒介之中,但是她们在创制媒介产品的时候很难摆脱在社会中占据主流地位的性别意识形态的影响。通常情况下,女性的声音由于受到压制或者由于女性转向沉默而难以得到传达,即使媒体表达出女性的声音,但这样的声音很多时候都只不过是男性意识形态的复制性的表达,女性的要求和欲望并不能得到真正有效的表达。

---

① 〔英〕多米尼克·斯特里纳蒂:《通俗文化理论导论》,阎嘉译,商务印书馆 2001 年版。

考察一下人类的动画艺术发展的历史,我们不难发现:作为一种与商业性产业相伴生的艺术形式,动画艺术作品中几乎没有为女性表达留出任何空间,女性声音的缺席状态甚至要比普通的影视艺术更加严重。在那些拍摄给成年人看的动画片中,男性意识形态牢固地占据着从审美趣味到价值观念的方方面面,即便是像《白雪公主》这样的以女性形象为主角的动画电影也概不例外。因此,对于女性表达来说,动画艺术基本上一直是一个从未涉足的领地。不过,在网络动画制作兴起之后,这种状况有了颠覆性的变化。由于网络媒介具有的特殊媒介性质和传播方式,女性表达得以部分地摆脱传统媒体中一直存在的那些压迫形式。在动画创作和生产方面,现代的 Flash 等动画制作软件小巧而灵活,靠一个人的力量就足以完成一部完全由自己导演的动画作品。这样,过去必须依靠集体合作才能生产动画作品的生产模式被打破了。网络动画的创作也可以变得像私人书写那样不受约束,女性动画爱好者完全可以像女性作家那样进行独立自主的创作,这在过去的动画生产模式下几乎是无法想象的。然而,最关键的问题也许还不在于创作上的自由,而在于网络条件下女性表达的传播模式。在传统的创作模式下,尽管女性意识、体验可以通过文字或者图像等方式得到自由表达,但是在传播或流通的领域,这些女性作品却没有任何自由传播的可能性。社会传播与流通的整个系统基本上是由男性主导的,传统的电视、电影、报纸或图书出版业的“把关人”系统从总体上讲是由男性社会意识形态支配的。在这种情况下,女性创作进入流通和传播领域的自由度是十分有限的。但在网络环境下,作品的传播与流通系统却几乎不受到社会性属意识形态的干扰,因为互联网上的传播活动是以个人传播行为而不是社会性机构的传播行为为基本单位的。女性创作者可以避开那些男性意识形态支配的社会机构“把关人”的把关行为,将自己的创作在网上自由地传播。如此看来,尽管女性作者还会在创作过程中受到来自社会主导性性别意识形态的影响,不过在网络环境下,她们毕竟还是拥有了自由运用动画艺术形式进行自由表达的条件。最近几年来中国的网络动画发展实践证明,通过网络动画的叙事方式,那些运用网络动画制作软件的女性闪客们在网络世界中自由地表达了她们对于世界、对于人生的想法和体验,她们的作品展现了一个较为特殊的女性群体的思想和艺术特征。

中国的女性闪客相比于男性闪客来说数量要少很多,但是女性闪客所取得的艺术成就和影响力却毫不逊色于男性闪客,甚至可以说在某些方面还超过了男性闪客。卜桦就是最有说服力的例子,她的作品几乎超越了男性或者女性闪客的分野,为整个闪客界树立了典范。至于豆批和何熠所代表的女性闪客,她们的作品不论是题材还是画面方面显然都体现出完全不同于男性闪客的女性特质。这些优秀的女性动画作品极大地丰富了中国闪客动画艺术的宝库,也推动着中国闪客动画艺术的进步和繁荣。

2. 网络动画中的女性闪客群体及其创作特点

女性闪客动画艺术无论是在创作方式、叙事风格和叙事主题等方面,都体现出独特的女性亚文化特征,这种亚文化不仅不同于男性动画叙事的文化特征,甚至也不同于运用其他媒介形式进行女性表达的女性创作群体的特征。

首先,从创作群体上看,女性闪客群体的人口学分布主要集中于受过良好的教育、年轻未婚、有艺术教育背景又掌握一定程度的动画制作技术的那些女性。这一群体在人数上相比于男性闪客而言要少得多,不过她们的作品的分量却不轻。男性闪客也大都集中于受过高等教育的、有计算机或艺术教育背景的未婚青年人群,不过已婚男士在闪客中占的比例要远远高于已婚的女性闪客。从年龄上讲男性闪客的分布范围要比女性闪客更广一些。这可能与已婚女性在生活中既要承担社会工作,又要承担家务劳动,因而没有更多自由支配的时间从事自己喜欢的动画创作有关。

由于女性闪客在人口学上的分布基本上集中于年轻的未婚女性,因此,她们的创作风格既不同于男性闪客,也有别于运用其他媒介表达方式进行创作的女性群体所形成的特征。比如女性文学创作群体的年龄分布要比女性闪客群体的年龄分布范围大得多,几乎每个年龄层次的女性都有女性文学创作者;同时,在婚姻和职业状况方面也比女性闪客创作群体更加多元化。这种人口学上的构成特征的差异也导致了女性闪客与其他女性创作群体所展现的女性文化特征具有较大的差别。

最为明显的差异在于女性闪客的创作所展现出的对社会权力关系的表达具有其特殊之处。女性闪客叙事与本质论女性主义者的主张比较吻合,而与非本质论女性主义的观点并不相吻合。也就是说,女性特质是由女性生理和心理特征所决定的,而不是由社会建构决定的,或者说女性特质不是社会主导性别意识的产物而是自然进化选择的产物。对于建构论的女性主义者来说,他们不赞成把女性特征绝对地归纳为感性的、温柔的、母性的、依赖的、感情型的、主观的、缺乏抽象思维能力的,也反对将男性特征归纳为精神的、理性的、勇猛的、富于攻击性的、独立的、理智型的、客观的、擅长抽象分析思辨的,女人不比男人更重感情,男人也不比女人更强大。然而,从闪客作品的实际情况看,女性和男性作品的差异性是比较大的。女性闪客作品的特征正好体现了感性的、温柔的、母性的、依赖的、感情型的、主观的、缺乏抽象思维能力的特点。而男性闪客作品的特征恰好体现了精神的、理性的、勇猛的、富于攻击性的、独立的、理智型的、客观的、擅长抽象分析思辨的特点。

其次,正是由于女性闪客在人口学分布方面的特征和“女性特质”方面的特点使得她们在叙事主题与风格方面表现出与男性闪客的差别。男性闪客的风格和价值取向比较多样化:既有以表现玩世不恭的后现代无厘头姿态来解构权威、解构经典、寻求快乐的作品;也有忧国忧民、关注时事发展的严肃作品;同时在艺术风格的追求上也是多种多样,趋向多元化并存的。相比之下,女性闪客的叙事主题就没有男性闪客那么多样,女性闪客一般比较集中地创作情感性题材,她们比较偏爱与亲情、爱情、童趣相关的主题。她们的动画叙事自我倾诉的特征非常明显,许多作品似乎只是为自己而创作的,是内敛性的叙事。这方面表现最为突出的是豆批的《西凉闲赋》系列。作品几乎全是一个女子在轻声述说她对于世界的感受和思考,没有故事情节,也没有戏剧性的矛盾冲突。可以说,对于女性闪客来说,Flash 动画的创作在很大程度上讲有些类似于她们的私人日记写作,所不同的是这种心情的记录是通过多媒体艺术的方式完成并用于网络展现的。这与男性闪客表现自我,为取悦别人、彰显自我而创作的创作意图有很大的不同。尽管后现代无厘头风格是闪客文化的一个重要的文化标签,但我们很难看到由女性闪客创作的后现代无厘头风格的搞笑、恶搞性质的作品,女性闪客显然并不喜欢或者说并不擅长于这类题材的创作。

再次,对于社会中存在的男性对于女性造成压迫的那些男权意识形态,主要是通过男性作品表现出来,而女性闪客的作品中具有争取女性权利和主张女性解放的话题的作品很少见。在女性的作品中,我们很难感受到女性主义者们所谈论的那些女性对于男性压迫的抗争,更多的时候是对于这种状况表现出同情,寄希望于男性的道德良心而不是女性的积极抗争。究其原因,女性闪客一般是有较好的教育背景的未婚年轻女子,这一人群似乎并没有受到社会上男权意识形态的太大压迫。她们的生活与已婚的或长期处于男权压制工作环境之中的女性有很大的不同,她们所感受的男权压迫并不突出,很多时候我们几乎看不到她们创作的带有极端女权主义观点作品。当然,也有一些作品多少曲折地表达了男权社会中女性在容貌、爱情和工作等方方面面所面对的无奈,不过女性闪客在这些困境中所作的选择往往是沉默和忍受。可见,在女性权利表达方面的缺失鲜明地体现了女性闪客创作不同于其他女性主义创作形式的特点。

3. 男性动画创作中的女性想象

西方女权主义者们关于社会性别压制的论点在男性闪客的动画叙事中倒是得到了比较充分的支持。在男性闪客的动画作品中,男权中心主义的话语霸权特征非常明显。男性闪客总是将理想中的女性想象成性感十足、婀娜多姿的美女,并且这些美女一般都不是太聪明,并较容易上当受骗,成为男人们的猎物。另一种倾向是将女性想象为弱不禁风的娇贵小姐,多愁善感,需要依靠男人的保护。

在男性叙事中,女英雄的形象和女强人的形象并不多见,尤其是当代女性形象。男性闪客作品中的女性往往缺乏积极健康的形象,具有健康形象的女性角色一般仅仅出现在一些 Flash MV 中,以配合流行歌曲传播。在故事性的动画作品中,女性形象往往是有偏见的,或者是符合男性意识形态的,我们可以以《大话李白》中的女性形象为例进行一点分析。从动画形象上看,剧中女性角色无论是杨玉环还是雨烟均具有女性突出性征,性感的嘴唇、丰腴的身体、饱满的前胸……这些都是男性对于理想中的女性的形象要求。不仅如此,雨烟这一形象还寄托了男性对于美丽女性的众多的欲望和想象。在第三集中,王维在岸上看到雨烟时觉得她很美,禁不住要"骚扰一下",于是他通过歌声来骚扰泛舟湖上的雨烟,雨烟很乐意接受他的骚扰,并且通过歌声来回应王维的骚扰。雨烟这样的大美女看到王维就产生了一见钟情的感情,几乎是毫无条件地喜欢上了王维。王维长相的缺点成了雨烟一见钟情的原因:王维的小眼睛成了"迷人的双眼",而那张被李白耻笑为"香肠嘴"的厚厚的嘴唇在雨烟眼里也成了"性感的嘴唇";接着在知道了王维的名字之后更是彻底地爱上了王维。她对王维说:"喜欢你很久了,想不到能这么近看着你",接着便主动邀请王维泛舟庆兴湖,此后雨烟就一直陪伴在王维身边了。这一段内容可以说是典型的"做梦娶媳妇",寄托了男性对于女性的角色期待。这种期待从古至今一直存在于男性的想象之中:在不经意的某个时间里遇到一位才貌双全的美女,美女无条件地喜欢这个男人并愿意为他做任何事情。这样的男性想象让人想起蒲松龄《聊斋志异》中的各种可爱的狐仙妖女。她们通常会在不经意间与穷秀才相遇并很快就爱上穷秀才。她们不图钱财也不图地位,只是因为感恩或者别的一些原因而爱上男主角,并且很容易地就献上自己的身体,成全穷得娶不上媳妇的书生们的一夜风流。这还不够,她们对于男主角的爱是无私无畏的,为了自己心爱的人她们可以上刀山下油锅,粉身碎骨也在所不惜。这种男性想象在当代男性叙事作品中也是普遍存在的。《废都》中的庄之蝶便是浓缩了当代男性幻想的典型人物,他的四个女人无一不是温柔体贴还颇有姿色的女子,最关键的是她们可以毫无条件地爱,并且奉献她们所有的一切。由于闪客的年龄一般不大,他们不可能会有像蒲松龄或贾平凹那样的成熟男性对女性的"登峰造极"的幻想,不过从他们的作品中我们显然不难发现他们已经将女性的形象作了符合男权社会意识形态的处理。

三、"李雷和韩梅梅"现象的文化解读①

近几年来,一股"80 后"的怀旧风席卷国内。关于"80"后儿时玩具的回忆讨论帖在多家论坛中成为讨论的热点;与"80 后"相关的贴纸、T 恤也成为某家服饰厂商的主题;一系列关于"80 后"的视频点击率居高不下,比如《老男孩》,其同名主题曲也在"80"后中传唱甚广;甚至在各地还出现了以"80 后"为主题的餐厅。

在众多的"80 后"亚文化现象中,"李雷和韩梅梅"无疑是独树一帜的。"李雷和韩梅梅"诞生于 1990 年出版的人教版的英语教材,他们作为插图人物,在每一篇课文中出现,帮助中学生理解英语对话发生的情境。出生于 1977—1987 年之间的人是这批教材的主要使用群体,也是被称为"80 后"的群体。"80 后"本质上是指一代人在出生年龄上的划分,衡量他们的标准是客观的出生时间,但日益演变成了一个具有文化内涵的群体,被赋予了越来越多的文化意义。这个过程是建构的,不是自然而然出现的。大约 2007 年后,以"李雷和韩梅梅"为话题的帖子在论坛上层出不穷,关于李雷、韩梅梅、Jim 之间的爱情故事让"80 后"们争执不休,以"李雷和韩梅梅"为主题的 T 恤、贴纸在市场上热卖,歌曲《李雷和韩梅梅》回荡在诸多"80 后"耳边,影像视频《李雷和韩梅梅》也征服了许多"80 后"。"李雷和韩梅梅"已经成为"80 后"青年亚文化中的典型个案。

该文化现象的出现与"80 后"群体的成长有很大的关系。2007 年后

① 此节由周诗妮执笔初稿,王颖吉指导并修改定稿。

中国网络用户中“80 后”逐渐成长为网络主要用户群体，并且也是最具有网络活跃度的群体，因此这一特定人群利用网络媒体掀起了一波又一波流行一时的网络亚文化现象。当我们回顾这一青年亚文化现象时，我们似乎看到的是一个完整的文化标本，通过对这一标本的分析，我们可以更有深度地认识网络青年亚文化的一些基本特征。面对“李雷和韩梅梅”现象，我们既可以印证伯明翰学派亚文化研究有关青年文化的抵抗性和文化认同意义，同时也能清晰地看到这些抵抗如何遭受来自商业的侵蚀和收编。更重要的问题是，我们还必须看到这些所谓的微观政治意义和文化意义的解释事实上都并不能够消解社会权威性压制力量，也即社会主流意识形态的结构性影响。青年们的亚文化建构活动事实上不仅遭受了来自商业的收编，而且即使是他们最自由地发出抵抗的声音时，他们所可能采取的一切方式以及思维都只能是意识形态性的。无论是他们用于抵抗的表达方式、文化风格还是意图和理念，都完全没有能够超越于他们所希望超越的文化圈子。这就好像洋洋自得的孙悟空，以为自己神通广大，一个筋斗云就可以跳出三界外，不在五行中，到头来却发现自己臆想的那种自由其实只不过是在如来佛的手掌心里上窜下跳地折腾了一番而已。感觉是美妙的，但现实却是残酷的，所谓抵抗的自由与文化认同的建构其实都只不过是在现存的技术文化及其意识形态藩篱上添砖加瓦而已，这可真是一种莫大的讽刺。

（一）“李雷和韩梅梅”现象的亚文化风格分析

对“80 后”来说，李雷和韩梅梅这两个名字有着特殊的含义，凝结着非同一般的文化情感，因为他们跟“80 后”一起度过了一段令人难忘的少年时光。1990 年版的人教版英语教材是中国首次与外国合作编写的教材。“人教社选择了英国朗文集团为合作方，融入以前的课本所没有的日常交际用语，让学生在丰富的情景对话中掌握单词和语法。教材里的故事由英国人格兰特主创，家庭模式由双方共同设计，最后设计了英国的 Green 家庭、加拿大的 Read 家庭、美国的 King 和 Smith 四个家庭。四个家庭加上中国的李雷和韩梅梅,故事就开始了。课本里 Han Meimei 和 Jim、Li Lei 等不断重复着相同的问候,‘How are you?’‘Fine, thank you, and you?’”[①]这些语句,始终是那代人的回忆中抹不去的一页。这套教材从1990 年起开始投入使用,到 2000 年因教材改版而退出市场,占据了中学英语教材市场长达 10 年的时间。

当我们了解到“李雷和韩梅梅”的诞生背景之后,也许我们还是不会理解,为什么教科书中的人物会成为“80 后”追捧的对象,但如果把他们纳入亚文化的语境中,我们可以从另一层面上来理解“李雷和韩梅梅”,或许能够得到一些意想不到的收获。曾经的教科书里的“李雷和韩梅梅”走出课本,通过网络重返长大了的“学生”的记忆,这无疑会引起一个群体的文化身份和意义共享上的共鸣。不过,这一次,“80 后”群体运用他们手中的媒体资源和技术重新建构了有关“李雷和韩梅梅”的故事,在这些故事中“李雷和韩梅梅”不再只是单纯的课本人物,他们的人物形象、言行以及所展现的故事都具有了亚文化群体的再创造文化特征。这种亚文化的特征在海布迪格的研究中被笼统地称为“风格”,透过这种“风格”我们就可以看到亚文化的一些核心特点。“风格”在伯明翰学派的亚文化理论中占有重要地位,对各种亚文化的解读正是透过“风格”一窥究竟的。伯明翰学派把亚文化看作一种“巨型文本”和“拟语言”,对其“文体”(风格)的抵抗功能和被收编的命运进行解读:“风格问题,这种因时代而产生的风格问题,对战后青年亚文化的形成至关重要。”“对风格的解读实际上就是对亚文化的解读”。[②]

(1) 风格解读之一:拼贴

那么,何谓风格(style)呢?伯明翰学派认为:风格是亚文化的“第二皮肤”,既是亚文化群体内部最具吸引力的符号,也是它们区别彼此的标

---

① 潘晓凌:《Li Lei 都这么牛 × 了,Han Meimei 却不喜欢他——1990 年代中学英语教科书的集体记忆》,载《南方周末》2008 年 7 月 10 日。

② 胡疆锋、陆道夫:《抵抗 · 风格 · 收编——英国伯明翰学派亚文化理论关键词解读》,载《文化研究》2006 年第 4 期。

志,不同的青年亚文化有着不同的风格。费斯克在《传播与文化研究辞典》中把"风格"定义为"文化认同与社会定位得以协商与表达的方法手段……风格涉及某些事情如何去做……风格可能被当做特殊社会群体的象征性属性,明确有力地表达他们在广泛的社会、文化与方式上的定向性与姿态。"①所以,风格是一种亚文化的指向性与标志性的东西,通过风格,我们可以深入地了解一种亚文化是怎么形成的。那么,"李雷和韩梅梅"作为一种亚文化现象,它的风格究竟是什么呢?

在对亚文化的风格进行解读的过程中,迪克·赫伯迪格使用了"拼贴(bricolage)"这个概念。费斯克在《传播与文化研究辞典》中把拼贴定义为"一种即兴或改编的文化过程,客体、符号或行为由此被移植到不同的意义系统与文化背景之中,从而获得新的意味。"②亚文化的制造者在亚文化风格的创造中使用的不是"新鲜"或者"原创"的材料,而是依靠社会体系中原有的"元素",通过对原有元素的"改装"来达到自己的目的,从而创造出一个新的话语系统。

比如,在恶搞葛优的视频短片《性命呼叫转移》中,围绕着"除掉大胆"这个核心话题,葛优主演的各种贺岁片悉数登场,从《甲方乙方》《不见不散》到《手机》,电影中的片段被巧妙剪辑,与美剧《越狱》、王小丫主持的《开心辞典》、李咏主持的《幸运52》等其他节目"拼装"在一起,在形成了搞笑的娱乐效果的同时,巧妙地把舆论热点问题如房屋拆迁、猪肉高价、交通拥堵嵌入其中。

在"李雷和韩梅梅现象"中,"拼贴"风格也鲜明地体现在网友的文本重新叙事之中。李雷和韩梅梅等人物与当代社会的"三角恋""星座分析""性格解读"甚至"人物集团"分析并置在一起,形成了对课本的重新叙事与解读,完全按照"80后"的社会经验把教科书的内容解构。他们并没有使用什么新鲜的或是原创的材料,他们所使用的一切元素都可以在现实社会中找到痕迹。三角恋情节是各种青春偶像剧中的经典剧情,星

---

① 〔美〕约翰·费斯克等编:《关键概念》,李彬译,新华出版社2004年版,第279页。
② 同上。

座分析是各种娱乐杂志和网站中的热点板块……通过拼贴,这些元素完全按照“80后”的设想重新结合到一起,并且完全符合逻辑,从而形成了属于他们自身的亚文化。

(2) 风格解读之二:从颠覆到重构

在原有的教材设定中,“李雷与韩梅梅”以及课本中英国的Green家庭、加拿大的Read家庭、美国的King和Smith四个家庭的人物形象与性格都是由中方的图书设计者所决定的,“画的时候就得小心,不能给孩子传授任何不良的东西”。但是在网友们的拼贴与重新叙事中,一切都发生了颠覆。当然,颠覆不是简单的破坏,在破坏原有的人物构造的同时,“80后”按照自己的设想,重建出一个个新的人物形象,非常值得玩味。

1. 人物形象的颠覆与重建

下面请看两则在论坛上有关“李雷和韩梅梅”的故事的著名帖子:

> 第一则[①]
>
> ……Han Meimei是一个美丽大方、聪明漂亮的女孩子,而Li Lei和Jim,一中一洋;一个帅气活泼,一个潇洒不羁;少女情怀,谁人可知……
>
> 第二则[②]
>
> ……
>
> 反正我一直特讨厌李雷,觉得此男猥琐虚伪的要命。还有Jim家貌似很有钱的样子,回英国过圣诞节坐飞机,家里还有苹果树。

在以上两则帖子里,李雷和韩梅梅以及Jim等人的人物形象发生了巨大的变化,具体情况如表1的分析:

---

① 佚名:《转:初中英语李雷和韩梅梅的缠绵悱恻的爱情故事》(2008-7-30)[2010-03-30]. http://tieba.baidu.com/f? kz=454200141。

② 同上。

表1　人物形象表

	人教版	亚文化版
李雷	自立、很有信心、很坚定、很正派、很有责任心的小男孩	帅气活泼 猥琐虚伪的要命
韩梅梅	小干部的形象，比较乖，功课好，也有责任心，愿意为大家做事	美丽大方、聪明漂亮 妇女干部，特左，劲儿劲儿的
Jim	Jim脸上长点雀斑，歪戴棒球帽	潇洒不羁 貌似很有钱

在亚文化版的“李雷和韩梅梅”中，李雷和韩梅梅以及Jim的形象发生了巨大的颠覆。他们不再是绘画者笔下的小男孩和小女孩，而是成为网友们自己对绘画内容理解后所解读出的新人物，是“80后”重新描绘出的属于自己的“李雷和韩梅梅”。

与此类似的还有若干网友根据当代流行的“星座分析”重新给“李雷和韩梅梅”描绘了人物形象。

下面是另外一位网友的帖子①：

中国派：

1：李雷，喜欢踢球的平头小男孩，好像有种东方阳刚之气哦，ms来自本地，父母应该是当官的！组织能力很厉害，但是ms不咂贫嘴！初步定义他为狮子座。

2：韩梅梅，这个女孩很普通成绩还很好啊！然后协调性也很好！好像还很会照顾人。不错，巨蟹座！

3：林涛，看上去像是来自上海的，父母都是知识分子，身体虽然有点瘦弱，但是idea超多的，戴着眼镜，微笑的小书生。星座：处女座。

英国Green家：

1：Jim看上去是幽默、大方、智慧、好动的男孩，喜欢打球，功课可能不是很好，但是一定有自己的很多idea。星座：水瓶座

2：Kate还是一个小女生，喜欢有哥哥照顾，喜欢洋娃娃，喜欢猫，

① http://www.tianya.cn/publicforum/content/funinfo/1/124376.shtml.

定义为双鱼座比较合理!

美国 King 家:

1:Lily,听名字就感觉是一个略带东方气质的女孩,应该是比较优雅、淑女的。Lily 喜欢舞蹈,她应该是跳芭蕾之类的了

2:Lucy,相比 Lily 来说,显得更活泼一点儿,在每次回答问题的时候,都更踊跃,但是同(特)喜欢唱歌、爱好交际!

Lily 和 Lucy 同为天秤座,都是优雅的女孩!

Read 家:

1:Tom,书上好像没有怎么提到 Tom,鉴于 Ann 和 Li Lei 是同学,所以预测 Tom 是一个高中生了! 从照片中看出他喜欢休闲运动,应该是射手座

2:Ann 的出现有过几次,那次 Ann 的生日晚会还历历在目哦,觉得 Ann 比较善于做吃的,应该是金牛座

在上面这个帖子中,不仅人物性格被重新定位,而且不同的人物还拥有了与其性格相配套的星座。这对于人教版的课本创作者来说可能很难理解,但是在“80 后”的心目中,“星座”无疑是最流行而且最神秘的话题之一,人的性格、行为、职业、婚姻……统统都能够与星座挂钩。“80 后”们凭着自己的星座知识和对课本人物的理解,使得“从天而降”的李雷和韩梅梅变得有血有肉,活灵活现。星座,成为了图画中的人物与现实生活中人物的“接合点”。虚拟的人物性格依靠“星座”,变得生动而立体,成为“80 后”的最爱。

由人教版的“李雷和韩梅梅”到亚文化版的“李雷和韩梅梅”,人物形象在颠覆的同时得到重建,由“80 后”创造的人物形象更贴近这一代人的生活与情感体验,可以说“李雷和韩梅梅”就是“80 后”自己的化身。

2. 故事内容的颠覆与重构

“80 后”不仅对原有的人物形象进行了颠覆和重新建构,而且对贯穿课本的故事情节也进行了颠覆和重构,让“李雷和韩梅梅”的故事更加丰富多彩。

在原有的教材设计中，首先值得注意的是“李雷和韩梅梅”只是英语课本里面的人物。他们的存在主要是为英语知识的传达服务的，人物关系不是重点，重要的是他们“说”的英语，进行的日常会话，从而让英语知识得以被很快地接收和消化。但是当“李雷和韩梅梅”成为了一种亚文化现象之后，课本原有的故事内容完全被打乱和颠覆，在课本中居于首要地位的“英语知识”则被忽略，反而是课本中不那么引人注目的人物关系得到发掘，并转而成为“80后”所进行的重新叙事的核心内容。

在人教版的教材中，李雷、韩梅梅和Jim等人只是一般的同学关系，“其实Li Lei和Han Meimei从头到尾就没说几句话，”①但是在“80后”的亚文化文本中，他们之间的关系不再是“普通朋友”，而是演化为当代复杂的“三角恋关系”。

下面请看流传于论坛的帖子：

帖子1②：

读初中时已然有了点朦胧的男女意识，从那时的观点看来，我就觉得英语课本讲述的是一个缠绵悱恻的爱情故事……据我分析小Han是有可能对Li Lei芳心暗许了，而另一方面Jim对韩MM又情根深种，无法自拔。……

帖子2③：

今天在天涯看到一个帖子是扒初中英语教材的……我无比惊喜地发现，竟然很多人都跟我曾经有过共识，就是Jim喜欢Han Meimei，Li Lei也喜欢Han Meimei，但是Lucy喜欢Li Lei。我的证据就是有一课，我记得清清楚楚，好像是什么Can I borrow your ruler? 之类的，韩美美和李雷坐在第一排，韩美美向李雷借尺子，然后Jim在后

① 潘晓凌：《Li Lei都这么牛×了，Han Meimei却不喜欢他——1990年代中学英语教科书的集体记忆》，载《南方周末》2008年7月10日。

② 佚名：《转：初中英语李雷和韩梅梅的缠绵悱恻的爱情故事》(2008-7-30)[2010-03-30]. http://tieba.baidu.com/f? kz=454200141。

③ 同上。

面看着他们,眼神十分诡异,就是夹杂着嫉妒、羡慕和阴险的目光……

印象比较深的还有李雷和Jim玩飞盘那次,Jim把李雷的头给砸了,当时觉得Jim是成心这么做的,因为这个事情发生在借尺子事件没多久之后。

对了,又想起来一个证据,有一次他们好像学农去摘苹果,韩美美趴在梯子上,Jim就很紧张地在下面喊Be careful!! ……

在以上两个帖子中,他们认为故事的核心是李雷、韩梅梅以及Jim之间的三角恋关系,而且三角恋关系得以成立的基础正是"插图"——由人教社的绘图人员制作,"画的时候就得小心,不能给孩子传授任何不良的东西"。虽然本着这样的出发点,小心翼翼地制作,甚至"Li Lei和Han Meimei从头到尾就没说几句话",但还是阻挡不了"80后"们如潮水般的想象力,课本插图中的"借尺子"被"80后"们认为是"三角恋"的直接证据。Jim的眼神究竟是不是像帖子中所述说的已经无关紧要,重要的是这种眼神的描述符合"三角恋"的预设,同时也证明了"三角恋"的存在。同样的,在"苹果树"这幅插图中,Jim对韩梅梅的关心的眼神能不能解释为一种爱情,在理论上来看也是有待商榷,但对于"80后"们来说,只有"爱情"这一种解释,也只有"三角恋"是最符合他们三人的关系定位的。于是,本来一本正经的插图反而成为了"爱情"的证据,这恐怕是插图设计者最不愿意看到的结果。于是,属于设计者的符号"插图"被"80后"们"挪用"为自己的符号,用以证明他们想象中的"三角恋情",在颠覆原有的循规蹈矩的课本内容的同时,为"80后"自身创造了一个新的意义空间。

把李雷、韩梅梅以及Jim的关系解读为"三角恋"的,我们姑且可以命名为"想象派",因为他们所认为的恋情主要依靠的是对插图的解读。这种解读具有一种不确定性,更多的是需要想象和情感的投入。与"想象派"相对,在"李雷和韩梅梅"亚文化现象中还存在一个"考据派"。"考据派"依靠的更多是从课本中直接得来的有关"数据"的统计,而不是对插图想象式的解读。

"考据派"的代表人物是一个叫"明无炫"的网友,他在自己的博客上发表了《Li Lei 和 Jim Green 谁是第一主角?》[①]这篇文章,对教科书中的人物出场次数进行统计,并以次数的多少作为排定主角的重要依据。统计的结果是,Jim Green 才是书中出场最多的第一主角,Li Lei 只是第二。按照所有人物出场次数的多少,他把出场人物分为两个集团。第一个集团的人物有:Jim Green、Li Lei(李雷)、Han Meimei(韩梅梅)、Kate Green、Lucy King、Lily King、Ann Read。除此之外,"明无炫"还整理出整套教材的大事年表(见表2),至于这个大事年表到底是怎样计算出来的,"明无炫"还做了特别说明[②]:这个时间是如何算出来的?呵呵,大家可以看到初三课本中有两课提到了时间。Ma Lili 值日时间:"9 月 10 日,星期四。"Lin Tao 值日时间:"9 月 19 日,星期六。"查一下就知道,这一年是 1992 年。由此类推。为什么 Kate 的出生年份不确定呢?因为,在初一课本有一课的听力中,说到 Kate 今年 7 岁,那么她应该是 1983 年出生。但是在初三课本上,Jim 却提到 Kate 今年入学了,那么 Kate 就应该比 Jim 小两到三岁。不知是不是编书人疏忽了?

表 2　教材大事年表

1978 年	Li Lei、Jim、Ann 出生
1979 年	Han Meimei、Lily、Lucy 出生
1980 或 1983 年	Kate 出生
1983 年	Green 家前往法国(Jim 5 岁),Green 家回到英国,居住于伦敦
1990 年	Green 家来到中国。 我们的课本从这里开始,King 家来到中国
1991 年秋	到农场采苹果,Ann 举办生日晚会
1992 年春	Ann 举办生日晚会
1992 年夏	猴岛探险记
1992 年秋	校运动会
1992 年冬	Green 家回英国过圣诞节
1993 年夏	初中毕业,课本到此结束……

① 明无炫:《Li Lei 和 Jim Green 谁是第一主角?》(2007-08-06)[2010-03-30]. http://blog.sina. com. cn/s/blog_57fbb20501000avw. html。

② 明无炫:《初中英语课本怀旧(2)——大事年表》(2007-10-20)[2010-03-30]. http://blog. sina. com. cn/s/blog_ 57fbb20501000bse. html。

在"考据派"的解读中,"内容"已经退居次席,重要的是"谁是第一主角"。出场次数、出场顺序,甚至时间表,这种"边角料"在教材的设计者的眼中可能根本算不上什么,也许他们自己都会忽略掉这些"小节"。但是通过"明无炫"的统计与梳理,课文里的每一节内容似乎都按照某条"线索"联系着,但这条"线索"决不单单是教材设计者们所安排的英语知识的教授与掌握进度的顺序,而像是一部小说,有着开端、发展、高潮与结局,波澜起伏。这种小说似的解读方式,无疑重建了整个"教材",再次发现了另外一套符号系统与意义空间。

综上所述,不管是"想象派"还是"考据派",他们首先都是作为一个颠覆者,颠覆了作为教材、作为英语知识传达手段的"李雷和韩梅梅",颠覆了教材设计者所想传达的一本正经。他们淡忘掉英语词句,而专注于开发属于他们自己的"李雷和韩梅梅",充分动用他们自己的解读能力,最大限度地开发想象空间,以不同的方式,建构了属于另一个意义维度的"李雷和韩梅梅",把属于教材设计者的"符号",转化为为自己所用的"符号"。

(二)"李雷和韩梅梅"亚文化风格的形成原因

通过对"李雷和韩梅梅"现象的风格解读,我们看到了属于"80后"的意义空间,但是"80后"为什么要采取这样的方式创造出一个崭新的"李雷和韩梅梅"呢?这种现象背后的原因也是在风格解读之后需要我们关注的另一个问题。

(1) 对父辈意识形态的反叛以及自我文化意义的生产

在对"李雷和韩梅梅"亚文化现象的风格解读中,颠覆与重建是解读的一个重点。不管是对人物形象还是故事情节,我们都能够深深地体会到一种对父辈意识形态的强烈反叛,一种破旧立新的冲动。

"李雷和韩梅梅"原本来自于"80后"父辈们的创造,他们不仅仅属于人民教育出版社,更属于那个时代的主流文化,深深地打上了那个时代的主导意识形态的烙印。所以,"李雷和韩梅梅"的设计者总是小心翼翼,害怕会传达给学生一些不良的东西。在教材中，李雷、Jim 以及韩梅梅等人的形象也是中规中矩，没有一点出格的地方。人教版设定的人物形象以及故事情节主要是为课堂教学服务，除此之外没有更多的意义。因而"李雷和韩梅梅"对于"80 后"而言是一种比较空洞的、脱离实际经验的符号。

但当"80 后"继承了"李雷和韩梅梅"这一父辈留给他们的遗产之后，他们绝不可能原封不动地按照父辈的意识形态去回忆他们，理解他们。"80 后"们自然而然会按照自己的想法以及文化经验去改造"李雷和韩梅梅"，他们不会满足于延续父辈的文化经验，因为那时的体验对于他们来说是空洞的、遥远的，与他们的生活格格不入。他们会选择自己生活中的元素去填充"李雷和韩梅梅"，生产出属于这一辈人的文化。于是当代文化的许多侧面在"李雷和韩梅梅"中得到了充分的体现，不管是人物之间的三角恋情关系，还是人物形象的戏剧化表达、星座分析等都是贴近"80 后"生活的情节。他们利用生活中现成的原料去重新加工、装饰父辈遗留给他们的符号，进行了属于自我的意识形态的生产，开始了一场符号的颠覆与狂欢。

这一点与"80 后"的父辈一代，以及"70 后"一代的回忆过去的行为是有很大的区别的。父辈一代以及"70 后"一代在对过去进行回顾之时，总是会珍视过往的种种美好，强调"复原""再现"以及"原汁原味"，尽量做到重现当年的一切，对原有的意识形态表达出强烈的继承性。因而，我们才能看到诸如"红歌会"等集娱乐性与弘扬经典于一身的节目会受到中老年观众的热捧。那为什么"80 后"一代生产出的文化会带有如此强烈的颠覆色彩，在后文对此现象的意义挖掘中会有详述，故而在此略过。

（2）网络空间成为发源地

"李雷和韩梅梅"现象是根源于课本，起源于网络讨论，走红于网络空间，最后再延伸到现实生活的一种亚文化现象。这一现象之所以会在网络上起源并逐渐走红，跟"80 后"作为网络空间的主要使用者是密不可分的。根据中国互联网络信息中心的数据[1],20—29 岁的人群占网民比例的 28.6%,是仅次于 10—19 岁年龄段的第二大网络使用群体。

网络空间因其开放性、平等性以及资源的丰富性、交互性、即时性成为青年人的最爱。网络空间,成为当代中国社会最具有"表达性"的场所。各种话题在网络空间中得到不同程度的发酵与扩大,其影响力不断扩散。网络在中国本身就意味着一个颠覆传统的空间,众多当代文化现象均从网络发端,尤以"恶搞"为甚。胡戈的"一个馒头引发的血案"引爆了网络恶搞的神经,由此引发的多个恶搞现象比如"小胖""性命呼叫转移"等都在现实生活和学术领域内激起了热烈的反响,成为中国当代社会文化现象中不可缺少的重要部分。究其根源,各种网络视频技术加上青年人的创造力以及对现实的批判性共同制造出一个个光怪陆离的视觉盛宴,使网络空间成为一个充满生机和活力的世界。

正是在网络这一自由空间中,"80 后"们可以畅所欲言,就各种话题发表自己的意见和看法,充分展现其主体性。网络,是他们颠覆父辈意识形态、进行自我意识形态生产的最佳场所。网络空间的使用者大多是"80 后"的同辈人,他们有共同的生活背景和情感体验,对此类话题拥有独一无二的敏感性。"80 后"们大多处在从学校向社会的过渡期,拥有良好的计算机操作水平,以及较多的空余时间用来上网。他们有充分的好奇心去挖掘一切有趣的事物,当然,这绝对包括对"李雷和韩梅梅"的怀旧,以及颠覆与重新创造。而且,他们可以借用流行在网络空间中的多种"恶搞"形式来对"李雷和韩梅梅"进行加工与重组。"李雷和韩梅梅"的风格,包括拼贴、颠覆与重建都可以在众多网络恶搞中得到发现,因为这些风格,是属于当代青年的共同财富,通过网络得以播散和分享,从而构建出各种各样的亚文化奇观。

与现实空间相比,网络虚拟空间更加远离父辈。在这里,"80 后"感觉到更加自由,他们在这里对着父辈遗留给他们的符号任意改动涂画,赋

---

① 中国互联网络信息中心:《中国互联网络发展状况统计报告》,2010 年。

予它们新的意义。在网络这个巨型的“生产车间”中，他们敲敲打打，为各式符号添加内容，制作新衣。他们有着呐喊的冲动，有着对话语权的渴求，有着真切的感受需要表达。网络可以为他们的表达提供所需的一切，不管是讨论的空间，还是展示的舞台。父辈由于技术限制，对新生事物缺乏了解，所以不可能利用网络来进行表达与创造。总的来讲，网络中的“80 后”拥有天时——有时间去做，地利——网络空间，人和——群体性的表达欲望，颠覆父辈再创造的诉求，于是“李雷和韩梅梅”这一亚文化现象在网络空间中应时而生。

（3）“李雷和韩梅梅”现象的意义探究

“80 后”通过拼贴、通过挪用、通过颠覆以及重构，塑造出一个“李雷和韩梅梅”的世界。那么这些风格究竟对“80 后”意味着什么呢？风格背后究竟有怎样的意义呢？在英国战后的青年亚文化研究中，不管是朋克穿着的撕裂的 T 恤，还是摩登族的风靡一时，“一种具有重要意义的差异的传达（同样的是一种群体认同的传达）是所有亚文化风格背后的要点，这一要点占据更高的位置，所有其他的意义都在它的旗下各自归类；它是一种信息，所有其他的信息只能通过它才能传达。”①那么，“李雷和韩梅梅”又传递着怎样的差异或者是认同呢？

1. 群体文化意义的同构

保罗·威利斯在《世俗文化》（*Profane Culture*）中证实：“流行神话宣称亚文化的形式是乱七八糟的，但恰恰相反，在任何一种独特的亚文化的内部结构里，都表现出了一种有条不紊的特征：每一部分和其他部分都存在着有机的联系，通过这种彼此之间的相符一致，亚文化成员理解着他们所生存的世界。”②“彼此之间的相符一致”就是隐藏在风格后的“同构”关系，即一个群体的价值观与生活风格之间象征性的一致，每一种亚文化都是亚文化成员的核心价值的反映。

---

① 〔英〕迪克·赫伯迪格：《亚文化：风格的意义》，陆道夫、胡疆锋译，北京大学出版社 2009 年版，第 127 页。

② 同上书，第 144 页。

威利斯在《仪式抵抗》里充分利用"同构"研究兴奋类药品在嬉皮士文化中的地位,他认为兴奋剂之所以能在嬉皮士文化中占有举足轻重的地位,在于它与嬉皮士的文化理想之间存在着一种"同构"。也就是说,兴奋剂所提供的潜在意义和嬉皮士所要达到的理想是一致的,兴奋剂使嬉皮士内在意义的实现成为可能。[①] "李雷和韩梅梅"亚文化现象的主要受众是"80 后"群体,而这一群体无疑有着独特的成长背景与价值观念,"李雷与韩梅梅"只有与他们的成长经历以及现在的情感体验有着"同构"的关系,他们才能喜欢并追捧这一亚文化。

要了解风格背后的意义,发现风格后的同构关系,我们还需要了解当代"80 后"的成长经历与现状,才能够真正理解"李雷和韩梅梅"与"80 后"生活的"同构"。"80 后"成长在 20 世纪 80 年代一直到整个 90 年代,沐浴了中国经济改革的大潮,享受着文化开放的春风。他们无疑比 60 后、70 后成长在一个更为宽松和开放的环境中。他们是中国第一代独生子女占据期中的群体,这些独生子女从小在家庭中就被当作"小皇帝""小公主""小太阳",他们充分享受着现代的物质文明,从小就被家庭精心呵护,这些也是上代人青春时所没有承受过的。面对日益开放的国门,他们接触到更多的外来事物。他们的眼界更宽,思想更为新锐,他们与中国一同走在"现代化"的路上,他们与中国一起经历由传统向现代的转型。在享受着丰富的物质条件的同时,他们同样也承载着成长的压力与烦恼,应试教育的压力,父母期望的压力,就业的压力,人际间疏离的压力等等。这些压力往往会比 70 年代、60 年代出生的人重得多。"80 后"从小就生活在这种竞争的压力之下,而竞争的压力一直伴随于他们成长的整个过程。

现在的"80 后"主流人群正处于走向社会,或刚刚进入社会不久这样一个阶段,就业的压力往往使这一代人喘不过气。他们渴望自主,渴望决定自己的命运,可现实让他们不得不低头。他们尚未做好充足的准备,对

---

① 胡静:《网络恶搞现象的青年亚文化特征解读》,山东大学文艺学专业硕士学位论文 2009 年,第 43 页。

于职场的种种规则，社会的种种暗礁，他们还显得那么稚嫩。他们要经历的是一场脱胎换骨的人生转换，角色的定位，人生目标的确立，一切都要接受社会的检验。虽然他们已经很努力，但上一代对新生代的质疑与偏见，使得他们被各种不信任所包围。他们的个性通常被媒体描述为"叛逆"，对新事物的敏感往往被解读为对传统的背叛。社会不理解他们，他们也觉得很难理解这个社会。

于是，"草根阶层"对当代的"80后"来说是一个比较贴切的标签。他们是在社会中处于无足轻重地位的"小字辈"和"小人物"，在现实生活中有成长不足的苦闷和压抑感、没有话语权但又想争夺话语权的青年群体。[①]

2. 抵抗以及其他

结合以上对"80"后的成长背景以及现状的分析，以及我们探究到的这一现象形成的原因是表达出"80后"一代对父辈意识形态的拒绝以及生产出属于自身的一种文化形态，再结合英国文化学派对亚文化的研究路径，我们可以深深地体会到"李雷和韩梅梅"的抵抗意味。

"80后"目前是一群在经济、社会、文化地位上都属于草根群体的年轻人，他们生活在一个无论是学校还是媒介都是专为维护精英文化和官方意识形态服务的时期，作为被规训对象的他们是很难在精英操纵的话语平台上发言的。[②] "李雷和韩梅梅"原本就是父辈创造出然后给予他们的符号，在他们还是初中生的年代，他们没有话语权，只能选择接受。但当他们成长之后，他们发觉自己也只是"草根一族"，仍然缺乏话语权，因此他们就要开始对主流话语进行抵抗，"李雷和韩梅梅"现象可以算作诸多抵抗的形式之一。在这里，属于社会统治阶层的父辈所创造出的符号被盗用为"80后"自己的文化符号，他们通过对"李雷和韩梅梅"的颠覆和重建，向父辈争夺话语权，从而显示出一种抵抗的意味，一种与主流文化

---

① 胡静：《网络恶搞现象的青年亚文化特征解读》，山东大学文艺学硕士学位论文2009年，第38页。

② 同上。

的不妥协,展现出自我的个性,表达出内心主张。面对学业的压力,工作的负担,他们终于可以在自己最熟悉,也只有他们才熟悉的地方释放自己,品尝他们的想象、他们的创意带来的刺激,颠覆传统、颠覆教材带来的震撼,以及消解权威所带来的快感。"李雷和韩梅梅"成为了一座连接现实世界与"80后"精神空间的桥梁。"三角恋""星座分析""谁是第一主角""大事件时间表"……这些也许让外人觉得无聊、觉得摸不着头脑的元素,是"80"后身份的标志,是只有他们自己才能读懂的"暗号"。对李雷、韩梅梅、Jim之间三角恋关系的设置,无疑是对父辈意识形态当中刻意避免青少年恋情的有力回击。他们所关注的是故事情节、人物性格分析,这些边边角角、鸡零狗碎的东西,远离了父辈的宏大叙事,开创出自己的话语空间。

当然,这里的"抵抗"所蕴含的意味没有在英国文化研究中所使用的"抵抗"那么强烈,迪克·赫伯迪格在其代表作《亚文化:风格的意义》一书中"始终把亚文化诠释为一种抵抗形式,在这种抵抗形式中,体验到的矛盾以及对意识形态的反对意见都间接地再现于风格之中"[①],欧洲青年文化产生于社会的矛盾结构之中,并且其目的是在"想象"中去解决悬而未决的社会矛盾,更多地体现了对社会现状的不满。而在"李雷和韩梅梅"这一亚文化形式中的"抵抗"则在于自我的展现与自我文化的创造,是一种争取话语权的尝试,再加上其受众的限定性(特定时期英语教材的使用者),因而其"杀伤性"要小得多。

3. 群体怀旧与身份的认同

"李雷和韩梅梅"作为一种亚文化,对"80后"来说不仅仅是对话语权的争夺,一种抵抗的仪式,还包含了许多其他的意义。其中,群体身份的认同以及对童年生活的怀旧也展现在这一现象之中。

"80后"对青梅竹马的怀念在重建"李雷和韩梅梅"的爱情关系中得到了最充分的展现,初中、高中时代朦胧的感情再一次得到重温。中国的

---

① 〔英〕迪克·赫伯迪格:《亚文化:风格的意义》,陆道夫、胡疆锋译,北京大学出版社2009年版,第165页。

"80后"大多是独生子女，在享受着集"万千宠爱"于一身的同时，也不得不忍受一种没有同龄人陪伴的孤独感。"青年对群体融入有着天然的渴望，心理学研究中发现：青春期人格发展的一个特征就是融入群体的渴望。"[①]作为计划生育政策强力推行下的第一批成长起来的80后一代不再像父辈、兄辈那样可以更多地体验兄弟姐妹、成群结队的集体游戏、邻里关系等人际关系纽带所带来的快乐。而今，由于全球化的不断推进和网络技术、通讯技术的广泛使用，以及住房商品化的全面普及和工作生活节奏的日益加快，网络信息的传递替代了传统面对面的沟通，人情社会向理性社会的转型加快，而繁重、快节奏的工作、生活压力日益挤压了80后青年一代的人际交流尤其是朋辈群体间的沟通交流的时间和机会，人与人之间的距离也被拉大，因此这也使得80后对于一种群体归属感和安全感有着异常的强烈诉求。"李雷和韩梅梅"在众多"80后"中间建立起了一座"群体归属"的桥梁，通过在网络上的发帖与讨论，众多的"80后"得以聚集，一起分享只属于他们的回忆，享受其中的快乐。这一点我们可以从众多网友的回复中得到印证：挖！这个让我想到初中的生活啦！怀念啊！我也有想法（菊喵）；God～～又怀念起初中时代了（一颗糖的味道）；POLLY果然大家都知道啊～（sky555）；初中英语啊，怀念ing～～～（露珠姑娘）。在现实生活和网络空间中原本疏离的人际关系通过共同的回忆得到加强，共同体的感觉得以建立。

除了建立起群体认同，"李雷和韩梅梅"也代表了"80后"成年之后对儿时生活的怀念。当"80"后即将步入社会，即将担负起责任，他们不由得感时伤怀，下面是一个网友的回复[②]：

> 这个帖子害我看了半天，从一开始忍不住咯吱咯吱地笑，到最后感慨无限，看完后竟然有些伤感了。多么美好单纯的日子啊，那些青春萌芽的年少时光就这样一去不复返了。那些沉积在岁月里已经有

---

① 朱峰、杨卫华、刘爽、刘伟：《集体记忆情境下的"80后"晒童年现象的社会学思考》，《山东省青年管理干部学院学报》2008年第6期，第32—37页。

② http://www.tianya.cn/publicforum/content/funinfo/1/124376.shtml.

些模糊的年少面孔如今都散落在何方?人生真如奔赴一场接一场的宴席,不断地相逢,散场,离开。

大学毕业时想到的四个最残酷的词语就是青春散场,却记不起我们的青春何时开始,也许就是从那些哄笑着用蹩脚的发音读 JIM,HANMEIMEI 的时候开始的吧。想起初二时一个很疯的女孩子在教室里大喊,兄弟姐妹们,我们现在约定十年后我们还要在这个教室相聚。那时想想十年是多么的遥不可及啊,可经历过才知道十年甚至是人的一生也不过是弹指一挥而已。听说那个女孩已为人母,不知道她是否还记得当年的这一幕。

十年之前,我们在哪?十年之后,我们在哪?

“李雷和韩梅梅”还寄托着对青春年华的怀念与遐想。“80 后”尚未老去但已然开始怀旧。他们毕竟要成长,要担负责任,童年的欢乐已经与他们渐行渐远,“李雷和韩梅梅”此时已化身为童年的符号。“80 后”通过再次接触“李雷和韩梅梅”而回到遥远的过去,消费时光的落差。

虽然迪克·赫伯迪格认为亚文化风格背后的意义在于抵抗,但是他也认为:“亚文化可以代表生活中的主要范围,代表着面对家庭时所建立的一个核心,围绕着这一核心凝聚着一个秘密的完美认同;或者亚文化可以是一种无足轻重的娱乐,稍稍减轻掉现实的单调乏味……亚文化可以作为一种逃避的手段,一种完全脱离周围环境的方式,或者作为在度过一个放松的周末或夜晚之后,回过头来适应环境并且安定下来的途径。”①亚文化对其成员的意义来说永远是多样而且变动的,“李雷和韩梅梅”也是如此。

(三)对颠覆与反叛的收编

收编是主导文化或支配文化对体制外的文化进行再界定和控制的过

① 〔英〕迪克·赫伯迪格:《亚文化:风格的意义》,陆道夫、胡疆锋译,北京大学出版社 2009 年版,第 155 页。

程，是主导文化放弃武力或暴力方式，对亚文化进行柔性遏制、招安、整合、消毒和缓解的过程。[①] 从当代亚文化的演变来看，亚文化往往难以摆脱被收编的命运：摇滚乐在市场化之后逐渐失去锋芒，"80 后"的另类写作泯然于大众，胡戈在"馒头事件"后鲜有佳作，"山寨春晚"轰轰烈烈地上演却无人喝彩地收场……在这些事件的背后，都可以发现"收编"这只看不见的手在挥舞。

主导文化对亚文化的收编形式主要有两种，一种是商业形式，一种是意识形态的形式。"在商业收编里，亚文化符号（服饰、音乐等）被转化成商品，亚文化风格变成了消费风格，从而改弦更张。在意识形态收编中，支配集团（官方、媒体、司法系统等）对亚文化的风格和越轨行为进行'界定''贴标签''去风格化'和'妖魔化'，通过媒体引发了道德恐慌，将亚文化作为替罪羊，将其重新安置、定位，导致其失去抵抗意义；"[②]虽然"李雷和韩梅梅"现象确实带有一种"抵抗"、争夺话语权的倾向，但毕竟不是"大规模杀伤性武器"，还停留在"文本"领域，没有进一步的"行动"；同时这一现象带有的怀旧性质以及娱乐性质也抵消了不少"抵抗"性，因而它没有引起主体文化的过多注意，尚未引发意识形态领域的收编行为。但是，商业形式的收编已经无孔不入地侵入到亚文化的各个层面，正如迪克·赫伯迪格所说，"一种崭新风格的创造与传播，无可避免地和生产、宣传与包装的过程密切关联。"[③]

（1）"李雷和韩梅梅"亚文化现象的商业化

"李雷和韩梅梅"的商业化与这个话题在网络上的普及程度几乎是并行的。在这个话题日渐火爆的同时，一些人也抓住了其中孕育出的商机。

2006 年 8 月，一个名叫蔡凯的设计师在上网时无意中发现了网友们

---

① 胡疆锋：《意识形态 媒体 商品——亚文化的收编方式》，载《现代传播》2009 年第 1 期。

② 同上。

③ 〔英〕迪克·赫伯迪格：《亚文化：风格的意义》，陆道夫、胡疆锋译，北京大学出版社 2009 年版，第 117 页。

对“李雷和韩梅梅”的讨论,觉得做周边产品会很有市场。“2006 年 10 月,在《城市画报》举办的创意市集上,蔡凯和同事将网络时代造就的课本文化引入商业领域。当印有李雷和韩梅梅大头像和相拥照的作业本、贴纸往摊上铺开,立马惹来厚厚一圈围观者。这些印刷质量粗糙,标价 10 块钱一本、50 块钱一套、总共 200 套的作业本,两天之内被抢购一空。”[1]蔡凯将李雷和韩梅梅的形象彻底改头换面,按照网友的讨论,将李雷和韩梅梅描绘成一对情侣,并且添加了许多恶搞的元素(见图 1)。

图 1

2008 年 4 月,佐丹奴香港总公司开始征集一年一度的“没有陌生人的世界”主题 T 恤设计,他们邀请蔡凯以“李雷和韩梅梅”为形象,设计其中的一款情侣装。“李雷和韩梅梅”由此走向更大的消费市场。

在蔡凯将“李雷和韩梅梅”商品化的同时,另一位名叫“出木杉太郎”的网友也开始了他自己的计划,他在《八一八中学英语课本中为虾米有一个奇怪的名字——Han Meimei》的回帖中写道:“呵呵,都是同道中人啊!拥抱下。十年就这么过去了,回想当年的 Kate 和那对姊妹花,是多少小伙 YY 的对象啊,我不惜重金收到了老版人教英语书,正打算用这些人物做出一部震撼的动画,纪念我们逝去的年华,珍贵的回忆!”[2]终于,在

① 潘晓凌:《Li Lei 都这么牛 × 了, Han Meimei 却不喜欢他——1990 年代中学英语教科书的集体记忆》,载《南方周末》2008 年 7 月 10 日。

② http://www.tianya.cn/publicforum/content/funinfo/1/124376.shtml.

2009年,他的计划得以实现,《李雷和韩梅梅(人教英语漫画版)》(见图2)由万卷出版社推向市场。出木杉太郎以漫画的方式重新叙述了李雷和韩梅梅的故事,情节跌宕起伏而又搞笑,受到市场好评。

图 2

2009年11月,一首歌曲让"80后"泪流满面,这首歌是由创作歌手徐誉滕演唱的,歌名就叫做《李雷和韩梅梅》,歌词如下①:

一切从那本英语书开始的 那书中的男孩 Li Lei 身边的女孩名叫 Han Meimei 还有 Jim, Lily 和 Lucy, Kate, Lin Tao 和 Uncle Wang 一只会说话的鹦鹉叫 Polly 它到处飞 好多年没有再一次翻开它 但哪一段说的谁和谁 偶尔还能细细回味 书中他们的喜与悲 书外身后的是与非 还有隐隐约约和我 一起长大的小暧昧 后来听说 Li Lei 和 Han Meimei 谁也未能牵着谁的手 Lucy 回国 Lily 去了上海 身边还有了那么多男朋友 Jim 做了汽车公司经理娶了中国太太衣食无忧 Lin Tao 当了警察 Uncle Wang 他去年退了休 有点遗憾 Li Lei 和 Han Meimei 谁也未能牵着谁的手 一样的是我们都有了个 当初不曾料想的以后 还好 Polly 它还活着 就像我们当年的小美好 它永远都不会老 在心底不会飞走

---

① 徐誉腾. 李雷和韩梅梅[(2009-5-25)[2010-03-30][OL] http://mp3.baidu.com/m?2&rn=10&word=%C0%EE%C0%D7%BA%CD%BA%AB%C3%B7%C3%B7&lm=-1。

徐腾誉创作的歌词无疑把“80后”的怀旧情绪点燃,通过对比式的手法,把“80后”的现状与过去的童年并置,时光的落差让人细细品味。再配以初中英语教科书的磁带音乐作为伴奏,让人仿若置身童年。

在伯明翰学派看来,商业化的加深无疑会预示着亚文化的死亡,“一旦代表‘亚文化’最初的创新被转化为商品,变得唾手可得时,它们就会变得‘僵化’……它们就会被清理,变得容易理解,成为公共财产和有利可图的商品。”①那么“李雷和韩梅梅”的商业化是不是也是如此呢?在销售《李雷和韩梅梅(人教英语漫画版)》图书的网站上,有一些这样的留言,“书的内容对于我们上过人教版英语课的朋友们很有吸引力。可惜的是原书中有些内容因为出版的原因被删节或修改”(jimmybupt),“美中不足就是有些画面被河蟹掉了”(keyi)。由于商业力量的介入,亚文化或多或少会丧失掉原有的一些东西而转化为“产品”。“李雷和韩梅梅”现在已经成为淘宝网上的商品代名词,徐腾誉也靠着这首歌曲而小有名气。在商业化的背景下,也许“李雷和韩梅梅”会变成一股来得快去得也快的“潮流”。这一现象本来所拥有的受众群体就非常的“小众”,在这个新兴事物不断涌现的世界,它还能生存多久?商业利益至上的原则迟早会把一切亚文化的创造力吞噬,将一切的抵抗意味转化为商业利润,而亚文化就会因此而失去生机。

(2)娱乐至死的文化

作为一种亚文化现象,“李雷和韩梅梅”的意义无疑是多重的,但这种亚文化除了以上含义之外,还能有什么更深刻的意味呢?纵观这一现象,除了能够在抵抗方面做出对于权威和传统的反叛,在亚群体的文化意义认同方面展示出积极性之外,我们体会不到什么更有价值的东西。“80后”虽然有争夺话语权的需求,但他们把父辈留给他们的标准的、空洞的符号变为渗透了自身文化体验的符号,开始文化再创造之后,他们留给社会的无疑大多是一些无意义、无厘头、鸡零狗碎的东西,这些作为抵抗和

① 〔英〕迪克·赫伯迪格:《亚文化:风格的意义》,陆道夫、胡疆锋译,北京大学出版社2009年版,第118页。

风格的时尚文化很快就会消散在岁月的流逝中。显然,网络世界是一个没有任何传统可以积淀的地方。作为一种技术文化,互联网处处都在体现并贯彻着日新月异的技术逻辑。虽然也会有旧的内容放到网上,但这些登载在互联网上的传统文化必须在其技术存在的形式上以全新的面貌出现,否则便会被激烈的信息生存竞争机制所淘汰。因此,互联网文化是没有时间延续性的文化现象,不可能在时间的延续性过程中进行经验或者情感的积累,不可能像传统文化那样十年磨一剑地出精品。这种时间上极为易碎的文化事实上仅仅具有当前时间片段中所体现的那些意义,事实上对于空间偏向的电子媒体文化来说,它们的技术特性决定了它们必定是方生方死的文化,即便这种文化的创造者和参与者将这种流行一时的文化视为"伟大"的文化,但无可置疑的一点是这种"伟大"即便是对于他本人来说也仅仅只具有瞬间存在的意义。

导致网络青年亚文化朝生暮死的另一个原因则在于:由于已有的强势媒体文化的影响,亚文化群体的创造性工作都只能处于这些强势媒体文化所预设的那种意识形态模式下进行。这里所包含的悖论是极为尖锐的:一方面,青年亚文化的创造性动力来自于对于权威和传统的反叛,独立发出自己的声音。但另一方面,这种"独立的声音"只不过是由商业文化所主导的商业性文化的一部分而已。因为青年亚文化群体在为抵抗而进行创造的时候,必定需要借助于既有文化资源。比如他们无法自己拍摄电影,就只能借用已有的电影资料进行符合自己要求的挪用和拼贴;他们无法写出原创性的故事,就只能借助于已有的故事资源加以改编或改写,使之适合于自己的需要。如此一来,青年亚文化必定不会是一种原生性的文化,而只能是一种次生性的文化。更直接明了地讲,这种文化乃是受到商业流行媒介文化影响的次生文化。这种次生文化的性质显然决定了青年亚文化本身的文化质量的高低,因为它们在某种程度上讲就是商业媒体文化的一种翻版。虽然这种形式上的翻版会因为承载了该文化群体成员的特定"感觉结构"而具有了特殊的文化意义,但是对于这一群体之外的人群来说,这些青年亚文化的形式与流行的强势商业媒体文化并没有什么不同,这也是导致青年亚文化极易被商业力量收编的重要原因。众所周知,商业媒体机构所提供的文化基本上都是取悦于人的文化,里面的内容再怎么千变万化其实都离不开色情、暴力、金钱和权力这四大基本元素。如果我们在整顿影视文化和互联网文化的乱象方面能够将这几种元素排斥于作品的内容之外,那么我们的文化自然就会变得清净而健康,但同时也无利可图了。对于年轻人来说,他们就是在这种商业强势媒介文化的环境中成长起来的一代人,除了每天接触的电视、电影和网络手机之外,青年人并没有太多时间用于学校学习之外的阅读积累。在抢夺时间的战斗中,商业性媒介文化永远是赢家,它们能够迅速吸引年轻人的目光,使他们在可能的情况下远离书本,把全部的时间和精力都投入到电子媒介信息的消费活动中。在这种环境中成长起来的年轻人无论如何也不可能在文化积淀方面有什么充分的准备。因此,当他们需要调动文化资源以进行创造性表达的时候,他们就只能在平时接触的那些主流商业媒介文化中寻找可供利用的资源。这个原因就正好解释了为什么青年亚文化在形式和叙事内容方面与商业媒体所提供的东西如此相似。首先,“李雷和韩梅梅”的故事不可能是普通男女同学之间的友情故事,因为这种故事在电子传媒上无论如何是难以找到的。根据商业传媒的惯例,只要故事中出现了雌雄两性,不管他们是猫、狗、猪还是人,都一律只能谈恋爱,所以李雷和韩梅梅的故事只能是恋爱故事。其次,依据商业媒介的惯例,凡是有关谈恋爱的故事,主人公必定要谈一场不平凡的、纠结不清的恋爱,决不允许在还没有发生三角恋爱和多角恋爱的情况下就修成正果。因此,李雷和韩梅梅的故事必定会是有关三角恋爱的故事。

我们看到的实际情况大致如此,由于年轻人的头脑受到商业媒介的影响,当他们要求发出自己的声音时,便得到了商业媒介文化的支持。他们在这种支持下对传统价值和文明发起挑战,以反抗权威和传统的压制,但是对于那个教唆者,那个真正控制并操纵他们思想和行为的满面笑容的敌人,他们却浑然不觉。不仅如此,他们还以自己的实际行动消除了商业媒介文化前进的阻碍(这种阻碍主要来自于传统的价值),钻进了这个可疑的敌人为他们编织好的梦幻世界中，并由此失去了对于这个危险敌人进行批判的可能。显然，我们也不能一味地指责“80后”，责怪他们制造文化垃圾，指责他们低俗无聊。因为我们都生活在一个充满商业娱乐的社会中，“80后”更是伴随着娱乐化的浪潮成长。所以，当“80后”在呐喊在高呼的时候，他们发出的声音也是一种娱乐化的声音，他们使用的材料只能是这个娱乐社会提供给他们的诸如三角恋、星座之类的无意义的元素。虽然他们是用来争夺话语权、用来消解宏大叙事，但我们不能让我们的生活中只充满这些鸡零狗碎的话语。在娱乐社会中发出的呐喊，始终抵挡不住娱乐的诱惑，最后只能壮大娱乐的力量、使得这个社会更加娱乐而已。更让人担忧的是，商业化的收编力量已经在侵蚀蕴含在“李雷和韩梅梅”中本来就并不强烈的抵抗元素，把“李雷和韩梅梅”纳入到市场化的运作当中。这一行为一开始还能被称为“创意产业”，但在商业利益最大化的原则下，最初的新鲜必将变为最后的陈腐，符号的泛滥必将导致符号意义的耗尽。

“80后”是幸运的一代，他们拥有网络空间的资源，掌握了计算机技术，而且能够把自己的声音通过以上两者的结合而表达。但是，他们也是充满了悲剧的一代人，虽然他们拥有良好的条件，但他们的文化创造就是一些无意义的、无聊的、鸡零狗碎的东西，没有留下什么能够让时代铭记的遗产。这也是这个媒介娱乐时代的悲剧，在这个一切以商业和娱乐为标准的社会中，一切的声音都转化为娱乐，一切都娱乐至死。总的来看，以“80后”群体为代表而产生的网络青年亚文化，有着强烈的表达诉求，更拥有网络这一展现自己文化的巨大舞台，这是历史上任何一个世代群体所无法比拟的。“80后”运用父辈遗留的符号，把他们的生活经验填充到既有的符号中，并使用各种风格化的手法，让“李雷和韩梅梅”流行于网络空间之中。“80后”凭借网络与符号的运用，成功地开辟了自己的话语权，但这种话语权，在技术垄断和娱乐的时代背景下，只不过是一种青春冲动的喧嚣。

四、自由的不自由:电子游戏的原罪分析

正如人们在谈论电子游戏时通常首先想到的那样,它首先是一个挣钱的产业,而不是什么艺术与文化。这种产业性质让它的发展总是背负着社会道德伦理上的阴影,原因主要在于电子游戏对于青少年所产生的影响基本上是以负面为主的。时下的一些文化学者都在力图打破人们对于电子游戏的"成见",希望能将电子游戏的地位提升到文化政治和艺术审美的层面,以作为自己学术观点的垦殖地,且从中生长出繁茂喜人的果实。由此,近年来力图为电子游戏正名的文章不绝于耳。不过这些研究者基本上都没有设身处地地体验到"沉溺于电子游戏而不能自拔"究竟意味着什么。如果恰巧他们的亲人有这等爱好,沉溺于他们所热衷为之正名的这一产业的话,那么也许他们会重新评估将电子游戏作为正名对象的那种冲动,因为这种冲动如果不是来自于经济上的利益,那么就是来自于事不关己的闲谈,或者干脆就是一种与任何利益诉求无关的言谈游戏。

按照时下异常时髦的文化民粹主义观点,任何亚文化人群喜欢的东西都是具有其存在合理性的。也就是说,只要是青年喜欢的生活方式便一定是好的生活方式,关键是要将文化的定义从艺术审美的批判标准转换为文化政治意义的标准。从这样的视角上看待青年亚文化的话,自然一切青年的文化都是值得进行"同情式"理解的,因为这些文化行为和风格的意义仅仅在于争取权力和构建认同方面,而不关艺术审美和道德伦理问题。例如,无论身着奇装异服还是文身都是为了建构身份与文化上的认同,并且表达自己对于主流文化价值理念的反抗,以奇特的方式彰显青年群体的权力意识。诸如此类的大众民主倾向拯救了法兰克福学派精英主义文化研究倾向的颓势,为英伦式文化研究或青年亚文化研究开辟了一片水草丰美的牧场。但这样的研究一经流行,便不可避免地产生负面的影响,最为人们所质疑的一点在于:这些研究基本上仅关注微观政治

意义解释,并且将这些解释的出发点集中在"同情式"理解上。这样做的危险在于,整个政治意识形态和制度环境的压制性因素被忽略了,资本和商业利益的结构性影响也遭到比较严重的忽视,社会批判理论的宏观政治意识形态批判和政治经济学的制度批判在研究中不见了踪迹。虽然微观政治意义的阐释生发出一些特殊的批判视角,但有时候这些阐释技巧受到了过度强调,以至于基于这些技巧的阐释完全丧失了自己的批判目标与精神。这样一来文化研究便出现了混合"批判"和"帮闲"两种不同性质的研究取向的领域。"帮闲"的明显表现是过度注重文本解释技巧和积极意义上的文化阐释,强调亚文化形式中所潜藏的民主因素,而对于宏观政治意识形态和制度环境却视而不见,只是一味在亚文化的文本中找寻抵抗或者解放的可能。这种对于大众文化意义过于乐观的解释倾向必然导致所谓的"文化民粹主义"问题的产生。但电子游戏这样的活动尽管堪称流行的青年亚文化,但它所具有的危害游戏者身心的现象是如此明显,以至于如果不是沉溺于文化民粹主义迷雾之中而不能自拔的研究者,都不至于会忽略那些来自实际生活的大量案例的警示,也不至于会忽略教育学、心理学、社会学等领域的学者们提供的实证性研究报告,这些报告在揭示青少年网络成瘾和游戏消费问题的危害性程度方面让人触目惊心。这些报告与产业界有关电子游戏的经济效益增长的报告形成了鲜明的对照关系,产业界拿到的那些令人惊喜的销售数据背后意味着无数沉迷于游戏的青少年在学业、健康、亲情等方面所承受的巨大损失。因此,即便是进行对电子游戏的文化意义作"同情式"的理解与解释,学者们也还是无法为电子游戏的罪行进行开脱,因为几乎没有人会认为电子游戏中普遍存在的暴力、色情、血腥、凶残、性别歧视等误导性因素对青少年群体来说是有益而无害的,这些问题会因为青少年的过度沉溺而显得异常严重。尽管沉溺于电子游戏的行为确实可以被理解为逃避主流文化或者权威压制的一种方式,或者被解释为有益于青少年智力和协调处理实际问题的能力之训练,甚至也可被解释为有助于他们形成团队配合意识等等,但所有这些解释都还是不能让人们感觉这种亚文化的流行具有其正当性。

总的来看,以微观政治视角而不是以道德审美为依据解释青少年的电子游戏亚文化很难为这种亚文化提供一个合理而公正的道德基础。于是,希望为电子游戏正名的研究者又开辟出另外的一条道路,即将电子游戏定位为一种艺术形式,并且将其提升到审美活动的高度。如此一来电子游戏就不必纠缠于社会道德伦理争论的漩涡之中,而是借助于艺术和审美的定位而进入到精英文化领域,从而也就具有了毋庸置疑的天然合理性与合法性。这种奇特的思路可谓切中了电子游戏文化问题的肯綮,一旦电子游戏堪当艺术之名,并获得了无功利审美活动的文化品质,那么"正名"一事便成多余之举。我们不仅不需要质疑和批判这一亚文化形式,而且还应该在青少年群体中发展和推广这种文化,正像我们在青少年群体中大力推广和普及音乐、美术、舞蹈等艺术一样。然而,这样的想法听起来就让人感觉很疯狂,完全与人们的实际经验背道而驰,就连热衷于为电子游戏正名的人也不敢去憧憬这样一种未来景象,因为正如我们在前面的论述中所表明的,电子游戏的道德原罪就像是秃子头上的虱子——明摆着的事情。于是,主张正名的学者们往往会寄期望于未来的电子游戏,那时候的电子游戏具有艺术审美的优点,不会让青少年沉溺其中,也不会有暴力、色情之类的问题,而且这样纯洁无瑕的未来版的电子游戏还非常能够挣钱,会继续成为支柱性的文化产业。这种未来版的电子游戏真的会成为现实吗?如果有这样的电子游戏存在,那么如此有益身心健康、纯洁无瑕而且高效吸金的电子游戏就堪称众多有关电子文化的荒谬寓言中"最杰出"的一个了。

正名者将电子游戏提升为艺术和审美文化的主要依据存在于两个方面:首先,电子游戏具有一切艺术所具有的感官形象上的愉悦性,这种感官上的愉悦性是一切艺术的基础。其次,与感官愉悦性密切关联的是,在康德和席勒的美学理论中,"游戏"是一个具有崇高意义的概念。对于德国古典美学大师们来说,"游戏"就是摆脱了身心内外两方面的强制性或者冲突而达到理性与感性的和谐之绝对自由状态。美学大师们所谓的

"游戏"状态,其实质上的含义与电子游戏之所谓"游戏"实在是相差甚远,甚至在内涵上完全背道而驰,但却被欲求为电子游戏正名的学者们用以篡改其意而混淆视听,对此我们需要费些笔墨深入到美学大师们的论述中加以仔细分析,以达到正本清源的目的。

按照康德的意思,审美活动所获得的是一种特殊的快乐,这种快乐不涉及利害计较和功利性的目的。康德对于美的界定是相当清楚的:"审美趣味是一种不凭任何利害计较而单凭快感或不快感来对一个对象或一种形象显现方式进行判断的能力。这样一种快感的对象就是美。"[①]我们容易引起误解的就是这里所说的审美快感,这种快感需要与单纯的生理快感或者道德快感相互区别开来,"在三种快感中,第一种涉及欲念,第二种涉及恩爱,第三种涉及尊敬。只有恩爱才是自由的喜爱。一个欲念的对象,以及一个由理性法则强加于我们,因而引起行动意志的对象都不能让我们有自由去把它变成快感的对象。一切利益都以需要为前提或后果,所以有利益来做赞赏的原动力,就会使对于对象的判断见不出自由。"[②]这里所谓"欲念"也就是基于人的生理本能的感官层面的活动与需求,而"尊敬"则是以人的理性为基础的道德和伦理层面的认知与活动。这两种快感都不是无利害或无功利目的的,只有"恩爱"的快感才是真正无利害、无功利性目的的愉快。这种快感是对于对象形式方面的判断力,它是因摆脱不自由状态而获得的自由游戏的快乐。

康德将艺术审美活动的特征与自由游戏联系起来,这就容易使人们在不明所以的情况下曲意附会地将一切现实生活中所具有的游戏活动都视为艺术和审美的活动,这是我们需要特别加以澄清的问题。康德所谓"自由游戏"的说法,其意在指称人们所达到的某种想象力与知性的自由游戏的状态,这种状态的基础是无功利性,而它的内涵则是指在审美活动中人们的想象力和知性能力达到了一种和谐的关系。这种关系就是:"两种能力各自保持自由的活动,又互相应和、互相融洽,彼此之间不即不离,

① 朱光潜:《西方美学史》,人民文学出版社1979年版,第353页。

② 同上书,第352页。

若即若离。康德把这称为'诸认识能力的和谐',心意诸能力的游戏中的协调一致。又因为这全是主体能力之间自我相关的谐和,所以康德又把这称为'认识能力之间主观的谐和一致'"。[①] 由此可见,康德所谓"游戏"具有非常深刻的内涵,完全不是一般所谓"游戏"的那种含义。

当然,在康德以及后来的席勒那里,他们所说的游戏与普通人所谓游戏的概念是具有密切关系的,只不过两者不能简单地等同起来。确切地说,他们所谓"游戏"实质上是一种自由的审美体验活动。源于自然状态的生活中的那些游戏,比如小孩们玩的躲猫猫、转陀螺、跳皮筋之类的游戏确实具有与艺术审美自由相类似的特点,但是在一般情况下很难有人会将这样的游戏活动称为艺术审美的活动。而当人们面对电子游戏时则会因为这种游戏所具有的形式与色彩方面的强烈感官愉悦性而将它们称为艺术,这实质上是对康德游戏观念的一种误解。事实上在康德看来,过于强烈的感官刺激效果不但不能让我们体验到美,反而会让我们的感官享乐侵占知性自由活动的空间。也就是说,由于感官上的过度刺激导致想象力(以感官为基础而进行的感性杂多之形象综合)方面的过度强盛,从而导致知性自由活动空间萎缩甚至完全消失。在这种情况下知性活动是不自由的,更谈不上与想象力之间达成什么和谐,自由之游戏也就不存在了。为了强调这种观点,康德特别"分析了刺激和感动,并把它们排除在纯粹的鉴赏之外。魅力的刺激接近于感官的满足,虽然比饮食口味之类的个别性弱一点,但仍不具有审美所要求的普遍性,所以不是真正的鉴赏活动……魅力的刺激也无助于提高纯粹的美。它固然可以在美的愉快之外增加一些兴趣,所以实际上是破坏了鉴赏。"[②]在康德看来,造型艺术中最能传达美的形式的不是有色彩的画作,而是无色彩的素描,因为素描将色彩所带来的那种魅力刺激因素降到了最小的程度,所以它的美是由纯形式所带来的美。如果给素描赋予色彩的话,感官上的愉悦会变得更加强烈。但是如此一来,"魅力刺激就会压倒形式",感官层面的感觉就

① 蒋孔阳、朱立元:《西方美学通史》第四卷,上海文艺出版社1999年版,第110页。
② 同上书,第92页。

会压倒审美感觉，从而使得想象与知性之间的关系变得紧张和冲突，自由的游戏自然也就无法获得。

如此看来，审美的本质在康德那里被视为一种自由的游戏，这游戏的关键是内心领域中想象力与知性之间达成的相互和谐的那种关系。这些观点对于我们理解电子游戏的不自由特征具有非常重要的启发。特别需要指明的一点是，除了康德的理论之外，为电子游戏正名的各种论述中最常被引述的就是席勒有关游戏的理论。事实上，尽管席勒将“游戏”的概念提高到了一个非常突出的位置，但其基本的内涵与康德则是一脉相承的，完全可以视为康德思想的发展。在席勒看来，人具有两种与生俱来的自然要求或者冲动，即“感性的冲动”和“理性的冲动”。前一种冲动是以生理感官为基础的，而后一种冲动则是以事物形式为基础。而人的自然本性是对于这两种冲动加以协调，使它们之间达成和谐的关系。当人们达到了感性与理性两方面高度自由和谐的关系时，就产生了“游戏”的境界。可见，“‘游戏’在席勒的术语里和在康德的术语里一样，是与‘自由活动’同义而与‘强迫’对立的。感性冲动使人感到自然要求的强迫，而理性冲动又使人感到理性要求的强迫；游戏冲动却要‘消除一切强迫，使人在物质方面（感性方面）和精神方面（理性方面）都恢复自由’。……艺术和美的欣赏所由引起的‘游戏冲动’是‘从心所欲，不逾矩’。只有在达到这种境界时，人才能达到生活与形象的统一，感性与理性的统一，物质与精神的统一，也才能达到‘人格的完整’与‘心灵的优美’。所以席勒说：‘只有当人充分是人的时候，他才游戏；只有当人游戏的时候，他才完全是人。’”①而这样的和谐只有在文化教养的活动中才能够得以实现。文化教养“不仅要对着感性冲动而维护理性冲动，而且也要对着理性冲动维护感性冲动。”②就电子游戏这件事情来说，如果我们能够在电子游戏的画面形式中获得无功利性的“诸认识活动的和谐”状态，能够使得感性和理性两方面的冲动在文化教养之下形成和谐关系的话，我们便可以将

① 朱光潜：《西方美学史》，人民文学出版社 1979 年版，第 440 页。
② 同上书，第 438 页。

电子游戏称为审美活动,而电子游戏的形式和色彩则可以被称为艺术。

然而实际情况恰好相反。首先,电子游戏不是无功利性的。从游戏的生产者一方来看,它的一切预先的设计规划都是如何将青少年玩家们牢牢地绑定在游戏机前。唯有如此,电子游戏作为一项庞大的现代信息产业才能达成它自身存在的目的——追求产业利润的最大化。这个由工业、技术和资本所主导的产业所设定的目的与人的目的是完全不同的,甚至简直就是背道而驰的。人的全部目的只是自由状态的存在,自然状态下的游戏和审美活动都具有无目的的合目的性,即在无功利性的活动中达成人之为人的那种目的性,也即一种身心的诸种要求都处于高度和谐状态之下,这种自由在电子游戏的世界中是完全不可想象的。对于电子游戏产业来说,只有人们沉溺于电子游戏的世界中并在屏幕前耗尽他们宝贵的精力和时间,完全忘却生命自身的目的,任由生命活泼灵动的那种自由随着游戏时间的流逝而逐渐枯萎,电子游戏产业才能获得最大程度的发展机会。相反,如果人们都能够对电子游戏保持节制和理性,不花太多时间和精力在其中,那么整个电子游戏产业前进的脚步就会停下来。可见,人的自由状态与电子游戏产业的宗旨完全是格格不入的,对于这一产业的经营者和设计者来说,这种情况是完全无法接受的,因而他们的一切努力就是要将人们从自然与自由的状态中引入不自由的状态,让人们在他们所设计的电子游戏世界中迷失沉沦。显然,从电子游戏的起源上看,它与自然状态中的游戏或审美状态下的情况截然不同,后者在其起因上完全是没有目的性的,而前者则在其起点上就早已经被灌注了极其功利的目的和不道德的动机——通过诱惑别人丧失自由的方式达成自己挣钱的目的。正如海德格尔所指出的,对于技术社会来说,产业、技术、权力和商业的目的要能够得到实现,就必须设法将人"订造"为消费者而不是在世的亲人。由金钱拜物教所引起的那些邪恶在电子游戏产业中都或多或少地会有所反映,这是我们在研究当代电子文化时需要保持制度上的批判维度的一个重要原因,也是文化研究中的民粹主义倾向饱受诟病的重要原因。倘若仅仅专注于意义解读,而放弃政治经济学层面和审美道德层面的维度来考察当代电子文化，则很容易陷入到帮闲的迷局之中，这样的研究本身就是缺乏自由维度的。

其次，我们已经知道电子游戏在其根源上已经是被精心设计的。这就意味着只要进入到电子游戏的世界中，人们必定会实践其被技术所“订造”之职能，即仅仅作为消费者而显现其存在之意义。而对于玩游戏的人来说，他对于电子游戏的这些技术“订造”并不知情，他所希望得到的是娱乐性的愉快，但是显然没有任何人希望自己成为被“订造”者。因此电子游戏必须想办法为游戏者提供持续不断的愉悦，而且这种愉悦不能掺杂太多理性思维的成分，也就是说不能给予游戏者反思和冥想的时间，以防止出现因此而造成的醒觉。这样一来，电子游戏便把所有的用心集中在感官层面的享受上。为此，电子游戏在以下一些方面作出努力：首先是视觉形象与色彩方面，电子游戏中的视觉图像不仅要吸引人，看起来像艺术品，而且还要尽可能具有立体感，让人们能够产生身临其境的感受。如果有可能的话，像 3D 效果那样的技术手段会被发展出来，其目的只在于不断强化图像的视觉效果。正是由于电子游戏在造型和视觉效果上的精益求精，往往导致一些学者误将这种强化了的审美效果视为电子游戏具有艺术性特征的依据。但是联系前面康德和席勒的观点来看，这种强化了的美学效果并不是真正意义上的审美活动，既不是一种自由状态的审美，更不是他们所谓“游戏”意义上的那种审美。因为视觉感官的过度刺激导致了想象力与知性、感性冲动与理性冲动之间的严重冲突，虽然形象和色彩上过度强效果能带来快感，但这种快感却不是平衡而和谐的快感，而只是单纯的生理感官层面的快感；不仅如此，这种快感过于强烈的话会侵占理性思维的空间，将理性思考排挤出去。与此相类似，电子游戏的另外一些所谓“艺术手法”所达成的效果就是让感官的快乐一枝独秀，而理性则被完全放逐于游戏者的游戏过程之外。在这些手法中，叙事的故事化和速度化是相当重要的另外两个手段。电子游戏基本上都会让游戏者在游戏中扮演一个角色，并围绕这个角色在一个叙事过程中展开游戏。所有的故事展开方式及其结果都是事先设计好的，游戏者在既定的程序中左冲右突,使劲浑身解数都无法破解游戏的奥秘,在不断迷茫和探索的过程中不断体验死亡(“Game over”)和重生(“Again”)的极端化经验刺激,电子游戏的真正魅力也正在于此。在对于虚拟死亡的焦虑压力之中,游戏者忘情所已,每一次都因为不愿意面对死亡而挣扎。如果这种努力能够得到回报——过关斩将,那么由此所带来的生理本能上的快感就达致巅峰。而这一切看起来极具诱惑的体验同时伴随着游戏的速度而变得更加刺激。在暴力、色情、征服或成为英雄都不能再提升游戏快感的情况下,速度便成为游戏的最终的难关。提升速度会让游戏者更加依靠直觉反应来行事,在快速的游戏节奏中,完全没有了思考和反应的时间。有些学者曾经认为游戏能够锻炼青少年的反应和协调能力,并将这种好处强调到不恰当的程度,但是正像我们已经提到的,游戏的程序是既定的,没有无限的可能性,因此在机械性的操控行为中,随着时间的推移游戏者会熟悉每一个程序的秘密,游戏通过速度来锻炼反应和协调能力的好处就不复在存在了。这样的一种奠基于对行为的不断刺激—反映基础上的学习能力是连老鼠和鸡犬这样的小动物都具备的生理性的反应,因此这些行为以及它所带来的愉悦基本上是属于生理感官层面的东西,无关于知性的活动。

事实上,我们前面所讲到的这些方面的这些手法,即超级强化的图像造型和色彩魅力、身临其境的现场感、快速推进的叙事情节、极端性的虚拟死亡模拟等等,很多时候都被误认为是电子游戏的艺术特征或者审美优势。然而,我们需要为艺术和审美活动确立的一个批判标准的关键在于:这样的活动,正像康德和席勒所表述的那样,是以人的自由为目的的。艺术与审美的关键在于身心诸方面摆脱了来自现实与抽象、生理与社会等方面的控制,并且获得了一种感性和理性、生理与智识之间的平衡与和谐。然而,我们通过前面所分析的情况可以看出,电子游戏的各种手法都旨在朝着这样一个目标推进:完全取消游戏者进行静观、冥想、反思的可能,即完全取消游戏者理性思维存在的空间与可能性,而代之以纯粹生理欲望层面的感官刺激享受,并让游戏者沉溺其中而不能自拔。电子游戏的这样一些策略和手法对于富有生活经验和阅历的成年人来说是难以奏效的,但对于人生阅历与经验极其稚嫩的青少年来说却极为有效。正像我们在高度商业化的社会中必须面对的一系列矛盾一样,我们面临的尴尬窘境是:一方面,人们认为保护青少年不受电子游戏的毒害是全社会每一个为人父母者的良知与职责所在;另一方面,又难舍对于科技万花筒的好奇心和誉美冲动,更难以抗拒对滚滚而来的金钱财富的欲求,即便这些财富凝聚着的是原本属于广大青少年游戏痴迷者的青春精力、宝贵时间以及未来人生。但不论选择哪种立场,我们在这里所要指出的一点是:从文化民粹主义的观点看,电子游戏可以被解释为青少年亚文化群体逃避现实权力或权威压制,进行各种模拟式抵抗的自由活动,而从数字艺术和商业美学角度上也可以将电子游戏解释为一种艺术和审美的活动;但如果从人之为人的合目的性意义上来看待这个问题,也即从生存论的在世缘在的立场来看问题的话,那么电子游戏的原罪是异常清楚的:以自由的招牌来行控制之实,及貌似自由的不自由。